교육수상집

길을 가며 가르치며
생각하며

교육수상집

길을 가며 가르치며 생각하며

●염기식 지음

한국학술정보

가르침의 교실 입교

요즘 학생은 가르침이 없는 교육적 환경 속에서 배움의 길을 열어가는 안타까운 현실을 겪고 있다. 선현의 배움은 말씀을 듣고 스스로 깨달음을 구하는 것이 주된 교육 작용이었다. 교과서가 있는 것도 아니고, 달리 참고할 학습 교재마저 변변찮은 상황에서 오직 스승의 가르침을 듣고 받들고자 한 열정과 정성과 집중력 하나로 매진하였다. 여기에 인격적 교감이 있었고, 말씀 속에는 스승이 쌓아 올린 경륜과 차원적인 정신세계가 길들어 있었다. 말씀을 통해 받들고 깨칠진대, 아집과 無明을 깨고 드넓은 진리 세계를 체감할 수 있다는 점에서 혼신의 정열을 바치고 도전할 만한 가치가 있었고, 인격과 신념과 가치관에 혁신이 있었다. 학교에서 지식을 많이 배운다고 인격이 바람직하게 형성되는 것은 아니다. 인생의 과정에서 이루어야 할 자아 형성 기반은 인생관, 가치관, 세계관을 종합적으로 다지는 것이다. 현대의 교육적 실상은 지식 위주의 가르침 일색이라, 여기저기서 인성 교육의 필요성이 주장되고 있다. **인간은 자연의 이치 원리(지식)가 아닌 인간 본연의 인생 원리(진리)에 따라 인성(본성)이 형성되고 성장하며 종국에 결실을 거두기 때문이다.** 이것을 결여한 현대의 교육 체제는 참된 교육 목적과 멀어지고 있다. **교육의 궁극 목표는 결국 인생의 궁극 목표, 진리의 궁극 목표, 배움의 궁극 목표와 일치된 그 무엇이어야 한다.** 즉, 삶의 목적과 우주적 목적과 神의 목적과 합치되어야 한다. 청소년기는 인생의 터전을 마련하고 근본을 정립하는 시기이므로 청소년기의 교육이 本立에 힘써야 하는 것은 인류의 보편적인 발달 과정이고, 성장 단계이며, 완수해야 할 인생 과업이다.

　제자와 함께 걸어온 교직 생활을 마감하면서 그동안 일군 교육에 대한 소신, 판단, 기고, 활동, 성과, 그리고 제자 앞에서 한 말을 모아 "가르침의 교실" 문을 열게 되었다. 불교는 Buddha(覺者)의 가르침이라고 하는데 교단에 선 선생님은 그 선생님의 가르침이 왜 없겠는가? 단지 제자의 영혼과 가슴 깊숙한 곳에 파묻어 둔 것뿐이다. 부처님은 정각 이래 45년 동안 제자와 중생을 향해 가르침의 역사(설법)를 펼친 위대한 교사(스승)로서, 그것이 팔만 사천 법문으로 전해졌다. 선생님도 평생 동안 교단에 서서 제자(학생)를 가르친 만큼 인간관, 학생관, 가치관, 배움관, 학문관, 교육실태 비판, 교수 방법에 대한 식견, 이상적인 교육관이 있으리라. 단지 정리해 두지 못한 것일 뿐…… 늘 학교 현장에 있었지만, 도대체 무엇을 가르친 것인지에 대한 흔적은 거의 없다. 마음만 먹으면 함께한 생활의 현장 모두가 배움의 교실로서 가르침을 펼칠 수 있는 문이 활짝 열려있다는 사실을 알고 가정에서는 부모가, 학교에서는 선생님이 가르침을 통해 자식과 제자와 교감할 기회를 마련해야 한다. 그것이 부모로서, 혹은 선생님으로서 가져야 하는 진정한 역할이다.

　교사는 제자의 숱한 모습을 지켜본 자로서 인간의 성장과 발달 단계에서 바람직한 인간을 육성할 수 있는 필수 요소를 자각하고, 올바른 인간 형성 원리와 방법적인 길을 모색해야 한다. 진리를 인식하고 체득하는 것이 어떻게 인간 본성을 변화시키고 형성시키는 것인지 알고 생명적 창조가 아닌 제2의 자아를 창조하는 소임을 다해야 한다. 대개 인류의 스승은 위대한 가르침의 길을 연 교사이다. 존경받는 스승의 반열에 오른 것은 치열한 노력과 자각으로 진리에 근접한 인식 세계를 펼친 탓이다. 하지만 현 교사가 평생 제자를 가르치고서도 교직이란 직업적 범주를 벗어나지 못하는 것은 가르친 내용이 지식적 수준에 머문 탓이다. **교사는 진리를 알아야 하며, 그리 해야 가르칠 수 있는 자격을 가진다.**

이런 신념을 가진 본인은 교직에 임해서도 항상 길을 추구하면서 진리를 일군 삶의 자세와 인생 역정의 특성을 일컬어 "길을 추구하였다"라고 하였고, "길을 위하여 삶과 정열을 투신하였다"로 표현하였다. 그런 추구를 통해 제자와 함께한 가르침의 길을 펼쳤고, 진리 일굼의 길을 걸었다. 지식을 가르침은 교직이란 영역 안에 한정되어 있지만, 진리를 가르침은 인생 삶의 전반에 걸친 만큼, 이런 진리를 가르치기 위해 영혼은 세계를 향해 늘 깨어 있어야 했다. 즉, 삶의 조건과 제 현상으로부터 진리를 구하기 위해 노력하였고, 그런 노력의 결실이 본 수상집으로 결집되었다. 가르침과 진리 일굼을 삶의 길에서 병행시킨 것은 진리와 인생 원리를 교육론으로 정립하기 위한 일환이다.

다윈은 남태평양의 갈라파고스 제도 등을 탐사하고 생물은 진화한다는 데 신념을 가지고 20년 동안 자료를 준비해 세기적 저서인 『종의 기원』을 썼다. 그리고 본 수상집은 본인이 교직에 봉직한 36년 6개월 동안 제반 교육적 현상과 인간의 성장 과정을 관찰하고 사색하여 이룬 산물이다. 거의 평생을 바친 정열과 세월을 하나로 집약시킨 정신적 유산이 그렇게 흔치 않을 텐데, 이 책은 제반 사실을 증거한 정신적 유산이다. 왜 유산인가 하면 한 공간에서 생활하는 젊은 교사도 10년, 혹은 20년 전의 학교 제도와 생활이 어떠했는지를 몰라 소통하기 어려운 경우를 보는데, 이 책은 바로 그런 시절의 학교 제도, 학급 모습, 학생의 생각, 습관, 행동 하나하나를 기록하였다.[1] 우리는 과거 역사를 알거나 공부하기 위해 박물관에 들르는데, 전시된 유물은 무엇을 말하는가? 생명력을 가졌는가? 지난 역사를 재현한 역사 드라마와 소설이 있지만, 그런 매체는 당시 역사의 살아 있는 숨결을 되살릴 수 있는가? 이 책은 그렇게 각색한 역사는 아니지만, 그 어떤 매체보다도 이 땅의 1980년대~2020년대까지의 학교 현장 모습과 변천 상황을 다각도에 걸쳐 표출시킨 유물 아닌 무형의 유물이다. 그 시절, 그 학교 현장에서 행하고 가르친 내용을 연도별로 편집하였다. 스승과 제자 간의 만남과 가르침과 배움의 순간이 살아 숨 쉬는 역사의 공간이자 교실이다. 회상이나 과거의 경험이 아니다. 누구라도 뜻을 가진 자, 이 교실 문을 열고 들어가 인생에 대해 새로운 배움과 반성과 추구 목적을 구할 수 있는 초월적 시공간이다. 자성할 수 있는 영원한 배움의 터전이요, 본성을 정화하고 회복하고 구원할 수 있는 열린 교실이며, 성스러운 영혼이 머물 만인의 학교이리라.

2020년 8월
경남 진주에서
염기식 씀.

---

[1] '가르침의 교실'은 성장 과정에 있는 청소년들의 발달적, 행동적, 가치관적 특성을 직접적인 교감과 관찰과 인도를 통해 경험한 것이므로 청소년기의 본성 규정은 물론이고, 인생 전반에 걸친 인간 본성 규정과 인생 원리 판단에 있어 근거를 제공함.

스승님의 은혜

   평생 제자를 가르친 교사이기 이전에 학창 시절, 갈 길 몰라 헤매는 이 부족한 제자에게 그야말로 먼 시공을 초월하여 바름의 길, 가치의 길, 영광스러운 교직의 길을 걷도록 인도해 준 나를 가르쳐 주신 모든 분, 그분들 **스승님의 은혜**에 깊이 감사드리면서 제자 사랑에 혼신을 바친 이 땅의 선생님께 이 책을 바칩니다.

여는 '가르침의 교실' 문

새날 새해 새 시대

경자년 새날이 밝았다.
새날은 설렘으로 맞이하는 것이다.
배움을 경이로움으로 느끼는 자
진실을 볼 수 있는 눈을 가진 자
말 없는 자연과 우주의 소리를 들을 수 있는 자
사물을 새롭게 볼 수 있는 감수성이 예민한 자
새날을 설렘으로 맞이할 수 있다.

자신이 지닌 가능성을 무궁한 보화로 여기는 자
잠재성을 지상의 어떤 보화와도 바꿀 수 없는 가치로 일구는 자
살며 사랑하며 배우며
앞날이 누구보다도 먼저
스스로에 의해 기대될 수 있도록 소망을 가꾸는 자
새날을 설렘으로 맞이할 수 있다.

경자년 새해가 떠올랐다.
새해는 희망찬 기대로 맞이하는 것이다.
사려 깊은 행동, 성심을 다하는 자세
진리인, 가치인, 세계인으로서 정진하는 자

새해를 희망찬 기대로 맞이할 수 있다.

주어진 일에 최선을 다하고 삶에 충실한 자
부여된 존재의 비밀을 하늘로부터 제공받을 수 있다.
자신의 존재 가치를 알고 하늘의 뜻과 命을 깨우쳐
세상 위에서 진리와 함께하는 자
그런 사명자
새해를 희망찬 기대로 맞이할 수 있다.

경자년 새 시대가 열렸다.
새 시대는 위대한 꿈과 포부로 맞이하는 것이다.
내일을 위해 씨를 뿌리고
열린 마음으로 때를 준비하는 자
새 시대를 위대한 꿈과 포부로 맞이할 수 있다.

인류의 4대 성인은 스스로 기록한 글을 하나도 남기지 않았지만
스승은 위대한 제자를 만나 위대한 스승이 되었고
제자는 위대한 스승을 만나 위대한 제자가 되었다.
그렇게 이룬 역사의 터전에서 인류 문명의 이상적인 맹아가 움
텄다.
스승의 가르침은 세대를 앞서고 시공간을 넘나든 삶의 지혜이나니
스승의 가르침을 공경으로 받들고 믿음으로 따르는 자
온 인류가 원하는 새 시대를 위대한 꿈과 포부로 맞이할 수 있다.
항상 노력하고 탐구하고 배움의 자세를 견지하는 자
새날, 새해, 새 시대를 온몸으로 맞을 자격을 가진다.

이웃과 민족과 인류 사회가 원하는 참된 봉사자가 되리라.
새 시대, 새 역사, 새 문명 하늘을 여는 역할을 감당하리라.

스승의 사명, 가르침의 본분

지음받은 인간은 태어난 순간 모든 진리성을 간직했지만, 세계를 알고 진리를 알고 본성을 알고 자각하는 데는 한계가 있다. 그래서 인류의 스승은 하늘로부터의 가르침에 귀를 기울인 天敎를 받들었다. 인간은 다 알지 못하기 때문에 배워야 하고, 혼자 알 수 없으므로 가르침이 있었다. 누가 神의 뜻을 아는가? 계시된 역사가 있었고, 누가 天의 본질을 아는가? 진입할 수 있는 깨달음을 구했고, 누가 자연의 역사를 아는가? 앞서 탐구한 스승의 가르침이 있었다. 주희는 격물치지론에서 모든 사물에는 理가 있다고 하였는데, 이것은 만인이 배워야 하는 당위 이유이기도 하다. 그 理를 깨우치는 데 가르침의 도움이 필요하다. 왜 理가 존재한 것인지 理 자체는 깨칠 수도 있지만, 그것이 어떻게 존재한 것인지는 앞서 경지에 도달한 스승의 가르침이 있어야 한다. 만인이 격물해야 함에, 왜 격물해야 하는지 추구 목적과 이유를 밝혀 선도하는 데 스승의 역할이 있다. 인간의 본성을 통찰하기 위해서는 인간의 본래 모습을 보아야 하는데 스스로는 볼 수 없음에, 스승이 먼저 보이고 길을 인도해야 한다. 본래의 모습을 볼 수 있도록 조력해야 한다.

'가르침'은 올바른 인간 육성을 담당한 인간 교육의 위대한 목적을 실현하는 정통적 방법이다. 우주의 혼이 가르침을 통해 교감되고 전수되고 일깨워 새롭게 창조된다. 인간은 능력을 갖췄지만 혼자서는 터득하기 어려우므로 교육이 필요하고, 오랜 전통을 이은 사회적, 문화적 환경 속에 살고 있어서, 그런 전통과 경험과 지혜를 선취한 스승으로부터의 배움이 있었다. 아버지, 어머니는 나를 낳고 양육하여 주셨지만, 그렇다고 인간다운 인간이 되는 것은 아니다. 반드시 **스승으로부터의 배움이 있어야 바람직한 인간이 된다.** 의·식·주는 부족함이 없다고 해도 가르침이 없으면 인간다운 삶이 무엇인지 알기 어렵다.

길을 알아야 길을 갈 수 있다. 인간을 바르게 육성하기 위해서는 먼저 참 진리가 무엇인지 알고 가르쳐야 한다. 이것이 교육의 기본적인 원리이다. 일찍이 위대한 스승은 인류의 정신적인 성취 목표인 참 진리를 알고, 참 진리를 깨닫고, 참 진리를 구하는 방법을 구하기 위해 진력하였나니 그 이유는 참 진리, 그곳에 인류가 나아가야 할 근원적인 길이 있기 때문이다. 길, 즉 **道를 깨치게 하는 것이 교육의 궁극적 목적이다.** 가르침이 인간의 영혼을 고무하는 신성한 작용이 되기 위해서는 지식의 전달이 아닌 진리와 연계시켜야 하고, 가치성을 일구어 인간이 이루고 가야 할 영원한 구원상을 제시하여 신념 어린 혼을 불어넣어야 한다. 그런 근원을 향하여 태어나 직면한 자아와 세계에 대해 무지를 극복하고, 삶의 정열을 바칠 수 있는 길과 가치를 찾는 것이 인생을 구원하는 길이고, 이런 길을 선도하는 것이 가르침의 역할이다. 인생길의 맹목성, 나태성, 무의미성, 무목적성을 벗어나 진리에 근거한 正道를 찾는 것이 삿된 욕망에서 벗어나 참 세계로 귀의하는 길이다.

스승은 진리에 대해 믿음을 가지고 가르쳐야 하며, 그 가르침에는 그만한 진리적 요소가 내포되어 있어야 한다. **진리를 가르침은 인생의 근본을 세우는 교육의 위대한 작용이다.** 스승은 진리를 알고 제자를 가르칠 수 있는 자격을 갖추었다. 대개 성현은 그런 가르침의 길을 연 교사이거니와, 존경받는 스승의 반열에 오른 것은 치열한 노력과 자각으로 진리에 근접한 인식 세계를 펼쳐서이다. 부처님은 깨달음을 얻었기 때문에 無明에 휩싸인 중생에 대해 설법의 당위 근거와 사명을 지닐 수 있었다. 그렇다면 현 교사가 지닌 가르침의 당위성은? 교과에 대한 전문적인 식견과 학습 원리에 대한 깊은 이해가 있어야 하는 것은 물론이고, 인간 본성에 대한 자각과 인생 본질에 대한 성찰이 있어야 한다. 스승은 가르침을 통해 진리를 일구는 존재자로서 평생을 진리와 함께, 제자와 함께해야 한다. 제자 눈에 비친 스승의 참모습은 항상 진리를 추구하고, 항상 진리와 함께하며, 항상 진리 세계를 선도하는 자로서의 모습이다. 스승은 먼저 진리를 上求한 길을 걷고, 그다음 제자를 선도할 下化의 길, 곧 가르침의 혼을 불살라야 한다. **배움 없는 가르침은 없나니, 배움이 깊어야 가르침도 깊어진다.**

올바른 인간을 육성하기 위해서는 올바른 인격을 육성해야 하고, 올바른 인격을 육성하기 위해서는 올바른 진리를 가르쳐야 하며, 이런 조건을 충족시키기 위해서는 스승과 제자 간에 신념, 가치, 의지에 대한 인격적 교감 관계를 형성해야 한다. **인간 됨을 가르치는 스승은 그 인간 됨의 정립本을 손수 보이는 가르침이 선행되어야 한다.** 그만큼 인격을 갖춘 스승의 가르침은 원천적인 인간 육성 원리이고, 목적을 가진 인간이게 하는 **인류 교육 원리**이다. 자기 주도적인 탐구 원리나 배움 중심 학습지도 등도 인간을 형성하는 교육 원리이기는 하지만, 그것은 자칫 자기 가치관에 매몰될 수 있는 우려를 남긴다. 오직 인격적 교감을 통한 가르침과 대화를 병행한 신념과 사랑이 함께해야 인간의 영혼이 깨어나고 인격에 변화가 일어난다. 영혼의 일깨움과 감화가 스며든다.

흔히 교사는 자신이 옳다고 생각한 규정 틀 안에 학생의 행동 전반을 억지로 틀에넣어 재단하는 것이 교육이라고 생각하는데, **가르침의 숭고한 사명은 미성숙한 학생을 깨우치기 위해 노력하고, 갈 길 모르는 제자에게 장래를 밝힐 길을 인도하는 것이다. 교육은 진리로서 인간을 본연의 길로 인도해야 하나니, 그 주도적 안내자가 인격을 갖춘 스승이다.** 스승과 제자는 진리를 향해 나아가고 공동의 목표를 성취하는 동행자이다. 그런 사제동행 속에서 진리에 대한 교감과 인격에 대한 공감이 형성되어 인간 됨에 대한 本과 선도가 자연스럽게 이루어진다. 진리와 인간 됨에 대한 가르침이 배제된 사제관계란 있을 수 없다. 과거에는 여기에 대해 공감이 있었다고 본다. 그런데 그런 전통을 보전하고 일구고 전수해야 할 학교 현장에서 진리라는 단어가 사라지고, 진리를 추구하는 전통이 사라지고, 인격적 가르침이 사라진 것은 개탄할 일이다.

우리는 **지식의 근본을 깨우치고, 도리의 근본을 깨우치고, 은혜의 근본을 깨우쳤을 때 교육의 근본을 세울 수 있다.** 존립하는 자가 지켜야 할 세상에는 인간 도리에 관한 규정이 있고, 이치가 있고, 관계가 있다. 인간성은 인간의 기본적인 자아 형성과 맞물려 이웃과 사회와 세계와의 원활한 교감 관계를 통해 이루어지는 만큼, 여기에는 반드시 지향해야 할 인생 목적에 대한 지침과 本과 인생 길에 대한 자각, 곧 가르침의 역사가 있어야 하고, 그것은 학교 현장에서 제자와의 교감 관계를 통해 이루어야 한다. 갈길 모르는 학생에게 장래를 열 길을 가리키고 보여 헤쳐 갈 힘을 길러주는 것이 교사로서의 사명이고, 가르침의 교육적 역할이다. 교사가 스승으로서 행해야 할 신성한 책무이다. 왜 교직은 천직이며 성스러운 본분인가? 인류의 영혼을 본향으로 인도하는 하늘로부터 부여받은 사명직인 탓이다.

인간성이 황폐해지고 현대 교육의 위기를 유발한 근본 원인이 어디에 있는가? 근본적인 문제점은 학교 현장에서 이루어지는 가르침이 인간의 본성과 크게 어긋나서이다. 자고로 가르침은 스승이 주도적이다. 진정한 혼을 뒷받침한 가르침이 배움의 장을 주도해야 교육이 지닌 목적 원리가 작동된다. 현대인은 교육을 통하여 보편적인 진리, 궁극적인 진리, 인간 본연에 도달할 구원의 진리를 안내받지 못하고, 알려고 하지도 않고, 가르치려는 자도 없다. 여기에 현 교육이 낳은, 서양의 주지주의 사상에 매몰된 인간성 황폐화의 원인이 있다. 그렇게 해서는 미래 사회에 교육을 통해 이룰 희망을 기대할 수 없다. 진리의 가르침 부재가 주된 원인일진대, 오직 **스승만이 가르침의 혼을 부활시켜 인간성을 회복할 수 있으리라.**

사회 곳곳에서 엽기적, 반인륜적인 사건이 반복해서 일어나는 이유는 오직 한 가지, 인간은 태어났지만 끝내 가야 할 곳을 모르고, 자신이 태어난 근본을 모른 탓이다. 이것이 교육의 핵심적인 가르침의 주제이고, 오늘날의 인류가 깨우쳐야 하는 과제이다. 전통의 유교 사회에서는 경서의 스승과 인사의 스승을 구분하였는데, 오늘날은 학문을 가르치는 선생만 있을 뿐 인간 됨(인사)을 중점에 둔 스승은 없다. 교육은 더 이상 인간 퇴락의 길을 방치할 수 없나니, **천직을 수행하는 스승은 인간을 바르게 육성하고 선도해야 할 책임이 있다.** 어떻게 인간을 가르쳐 본성을 완성할 수 있게 할 것인가에 대해 구체안을 가져야 한다.

교육으로 인간성을 회복하기 위해서는 결국 인류를 이끈 위대한 성현의 가르침에 귀 기울이지 않을 수 없다. 교사는 그 성현의 교육적 방법과 뜻을 헤아리고 가르침의 뜻을 재해석하여, 펼친 말씀이 왜 진리이고 이 땅에서 구현해야 할 참가치인지를 통찰해야 한다. 그래서 향후 인류가 지향해야 할 교육 역시 동양인이 추구해서 성인이 되고자 했던 목적으로 되돌아가야 한다. 왜냐하면, 그곳에 진정한 인간성 회복과 인류가 하나로 나아갈 본향이 있기 때문이다. **영혼을 고무하는 가르침, 그것이 바로 위대한 성현의 가르침이다.** 예수의 뜻을 헤아릴진대, 예수는 세상을 향해 무엇을 가르치고자 하였을까? 회개하라, 천국이 가까웠다고 하였나니, 하나님의 뜻과 하나님이 부여한 사명을 전하고자 하지 않았겠는가? 부처의 뜻을 헤아릴진대, 부처는 중생을 향해 무엇을 가르치고자 하였을까? 근원 바탕인 法을 전달하고 깨닫게 하려고 하지 않았겠는가? 소크라테스의 뜻을 헤아릴진대, 소크라테스는 아테네 시민을 향해 무엇을 가르치고자 하였을까? 시민의 무지를 일깨워 진정한 앎의 세계로 인도하고자 하지 않았겠는가? 오늘날 교단에 선 선생님이 학생을 가르치고자 할진대 무엇을 가르치고자 하겠는가? 진리가 무엇이고 배움이 무엇이며 바른 인간이 무엇인지를 가르치려고 하지 않겠는가?

|목 차|

웅천, 초임의 시절(1년)
진해동중학교
(1984. 3. 1.~1985. 2. 28.)

1984학년도: 1학년 담임

제1장 길을 가며

진해 성내동에 있는 진해동중학교는 교직에 첫발을 내디딘 초임 근무지이다. 1981년 2월, 경상대학교 사범대학 체육교육과를 졸업하고 R.O.T.C. 19기로 임관함과 동시에 28개월간 군 복무를 하였다. 그리고 1983년 6월 31일, 소집 해제를 하고 보니 임용이 적체되어 있었다. 모교에서 정구부 코치를 맡는 등 8개월을 기다리다가 1984년 3월 1일 자로 발령을 받았다. 첫 초임지 시절을 기억할진대 내가 받은 어머니의 사랑은 무궁하였다. 나를 따라와 밥을 해 주었고, 결혼한 뒤에는 손녀를 키워주셨다. 20대 후반에 다닌 이 초임지를 40대 후반에 우연한 기회로 다시 찾았는데, 옛날 다니던 길이 크게 달라졌고, 학교 모습도 그러하였다(2005년 폐교). 그리고는 정말 못 견딜 만큼 저리는 가슴의 쓰라림에 눈시울을 적셨다. 그 시절에는 어머니도 함께하셨는데 지금은 어느 하늘 아래서도 뵐 수 없다. 나는 3남 2녀 중 막내로 태어나 아버지는 중3 때 병환으로 돌아가셨지만, 막내로서 어머니의 사랑을 독차지하며 무난하게 성장하였다. 4살이 되어서도 놀다가 집에 와 마루턱에 앉아 젖을 먹었던 기억이 생생하다.

평생 체육 교사로서 운동장에서 제자와 함께한 것은 성장기인 학창 시절부터 운동에 입문한 탓이다. 초등학교 5학년 때부터 육상 선수로 학교와 지역 대표로 출전하였고, 중학교에서는 이런 모습을 지켜본 체육 선생님의 권유를 뿌리치지 못해 정구를 시작, 2학년 때 제1회 전국소년체육대회 경남 대표가 되었다. 고등학교도 특기생으로 진학하였고, 전국대회 입상 실적을 근거로 사범대학 체육교육과에 진학하였다. 대학교 2학년까지 경기 실적을 내었지만 학년 말, 학군단에 입단하면서 선수 생활은 그만두었다.

　성장기 대부분을 운동장에서 검게 탄 얼굴로 보내야 했다. 그런데도 지금까지 책을 손에 놓지 않고 진리를 추구하는 삶의 자세를 견지한 것은 모종의 계기와 발심 탓이다. 중학교 2학년 때까지는 결손된 수업을 따라갈 수 있었지만, 중3이 되면서부터는 점차 어려워졌다. 그래도 시험으로 고등학교에 진학하고자 하였는데, 그런 의도마저 도중에 가로막혔다. 결국, 특기생이 되었고, 한 해에 전국대회를 5번 이상 출전하는 상황에서 학과 공부는 포기하고 말았다. 그렇지만 가능한 여건 속에서 책을 놓지 않은 것은 초, 중학교 때 함께 공부한 친구들의 성공담을 지켜보면서 일종의 보상적인 심리작용이라고나 할까? 친구들이 공부할 때 나는 운동장에서 땀 흘린 만큼, 놓쳐 버린 공부 시간을 채워나가고자 했다. 이런 각오로 고1 때부터 독서를 병행하여 운동 외의 시간은 거의 책을 읽는 데 바

진주 고교 3학년

쳐 지적 영역을 확장해 나갔다. 결과론적이지만 당시의 주어진 교육과정에 충실한 일반 학생이었다면 무량한 形而上學의 세계에는 발을 내딛지 못했을 것이고, 오늘과 같은 사상적 씨앗을 배양하지 못했으리라. 한동안은 잃어버린 학창 시절을 두고 후회하였지만, 그를

통해서 오히려 주체적인 배움의 길을 텄다.

　돌이켜 보면 이 같은 진리 추구 기반의 터를 닦는데 타력으로 임한 운동선수 생활이 밑거름되었다는 것은 아이러니하다. 운동을 하면서 떠오른 생각을 메모하는 습관을 지녔는데, 이것은 어떤 상황에서도 무형인 세계와 교감할 수 있는 직관력을 길렀다. 운동 자세의 합리적인 발견과 기능 향상에 대한 인식, 아하! 이렇게 하니까 잘되는구나! 게임의 작전에 대한 창의적 구상 등등 전혀 예상치 못한 상태에서 포착한 각성 세계란 실로 무궁무진하였다. 비록 몸은 고단해도 이런 태도는 독서에도 적용되어 떠오르는 생각을 틈틈이 기록하였다. 그래서 고3 때부터는 인생 전반에 걸쳐 작정한 소정의 길을 출발할 수 있었다.

　선수 생활로 보낸 고등학교를 졸업하고 대학 생활에서 접한 학문의 세계는 신선한 충격이었다. 철학, 문학, 종교, 역사 등에 대해 비상한 관심을 가졌고, 세계와 연계해 길을 추구한 자유를 만끽했다. 이런 철학적 사색 과정을 거쳐 신념 면에서 획기적인 전기를 이룬 것은 군 복무를 하면서부터였다. 수색소대장으로 근무하다가 연대로 파견 근무를 명받고 공세적인 부대원 육성을 목표로 "악돌이 훈련단"을 창단해 교관으로 복무하고 있을 때, 주관적인 판단이기는 하지만 지금은 사명감으로 굳혀진 "부름"의 역사를 경험하였다. 이를 통해 무량한 영적, 형이상학적 세계가 있다는 것을 실감하였다. 그래서 결국 이런 진리 작용 세계를 형상화할 수 있는 저술 활동을 인생의 추구 방향으로 정했다. 하지만 군 복무를 마치고 발령을 기다린 기간에도 부여받은 사명에 대한 인식은 지극히 회의적이라 정말 하늘이 부여한 책무인지 의심하였다. 불안과 고뇌를 더한 마음 상태에서 발령이 나고 초임지로 갔는데, 담임에다 주당 28시간의 수업, 갑자기 쏟아진 생소한 업무들을 접하자 도저히 감당할 수 없을 것 같은 부족함을 느꼈다. 이런 환경 속에서는 생명처럼 여긴 길의 사명, 곧 저술 과제를 수행하기 어렵다는 절망감이 엄습했다. 이왕 "포기할 것이면 빨리하자." 결심을 하고 근무한 지 한 달도 안 되어 사표를 내고자 동갑내기 동료 교사에게 뜻을 밝혔다. 깜짝 놀란 동료는 자신도 처음에는 그런 마음을 먹은 적

악돌이 훈련단 교관

이 있다고 하면서 관심을 보여주었다. 많은 대화를 나누었고 어려운 문제가 생기면 앞장서 도와주었다. 정말 포기하였는데 하늘은 귀한 인생 구원자를 예비해 두었던가 보다. 인생과 사명 문제로 방황하고 고뇌에 찼던 초임 시절, 마음을 튼 동료 교사가 곁에 있어 오늘날 교사로서 소임을 다하고 정년을 맞이하였다. 소중한 인연과 북돋아 준 용기와 격려에 대해서 지금은 어디를 보고 고개 숙여 감사해야 할까?

진해동중학교는 남녀 공학이고 체육 선생님이 한 분 더 계셨지만 새 학년부터는 신입생 수가 줄어 자청해 내신을 내었는데 관내인 동진중학교로 발령이 났다. 젊음의 고뇌와 방황을 한껏 안긴 초임지, 그리고 어머니와 함께해 잊을 수 없는 진해동중학교를 1년 만에 떠났다.

제2장 생각하며

– 교육 단상

1. 인연을 맺었던 첫 제사들은 안타깝게도 사진 한 장 남아 있지 않고, 추억에 대해서도 기록을 되찾기 어렵다. 하지만 이때도 길은 추구되어 교직에 대한 기대와 임할 자세와 가치에 대한 흔적은 남겼다. 선수 생활을 한 탓에 교사가 되리라는 것은 꿈도 꾸지 못했다. 대학에 진학하고 나서야 졸업하면 체육 교사가 된다는 사실을 알았고, 그때부터 인간에 대한 이해와 교육적인 가치를 일깨우고자 하였다. 교사로서 임할 교직 세계에 대해 기대하고 마음가짐을 다져 나간 대학 4년간은 교사로서 거듭나기 위해 알을 품은 내면의 성장 기간이었다. 부설중학교 근무 시절, 국립대학을 나와도 임용이 보장되지 않게 되자 자포자기 상태로 실습에 임하는 사범대학생을 보았다. 교직은 천직인 만큼 국가는 교사로서 행할 바 자질과 철학을 갖출 수 있는 정신적 숙성기를 특별히 보장해야 한다. 그것은 평생을 바쳐 봉직한 교사로서 현 제도권과 사회에 던지는 제1 혁신안이다.

2. 최상단에서 솔직한 판단만이 위선과 후회에서 벗어나는 제일 방법이다.   -1976

3. 가만히 있어도 되는데 꼭 일어서 걸어야 하나? 그냥 걸어도 되는데 꼭 뛰어서 가야 하나? 가야 하나? 가야 하네 자네는! 한 삶이지만 영원을 산다는 인생 속에서도 목표를 향해, 가야만 하나?

가야만 하네 자네는! -1977

4. 우리가 인생을 참되게 살아간다고 느낀 순간은 인생에 목적이 생길 때다. -1977

5. 왜 사람은 성실을 강조하는가? 성실만이 인생을 책임지고, 자신을 책임질 수 있기 때문이다. -1977

6. 타고난 재능이 부족한 사람은 주위 사람의 도움을 받아 인간으로서 인간다움을 키울 수 있지만, 이러한 영향조차 입지 못하는 사람은 스스로의 노력으로 재능을 계발시켜 나가야 한다. -1978

7. 인간은 자기에게 주어진 위치를 지켜나가야 할 책임과 사명과 의무가 있다. 인간사의 불가사의는 이런 위치의 이탈에서 오는 충돌에 불과하다. -1978

8. 세상에서 가장 가치 있는 것은 인간에게 길을 인도하는 것이다.
-1978

9. 따뜻한 봄날에 씨앗을 뿌림은 풍성한 계절에 기쁨도 잠시, 연후의 매서운 겨울에 양식을 얻기 위함이듯, 인생에 젊음이 있음은 불붙는 정열에 환희도 잠시, 연후의 어두워진 인생을 밝힐 기름을 마련하기 위함이다. -1978

10. 아예 고난을 두려워하고 피하려는 자에게 참된 삶의 가치는 주어질 수 없다. -1978

11. 진리는 보편적인 만족으로부터 시작하여 영원성의 한계를 인식함에 있으며, 진리의 길은 의문점을 찾아 의문된 점을 끝없이 의문하는 과정이다. 주관보다 객관보다 회의로운 인간의 이지(理智) 속에 비친 인식이 참 진리이니, 진리는 회의하므로 더 이상 의심할 수 없는 사실이다. 진리는 상대적인 것이 아니며, 진리를 수호하려는 인간성에 의해 절대적이다. -1978

12. 길은 가고자 하는 자의 것이며, 길은 반드시 이루어질 때까지이다. -1979

13. 인생에 있어서 오늘처럼 인간을 가르치기 위한 배움의 시기가 있음은 중요하다. -1979

14. 교육에 뜻을 일구어 한 알의 밀알을 뿌림은 평생에 단 한 번만이라도 진정한 빛을 볼 수 있게 하기 위함이다. -1979

15. 행할 수 있게 하는 것이 최선의 교육이다. 그리고 이를 위해 동기와 가치와 목적과 의의를 진작시켜야 한다. -1979. 10.

16. 인간은 인도될 수만 있다면 숭고한 본질로 정화될 수 있다. 인도자만 있다면 세계는 선도될 수 있다. -1979

17. 진정 슬기로운 자는 미래 속에 산다. -1979

18. 나는 앞으로 교직에 몸담을 것이다. 이 이상의 사회적 지위를 원하지 않는다. -1980. 3.

19. 교육을 위해 자신을 준비하다. -1980. 4.

20. 복된 가르침은 세상에 사랑을 주고 믿음을 주고 소망을 준다. -1982. 8.

21. 참다운 삶의 추구 속에 지위와 명예와 영광이 있지, 지위와 명예와 영광 속에 참다운 삶의 길이 있는 것이 아니다. -1982

22. 오늘날 대부분 청소년이 참된 인생길을 찾기 전에 세상의 풍조 속에 정신이 침식되어 버리니, 어떠하든 나는 이런 문제를 해결하는 교사가 되어야 한다. -1983. 8. 25.

23. 내 사랑의 대상을 제자에게 두어야 한다. 가야 할 길과 이루어야 할 세계가 그러하다. 나에게는 사랑이 있으니 그 의와 진실과 소망을 그들에게서 찾고, 길과 세계를 그들로부터 구하자. 교직은 천직이다. -1984. 9. 25.

2막 교실

진해, 벚꽃의 시절(2년)
동진중학교

(1985. 3. 1.~1987. 2. 28.)

1985학년도: 1학년 담임, 육상지도, 교육감 표창
1986학년도: 3학년 담임

제3장 길을 가며

동진중학교는 조례대 위로 드러누운 소나무가 일품이고, 옛 전설을 한껏 품은 천자봉이 아득하게 보이는 곳이다. 개교 2년 차에 접어든 신설 학교로 1학년은 13개 학급인데 신입생 담임을 맡았다. 진해는 일제 식민지 시절, 일본인이 군항으로 개발한 계획도시라 현재도 큰 불편함이 없을 정도로 도로 폭이 넓었고, 그때부터 심기 시작한 벚나무가 4월 초면 만개해 전국적으로 상춘객이 몰려든다(군항제). 학교에서도 이때쯤이면 봄 소풍을 갔는데, 지명은 잊어버렸지만 푸른 바다를 배경으로 흩날리는 벚꽃 아래서 찍은 사진이 추억을 되살린다. 이듬해에는 3학년 담임을 맡았는데, 밤 10시까지 자율학습을 감독하고, 매달 치르는 모의고사 통계와 분석 등 휴일과 방학 때도 학생을 불러 진학에 대비했다. 스승의 날에는 출입이 통제된 해군사관학교 가든파티에 초대되기도 하였다. 아름드리 벚꽃 가지가 해안을 따라 늘어졌는데, 제일 경치 좋은 곳에 군부대가 있다고 생각하였다. 당시 진해는 해군사관학교, 해군사령부, 육군대학 등 장성급, 영관급 장교가 많아 부사관 자녀와의 진학 경쟁이 치열하였다.

이때도 어머니는 학교 근방에 방을 얻어 놓고 불철주야 챙기셨다. 학교생활이 안정될 즈음 접어두었던 저술 과제를 다시 고민했고, 더 이상 지체할 수 없다고 판단하여 뜻을 펼치기로 하였다. 정리해 둔 원고는 계속 교정하고 있었지만, 소도시인 진해에서 전국 독자를 대상으로 책을 낸다는 것은 쉽지 않았다. 조건을 갖춘 출판사를 찾아야 했고 비용도 문제였다. 자비 출판으로 각고 끝에 계약을 하였는데, 군 복무 시절 모은 돈과 초임 때부터 받은 월급을 모두 쏟았다. 옆에서 만류하시던 어머니 말씀이 아직도 귀에 생생하다. "얘야, 그 돈 다 써 버리면 장가는 언제 가?" 이때 나이 29세, 친구들은 대부분 결혼한 시절이다.

우여곡절 끝에 생애 첫 책은 동진중학교로 부임한 해에(1985년) 『길을 위하여(아가페, 국판, 526면)』를 큰 기대를 하고 펴냈다. 하지만 세상 반응은 탐탁지 않았다. 인생길에서 받은 좌절과 고통 중에는 이처럼 길에 대한 실망이 대부분을 차지한다. 세상과의 교감은 실패하였지만 연이어 1986년에 『길을 위하여(2)』를 4.6배판 인쇄본(128면)으로 엮어내었다.

이렇게 근본적인 고뇌는 어느 정도 해소하였지만 연만한 어머니를 위해서, 길을 통해 예시한 진리 통합 과정을 수행하기 위해서는 새로운 환경이 필요했다. 고향 가까이만 가면 된다는 생각으로 몸을 던졌는데, 의도와 달리 초계중학교(합천)로 발령이 났다.

제4장 **가르치며**

1986학년도, 동진중학교 3학년 4반 담임

1. 학급문집 "벗" 서언

아침 공기를 가르고 운동장을 돌아들어 교실 문을 열고 들어서니 학생의 재담 소리가 가슴을 엔다. "웬일일까?" 얼마 안 있으면 다시 듣지 못할 합창이기에 갑자기 숙연한 기분을 준다. 사람은 떠나도 여러분의 발자취, 그 인정의 향취는 가슴 속에 영원히 남는 것, 그 소중한 추억을 이 시절이 지나기 전에 조그만 문집에 담아 먼 훗날의 그리움으로 삼고자 한다.

2. 성실

성실은 인간이 하늘의 道에 이를 수 있는 정성의 길이며, 하늘의 품성을 빼어난 근본 된 삶의 자세이다.

3. 양심의 승리

정직은 마음의 진실이고, 자신의 마음이 불의와 타협하지 않으려는 참다운 노력이다. 우리는 태어나면서 부여받은 소중한 가치에 대한 인식이 있다. 우리는 선악이 무엇이고, 선하고 악한 행위가 어떤 것인지를 알고 있다. 그런데도 주위를 둘러보면 사회악이 있고 잘못을 저지르는 사람이 있는 것은 정말 그들이 선악을 알지 못해서일까? 사람이 악하게 되는 것은 누구나 가진 판단력으로 선의(善意)와 중은(重恩)의 가치관 위에 서려는 성찰과 수양이 부족한 탓임을 지적하고 싶다.

다음의 글은 급우 ○이가 저녁 늦게 자율학습을 마칠 즈음 찾아와 고백한 내용이다. 읽어보니 글을 쓰기까지 얼마나 양심의 괴로움이 있었고, 또 바른 양심 위에 서기 위해 노력했는가 하는 것을 알 수 있었다.

선생님, 저는 큰 잘못을 저질렀습니다. 제가 말로써 말씀드리기에는 너무 죄송스러워 글로 씁니다. 선생님, 이번 모의고사에서 141점 받지 않았습니다. 원래는 101점입니다. 그런데 ◇이가 마음대로 올려버렸습니다. 저는 시험을 잘못 쳐 후회하고 있었는데 ◇이가 "○이 누구냐?" 하고 불렀습니다. 영문도 모르고 나가 보니 ◇이가 마음대로 성적을 올렸다고 하였습니다. 이 사실을 선생님께 말씀드리려고 했는데 ◆이, ●이가 성적에 들어가지 않으니 그냥 두라고 했습니다. 그래도 다음날 말씀드리려고 했는데 ◇이의 주먹이 두려워 그냥 있었습니다. 그래서 다음에 공부를 열심히 해서 140점은 안 돼도 130점은 얻어 보자고 여름방학 내내 노력한 결과 방학 중 친 시험에서 133점을 받았습니다. 그러나 이번에는 본격적으로 평가되는 시험이라 열심히 했습니다만 오히려 하락! 아무래도 140점 이상은 무리인 것 같습니다. 선생님, 저의 가짜 점수인 141점을 101점으로 고쳐주십시오. 선생님 몰래 약간(한두 문제 정도) 눈을 돌린 적은 있지만, 지금은 제 실력으로 치고 싶습니다. 선생님, ◇이에게 아무 말도 하지 말아 주세요. 선생님과 저와의 이야기로 끝내고 싶습니다. 저도 이렇게 선생님께 말씀드리고 나니 마음 놓고 공부할 수 있겠습니다.

4. 偉, 勇, 愛, 智, 信

큰 꿈을 가지고 늘 가슴에 의로운 뜻을 일구어라. 여러분의 장래를 염려한 담임이 인고를 다 해 얻은 합격의 영광을 축하하며……

- 기고문

이상을 가지자

▣ 서론

여러분은 태어나면서부터 지금까지 참으로 많은 것을 배웠습니다. 그러면서도 여러분 중에는 자신이 왜 배워야 하는지에 대한 정당한 목표와 타당성에 대해서는 별로 생각해 보지 않은 학생이 있는 것 같습니다. 그런데도 배움은 중요하고, 배움보다 더 중요한 것은 없습니다. 학창 시절에 모색해야 할 인생의 과제 중 하나는 바로 '나는 왜 공부하는가'에 대한 의문과 배움에 대해 참다운 가치를 생각하는 데 있습니다. 이런 생각을 정리하다 보면 '무엇을 위해 공부하는가?'라는 현실적 의문에 도달하고, 여기서 비로소 자신에게 '그 무엇'을 충족시킬 수 있는 진정한 꿈과 포부와 이상이 있어야 한다는 것을 느낄 것입니다.

▣ 이상은 무엇인가? (필요성)

지금 여러분이 공부하고 있는 이유는 창창한 장래가 있기 때문입니다. 그 장래를 위해 오늘도 내일도 열심히 공부해야 합니다. 그런데 여러분에게는 과연 어떤 장래가 있습니까? 도대체 어떤 장래를 위해 공부해야 한다는 것입니까? 지금 여러분에게 당면한 과제는 그 장래를 위해 꿈을 키우는 것입니다. 그렇습니다. 여러분, 청소년 시절은 꿈을 키우는 시절입니다. 높은 뜻과 이상을 가지기 위해 공부해야 합니다. 꿈은 하루아침의 생각으로 주어지지 않습니다. 끊임없는 수련과 성찰을 통해 잠재의식이 계발되고 빛을 발합니다.

이상은 내 마음의 고향이요 내 의지의 표상이며 내 인생의 빛이려니, 지나온 삶의 무지로운 동경과 청춘의 예외로움은 이로써 발견된 최고의 귀일점이다.

여러분은 나아가고자 하는 필연의 목적이 없어 현실을 불사할 용기를 얻지 못하며, 인생을 참되게 살아간다고 느끼는 순간은 인생에 목적이 생길 땝니다. 진실로 총명한 자는 내일에 행할 바를 미리 결정지어 둡니다. 장래의 인생 설계는 지금 해야 하며, 포부는 지금 다져야 합니다. 사회와 민족, 그리고 인류의 평화를 위해 공헌할 수 있는 인물이 되기 위해 오늘을 준비해야 합니다. 그런데 주위에는 아직 배움에 뜻을 두지 못하고 배회하는 많은 학생을 봅니다. 그것은 어쩌면 꿈이 없는 자의 당연한 귀결인지도 모릅니다.

▣ 청소년의 현 위치

여러분이 당면한 시절은 확고한 신념의 시절이 아니며, 방황하고 모색하는 고민의 시절입니다. 무언가 신비한 세계를 동경하고 꿈꾸며, 내면에서 꿈틀거리는 자아의 욕구를 표출시키기 위해 노력합니다. 기본 질서를 거부하고 반항하면서 자기 세계를 구축하며, 놀랄 정도로 달라지는 신체적 변화에 당황하고, 감수성이 예민하여 이성에 눈을 뜹니다. 한 마디로 생리적, 심리적, 정서적, 사회적으로 성숙하는 시기에 있으며, 이것은 어디론가 비상할 높은 세계를 위해 겪고 있는 인생의 단계적 진통입니다. 커다란 변화와 자각과 충동 에너지가 발동하는 시기에, 슬기와 용기로써 점철된 다각 다방면의 체험과 모험은 얼마나 값진 보물인지요. 청소년 시기는 이러한 구도자적 모색과 탐구가 이루어져야 할 시기입니다. 대기만성(大器晚成)이란 꿈을 키우지 않는 자에게는 결코 적용될 수 없는 인생 원리입니다. 여러분은 큰 그릇이 되어야 합니다. 그러기 위해서는 성장하는 시기에 더욱 큰 그릇을 빚을 수 있어야 합니다.

▣ 학창 시절의 중요성과 당면 과제

그러나 학창 시절은 언제라도 한 곳에 머물러 있지 않습니다. 주어진 시절이 다하기 전에 배움에 대한 제반 기초를 다져 놓아야 합니다. 여러분이 학창 시절에 세운 뜻과 키운 꿈이라는 것은 결국 어느 시기 어느 단계에서는 역경과 가혹한 환경 속에서 시험받게 됩니다. 그때 마음속에 확고한 신념과 의지가 없으면 쉬이 꿈은 허물어져 버립니다. 그만큼 청소년 시절은 절박합니다. 얼마나 많은 청소년이 주위의 호기심과 욕구의 늪을 헤어나지 못하여 깊은 죄악의 길로 빠져 버린단 말입니까? **청소년 시절은 부단히 쉼 없는 자기 증진의 시절이요, 꿈을 키우는 시절이며, 자아와 외계에 대하여 눈뜨는 자각의 시절입니다.** 자기의 현 위치를 파악하고 이 시기의 요구 수준과 당면 과제를 인식해야 하는 갈림길에 선 시절입니다. 진실로 의의 있는 생활관, 인생관, 세계관의 확립은 청소년 시절에 이루어야 할 발달 과업 중 하나입니다. 생존을 위한 투쟁 중에서도 온갖 물질적 유혹과 퇴락을 물리치고 꿋꿋하게 생활을 지켜나갈 수 있는 의지, **참되고 성실하며 진실하게 노력하는 것만으로도 세상을 바르게 살아갈 수 있다는 신념,** 인생의 참다운 가치와 진리를 추구하면서 자신이 하는 일에 대해 보람과 긍지를 느낄 수 있는 태도의 정립은 젊음과 패기만으로 도전하려 드는 청소년에게 주어진 더 선행된 배움의 과제입니다.

여러분, 지금 주위와 사회에 눈을 한번 돌려보십시오. 거기에는 얼마나 어려움을 당하고 있는 많은 이웃이 있습니까? 이들을 위해 의로운 꿈을 키우고 장래를 준비할 사람은 없습니까? 이들을 위해 배움의 길을 열 사람은 없습니까? 여러분은 정말 지금까지 자신만을 위해 생활하였습니다. 먹는 것 입는 것 생각하는 것이 자기만을 위해서였습니다. 그러나 이제 진정 이상을 품은 자는 그런 태도를 탈피합니다. 잠에서 깨어나 더욱 높은 세계를 향해 웅비해야 합니다.

▣ 결론

학창 시절은 정말 꿈 많은 시절입니다. 이 사회 어느 곳 어느 세계에 이 같은 희망과 소망과 비전이 있을까요? **무한한 가능성과 천차만별한 개성과 지상의 빛나는 별들이 모여 있는 자리, 여기서 비상할 웅지는 키워질 것입니다.** 우리는 끊임없이 성찰하고 추구하면 언젠가는 자신에게 나아갈 길이 도래할 것입니다. 이렇듯 이상자는 미래에로의 마음의 문을 여는 예견자가 되고, 어려움을 헤치는 수난자가 되며, 모든 것을 참는 인내자요, 길 가는 수도자가 됩니다. 여러분, 늘 꿈을 키우십시오. 늘 뜻을 일구십시오. 고귀한 뜻을 가꾸고 다듬어 풍성한 열매를 기약하십시오.

장차 세계를 성숙시키고 진정한 결실을 원하거든 이날이 다하기 전에 씨를 뿌리고 젊을 때 모든 것을 준비하십시오.

▣ 후기

위의 글은 사범대학에 들어가고 교단에서 선생님이 되어야 한다는 현실을 인지하고 교직에 대한 가치 판단과 신념을 적어 본 것이다. 교단에 섰을 때 학생들에게 무슨 말을 해야 할 것인가에 관한 연습이라고나 할까? 해묵은 글인데, '벗'을 통해 소개하고자 하니까 나 역시 의미가 새롭다. 나는 학창 시절에 운동을 열심히 했기 때문에 체육 교사가 되었지만, 운동함으로써 그 운동이 구체적으로 장래를 어떻게 열어 줄 것인가는 전혀 생각하지 못했다. 그래서 역설적으로 꿈을 가지지 못한 탓에 교사가 되어서는 학생에게 꿈을 가지는 것의 중요성을 강조하리라고 다짐한 것인지도 모르겠다. 즉, 때 늦은 인생 설계에 대한 통회가 있어 가르칠 제자에게는 꿈을 키우고 뜻을 일구는 것이 배움의 과제라는 것을 강조하리라고 다짐하였다.

사실 인생의 전반을 一生이라고 할 때, 유아기를 지나 자아에 눈뜨는 청소년 시절은 인생의 비전을 위하여 꿈을 키우고 설계를 해야 할 시기인 것은 틀림없다. 그리고 이 꿈의 설계라는 것은 농부가 봄에 씨앗을 뿌리는 것과도 같아 시기를 놓쳐 버리면 결과가 허무로 귀착되어 '초로인생', '공수래공수거'란 낱말을 떠올리게 된다. 그래서 요즘의 교육 지표 가운데 "꿈을 심는 교육"이란 구호도 있지만, 정말 중요한 것은 꿈에 대한 교육적 신념을 정립하는 것이고, 소망을 일구도록 교육의 본질을 현안화시키는 것이다.

우리는 누구나 눈을 뜨고 있지만, 정말은 의식의 눈을 떠야 한다. 오늘도 여러분은 학교를 드나들지만, 그 발걸음이 미래와 연결되어 있고 꿈으로 향하고 있는 것인지는 의문이다. 꿈은 아이러니하게도 두 가지 상반된 의미를 지닌 것 같다. 정말 아직도, 아니 영원히 꿈 속을 헤어나지 못하는 무지를 지칭하고, 반대로 소망 어린 꿈은 자 등명(自燈明)의 진리처럼 세상의 어둠 가운데서도 자신을 인도하는 빛이 된다. 따라서 여러분은 어떤 꿈을 꾸어야 할 것인가? **꿈을 지 닌 여러분은 세상의 고귀한 자산이고 인류의 보배다.** 긍지를 지닌 제자여! 꿈을 키우자! 이상을 가지자! 내일이 아닌 지금부터 위대 한 인생 설계, 장대한 뜻을 일구어 나가자.　　　　-학급문집 "벗"

3막 교실

합천, 드넓은 초계 들판의 시절
(1년 6개월)초계중학교

(1987. 3. 1.~1988. 8. 31.)

1987년~1988년 1학기: 체육 주무 및 보건 업무

제5장 길을 가며

초계중학교는 이전에는 학교 규모가 컸다고 했는데 부임 인사를 하기 위해 학생들이 운동장에 모인 것을 보니 전임학교와는 비교가 안 되었다. 아뿔싸! 왜 이런 곳에 왔는가? 허전한 마음이 들었다.

초계중(30세)

어머니는 큰 형님 집에 모시고 단칸방을 구했다. 식사는 동네의 한 아주머니 집에서 하루 3끼를 해결하였다. 내 나이 이제 서른하나, 어머니의 걱정이 태산과 같았다. 그래서 새해 들면서 마음을 정하고 지인의 소개로 10번 정도 맞선을 보았다. 하지만 인연이 닿지 못했는데, 2학기에 인근 고등학교에 신규로 부임한 선생님이 같이 식사를 하면서 다리를 놓아 주었다. 처음 만난 것이 11월 초순, 3번 정도 얼굴을 보고 상견례 후 결혼 날짜까지 잡았다. 해를 넘긴 1월 2일이었다. 중학교 국어 교사로 고향은 합천 대병, 나와 4살 차이였다. 결혼식 날, 친척과 하객이 이구동성으로 신랑, 신부가 똑 닮았다고 하였다. 77학번 동기들이 34명 졸업하였는데, 뒤에서 4번째였다.

합천은 이순신 장군이 백의종군한 땅이고, 대통령을 배출한 땅이라고 하여 주민들의 자부심이 대단하였는데, 고고한 황매산의 전설이 깃든 이곳에서 진리 통합이란 신성한 과제를 풀기 위해 성심을 다하였다. 대구를 오가면서 두꺼운 사상 전집을 구해 놓고 섭렵하였다. 진리 통합 과제를 완수하고자 한 만큼이나 옮길 생각은 전혀 없었는데, 해를 넘기자 직속 후배가 산청중학교에서 중간 발령이 요청된 것 같다고 하였다. 결혼은 했지만, 진주에서 출퇴근을 못 했고, 또 아내가 임신을 한 상태라 일단 내신을 내었다. 그런데 정말 발령이 났다. 무엇을 위해 초계 땅으로 혈혈단신(孑孑單身) 몸을 던졌던가? 짧은 1년 6개월간이지만 이곳에서 나는 온전히 길을 위하여 정신을 몰입시켰고, 사상적인 난제를 헤쳐 진리 세계를 통합할 원리적인 기초를 다졌다. 그리고 귀하디귀한 평생의 반려자를 만났다.

제6장 생각하며

- 교육 단상

1. 부모가 자녀를 교육하기 위해서는 어떻게 좋은 것을 가르칠까 염려하기 전에 장차 사회와 인류를 향해 빛을 밝힐 수 있는 염원의 공덕부터 쌓아야 한다. 부모가 쌓는 공덕이 자식에게 전달되어 인류의 길을 밝히는 하늘의 공덕이 되리라.   -1987. 2. 22.

2. 중용의 道는 가치적 판단 기준이 인간이 사고로 가늠하는바 의식의 머무름에 있다. 달도와 통한다는 善의 극치인 중용은, 희로 애락이 아직 발하지 않은 천부 본연의 性으로부터, 발하여 절도에 맞는 化의 본질이 인간의 의지 가운데 있다. 즉, 과불급(過不及)이 없는 중용 상태는 過不及이 없게 하려는(조심, 조절하려는) 의지 가운데 있다. 여기서 過不及이 없도록 주어진(부여된) 자체 상태가 性이요, 과불급이 없는 상태를 따르려는 의지가 道이며, 모든 것을 이루려고 한 일련의 수단(방법)이 敎이다.   -1987. 4. 5.

3. 눈물과 실의를 딛고 선 이 교단은 고귀한 삶의 터전이고, 성스럽게 임해야 할 천직이다. 이곳에서 사랑스러운 제자들 앞에서 웃음을 잃지 않고, 꿈과 재질을 가꾸기 위해 노력할 것이며, 그들을 위해 삶을 온전히 헌신할 것이다. 교사로서의 직분을 성실히 수행할 것이며, 주어진 은혜에 보답할 수 있는 사랑의 실천자가 되리라.   -1987. 6. 20.

4. 사회는 이상을 실현할 수 있는 발판이며, 마음의 자유를 호흡할

수 있는 세계이다. 사회를 위해 헌신하므로 정신은 바로 세계 안에서 넘침을 얻는다. 사회는 우리가 알뜰히 가꾸어 나가야 할 공존공영의 세계이지 특정 권력과 제도와 인물로 인하여 구속될 것이 아니다. 사회는 모두의 이상 실현 장소이고, 예외 없이 사회에 헌신함으로써 구원된 자로서의 삶을 얻는다. 구원의 길은 사회로부터 구현될 삶의 의지 가운데 있다. 사회를 위해 헌신함으로써 비로소 生의 의미와 보람을 일군다. 사회는 우리가 살아가는 데 필요한 수단을 제공하는 생산적 터전이기 이전에 정성을 다해 헌신해야 하는 목적적인 가치 세계이다. 만약 세계에 사회라는 구성체가 없다면 인간의 삶은 극히 동물적인 생존의 장으로 전락해 버리고, 인류의 이상적인 정신 기반이 무너지리라. 따라서 우리는 사회에 대해 주인 된 자의 마음가짐으로 가꾸고 개선하고 헌신하기 위해 노력해야 한다.　　　　-1987. 7. 19.

5. 행동함이 결론이며, 실행은 진리의 역동적인 수행 과정이다.
　　　　　　　　　　　　　　　　　　　　　　　　-1987. 8. 24.

산청, 필봉산의 시절(4년 6개월)
산청중학교

(1988. 9. 1.~1993. 2. 28.)

1988학년도 2학기: 체육 주무(중간 발령)
1989학년도 1학기: 1학년 담임
1989학년도 2학기~1992학년도: 교기 테니스부 창단 및 부
                              감독(군 2부), 교육장 표창 4회, 교육감
                              표창 2회
1991학년도: 1급 정교사 자격 취득

제7장 **길을 가며**

촉석루에서

산청중학교는 지역 안에서 역사가 깊은 학교인데 운동장이 작았다.[2] 진주와 산청 간이 당시에는 국도 2차선이 있는데 처음에는 버스로, 나중에는 늦게 운전 면허증을 따 출퇴근하였다. 그리고 10월, 딸 '수지'가 태어났다. 큰집에 계신 어머니가 오셔서 산모와 아기를 보살펴 주셨다.

이곳은 모교 출신인 동기가 학생부 일을 맡고 나는 체육 업무를 전담하였다. 이듬해는 1학년 담임을 맡았는데, 교육청에서 도 종합체육대회에 군 중심학교인 본교가 테니스부를 창단해 줄 것을 원했다. 체육 주무자로서 전공도 비슷해 창단을 추진하였고 2학기부터는 담임 자리를 내놓았다. 초계중학교에서도 체육 교사가 혼자라 담임에서 배제되었었다. 대외적인 행사 추진과 출장이 잦은 탓이다. 이후에도 이런 여건은 크게 달라지지 않았다. 선수를 선발하고 동계훈련을 열심히 한 결과 첫 대회에서 군부 우승을 했다. 체력을 단련시키기 위해 우뚝 솟아 있는 필봉산을 올랐던 일, 전지훈련으로 좁은 진주 집에 합숙하면서 ○여고 테니스장에서 선수들과 땀을 흘렸던 기억이 되살아난다.

2칸짜리 전세방을 얻어 신혼살림을 차렸는데, 딸이 태어나면서 16평짜리 아파트로 옮겼다. 초계 땅에서 이루고자 한 진리 통합 과

---

2) 지금은 통폐합되었고 생초로 이전함.

제를 안고 있었기 때문에 가정을 꾸리고 학교 업무를 추진하는 가운데서도 길은 계속 추구하였다. 그리하여 고대한 진리 통합 과제를 완수하여 1990년, 『길을 위하여 3』(4·6배판, 338면)을 인쇄본으로 엮었다. 이로써 나는 부여된 저술 사명을 완수하고, 세상의 반응을 기대했다. 전국 각 분야의 지성인을 선정해서 소개하였는데 아무런 반응이 없었다. 고뇌할 만큼 고뇌했고 열방을 향해 고한 만큼, 이쯤해서 부여된 사명을 접고자 하였다. 무엇을 어떻게 해야 할지 목적의식과 신념을 잃고 사태를 관망하며 세월을 보냈다. 그런데 1990년 8월 2일, 이라크가 쿠웨이트를 무력으로 제압하고 점령·합병한 걸프 전쟁으로 인해 놓았던 추구 끈을 다시 붙들게

산청중(34세)

산청중(35세)

되었다. 세계를 하나 되게 할 통합 과제를 완수한 상태에서 이 같은 사실을 인류에게 전달하지 못한다면, 걸프 전쟁 같은 어리석은 역사가 또다시 반복되리란 우려 탓이다. 완수한 통합 뜻을 세상 가운데 알려야 한다는 의무감이 발동하였다. 그래서 지나온 길을 다시 돌이켜보니 나름대로는 통합 과정을 완수하였지만 사상적, 논리적으로 체계를 갖춘 것이 아니었고, 단편적이다 보니 독자 입장에서는 이해가 어려우리란 문제점을 발견했다.

우여곡절 끝에 나아갈 방향은 잡았지만, 어느덧 4년하고도 6개월이 흘러 내신을 고민해야 할 때가 되었다. 진주 지역은 치열한 인사 경합지라 문턱을 넘기가 어려웠다. 때마침 경상사대 부설중학교에 2개의 자리가 비었고 3배수 안에는 포함될 수 있겠

산청중(37세)

다는 생각이 들어 내신을 내었다. 결과는 초조한 것이었지만 만약 선택된다면 8년간을 한 학교에서 근무할 수 있어 도전할 만한 가치가 있었다. 특별한 승진 제도 때문이 아니라 가정의 안정과 사랑하는 제자와 '길'을 위하여……

제8장 생각하며

- 교육 단상

1. 가정의 기원은 낙원이요 가정은 조그만 천국이었다. 믿음으로 은혜받고, 믿음으로 자녀를 교육하고, 믿음으로 복된 가정을 이루라.

-1988. 1. 25.

2. 진리를 따라 참된 신념으로 살면 그의 삶과 혼은 영속되며, 허망과 망령된 것을 따르면 그의 삶과 혼은 멸한다. 인생은 죽음이 있어 공허한 것이지만, 진리를 따라 살면 그런 신념이 그의 혼을 영속할 실체를 이루게 하리라.

-1988. 4. 27.

3. 인생의 진리는 신념의 뜻이 어떻게 의지로 형상화되어 현실적으로 드러나는가 하는 것이다.

-1988. 6. 8.

4. 우주의 형체를 이해할 수 있는 유일한 수단은 의식이다. 그래서 선현은 정신 수행을 통해 무량한 우주의 구조를 직시하고, 심원한 생명성과 일체 되고자 하였다. 물리적인 현상을 통하여 파악할 수 있는 세계에 대한 구조는, 그 이해를 위한 방대한 시설과 문명적 이기(利器)에도 불구하고 외도하는 자들이 쌓아 올린 바벨탑과도 같다. 인간은 세상에 태어났으면 참되게 정진할 것이다.

-1988. 7. 20.

5. 우리는 인생과 진리와 세계에 대하여 어떤 삶의 현실과 시대적 상황과 역사적 굴곡 앞에서도 영혼을 참과 진실과 신념의 기반위에 세울 수 있는 이성적 분별력과 참에 대한 판단력을 길러야 한

다. 평생을 통한 배움은 차라리 이 같은 능력과 슬기를 기르는 데 바쳐라. 세계를 알고 판단함으로써 삶을 승화시킬 수 있는 인생의 진로를 개척하라. 그렇게 걸어서 쌓아 올린 것들은 절대 잘못되지 않으리라. -1988. 11. 24.

6. 소명에 대한 인식은 주관적인 판단으로 자각될 수밖에 없지만, 여기에 대한 추구는 개관적인 정열과 헌신으로 입증되리라.

7. 운동 지각이 사고로서 인식하는 작용과 별도로 다각적인 변화와 상황에 대처하는 직관력을 길러 창의력을 돈독히 하며, 진리를 인식하는 필수적인 과정인 것을 어떻게 증명할 것인가? -1989. 2. 18.

8. 진심이 참다운 세계를 이루고, 정성과 지극한 정열이 참다운 세계를 성취하나니, 세계를 이루는 의지는 참된 진리로 존재한다.

-1989. 5. 13.

9. 인간 본성은 하늘이 부여한 타고난 천성으로서, 이것을 깨닫는 과정이 배움과 수행의 목적이고, 도야하는 것이 인간 완성의 궁극적 가치이다. -1989. 6. 18.

10. 진리는 세계의지와 본질과 합일, 그리고 본체를 드러낸 것이어야 한다. -1989. 6. 28.

11. 아무리 명리를 추구하고 현세적 이득을 얻기 위해 안간힘을 써도 진실은 살아 있고, 헌신과 정성이 감동으로 진리를 체득게 한다. 꿈과 비전을 가지고 과욕과 망상을 버리며, 순리를 따라 세계적 기반을 다져야 한다. 메마른 인생을 살지 말고, 인간다운 정의로 인생의 향기를 풍기자. 만남을 통해 믿음과 신의를 잃지 않고, 온정을 나누며, 풍부한 감정과 정서를 누리자. 길을 생각하면서 무엇이 옳고 정의로운 것인지 고민하고, 義와 신념을 견지하자. **인생은 결국 자신에게 부여된 본질의 길을 완수함으로써 완성되리라.** -1989. 8. 10.

12. 진리는 神의 창조성 자체인 동시에 한편으로는 우주의 본질
을 담은 것이다.   -1991. 9. 7.

5막 교실

고향, 칠암벌의 시절(8년)
경상대학교 사범대학 부설중학교

(1993. 3. 1.~2001. 2. 28.)

1993학년도: 체육 기획 및 보건 업무
1994학년도: 1학년 담임
1995학년도~1998년: 보직교사(4년)
1999학년도: 2학년 담임
2000학년도: 3학년 담임, 교육부 장관 표창

1995년 3월 1일~1996년 2월 28일: 교육부지정 연구학
　　　　　교「학습자의 개인차를 고려한 교수–학습
　　　　　전략의 개발(2차 연도)」
1996년 3월 1일~1997년 2월 28일: 교육부지정 연구학
　　　　　교「자기 학습력 신장을 위한 학습 전략 훈
　　　　　련 프로그램(1차 연도)」
1997년 3월 1일~1998년 2월 28일: 상동 과제(2차 연도)
1998년 3월 1일~1999년 2월 28일: 교육부지정 연구학
　　　　　교「수준별 교수–학습 과제의 구안·적용을
　　　　　통한 학력 향상 방안(1차 연도)」
1999년 3월 1일~2000년 2월 28일: 상동 과제(2차 연도)

제9장 길을 가며

　　교직 생활 중 가장 여유로운 학사 운영 체제를 경험하였다면 이곳에서의 8년간이다. 이 학교는 경상대 사범대학생의 교육 실습을 주된 목적으로 설립된 교육부 소속 국립학교로 공립과는 구별된 교육부지정 연구학교 운영과 승진 제도가 있었다. 교사 선발 과정에서는 나이에 상한선이 있어 비슷한 연배 선생님이 많았고 누가 무엇을 맡아도 능히 업무를 처리했다. 400m 트랙이 있는 운동장에서 직원 체육 때는 축구를 주로 하였는데 마음껏 뛰면서 체력을 다졌다. 보직교사 4년, 학급 담임은 3번 맡았다. 1998년 7월(42세), 기다리고 애태웠던 아들 경관이가 태어났다. 누나와는 만 10년 터울로 한 달 정도 조기 출생하여 인큐베이터에서 엄마보다 하루 늦게 퇴원하였다. 작게 태어났지만 무탈하게 성장하였다. 가정의 큰 축복이고 하늘이 안긴 귀한 선물이 아닐 수 없다.

아들!

　　요즘 들어 학교 업무 경감을 강조하지만 체감하기 어려운데 부설중학교는 젊음과 경륜을 겸비한 교사 집단으로서 공립보다 교사 수가 2~3명 더 많았고 모두 의욕이 넘쳤다. 대학교의 부설 기관이라 지역 교육청이 주관하는 행사 등에 있어 내실을 기할 수 있었다. 근무 분위기가 자유로워 창의적인 교육 활동과 길의 과제에 대해 정열을 바칠 수 있었다. 본 저술의 모태가 된 학급문집 『작은 날개를 펴고』도 이 같은 환경 속에서 2000년 발간하였다. 앞서 추구해야 할 길의 새로운 방향을 자각하였다고 하였는데, 그로부터 1995년, 『세계통합론』(다짐, 국판, 606면)을 출판하기까지는 6년이란 세월이 걸렸다.

저술 작업은 단편적인 인식의 파편을 주제별로 분류해서 체계 짓는 것이었다. 장기간 신경을 곤두세우고 매달리다 보니 건강에 무리가 왔다. 어느 날 세수를 하다가 거울을 보니까 앞머리 부분이 움푹 패어 있었다(원형탈모). 한의원에 갔더니 머릿밑 근육이 긴장되어 뿌리에 혈액 공급이 안 된 것이라고 설명하였다. 참으로 곤혹스러운 것은 나이가 40도 되지 않았는데 대머리가 된다는 데 대한 불안감이 엄습했다. 증상이 점차 심해져 감으면 머리카락이 한 줌씩 빠졌다. 머릿밑이 듬성듬성 드러났다. 안타까운 모습을 쳐다보면서도 저술 활동은 중단할 수 없었다. 이후부터는 애써 마음에 여유를 두고 속도를 늦추었다. 경상대학교 병원이 운동장과 접해 있어 2주에 한 번씩 머리에 주사를 맞았다. 통점이 있는 곳은 깜짝 놀랄 정도라 고문을 당하는 심정으로 치료를 받았다. 2~3년 동안 나고 빠지고를 반복하였는데 빙 둘러 가면서 진행되어 걷는 데도 머리카락이 흘러내렸다. 맨살에 잔털이 나고 짙어지기까지는 6개월 이상 걸렸다. 대머리를 각오하였는데, 탈고하고 나니까 점차 회복되었다.

참으로 기나긴 터널을 통과한 과정이었다. 그렇게 해서 원고는 마련했지만, 출판은 어떻게 할 것인가? 수소문한 끝에 겨우 서울에 있는 한 출판사를 찾아, 계약을 하고 3,000권을 자비로 발행하였다. 그리고 기다렸지만 역시 반응은 신통찮아 남은 책을 전국 도서관에 기증하는 절차를 거쳤다. 수차 경험한 바라 개의치 않고 다음 과제를 준비했다. 『세계통합론』을 통하여 이후에 펼칠 주제 목록을 한 꺼번에 추출한 것은 일찍이 진리 통합 과정을 완수했기 때문이다. 1997년(41세)에는 『세계본질론』(청학사, 국판, 410면)을, 1998년(42세)에는 『세계창조론 서설』(인쇄본, 4·6배판, 739면 중 요약)을, 2000년(44세)에는 『세계유신론』(인쇄본, 4·6배판, 436면 중 요약)을 출판할 수 있었다.

이곳에 부임하였을 때는 서기 2000년이 참으로 아득한 세기적 전환점인 것으로 여겼다. 그런데 막상 당도하고 보니 숨 가쁜 세월이었고, 30대를 거쳐 40대 중반이 되었다. 동문인 후배 두 분과 8년 동안 형제자매처럼 지냈다. 때가 되어 각자가 원하는 곳에 내신을 썼는데, 공교롭게 모두 남해로 발령이 났다(설천, 남수, 미조). 어려운 문제인데 한 후배의 배려로 출퇴근이 가능한 남수로 가게 되었다. 마음에 큰 짐을 안긴 그 후배는 미조에서 고생을 했지만, 장학사, 도장학관, 인문계 고등학교장을 거쳐 최근에는 교육장으로서 경남 교육 발전에 크게 이바지하고 있다.

제10장 가르치며

1999학년도, 부설중학교 2학년 6반 담임

학급문집 『작은 날개를 펴고』

▣ 발간 취지 및 동기

학급문집 발간의 객관적인 의의는 학생에게 자기표현의 무대를 제공하고 특기, 소질을 계발하며, 맡은 바 역할을 통하여 급우 간의 유대를 돈독히 하는 데 있다. 이런 취지로 본교에서는 매년 10월 말에 개최되는 학예발표회 때 학급문집을 출품하게 되어 있다. 다년 간 부장 직책을 맡다가 담임을 하고 보니 서먹한 감이 없잖아 있어 출품도 할 겸 학급문집 발간을 통해 반 학생과 밀착해야겠다는 마음이 들어 학년 초에 취지를 설명하고 계획을 세웠다.

▣ 편집 및 발간 과정

학급문집이나 교지는 대부분 학년 말에 자료를 취합해 편집하는 데 본 문집은 학년 초부터 학교 행사와 학급에서 일어난 대소사를 그때그때 기록한 형태를 취하였다. 요즘은 학생의 워드 실력이 수준급이라 그런 학생들로 편집 위원을 구성하였다. 그림이나 만화 그리기에 소질이 있는 학생, 문학에 취미가 있는 학생 등 대략 3~4명 정도였다. 그리고 학급 명예 기자들이 활동하여 설문조사를 한다든지 학급, 학교 행사를 취재해 매달의 뉴스로 알렸다. 이 같은 활동을 통해 일찍이 교육으로 이루어 보고자 한 원천적인 신념을 피력하고 실천하고자 하였다.

▣ 교육적 효과 및 영향

일찍이 수많은 선각자가 교육에 대한 이상을 주장했지만 아무래도 현실과는 거리가 있었다. 대한민국의 중학교 2학년 학생들은 어떤 배움 과정으로 무슨 생각을 하며 활동한 것인지를 실질적으로 판단힐 수 있는 근거를 이 문집이 제시하였다. 아울러 교사로서 더 근원적인 판단인 "인간이란 과연 교육으로 개선될 여지를 가진 존재인가"에 대해 궁금증을 품었고, 여기에 따라 "교육의 본질이 무엇인지" 숙고하는 기회가 되었다. 교육은 학교와 가정과 사회가 삼위일체가 되어야 하는데, 한 학생과 만남이 수 분간으로 끝나는 상황에서 주어진 문제를 얼마나 해소할 수 있는가? 과연 학생들의 변화를 기대할 수 있는가? 학급문집의 발간 취지 뒤에는 이 같은 고뇌가 숨어 있다. 배움이란 무엇인가? 무엇을 배울 것인가? 고민하기는 했지만, 효과를 당장 확인할 수는 없다. 꿈과 포부를 키워주고 용기를 북돋는 일, 잘못을 일깨우고 참과 거짓을 구분할 수 있는 판단력을 길러주는 것, 인생을 개척할 수 있는 능력을 길러주는 것, 개성과 특기를 관찰하는 것 등등 이런 잠재성을 표출시키는 방법이 있다면 바로 학급문집 발간 형태가 아닐까? 지나쳐 버리면 소실되어 버릴 글발들을 엮고 보니 빛을 발하고, 그것은 직접 확인할 수 있는 가치성이기도 하다. 이런 소중함을 확인하고 학교생활과 삶을 설계하는 데 자신감을 가지리라고 믿으면서 의의에 갈음하고자 한다.

1. 새 학년, 새 각오, 새 출발을 위하여(3월, 희망의 달)

새 천 년을 준비할 막바지에 이른 1999학년도 새 학기에 부설중학교 2학년 6반 담임을 맡게 되어 무척 기쁩니다. 설레는 마음으로 등교했는데 이렇게 인연을 맺게 되었습니다. 여러분과의 첫 만남을 귀하게 생각하면서 담임으로서 몇 가지 당부하고자 합니다.

여러분이 맞이한 2학년은 중학생 시절 중에서도 가장 활동을 많이 하는 청소년 시절의 황금기입니다. 이런 기회에 더 적극적으로 도전할 수 있는 용기를 가져야 합니다. 새로운 각오가 필요합니다. 희망과 장래 포부와 신념을 가져야 합니다. 물론 作心三日이 되어서는 안 되겠죠? 각오가 없는 새 출발은 없습니다. 각오하고 실천해 나가는 가운데 변화하고 성숙합니다. 아울러 어려움에 부딪혔을 때 극복할 수 있는 정신력이 길러집니다. 과연 여러분은 어떤 각오를 할 수 있을까요? 방안 역시 여러분이 가지고 있습니다.

새 학년을 맞이하여 새로운 과제를 해결할 수 있는 능력을 길러야 하겠고, 적응도 잘할 수 있도록 합시다. 그런 여러분을 위하여 선생님의 각오를 말해본다면, 진정 "참되고 예의 바르며 덕성스러운 학생", 그리고 "큰 포부를 가지고 스스로 탐구할 수 있는 인재"를 기르는 것입니다. 여러분과 함께하겠고, 많은 대화를 나누며, 잠재력을 발견하고 북돋는 관찰자, 조력자가 되겠습니다. 여러분에게 장차 사회와 민족과 세계가 원하는 인물이 될 수 있는 신념을 심어주고자 합니다. 여러분 중에서 그러한 인물이 2~30년, 아니 그 이후에라도 나타나기를 기대합니다. 더 먼 앞날을 내다보면서 오늘 세운 각오를 실천해 나갑시다. 선생님은 여러분이 원하는 선생님이 되기 위해, 여러분은 선생님이 원하는 제자가 될 수 있도록 노력합시다.

-1999. 3. 2.

2. 동심에 대하여

여러분이 애를 써 일요일에 학급 환경 정리를 마무리 지었습니다. 막상 구성해 놓고 보니 전체 분위기가 마치 유치원 같다는 평이 있었습니다. 다시 생각해 보면 그만큼 순수하고 티 없는 동심을 가졌다는 뜻이기도 합니다. 어린 동심은 참으로 길이 간직해야 할 인격과 심성의 고향입니다. 어른은 개미 한 마리 밟는 것, 잠자리 날개가 떨어진 것을 대수롭지 않게 여기지만, 동심은 가슴 아파하고 걱정합니다. 부처님은 생명체의 살생을 금하셨고, 맹자님은 사람이 우물에 빠지면 누구나 구하고자 하는 측은한 마음이 발동한다고 했습니다. 그리고 예수님은 이웃을 내 몸과 같이 사랑하라고 하셨죠. 이것은 알고 보면 동심 속에서 뿌리를 찾을 수 있습니다. 동심을 지키고 길이 가꾸어 존경받는 인물이 됩시다.

-1999. 3. 15. 조례시간에

3. 이상의 별에 대하여

여러 차례 학급 게시판에 바라는 이상의 별을 띄우고 꿈과 포부를 키워가자고 했는데 확인하니까 15개 정도 떠올랐습니다. 존경하는 인물, 도달하고 싶은 지위, 신념, 가치 등등 무엇이라도 좋습니다. 물론 바뀔 수 있는 것이므로 부담을 느끼지 않아도 될 텐데 별을 붙이지 못하는 것은 꿈을 가지는 목표 설정이 어렵기 때문입니다. 시간을 두고 언젠가는 54개의 별이 다 떠오를 수 있길 기다려 봅니다. 자신이 원한 꿈을 이루어 가는 것이 어쩌면 가장 행복한 삶인지도 모릅니다. 역사 가운데는 노예제도가 있었습니다. 노예들이 행복한 삶을 가꾸었을까요? 아니라면 그 이유는 무엇일까요? 꿈이 있어도 이룰 수 없기 때문이지요. 꿈을 가지고 이루기 위해 노력하지 않으면 결국 남이 시키는 대로 해야 합니다. 그런 인생이 행복할 수 있을까요? 자신이 원하는 일을 하기 위해 꿈을 가지고 배움의 길을 개척해야 합니다. 여러분이 띄운 이상의 별을 보고 희망과 용기를 북돋우고자 합니다. "소년이여, 야망을 품어라!"

-1999. 3. 22. 조례시간에

4. 정보사회에 대하여

아침에는 오지 않았는데 하교 시간인 지금 비가 오고 있군요. 어제 비가 올 것이라고 말한 적이 있죠? 그것은 예측한 것이 아니고 일기 예보를 들었기 때문입니다. 현대 문명사회에서는 과학 기술이 발달하고 정보, 통신, 컴퓨터 등이 상용화되어 개인이 확보할 수 있는 정보가 많아졌습니다. 그리고 곧바로 세계와도 통할 수 있게 되었고요. 이 같은 차이를 오늘 비를 맞고 터벅터벅 걸어가야 하는 학생과 우산을 준비한 학생과 비교할 수 있습니다. 관심을 가지고 귀를 기울이면 비가 온다는 정보를 입수할 수 있는데도 그러지 못한 차이입니다. 그리고 이것은 여러분이 헤쳐나가야 할 미래 사회에서의 차이이기도 합니다. 옛날에는 어떤 물리적인 힘들이 개인과 국가의 우열을 결정하는 요인이 되었지만, 앞으로는 정보를 가진 차이가 영향을 미치게 되었습니다. 그래서 정보를 이용하는 힘을 길러야 합니다. 남들은 알고 있는데, 혹은 알 수 있는데 자신은 모른다면 우둔해질 수밖에 없겠죠? 정보에 눈이 어둡고 한발 뒤쳐져서는 마치 맨눈과 망원경을 가진 사람이 세상을 보는 차이가 될 것입니다. 여러분, 힘을 기르세요. 그 힘은 바로 정보를 활용할 수 있는 능력입니다.

-1999. 3. 24. 종례시간에

5. 싸움에 대하여

오늘 아침 뉴스에 보니 나토가 유고 연방을 공습한 소식이 있었습니다. 왜 국가 간에 전쟁이 끊이지 않는 것일까요? 여러 가지 요인이 있겠지만 나라 간의 이해가 어긋난 탓입니다. 양보할 수 없는 무엇이 있고 갈등이 쌓였으며 상처의 골이 파인 탓이죠. 어제 여러분 사이에도 궤도를 이탈한 일이 있었습니다. 친구 간의 싸움은 어떻게 해서 일어날까요? 서로 간에 미운 감정이 생긴 탓입니다. 여러분은 앞으로 많은 사람과 관계를 맺으며 살아가야 합니다. 반 친구 외에 다른 반 학생과도 어깨를 함께하고 있습니다. 나아가 험난한 세상을 헤쳐나가고, 부여된 과제를 해결해 나가야 합니다. 곧, 한 배를 탄 것입니다. 서로를 이해하고 뜻을 모아 격려하고 우정을 나누어야 할 텐데 설상가상이 되어야 하겠습니까? 친구 사이에 도사린 반목, 질시, 미운 감정을 이해와 사랑과 우정으로 바꾸지 못하면 당면할 숱한 인간관계에서도 상황은 마찬가지입니다. 다툼과 멸시, 갈등, 원망이 뒤따르게 되겠죠? 여러분은 친한 친구일수록 존중하고 말을 조심하며 정도에 맞게 격식을 갖춘 예의가 필요합니다. 감정을 삭이지 못해 욕설하고 습관처럼 놀리면서 자존심을 상하게 하면 결과가 뻔합니다. 예의는 인간사회에서 서로 간의 이해 충돌을 방지하는 완충 작용을 합니다. 미운 감정이 쌓여 있는데 어떻게 사랑할 수 있을까요? 어려우므로 예수라는 성인은 이웃 사랑을 앞세웠고, 공자님은 만인을 인(仁)으로 대하라고 하셨죠. 용서하기 어려운 것을 용서할 수 있고, 승화시킬 수 있는 우정에 더 성숙한 사랑의 실천이 있습니다. 그리고 예의와 존중으로 대한다면 관계가 회복됩니다. 싸움은 어리석은 행위의 표본입니다. 양보하지 않고 자기는 잘못이 없다고 생각한 탓이죠? 저울에 달아보면 주장하는 것이 똑같습니다. **분노해야 할 때는 정의를 위할 때고, 깊이 새겨야 할 것은 자신을 극복할 '忍'자입니다.**   -1999. 3. 26. 종례시간에

6. 정성스러움에 대하여

오늘 환경미화 심사에서 우수반이라는 평가를 받았습니다. 더 좋은 평가인 최우수도 있지만 우리는 학습 분위기를 조성하기 위한 공부방을 만들기 위해서이지 최우수를 얻기 위한 것이 아닙니다. 돌이켜 보면 모두가 참여하지 않았다는 점에서는 반성의 여지도 있습니다. 여러분은 노력했지만 성적이 떨어진 경우도 경험하였을 것이고, 마음을 알아주지 않는 친구에 대해 섭섭함을 느끼기도 했을 것입니다. 그렇습니다. "한술 밥에 배부르랴"란 속담처럼, 쏟은 정성이 진실하기는 하지만 그것은 쌓이고 또 쌓여야 합니다. 한 번 쏟은 정성으로 곧바로 결과를 얻을 수 있다면 세상 법칙이 참으로 명백할 텐데 현실은 그렇지 못하죠. 정성을 쏟았지만 실망하는 경우도 있지만, 그것은 알게 모르게 쌓여가는 중이죠. 그런데 도중에 포기해버리면 쌓음의 결과를 보지 못합니다. 끝까지 신념을 가지고 노력해야죠. 한술 밥에 배부르기를 바라지 말고 우직하게 노력하여 지극한 결과를 기대합시다.

7. 배움의 마당에 대하여(4월, 추억의 달)

여러분은 "빛나는 별들이다"라고 한 적이 있습니다. 그 빛나는 별이란 미래를 향한 꿈과 배우고자 하는 눈망울의 빛을 말합니다. **학교는 배움의 마당이고, 성장하는 마당이며, 꿈을 키우는 마당입니다.** 이런 소중한 학교, 학급, 급우를 어떻게 대해야 할까요? 지키

고 아끼고 사랑해야 합니다. -1999. 4. 1. 조례시간에

8. 탐구 정신에 대하여

학년 초에 "스스로 공부할 수 있는 탐구 정신을 일깨워 주고 싶다"란 포부를 말한 적이 있습니다. 이전에는 자율학습이다 보충수업이다 해서 타율적으로 공부시킨 경향이 있었지만, 여러분은 고1부터 대학 무시험 진형이 예고된 실정입니다. 또한, 방과 후 특기 적성 교육이 제도적으로 활성화되는 상황에서 타율적인 공부 방식은 사라지게 되었습니다. 그렇다고 공부로부터 해방된 것은 아닙니다. 스스로 공부할 수 있는 자세를 길러주기 위해서입니다. 지금부터의 학습 방법은 자신이 과제를 설정하고 계획을 세워 의문을 찾아갈 수 있는 탐구 자세가 요구됩니다. 간섭하지 않아도 과제를 찾아가는 학생, 그런 방법을 아는 학생이 변화된 교육 여건 속에서 진로를 개척할 수 있습니다. 선생님이 머리에 넣어주던 시절은 지났다는 것이지요. 이것은 잘못된 교육 방법입니다. 언젠가는 자립을 시도해야 하는데 스스로 공부하는 것이 시초가 됩니다. 배움에서 그런 길을 찾지 못한다면 장래 길도 막혀 버립니다. 시기를 놓쳐 버리고요. 그러나 지금 길을 찾아갈 수 있는 사람은 평생 할 일을 찾아갈 수 있는 귀한 인생의 나침반을 얻는 것입니다. 남이 시켜서가 아니고 필요 때문에 찾아가는 공부, 이것이 인생을 의지적으로 설계해 가는 바람직한 태도입니다. -1999. 4. 2. 종례시간에

9. 살아 있는 체험학습에 대하여

수학여행을 출발하기 전에 여러모로 염려하였는데, 귀가 종례를 하는 지금 반성해 보니 선생님의 말씀을 잘 따랐고 질서를 지키려고 노력한 것 같습니다. 안전을 지키기 위한 규칙이고 질서였기에

여행을 잘 마치게 된 것 같습니다. 여행을 통해서 얻은 것이 무엇인지를 묻고 싶습니다. 초등학교 때 같은 코스를 밟은 학생이 "어! 여기 와본 곳 아닌가?" 하고 반문하는 소리를 들었습니다. 그러나 열 번 와보면 어떻습니까? 여러분은 그때의 여러분이 아닙니다. 세상과 세월도 마찬가지고요. 한창 감수성이 예민한 때이므로 사물과 현상을 새롭게 볼 수 있는 노력을 아끼지 않아야 합니다. 와본 곳이라고 해서 관찰과 주의를 게을리한다면 발전이 없습니다. 세상 역사는 새롭게 볼 수 있는 안목과 통찰을 가져야 발전합니다. 경제가 어려운 시기에 부모님이 여행을 보낸 것은 많은 것을 보고 배우라는 뜻입니다. 넓은 세상을 보고 큰 포부를 가지라는 것입니다. 온양 민속 박물관에서는 과거의 삶을 보았고, 대전 과학관에서는 인류의 미래를 보았으며, 현충사에서는 구국의 은인을 보았습니다. 신라의 화랑은 산천을 주유하면서 浩然之氣를 길러 삼국통일의 위업을 이루었죠. 여러분도 그와 같은 기상을 본받아 나라와 민족을 위하는 인물이 되어야겠다는 뜻을 기르라는 것입니다. 과거 역사를 보고 현실을 직시하여 나아갈 인생의 방향을 설정하라는 것입니다. 세상을 보고 배우는 것은 교과서만으로서는 얻을 수 없는 산 체험학습입니다. 보람된 여행을 할 수 있게 해 준 부모님, 기사님, 여러 선생님의 고마움을 새기면서 월요일부터는 다시 학업에 열중합시다.

-1999. 4. 9. 차 안에서

10. 참모습에 대하여

아침에 교장 선생님이 반에 오셔서 복장 문제에 대해 말씀하셨습니다. 우리는 정말 가꾸어야 할 멋이 무엇이고 관심을 가져야 할 것이 무엇인지에 대해 생각해 봅시다. 옛말에 "나무바가지는 쇠바

가지가 되지 않는다"라는 말이 있습니다. 특히 여학생 가운데는 수시로, 아니 수업 시간에도 손거울을 가지고 얼굴을 보는 경우가 있는데 거의 습관적입니다. 얼굴은 부모님으로부터 물려받은 모습입니다. 백 번을 보고 천 번을 다듬어 더 예뻐진다면 모르되 타고난 모습 그대로입니다. 정말 관심을 가지고 개척해야 할 것은 잠재력을 일구어 가치 있는 有적 창조가 가능한 진리 탐구에 있습니다. 거기에는 나날이 달라지는 향상의 모습이 있습니다. 부러워하는 연예인의 모습, 그것은 정상적인 생활인으로서의 모습이 아닙니다. 무대에 서서 어떤 특정한 분위기를 연출하기 위해 가면을 쓴 것입니다. 드라마가 실제의 현실이 아니듯, 무대에서 역할을 하기 위한 모습일 뿐입니다. 여러분의 本이 될 수 없다는 것이지요. 이전에 유럽 여행을 다녀왔다고 말한 적이 있죠. 프랑스 여행 중 이런 말을 들었습니다. 프랑스는 예술의 나라, 패션의 나라, 향수가 유명한 나라입니다. 그런데 향수가 발달한 것은 몸에서 나는 좋지 않은 냄새를 감추기 위한 일면도 있죠. 태양왕 루이 14세는 목욕을 잘 하지 않았다고 합니다. 그래서 향수를 즐겨 애용하게 되었죠. 화장품이 왜 필요합니까? 액세서리는요? 핸디캡을 감추기 위한 보조 수단이지요. 여러분은 정말 부족함 없는 신체 조건과 사랑하는 부모님의 모습을 닮아 태어났는데 보탤 것이 더 무엇 있겠습니까? 자신의 멋과 아름다움은 개성을 찾아가는 데 있지 꾸밈에 있지 않습니다. 학생다운 복장과 모습을 찾아가는 것, 여기서 모습이 빛이 납니다. 깨끗한 셔츠, 블라우스, 넥타이, 단정한 용모, 예의 바른 말씨와 행동 등등 세대 차를 가진 어른이 강요한 모습이 아닙니다. 가면을 써서는 안 됩니다. 자신다운 자신감 넘치는 참모습을 찾아야 합니다.

-1999. 4. 15. 아침 학습시간에

11. 행복에 대하여

1999년 4월 22일 점심시간, 우리 반은 교내체육대회 예선전 피구와 농구 준결승전에서 함께 패한 비보를 접하였습니다. 그러나 선생님은 1등이 아닌 최선을 강조하였고, 여러분은 또 그렇게 하였습니다. 단신인 ■이가 험난한 농구계에 발 벗고 뛰어들어 선수로 뛰는 모습을 보고 마음이 흐뭇했고, 2차전에서는 전력도 많이 보강되었습니다. 세상에서 항상 1등을 하는 사람이 최고의 행복을 간직한 사람인가 하면 그렇지 않다고 봅니다. 우리에게 주어지는 행복은 최고보다는 최선을 다한 데 있고, 지고 나서 머금은 ▼의 눈물속에서 순수한 행복의 여울을 발견할 수 있습니다. 이러한 가치관과 신념을 공부하는 가운데, 혹은 장래를 열어가는 과정에서 정성과 성실성으로 가꾸어 나가길 바랍니다.

12. 끈기와 노력의 중요성에 대하여

2학년 들어서 첫 시험을 대비할 중간고사가 시작됩니다. 여러 가지 학습 방법이 있고 과목에 따라 공부하는 방법이 다르겠지만, 좋은 방법 중 하나는 아무래도 책을 읽는 데 있습니다. 특히 요즘은 단편적인 지식이나 2~3일 벼락 공부하는 것으로서는 해결하기 어려운 주관식 문제가 많습니다. 찬찬히 반복해 읽어가며 의미를 새기고, 이해되지 않는 것은 찾아보는 것이 좋은 공부 방법입니다. 한번도 제대로 못 읽은 사람과 세 번, 네 번 읽은 사람과는 차이가 확연하겠죠. 그리고 또 한 가지는 재주가 뛰어나다고 해도 노력하는 사람에게는 안 됩니다. **재주를 믿는 사람은 실패할 수 있지만, 하나하나 쌓아 올린 노력은 허물어지지 않습니다.** 어제 텔레비전에서 신약성경 40만 자와 구약성경 190만 자, 총합 230만 자를 돌판에 새기고 있는 사람을 보았습니다. 젊은 시절 권투 선수로 뮌헨 올림픽에도 출전하여 금메달 도전에 실패하고, 도장 운영에 인생을 걸었다가 거리를 전전하게 된 사람입니다. 인생에서 보람 있는 한 가지 뜻을 세워 금강경 5천여 자를 옥돌에 새겼는데, 이번에 다시 성경 전체를 돌에 새기는 작업을 시작하여 신앙을 완성하고 세계 기네스북에도 도전하겠다는 계획을 세운 것입니다. 현재 신약 약 20만 자 정도를 새겼고 돌의 양과 작업량을 따지면 현재 진행 상태로서는 약 10년 정도, 그러니까 환갑 정도가 되면 완수할 수 있을 것 같다고 예측하였습니다. 어떤 사람은 적어도 10년 이상의 세월 동안 행할 바를 결정지어 둔 사람도 있습니다. 그렇다면 여러분은 이번 중간고사를 위해 어떻게 해야 할까요. 권투 선수는 시합에 출전하기 위해 수십 번의 스파링을 반복해서 치르지요. 시험에 대비하는 공부도 마찬가지입니다. 일단은 과목 전체를 반복해서 살피고 이해한 다음, 실력을 테스트할 기회까지 얻어야 합니다. 그래야 미처 몰랐던 것을 부각할 수 있고, 시험에서는 틀리거나 실수하지 않습니다. 이런 과정을 거치기 위해서는 시간이 어느 정도 필요할까요? 시간에 쫓기지 않기 위해서는 지금부터 대비할 길을 출발해야 합니다.

-1999. 4. 23. 조례시간에

13. 기대에 대하여

지난 과학, 수학 경시대회에 9명이 수상했고, ▼이의 물의 날 글짓기 우수, ▽이의 흥사단 주최 백일장 장원 등 성과를 거두었습니다. 적극적으로 참여하고 도전할 수 있는 용기를 가질 때 무언가 기대한 결과가 나타납니다. 그러나 아무 대회에도 출전하지 않은 사람은 어떨까요? 하나도 바랄 것이 없습니다. 기대하기 위해서는 준비가 필요하고, 성실하게 노력해야 합니다. 기대는 자신과 생활을 발전시키는 촉진제가 됩니다. 하지만 기대할 것이 없는 사람, 혹은 준비하지 않은 사람, 바랄 것이 없는 사람은 어떨까요? 마음이 불안하고 요행을 바라며 쉽게 포기하고 세상 질서가 혼란되기를 바라게 됩니다. 당연히 남이 얻은 성과에 대해서는 시기하고 질투를 하겠지요. 그런 기대라는 것이 부모님이 바라는 것, 선생님이 바라는 것과 반드시 일치되는 것은 아닙니다. 주변에서 기대하는 것은 부담이 될 수도 있고 짐을 안기기도 하지만, 자신이 원해서 바란 기대는 세상 이치에도 맞는 당연한 작용 현상입니다. 스스로가 자신에 대해 기대할 수 있는 사람이 됩시다. 그것은 꿈일 수도 있고 희망, 소망, 이상, 포부…… 이런 기대를 망라해서 그야말로 자타가 무언가를 기대하는 사람이 됩시다. 일체의 가능성은 스스로에 대해 가진 기대감으로부터 비롯됩니다. 그렇게 기대할 수 있는 희망의 복덩이를 쌓아갑시다.　　　　　　　　　-1999. 4. 26. 조례시간에

14. 좋은 생각에 대하여

이번 4월 29일, 개교 제15주년 기념 교내체육대회에서 우리 반은 어떻게 입장할 것인가? 여러 차례 지혜를 구하였습니다. 그중 ㅁ이가 학교 폭력을 주제로 하자는 아이디어를 잘 표현해 입장상을 받았습니다. 그 생각 하나가 곧바로 1등 생각이었습니다. 아무리 생각이 좋다고 해도 두세 차례 체육 시간에 연습하지 않았다면 조직적으로 표현하지 못했을 것이고, 우연히 넘어지는 척하면서 싸우는 연기, 경찰이 뛰어드는 모습 등등 주제를 어필할 표현 방법을 생각하지 않았다면 단 몇 초간에 학교 폭력에 대한 뜻을 전달하지 못했을 것입니다. 이것은 세상을 살아가면서 문제를 해결하거나 준

비하는 과정에서도 마찬가지입니다. 아무리 아이디어가 좋아도 잘 기르지 못하면 성취할 수 없으므로 생각을 빛나게 할 노력이 있어야 합니다. 그리하면 훌륭한 일을 해내는 이 나라의 역군이 될 것입니다.   -1999. 4. 29. 체육대회를 마치고

15. 지각함에 대하여(5월, 우정의 달)

우리는 교훈을 목적으로 구성한 우화나 속담 등을 재미있게 듣고 있습니다. 문제는 거기에 담긴 의미가 자신에게도 해당한 연결 고리를 찾지 못한다는 데 있습니다. 농사짓는 농부가 일찍 일어나기를 더디 하고 일하기를 싫어한다면 어떻게 되겠습니까? 게으른 농부라고 손가락질하겠죠. 배우자를 고르라면 어떤 사람을 선택하겠습니까? 부지런하고 성실한 사람이겠죠. 부지런한 농부는 가을에 그만큼 수확을 많이 거둘 것이 확실합니다. 이처럼 구분이 확연한데도 아침에 지각을 8명이 하였는데, 자신이 이 게으른 농부와 같다는 사실은 자각하지 못합니다. 공자님은 15세에 학문에 뜻을 두었다고 하셨듯, 어느 모로 보나 지금은 무언가 뜻(立志)을 세워야 할 나이이고, 뜻을 이루기 위해서는 새벽부터 정복해야 합니다. 전번에 시간 계획표를 받아보니까 아침에 공부하겠다는 학생은 한 사람도 없었는데, 새벽 시간을 활용해야 합니다. 배움에 뜻을 두었으면 배우고자 하는 정신 자세가 중요하고, 그러한 뜻의 표출은 일찍 등교하여 학습을 준비하는 것입니다. 근면한 습관을 지니기 위해서는 생각을 바꾸어야 하고, 게으른 모습을 부끄럽게 여겨야 합니다. 일찍 활동하는 동물이 먹이를 구한다고 하였죠? 새벽을 가르면서 배움의 길을 열어갑시다.   -1999. 5. 4. 조례시간에

16. 은혜로움에 대하여

서양의 철인 사르트르는 "우리가 태어난 것은 모순이며, 우리가 죽는 것도 모순이다"라는 말을 하였습니다. 정말 그럴까요? 여러분은 중대한 존재 의미를 지니고 태어났습니다. 하지만 평생을 두고 깨쳐도 그 의미는 다 알지 못하고 갑니다. 간혹 이웃을 위해 큰 재산을 바치고도 알려지기를 꺼리는 사람이 있습니다. 쉽게 이해하지 못할 행위이지요. 그러나 그 사람은 자신이 특별한 은혜를 입었다고 생각하기 때문에 헌신과 봉사를 실천한 것입니다. 받은 은혜를 어떻게 다 갚을 수 있겠어요. 세상을 어떻게 보는가 하는 생각이 가치 있고 긍정적인 실천을 유도하기도 하고, 부정적인 가치관으로 덧씌우기도 합니다. 사과 한 상자를 나쁜 것부터 골라 먹는 사람과 좋은 것부터 골라 먹는 사람은 어떤 사람이 좋은 사과를 더 많이 먹은 것일까요? 이처럼 가치관은 생각함에 따라 선택의 여지가 있습니다. 그리고 그것은 자신이 생각한 존재 의미에 따라 결정됩니다. **여러분은 평생 채워도 채워지지 않는 욕심을 채우다 가는 사람이 되겠습니까? 갚아도 다 갚지 못할 은혜를 갚다가 가는 삶을 살겠습니까?**

-1999. 5. 6. 조례시간에

17. 어버이의 은혜에 대하여

어버이날 편지쓰기에서 8통의 편지를 내었습니다. 여기서 느낀 것은 부모님의 은혜를 알기 위해서도 배움이 필요하고 생각을 깊게 해야 한다는 사실입니다. **배워야 은혜를 알 수 있다.** 배우지 않으면 인간의 도리조차 깨닫지 못한다는 것입니다. 여러분, 孝란 무엇입니까? 백행의 근본으로 孝를 실천해야 인간다운 행위가 성립됩니다. 옛날 중국에 부모를 팔아먹은 자가 있었답니다. 그런데 부모를 넘기면서도 다친 곳이 걱정되어 잘 간병해 달라고 부탁하더랍니다. 그것이 孝된 마음입니까? 부모를 팔아먹은 불효를 대신할 孝는 더 이상 없습니다. 인간 된 도리와 어긋나게 부모를 모시지 않으려고 한다든지 자식은 많아도 병들면 간호할 자식이 없다는 말을 듣습니다. 부모는 양로원에 보내고 자식은 60평짜리 아파트에 살면 행복하겠습니까? 부모님은 용돈이 궁한데, 성공한 부자라고 자랑할 수 있겠습니까? 그래서 孝는 백행의 근본입니다. 부모님께 효도하고 나서야 행복과 성공이 제자리를 차지하며, 孝 하는 마음은 만 사람을 공경하고 사랑할 수 있는 자격입니다. 선생님은 단 한 장도 부모님께 편지를 써 보지 못했습니다. 아버지는 중3 때 돌아가셨고 80세인 어머니는 글을 모르시기 때문입니다. 그러나 여러분은 그것이 아니지 않습니까? 흔히 생각하기를 은혜는 성공해서, 혹은 부자가 되었을 때 갚으리라고 다짐하지만, 부모님은 그 같은 자식의 영광을 보지 못하고 떠나십니다. 그러므로 효도는 미루지 말고 실행해 나가야 합니다. 부모님은 큰 것을 바라지 않습니다. 영광스러운 자식은 되지 못할망정 못난 자식이 되어서는 안 됩니다. 마음을 헤아려 걱정을 끼치지 않는 것, 기대에 부응할 수 있는 믿음직스러운 자식이 되는 것, 이것이 여러분이 할 수 있는 최고의 효도입니다.

-1999. 5. 11. 조례시간에

18. 감성에 대하여

명상의 시간에 해야 할 과제가 겹쳐서 그런지 소란스럽습니다. 배움을 통해 길러야 할 능력 중에는 지성, 감성, 도덕성, 지도성 등 다양합니다. 그중 지성은 교과가 담당하고 있지만, 감성은 그렇게 드러나지 못하고 있습니다. 아침에 방송에서 은은한 선율이 마음에 스며들고 있습니다. 흔히 분위기를 탄다는 것은 이러한 감성이 발동된 상태입니다. 감정을 순화시키면 정서 안정에도 도움이 되고요. 그리고 무엇보다도 감성의 발달은 여러분이 어떤 사람이 되느냐 하는 데 영향을 끼친다는 것이죠. 예술가는 감성의 발달이 남다른 사람이 종사하는 영역이죠. 사물을 진지하게 느끼므로 주어진 감동을 예술 활동으로 표현합니다. 시인이 그러하고 문학가가 그러하며 음악, 미술 등등 아름다운 선율을 마음으로 받아들이고 잔잔하게 묵상하면서 감정을 되짚어 보는 시간을 통해 사고력과 감성이 결합한 정서의 성숙을 기립시다. -1999. 5. 21. 명상의 시간을 마치고

19. 행복의 밭

내일은 석가탄신일입니다. 부처님을 믿건 무엇을 믿건 우리는 한 인간이 구도의 길을 걸어 이룬 위대한 발자취를 돌아보면서 지구상에서 명멸한 수많은 인생과 비교해 볼 필요가 있습니다. 부처님이 떠나신 지가 2,500년이 넘었는데 지금도 위업을 기리는 사람들이 끊이지 않으니 이런 生의 가치를 되새겨 볼 필요가 있습니다. 우리는 범인이라 인류를 향해 광명의 등불은 밝히지 못해도 인생을 이끌어갈 꿈과 행복을 가꿀 자격은 지녔습니다. 무엇이 행복한 삶인가에 관한 생각이 틀리기 때문에 문제가 생깁니다. 행복을 찾아서 산을 넘고 들을 건너 헤맸지만 어디에도 없더란 가사가 떠오릅니다. 그렇습니다. 행복은 자신을 떠나서 존재하지 않습니다. 오늘을 소중하게 가꾸는 것이 중요하지요. 행복이 어디서 갑자기 자신을 향해 던져지기를 바라는 것, 그것은 오히려 불행의 씨앗을 뿌리는 것입니다. 신데렐라는 결코 바람직한 행복의 모델이 아닙니다. **행복의 밭은 하나하나 개척해 나가는 데서 가꾸어집니다.**

20. 지도성에 대하여

오늘 아침 새로운 시대적 사명과 기대에 부응하기 위해 11개 부서 장관이 임명되었다는 뉴스를 접하면서 우리가 살아가는 사회의 지도성에 대하여 생각해 보았습니다. 여러분은 공부하는 학생이지만 공부의 과제 속에는 지성, 감성, 도덕성 외에 지도성이 있습니다. 지성은 세계를 아는 통찰 능력으로 과학적 지식이 팽배한 세태에서는 철저한 기초가 없으면 사회적으로 도약할 수 없습니다. 도덕성은 유교적 가치관 속에서 학문 추구의 목적이었던 시절도 있었지만, 지성 못지않게 근본적인 함양 과제입니다. 감성에 대해서는 한번 이야기한 적이 있죠. 사물과 현상을 보고 느끼는 창의적 감각과 통찰이 새로운 차원 세계로 이끈다고요. 그리고 지도성은 많은 사람을 어떤 위기 상황으로부터 구하는 힘을 발휘하기도 합니다. 얼마 전 말레이시아 근방에서 호화유람선이 화재로 침몰하였는데, 거기에 탔던 천 명이 넘는 사람이 모두 구조되었다는 소식을 들었습니다. 후문에 의하면 선장의 의연한 대처가 혼란을 막고 질서를 지킬 수 있게 했답니다. 그리고 선장은 제일 마지막에 구조되었다고 합니다. 훌륭한 지도자는 어떤 경우에도 가정과 사회와 민족이 요구하는 인물로 길러져 난제를 해결하고 수많은 사람을 구하기도 합니다. 잘못 길러지면 위기 상황으로 몰아넣기도 하고요. 그러므로 배움에는 지도성이란 덕목도 포함해야 합니다. 지도성은 남에게 本이 되는 솔선수범, 책임을 다하는 자세, 앞날을 내다볼 수 있는 안목과 통찰력을 기르는 것입니다. 이 같은 배움과 노력이 장차 큰 일을 할 수 있는 인물이 되게 합니다. -1999. 5. 25. 종례시간에

21. 성과에 대하여

오늘 이 시간에는 여러분이 준비해서 치른 중간고사에 대해 평가하고자 합니다. 지난 4월 우리는 교내 체육대회에서 6개 반 중 꼴찌를 하였습니다. 황당한 부끄러움을 느꼈을 것입니다. 그래서 심기일전한 결과 이번 중간고사에서는 1등을 하였습니다. 여기서 당부하고 싶은 것은 어려움에 부딪히고 꼴찌를 해도 실망하지 않고 꿈과 용기를 잃지 않아야 하며, 1등을 했다고 해서 자만하지 않고 정진하는 것입니다. 꼴찌는 늘 꼴찌만 하는 것이 아니라는 것, 노력하면 1등도 할 수 있다는 것을 교훈으로 삼읍시다. 성적이 내려간 학생은 다음을 기약하고 성적이 오른 학생은 더욱 전진합시다.

-1999. 5. 26. 조례시간에

22. 생각의 깊음에 대하여

오늘 명상의 시간에는 생각을 깊이 할 필요성에 대해 말해보고자 합니다. 여러분이 하는 말과 행동을 보면 생각이 단순하다는 것을 느낄 때가 있습니다. 여러 창문이 있는데 한쪽 창문만으로 내다보는 경우가 그것이지요. 바른 판단과 안목을 기르기 위해서는 생각을 깊이 할 필요가 있습니다. 결국은 그런 생각이 자신을 움직이고 그로써 정립된 사상으로 세계를 움직이지요. 지금은 자기주장과 고집을 내세울 때가 아니고, 남의 생각을 수용하고 이해해서 보태는 것이 중요합니다. 그리해야 훌륭한 지도자가 되고 인생을 바른 곳으로 이끌어 갑니다. 지도자는 남다른 통찰력과 사태에 대한 흐름의 맥을 짚고 앞을 내다볼 수 있는 안목을 가져야 하는데, 그것을 어떻게 기르겠습니까? 그렇게 생각함에 대한 힘을 기르기 위해서 명상하고 글을 쓰고 일기를 통해 생활을 반성합니다. 생각부터 질서가 없고 단순하다면 그 사람의 인생행로도 그러할 것입니다. 여러분은 수많은 판단을 통해 인생을 이끌어나가야 하는데, 그런 추진력을 기르기 위해 배우고 생각을 깊이 할 수 있어야 합니다.

-1999. 5. 28. 명상의 시간에

23. 정숙함에 대하여

여러분은 친구와 이야기하는 떠들기가 습관화되어 있습니다. 물론 강변해야 할 때도 있습니다. 그러나 대부분 진리의 발견과 자각은 고요한 정숙 속에서 이루어집니다. 어떤 종교인은 道를 얻기 위해서 8년 동안 눕지 않는(장좌불와) 수행을 했다지요. 그런 고행과 정적 속에서 무엇을 얻었을까요? 고요 속으로 파고들면 세상을 통해 들을 수 없는 우주의 소리를 들을 수 있기 때문입니다. 이것을 영적 교감이라고 합니다. 여러분은 자신을 정숙함 속에 둘 필요가 있습니다. 거기서 내면의 소리를 들을 수 있고 진리와 접한 참모습을 발견합니다. 정진하는 자세를 견지하여 정숙을 배움의 표본으로 삼읍시다.

-1999. 5. 31. 조례시간에

24. 좌우명에 대하여(6월, 호국 · 보훈의 달)

중국의 유학자 정이천(程伊川)은 "굶어 죽는 것은 극히 작은 일이요, 절개를 잃는 것은 극히 큰일이다"라고 하였습니다. 오늘 좌우명을 적으라 했더니 "놀자", "막살자", "되는대로 살자"란 문구가 눈에 들어왔습니다. 여러분이 참으로 귀한 것은 가진 뜻이 가치 있고 포부가 비상하기 때문입니다. 물건에도 값이 비싼 것이 있고 헐한 것이 있듯, 가치 있는 뜻을 가지고 실천해야 합니다. 성현 가운데는 신념을 지키기 위해 독배를 마신 분도 있고, 진리와 믿음을 위해 목숨을 희생한 사람도 있습니다. 가치는 일구고 실천할 때 획득되는 만큼, 세상을 폭넓게 보고 긍정적인 바탕 위에서 신념의 등불을 띄울 수 있길 바랍니다.   -1999. 6. 3. 조례시간에

25. 人性에 대하여

오늘 인성검사 결과를 알려주었습니다. 거기에는 人性의 여러 분야 중에서 높은 수치와 낮은 수치가 나와 있는데, 이것은 절대 불변한 것이 아닙니다. 그런데도 왜 그런 결과가 주어지는 것일까요? 그 같은 생각을 평상시에 하고 있었다는 뜻입니다. 자신의 처지를 비관하고 남의 탓, 부모 탓으로 돌리면 부정적인 생각이 결국은 자신을 그와 같은 인간이 되게 합니다. 진취적인 가치가 있는데 잠시 주어진 어려움을 인생의 전부라고 생각해서는 안 됩니다. 세상을 바르게 판단할 수 있는 안목을 길러 바른길 위에 세워야 합니다. 안목을 넓혀 어려움을 슬기롭게 이겨내는 것, 그것을 배움을 통해 길러야 합니다. 현재의 처지가 인생의 전부인 양 괴로워하고 좌절하는 사람이 되어서는 안 되겠지요. 바람직한 人性은 노력 여하에 따라 밝은 가치관으로 전향시킬 수 있습니다. 중국의 주렴계라는 학자는 "성인은 배워서 이르러야 한다." 즉, 인간은 배움에 의해서 성인이 될 수 있다고 하였죠. 이것은 人性이 노력 여하에 따라 완성될 수 있다는 가능성을 지적한 것입니다. 주어진 결과를 이해하고 人性을 바람직한 방향으로 지침할 수 있길 바랍니다.

-1999. 6. 4. 조례시간에

26. 행복의 현주소에 대하여

□이와 ■이가 주번 활동을 한 이번 주일은 참으로 깨끗한 교실에서 공부한 것 같습니다. 시키지도 않았는데 쓰레기 분리수거, 앞

탁자 먼지 닦기, 신발장 청소 등등 공부 시간을 마다치 않고 학급을 위해 봉사하였습니다. 당연하다면 당연한 활동이겠죠. 그러면서도 거기에는 특별한 실천 의지가 깃들어 있습니다. 주어진 책임을 남다른 사명으로 인식해서 실천하는 사람, 할 일을 찾아서 할 줄 아는 사람, 교과서적인 당위성을 앎에 그치지 않고 정성을 다해 실천하는 사람, 이런 사람이 사회에 필요합니다. 행복, 보람, 긍지란 생각하는 만큼 멀고 높은 곳에 있지 않습니다. 지위가 높거나 부자가 되었다고 해서 주어지는 것이 아닙니다. 주번 활동과 청소하는 일 한 가지를 통해서도 얼마든지 행복을 구할 수 있고, 존재한 의미를 찾을 수 있습니다.

27. 준비함에 대하여

드디어 학급문집 3, 4월호가 나왔습니다. 십 년 혹은 이십 년 후에 중2 시절을 얼마만큼 기억할 수 있을지 모르지만, 이 문집은 그 시간을 붙잡아 두었습니다. 소중한 것을 헛되이 하지 않으면 가치를 발한다는 것, 이것이 참으로 중요합니다. 인생도 그렇게 살아야 합니다. **주변에는 나날이 소중한 것을 쌓아가는 사람이 있고, 하나하나 버리면서 살아가는 사람이 있습니다.** 소중한 것을 쌓아가는 사람이 되어야 합니다. 그냥 흘러가는 순간과 잔상도 엮어 놓으니 빛이 난다는 것, 각오와 포부와 마음이 투영된 거울입니다. 친구를 이해할 수 있는 자료이고 인생의 역사이기도 합니다. 학급문집이 소중한 것을 담는 가치 있는 보배창고가 되도록 합시다.

-1999. 6. 9. 조례시간에

28. 학습 원리에 대하여

오늘 여러분은 아침 학습을 하면서 방금 푼 문제를 지우고 시험을 쳤는데도 만점을 받은 사람이 7~8명 정도밖에 안 됩니다. 이것은 무엇을 의미할까요? 한석봉이 붓글씨에 정진하여 자신감이 생기자 어머니를 찾아갔죠. 그러나 어머니는 등불을 꺼버린 상태에서 테스트하여 석봉이를 더욱 정진시킨 이야기가 있죠. 그렇다면 여러분은 이 같은 결과를 두고서 어떤 자각을 해야 할까요? 학습이란 눈으로 보고 귀로 듣는다고 해서 이루어지는 것이 아닙니다. 선생님이 가르친 지식은 선생님이 가진 지식이지 여러분 것이 아닙니다. 재산도 법적으로 보장받기 위해서는 등기를 합니다. 지식도 자기의 것으로 만드는 과정이 필요합니다. 그것이 바로 복습이지요. 사람의 분별력과 기억력에는 한계가 있는데, 배운 것을 방치해 버리면 어느 시점에서는 잊어버리고 맙니다. 여기에 학습의 원리가 있습니다. 왜 스스로 공부하지 않으면 안 되는가? 왜 공부를 잘하고 못하는 차이가 생기는가? 즉시 답이 나옵니다. 배운 것을 자기 것으로 만드는 과정을 게을리한 탓입니다. 배운 것을 확실하게 등기하는 것이 복습 과정이고, 그렇게 해야 자기 지식이 되는 것이 학습 원리죠. 여러분은 이 같은 원리성에 근거해 공부, 즉 예습과 복습을 철저히 합시다.　　　　　　　-1999. 6. 14. 아침 학습시간에

29. 지식 탐구와 진리 추구에 대하여

우리가 지식을 탐구하는 것은 장차 어떤 길을 개척하게 하는 것일까요? 학습 방법 중 책을 읽는 것의 중요성에 대하여 말한 적이 있지만, 오늘 더 보탤 것은 역시 그때그때 배움의 순간에 열심히 하는 것 외에 더 좋은 방법은 없습니다. 진척될 방향을 제시한다면 지식→진리→지혜→믿음→자각→구원→영원이란 차원적인 계열성이 성립합니다. 지식을 쌓고 종합하는 과정에서 진리의 城에 도달

하며, 진리는 참으로 인간이 추구하여 얻는 소중한 존재의 참 원리입니다. 그러나 안타깝게도 지성들은 아직도 진리가 무엇인가에 관한 정의를 하지 못하고 있습니다. 진리는 내면을 통해서도 일굴 수 있고 삼라만상 어디서도 찾아낼 수 있는 것이라 영역이 포괄적입니다. 우리는 그냥 태어난 것이 아니므로 존재함 자체 안에서도 진리를 구할 수 있습니다. 대자연, 그리고 우주 안에서도 마찬가지고요. 광범위하다 보니까 진리 세계를 전체적으로 통합한 관점을 확보하지 못해 동·서양이 주장하는 개념이 다릅니다.

다음은 진리의 차원을 넘어선 지혜가 있지요. 이것은 사실성과 원리성을 극복하고 고차원적인 정신을 갈고닦음에서 오는 사고력의 빛이지요. 지혜는 어떤 원칙성으로부터 발하는 것이 아닙니다. 수양을 쌓음에서 발한 정신의 힘으로 피어난 통찰력의 꽃과도 같은 것이죠. 솔로몬의 지혜는 참으로 탁월한 판단입니다. 그러나 문제는 아무리 그런 지식과 진리와 지혜에 기반을 두고 있더라도 인간인 한 벗어날 수 없는 인식의 한계가 있습니다. 우리 앞에는 늘 탄탄대로와 강을 건널 지혜 다리가 놓여 있는 것이 아닙니다. 어떤 때는 경험을 총망라한 믿음 어린 단안을 내려야 할 때도 있지요. 바로 앞을 내다볼 수 없는 상황에서 믿을 것을 믿을 수 있는 결단력은 지식으로서는 어려운 밝은 지혜의 등불이 되어 줄 것입니다. 벌레가 인간을 이해하지 못하듯, 만약 인간 이상의 어떤 초월자가 있다면 믿음을 통해 주어진 한계를 극복할 필요가 있습니다. 그래서 믿음이 요청되는 것이지요.

더 나아가 진척되는 자각과 구원에 대한 확신은 종교 영역에 속한 것이지요. 여기서 신앙인은 영원한 이상 세계를 넘어다보기도 합니다. 그렇다면 박식한 박사는 어디에 속할까요? 지식과 진리 단계에 속한 사람입니다. 영원성을 확신한 사람이 얼마나 높은 정신 차원에 속한 사람인지 알 수 있지요. 노력하여 진척한 단계에서 사람들은 자신이 내다본 사실의 세계에 관해 주장하고 있습니다. 보았으므로 누가 맞고 틀리다고 할 수는 없습니다. 그러나 여러분에게 지금 말할 수 있는 것은 지식으로부터 출발해서 탐구를 게을리하는 사람은 다음 단계에 도달할 수 없다는 것입니다. 반대로 열심히 탐구한다면 정말 세계가 영원하다는 것을 볼 수 있겠죠. 긍정적인 방향에서 지식을 추구하면 세상을 살아가는 데 보탬이 되는데, 그렇지 못하면 우둔, 무지, 어리석음으로 가득 찬 무익한 인간이 되어버립니다. 열심히 공부하여 이루고자 하는 배움의 방향을 확실하게 쳐다보고 정진합시다.   -1999. 6. 21. 조례시간에

30. 신념에 대하여

여러분은 일전에 중간고사에 대한 반성과 새로운 계획서를 내었는데 이제 기말고사를 앞두고 약속을 실천하고 있는지, 혹은 기억이나 하고 있는지 궁금합니다. 그래서 다시 돌려주니 한번 되새겨 봅시다. 자신이 한 각오와 신념은 지키도록 노력해야 합니다. 여러분이 길러야 할 덕성 가운데는 의지력이란 것이 있습니다. 주변에는 한 신념, 하나인 믿음을 평생 지키고 실천하는 사람이 있습니다. 그런데 자신이 한 각오마저 잊어버리고 무시한다면 그 사람은 정신을 통해 이룰 것이 없습니다. 사람이 성공하는 것은 마음을 다잡은 성취 의욕이 원동력이 되고 뒷받침하는 것이기 때문에 마음을 지켜야 합니다. 세운 각오와 신념을 꼭 실천합시다.

-1999. 6. 24. 조례시간에

31. 6.25에 대하여

오늘은 제49돌을 맞이한 6.25 남침일입니다. 49년 전의 이날은 참으로 애통할 동족상잔의 비극이 있었던 날이지만 우리는 지금 어른들의 이야기로만 들을 수 있으니 안타까울 뿐입니다. 남은 것은 세계 유일의 분단국이라는 뼈아픈 상처뿐, 지난날 민족이 겪은 고통을 느끼기 어렵습니다. 가정 형편의 어려움을 알아야 가정을 일으켜 세우는 자식이 될 수 있듯, 민족이 겪은 고통의 역사를 알아야 슬픔을 싸매고 치유할 수 있는 민족적인 인물이 됩니다. 이 땅에 태어나 민족이 처한 역사적 현실을 알지 못하고 어떻게 통일을 앞당길 수 있는 주역이 되겠습니까? 그런 의미에서 오늘은 6.25의 교훈을 새겨 보고, 분단된 역사를 종결지을 수 있는 민족적인 인물이 되기 위해 공부합시다.   -1999. 6. 25. 조례시간에

32. 상관성에 대하여(7월·8월, 산 그리고 바다의 달)

오늘 수업 시간에 노트 검사를 하니 9명이 준비가 안 되었습니다. 몇 번 예고를 하였는데 어떻게 된 일입니까? 이것은 여러분이 할 수 없는 일이 아니고 시간을 투자하면 얼마든지 할 수 있는 일입니다. 이런 일은 성격상 좋지 않은 태도이므로 고쳐야 합니다. 점수 1, 2점 때문에 확인하는 것이 아닙니다. 앞으로도 이런 일이 반복될 것이기 때문입니다. 옛날 중국의 한 성에 불이 났는데, 그 성 바깥에 있는 연못에서 물고기 한 마리가 피난을 가자고 제의했답니다. 물고기들은 어떤 반응을 보였을까요? 콧방귀를 뀌었습니다. 성에 불이 난 것과 이곳과 무슨 상관이 있느냐? 아무 상관이 없을 것 같죠? 공책 하나 안 내는 것과 장래의 인생 양상과 무슨 상관이 있

는가? 없을 것 같죠? 성에 불이 났으니 사람들이 어떻게 했겠습니까? 불을 끄기 위해 성 밖에 있는 물까지 퍼 나르다 보니 연못은 결국 물 한 방울 남지 않게 되고 태연하던 물고기들이 전부 불 속에 던져지고 말았습니다. 여러분의 안일한 공부 자세는 장래 양상에 대한 축소판이고 경종입니다. 왜 할 수 있는 일을 게으름 때문에 못하고 기회를 주어도 안 합니까? 금은보화를 담으라고 하면 게으름을 피우지 않을 텐데, 보이지 않는다고 귀한 습관의 보화를 놓치고 있습니다. 정신 차려 배움을 위해 매진합시다. 오늘의 남다른 노력은 내일 반드시 성과를 거둡니다. 게으름 역시 마찬가지고요.

-1999. 7. 1. 수업시간에

33. 노력의 승리에 대하여

학문에는 기초적 다짐이 없이 도약할 수 없습니다. 여러분은 이번 기말고사에서 기대한 만큼 성과를 거두지 못했습니다. 중간고사에서 1등을 했는데 다시 내려간 것은 그만큼 디디고 선 배움의 기반이 약하다는 뜻이죠. 하지만 한 가지 신선한 충격은 ◎가 평균 96점으로 전교에서 1등을 했다는 사실이지요. ◎는 알다시피 한 번도 그런 등위를 받아 본 적이 없었죠. 하지만 1학년 때부터 기초를 다졌고, 지난 중간고사에서는 3등을 하였는데, 드디어 정상에 올랐습니다. 그야말로 단계적으로 기반을 다진 것이죠. 이 같은 결과를 거울삼아 여러분은 더욱 장기적인 안목으로 여름방학 동안 부족한 과목에 대해 점검하는 노력이 있어야 합니다. 그리해야 2학기가 되면 자신감을 회복할 수 있지요. 왜 제자리걸음이고 오히려 뒤처집니까? 배움의 기반을 튼튼히 해야 합니다. 그리하면 전진이 있고, 도약이 있으며, 그렇게 나아간다면 세계까지도 정복할 수 있을 것입니다.

-1999. 7. 12. 조례시간에

34. 이해심에 대하여

우리 학급은 남녀 학생이 함께 생활하는 공간으로서 그동안 좋은 점도 있었겠지만, 한편으로는 불편한 점도 있었을 것입니다. 그러나 한 가지 유념할 것은 근본적으로 남학생은 여학생이 될 수 없고 그 반대도 마찬가지입니다. 이런 특성까지 이해하지 못한다면 곤란하겠죠. 여러분의 바림 가운데는 그런 점들이 없잖아 있었습니다. 함께 공부해야 하는 6반 학생으로서 발생하는 문제 중에는 깊은 이해심과 아량이 필요할 때도 있습니다. 출입구에 있는 거울을 여학생이 많이 보기 때문에 불편하다든지 교실에서의 공놀이 문제 등등 물론 여학생, 혹은 남학생만 있으면 문제가 안 되었겠죠. 이해가 필요하며, 이런 호소는 서로가 귀담아듣고 반성할 필요가 있습니다. 그리고 남학생보다는 여학생의 바라는 점이 훨씬 많습니다. 왜 그럴까요? 신체적으로 약한데 남학생의 등쌀이 심했다는 것이지요. 이런 서로 간의 불편함과 요구사항을 이해해서 우정을 키워나갑시다.

-1999. 7. 15. 조례시간에

35. 2학년 6반 제자에게

부푼 꿈을 안고 여름방학을 맞이한 지가 엊그제 같은데 벌써 개학을 준비해야 하는 것 같습니다. 무엇을 어떻게 하고 지내는지 궁금해 글을 띄웁니다. 세상에는 좋은 소식보다는 좋지 않은 소식이 더 많이 들려오는 것 같습니다. 태풍, 수해, 익사사고, 교통사고, 터키의 지진으로 사상자만 만 명을 넘을 것이라니 평안(平安)이 얼마나 소중한 축복이고 우리가 사는 곳이 얼마나 은혜 입은 땅이라는 것을 새삼 느끼게 합니다. 눈을 크게 뜨고 마음을 바르게 가져 세상의 유혹으로부터, 그리고 불행을 떨쳐버리는 여러분이 될 수 있길 바랍니다.

선생님은 어떻게 지냈느냐고요? 한 달 남짓이지만 얼굴빛이 달라졌습니다. 여름 땡볕에 시꺼멓게 탄 얼굴이 하얘졌다는 것, 물론 연례행사이긴 하지만…… 그리고 딸의 수행평가 과제를 해결하기 위해서 '낙안읍성 민속 마을'에 다녀온 정도. 선생님도 방학이 얼마 안 남은 것이 아쉬운 일이지만, 개학하면 여러분을 볼 수 있는 것은 기쁨입니다. 어떤 모습으로 변모되어 있을까? 며칠 전 학교에서 당번 학생을 만났는데 키가 상당히 컸다는 것을 느꼈습니다. 그래서 많이 컸다고 했더니 자기는 더 예뻐졌다고 우기는 여학생이 있었습니다. 좀 더 마음이 성장하여 장래의 삶을 개척할 수 있는 여러분이 되어 있기를 기대합니다.

한 인간이 일생에 성실하게 임하고 노력하면 이루게 될 성과가 참으로 많습니다. 얼마 전 광복절 특집으로 어떤 재일교포 2세가 일본 땅에서 갖은 고생 끝에 自手成家하였고, 그림 그리기와 수집에 취미가 있어 환갑이 된 지금 평생 모은 그림을 조국에 기증하여 광주 비엔날레 전시관에 전시하였다는 내용이었죠. 오늘의 하루하루는 미래를 위해 쌓아나가야 합니다. 수차례 이야기하였지만, 자신의 소중한 것을 쌓아가지 못하고 오히려 잃어간다면 그처럼 안타까운 일도 없습니다. 성실하지 못한 것, 규칙을 지키지 않는 것, 옳고 그른 일을 분간하지 못하는 것, 정의를 모르는 것은 아니지만 신념과 의지 부족으로 부화뇌동하는 것, 쉽게 포기하는 것, 어려운 친구를 도와주지 않고 도리어 고통 주는 것 등등 오늘의 자신을 극복하지 못한 내일의 빛나는 모습은 없습니다. 여러분은 아직 신체적, 정신적, 정서적, 가치적으로 성장하는 시기라 자신의 면모를 닦아 나가는 데 정성을 쏟아야 합니다. 무스 바르고 귀걸이 하는 것이 그런 것이 아님은 잘 알 것입니다. 무엇보다도 방학 동안 부족한 학과목의 기초를 다져 달라고 당부했습니다. 개학하면 자랑할 만한 이야기보따리를 털어놓을 수 있길…… 그런 모습이 정말 보고 싶습니다.

1999. 8. 20. 담임 씀.

36. 때에 대하여

여름방학이 끝난 지도 5일째인데 아직도 과제를 해결하지 못한 학생이 있습니다. 여러분의 인생길에는 수많은 관문이 있습니다. 그런데 한 가지 특징은 일정 기간 시간이 지나면 닫혀 버린다는 것입니다. 주어진 시간 안에 해결해야 하는 과제, 그때를 지켜야 여러분에게는 바라는 성취와 영광이 있습니다. 하등동물이나 식물들도 주어진 때를 놓치지 않기 위해 열심히 전투하고 있는 모습을 봅니다. 수정을 하기 위해 갖가지 방법으로 꽃을 피우고 열매를 맺는데, 그것은 때가 중요합니다. 벌과 곤충이 없는데 홀로 꽃을 피워서도 안 되겠고, 꽃을 피워도 꽃이 만발해 있으므로 경쟁을 해야겠지요. 이처럼 생물도 때를 본능적으로 감지하고 있는데 만물의 영장인 여러분이 때를 놓쳐서는 안 되겠죠. 인간은 고도의 이성적인 사고 작용으로 앞날을 준비해 유비무환(有備無患)을 이루기도 합니다. 그런데 그런 사전 대비 기능을 활성화하지 못하면 인생의 문은 닫혀 버립니다. 탄탄한 인생길이 보장될 수 없습니다.

-1999. 8. 30. 조례시간에

37. 지식의 유용성에 대하여(9월, 야영의 달)

기초를 충실히 다져 놓으면 세상을 향해 무언가 주장할 사상을 체계 지을 수도 있습니다. 훌륭한 위인의 생애가 그러합니다. 그런 배움에 대한 꿈과 목적을 가지고 정진합시다. 배운 지식을 장래의 꿈과 연결할 수 있어야 합니다. 선생님이 차를 고치러 카센터에 들렸는데 일하는 사람이 이렇게 말했습니다. "이 일도 공부 안 하면 벌어먹기 힘듭니다. 워낙 차종이 자주 바뀌니까 따라잡기 힘들어요." 이런 경우도 있겠지요. 여러분이 결혼해서 자녀를 두었는데 영어 성적이 떨어졌다. 그러면 어떻게 하겠어요? 영어를 직접 지도하면 얼마나 훌륭한 부모 교육이 되겠어요? 지금 배운 지식은 시험치고 나면 그만이 아닙니다. -1999. 9. 3. 조례시간에

38. 우리의 무대에 대하여

어제 수학 시험과 오늘 명상의 시간에서 여러분이 풀어야 할 과제에는 큰 빈칸이 있었습니다. 그것은 마치 창 같기도 하고 무대 같기도 하더군요. 어떤 학생은 참으로 알뜰하게 생각을 써 놓았는데 5~6명은 백지를 내었습니다. 인생은 연극이고 무대란 말이 있습니다. 무대에서는 주인공이 활동할 스토리가 엮어지는데 주인공도 없고 스토리도 없는 백지상태? 참으로 비교가 됩니다. 인생 스토리, 즉 계획이 있어야 하고, 장래를 이끌 수 있는 연출이 필요합니다. 주인공이 없는 텅 빈 인생의 무대란 있을 수 없습니다. 나름대로 소신과 개성을 담은 생각을 연출해야 합니다. 그 연습을 지금 하는 것이지요. 백지상태란 참으로 염려스럽습니다. 마음껏 주장을 내세워야 하는데 누구에게 그 역할을 맡기려 합니까? **자기 인생은 자신이 주인공이 되어야 합니다.** 백지상태는 주인공 없는 인생 무대와 같습니다. -1999. 9. 10. 조례시간에

39. 미의 기준에 대하여

중국의 한 고전에는 '아름다운 여인이 두꺼비에게도 그렇게 보이겠는가?'라고 반문한 구절이 보입니다. 자기는 멋있게, 혹은 아름답게 보이려고 겉치장을 했지만, 그것이 상대방에게는 역겨울 때가 있습니다. 여러분의 바람 가운데서도 남학생은 여학생에게 거울 자주 보지 말고 스프레이 냄새 풍기지 말라고 부탁합니다. 사춘기에 외모에 관해서 관심은 가질 수 있지만, 선생님이 생각하는 바른 기준을 이야기한다면 단정한 모습을 가꾸는 것이 제일이요, 그다음은 지성과 예의와 겸양의 미덕을 갖춘 숙녀로 성장하는 것입니다. 그리고 남녀 공히 옳음을 위해 용기를 가지고 의리를 지키며 성실한 태도를 겸비하는 것이겠죠. 참으로 아름다운 모습은 단숨에 완성되지 않고 평생 갈고닦아야 하며, 세월과 연륜이 쌓일수록 인격에서 향기를 풍기는 것입니다. 여러분, 단정하고 예의를 지키고 지성과 겸양의 미덕을 갖춘 학생, 그리고 정의감과 용기와 의리와 성실성을 갖춘 여러분이 되기를 바랍니다.   -1999. 9. 18. 조례시간에

40. 주인공에 대하여(10월, 학예의 달)

다음 주에는 2학기 중간고사입니다. 이번에는 과연 누가 노력의 주인공이 될까요? 역사적으로도 성인이나 위인이 항상 나타났던 것은 아닙니다. 성인은 손에 꼽을 정도요 위인도 집중과 쌓음 없이는 어렵지요. 오늘날처럼 경쟁력이 요구되는 시대에 선생님은 중요한 인생 원칙을 제시하고자 합니다. 노력과 헌신 없이 이루어지는 일은 없습니다. 내일은 개천 예술제가 개막되지만 공부하는 데 있어 흔들림이 있어서는 안 됩니다. 공부에 열중해야 합니다. 그리해야 여러

분도 역사적인 위인이 될 수 있습니다. -1999. 10. 9. 조례시간에

41. 성적 결과에 대하여

이번 2학기 중간고사에서 여러분은 참된 노력의 결실을 거두었습니다. 평균 **68.22**로 우수반이 되었습니다. 이것은 단번의 노력으로 이루어진 것이 아닙니다. 3번 시험을 치렀는데 지속해서 향상 곡선을 그은 결과입니다. 노력이 결집된 것이지요. 그러나 선생님이 공부하라고 한 것은 이런 결과를 얻기 위한 것이 주된 목적은 아닙니다. 장래를 위해서이지요. 꼴찌를 하든 1등을 하든 그것은 여러분이 가지는 선물입니다. 부모님이나 선생님을 위해서가 아니라 자신을 위해서 공부합니다. 꿈 실은 장래를 개척하기 위해서입니다. 평상시 학습 분위기를 공고히 해서 최고가 되도록 가르쳐 준 교과 선생님께 감사해야 합니다. 그러기 위해서는 학습 준비 잘하고 배우고자 하는 눈망울이 더욱더 또렷해야 합니다.

-1999. 10. 21. 조례시간에

42. 성적 기반에 대하여(11월, 사색의 달)

직원 체육 시간에 선생님 팀은 첫 골을 먹었습니다. 그렇다고 상대 팀의 승리를 장담할 수는 없겠죠. 얼마 안 있어 우리 팀도 한 골을 넣었습니다. 그리고 또 한 골을 더 넣은 상태에서 전반전을 마쳤습니다. 2대 1이죠. 후반전 휘슬을 불자 또 한 골을 넣어서 3대 1, 그런데도 시간은 많이 남았습니다. 한 골을 먹어 3대 2, 이러한 상태에서는 누구도 승리를 장담할 수 없겠죠? 여러분의 성적도 마찬가지입니다. 한 번 잘했다고 해서, 혹은 떨어졌다고 해서 그것이 자기 실력은 아닙니다. 잘했다면 자리를 굳히기 위해서 노

력을 배가해야죠. 정말 2~3분이 남은 상황에서 선생님 팀이 또 한 골을 넣어 4대 2, 이쯤 되어야 누구라도 승리를 확신할 수 있습니다. 성적도 그러해야 합니다. 기초를 확실히 다져 3학년에서는 더욱 올라설 수 있도록 합시다. 아예 5대 2의 점수까지 될 수 있도록……   -1999. 11. 1. 조례시간에

43. 집중력에 대하여

인간의 정신 능력 가운데는 논리력, 추리력, 상상력, 통찰력, 직관력 등등 많은 분야가 있지만, 집중력은 다른 능력을 취합하여 일을 성사시키는 정신 능력입니다. 정신일도하사불성(精神一到何事不成)이란 말이 있듯이, 정신을 집중시킬 때 과학적인 원리를 발견하고, 깨달음을 얻으며, 새로운 세계를 볼 수 있는 안목을 얻습니다. 그런데 마냥 떠드는 것이 습관인 사람은 정서적으로 문제가 있습니다. 집중력이 뛰어난 사람은 꽹과리 소리 속에서도 일에 몰두합니다. 그래서 집중력을 가짐은 행복 문제하고도 연관이 있죠. 일이 지겨운 사람과 몰두하여 시간 가는 줄 모르는 사람은 어떤 사람이 행복한 삶을 사는 것일까요? 집중하면 시간 가는 줄 모르지만, 흩어지면 쉽게 흥미를 잃어버립니다. 집중 없이 행동하면 실수하고 사고도 일으킵니다. 무엇을 하든 꿈을 실현하고 삶을 완성하기 위해서는 정신 집중이 필요하므로 집중력은 반드시 길러야 할 정신 능력입니다.

44. 사색의 즐거움에 대하여

우리는 존재하므로 존재함 자체에 대해 생각해 보는 여유를 가져야 합니다. 그리하면 사색의 즐거움을 압니다. 무언가에 열중하는 사람, 정좌해서 명상하는 사람을 봅니다. 흔히 세상의 재미와는 동

떨어진 사람이죠. 상식적으로 본다면 얼마나 고통스러울까요. 어떤 즐거움도 없을 것 같으니! 그렇지 않습니다. 열중하고 사색함에는 즐거움이 있습니다. 그것도 존재자 중 최고의 즐거움이죠. 존재하는데 그런 존재에 관한 생각이 없다면 그것이 오히려 헛된 삶입니다. 그런 의미에서 그들은 존재하는 최대의 가치를 일구는 기쁨을 얻지요. 그러한 즐거움을 찾아봅시다. 느껴봅시다. 명상의 시간에 사색함의 삼매경에 빠져봅시다.　　　　　　　　-1999. 11. 5. 명상의 시간에

45. 가치관에 대하여

흔히 인생 철학은 자기 신념의 합리화 정도로 생각하지만, 선생님이 판단하기로는 그런 것이 아닙니다. 사물과 현상 간에는 과학자들이 확인한바 법칙과 원리가 있듯, 인생 과정에도 그러한 법칙과 원리 작용이 있는데, 그것이 물리적인 작용과 현상처럼 실험으로 확인하거나 증명할 수 없어 오해하는 듯합니다. 선현도 이러한 원리 작용에 대해서 언급하지 않은 것이 아닌데, 예를 들어 인생의 화복 문제, 인과응보설, 업보, 뿌린 대로 거두리라, 영생, 윤회 등등 문제는 누구도 그러한 원리 작용을 곧바로 확인할 수 없다는 데 있습니다. 하지만 우리는 일상생활 가운데 갑자기 이유도 없이 불행한 일을 당하는 때는 없다는 것을 봅니다. 알고 보면 원인이 있었죠. 마찬가지로 인생 삶도 깊이 생각하고 이치를 따져 가면 원리적인 맥을 짚을 수 있고, 분명한 작용에 근거해 일이 성사됩니다. 우리는 왜 정직하고 성실해야 하는가? 판단하는 옳음은 무엇을 의미하는가? 욕심을 부릴 때, 혹은 책임을 다하지 못하면 떳떳하지 못한 이유는? 생각이 잘못되었고 인생 원리에 어긋나게 행동했다면 장차 거둘 열매는? 이 같은 문제를 궁구해 나가면 생각해야 할 분

량이 엄청나죠. 철학적인 말을 들으면 이해하지 못합니다. 그러나 인생은 결국 그런 원리와 원인과 이유에 의해 결과지어진다는 것, 그것을 안다면 인생을 두려워할 필요가 없고, 이유 없는 불행에 대해서도 운명 또는 숙명으로 치부하지 않겠죠. 그래서 인생에는 사색이 필요하고, 빠짐없이 인생을 통찰하는 철학자가 되어야 합니다. 생각을 뒷받침할 수 있는 학생이 되어야 합니다. 그리하여 미래를 예측하고 대비해 만인의 삶을 위하여 헌신할 수 있는 가치관을 가집시다.

46. 선생님의 역할에 대하여(12월·1월, 결실의 달)

이 교실은 10대가 모인 집합체입니다만 오직 한 사람 40대가 끼어 있습니다. 왜 그럴까요? 병사들이 행군하면 경계병이 앞서갑니다. 장애물은 없는지 적병은 없는지 상황을 살펴서 본대에 알리기 위함이죠. 여러분은 시간적으로 20대, 30대, 그 이상의 미래를 알지 못합니다. 그래서 비록 H.O.T나 조성모는 몰라도 여러분의 장래를 인도하기 위해서 시공을 앞질러 함께하고 있습니다. 아울러 선생님과 주변 어른의 말씀은 취향에 맞지 않을 수도 있겠지만, 전혀 그렇지 않습니다. 삶의 형태는 과거에 비해 크게 달라졌지만, 인간이 겪어가는 삶의 본질은 변하지 않습니다. 그래서 시공을 앞서 경험한 조언과 통찰이 등불이 되고 빛이 되고 이정표가 될 수 있습니다.

-1999. 12. 1. 조례시간에

47. 진실에 대하여

인간은 오감을 지니고 있어 사물을 판단하고 이해하고 인식합니다. 그러나 보아도 보이지 않고 들어도 알지 못하며 겪어보아도 판단이 어려운 것 중 하나에 진실이 있습니다. 왜 그럴까요? 진실을 알기 위해서는 마음이 순수하고 올발라야 합니다. 그러지 못하면 진실을 말해도 오해하거나 굴곡시켜 버립니다. 우리는 진실과 통해야 진리를 판단하고, 행복을 얻으며, 神이 존재한다면 神과도 통할 수 있습니다. 보아도 볼 수 없는 것이 진실이라면 神도 눈이 어두워 못 볼 수 있습니다. 장래를 기약할 배우자를 구할 때도 마찬가지지요. 결국은 제 눈의 안경이라고 했습니다. 진실을 보아야 장래가 희망적이고 사랑하는지 알 수 있는데, 겉만 보고 판단하면 불행을 자초할 수 있지요. 사랑은 무엇입니까? 여러분은 태어나면서부터 능력이 있어 모든 문제를 해결하였습니까? 할 줄 몰라도 알아서 챙겨준 부모님의 헌신 때문에 탈 없이 성장하였습니다. 진실은 모든 면에서 통한다고 할까? 그곳에는 항상 사랑이 뒷받침되어 있습니다. 사랑하는 마음이 있어야 진실을 알 수 있다는 뜻입니다. 참된 마음, 정직한 마음, 정성을 다하는 마음, 사랑을 듬뿍 품은 마음속에서 진실은 만사를 투영시킬 것입니다.

48. 정직함에 대하여

자식이 물건을 훔쳐 왔다면 그것을 칭찬하겠습니까? 참으로 부끄러운 일입니다. 커닝해서 성적이 좋아졌다면 선생님이 자랑스러워하겠습니까? 한문 수행평가를 했는데 양심을 버린 학생 탓에 재시험을 치렀습니다. 순간적으로 위기를 모면하기 위해서, 혹은 눈앞에 보이는 이득 탓에, 혹은 잘못을 회피하기 위해 거짓말을 합니다. 그러나 진실이 한두 번으로 통하지 않는 것처럼 거짓말 역시 한두 번으로 들통나는 것은 아닙니다. 그러나 **진실은 언젠가는 알아주는 이가 있고, 거짓은 언젠가는 탄로가 납니다.** 그리고 거짓말은 지속적인 습관을 낳습니다. 가정과 사회와 민족과 국가를 책임 질 인물은 정직해야 합니다. 그렇지 않으면 친구를 배신하고 나라 를 팔아먹기도 합니다. 역사에 그런 인물이 있었습니다. 정직하게 살려는 노력, 그것이 당장은 손해를 입는 것처럼 보이지만, 그들은 세상에서 떳떳하고 용기를 지닌 사람들입니다.

49. 승패에 대하여

선생님은 지난 직원 체육대회에서 패했습니다. 그래서 이번에는 작전도 세우고 수비를 강화해 이겼습니다. 팀이 결과에 관해 토론 했는데, 선생님이 말했습니다. **"그 팀이 진 것은 전번에 이겼기 때 문이고, 우리 팀이 이긴 것은 전번에 졌기 때문이다."** 지난 2학기 중간고사에서 우리가 우수반이 되었는데 성적이 좋지 않은 반이 가 만있을 리 없죠. 우리 팀이 작전을 세우니까 상대 팀이 야유하던데, 지금 여러분이 그와 같은 자세는 아닌지요? 자기 위치를 지키기 위 해, 그리고 3학년을 준비하는 학습 기반을 튼튼히 합시다.

50. 짊어진 짐에 대하여

자신의 짊어진 짐이 무거운 사람은 남의 짐을 들어줄 수 없습니 다. 그 짐은 마음일 수도 있고, 행복일 수도 있고, 재력적인 것일 수도 있습니다. 핵심은 여유를 가지고 어려움을 살필 수 있는 사랑 이 풍족해야 한다는 것, 그래야만 남의 어려움을 도울 수 있는 순 발력을 가집니다. 그런 여유를 지니기 위해서 여러분은 배워야 합 니다. 쌓아야 합니다. 그리고 이루어야 합니다.

-1999. 12. 6. 조례시간에

51. 최선에 대하여

최선을 다하라는 말을 자주 듣습니다. 왜 그럴까요? 최선은 행복을 쌓는 것과 관련이 깊습니다. 매사에 걸쳐 최선을 다하지 않으면 자기 능력에 관한 판단 기준을 잡을 수 없고, 한계를 모르는 무모한 도전으로 실패하기 쉽습니다. 그러나 최선을 다하면 자신이 지닌 능력을 가늠할 수 있어 합당한 목표를 설정하여 실천할 수 있습니다. 인생의 불행은 과도한 욕심과 한계를 모르는 데서 주어지는 것이 태반인 만큼, **최선은 참된 진실의 기반 위에서 행복한 삶을 가꾸게 합니다.**

-1999. 12. 7. 조례시간에

52. 꿈의 성장원리에 대하여

오늘 명상의 시간에 한 시각장애 피아니스트가 만난을 헤치고 세계적으로 인정받는 연주가가 된 성공담을 들었습니다. 헬렌 켈러라는 장애인의 성공담도 있습니다만 버금갈 한국인 실화죠. 주목할 것은 어떻게 해서 보지도 못하는데 피아니스트가 되었는가? 피아니스트가 되게 한 원동력은 무엇인가? 그분은 자신이 어떤 특별한 재능을 타고나서가 아니라 오직 노력했기 때문이라고 했습니다. 꿈을 저버리지 않고 키웠다는 것입니다. 천체물리학에서는 우주가 처음에는 아주 작은 우주 씨로부터 팽창해 거대한 우주가 되었다고 합니다. 거목도 처음에는 작은 씨로부터 성장했습니다. 세계적인 위인도 여러분만 했을 때는 꿈을 가진 작은 청소년이었습니다. 이처럼 사람을 위대하게 만든 것은 무엇입니까? 어릴 때 가진 꿈입니다. 꿈의 씨앗을 성장시킨 것입니다. 꿈의 성장원리를 알고 매사에 정진합시다.

제11장 생각하며

1. ■ 학부모님께

신록의 계절인 5월을 맞이하면서 가정이 더욱더 평화롭고 내내
건강하길 기원합니다. △이를 신입생으로 보내 놓고 여러모로 걱정
이 많으시리라 생각됩니다. 담임으로서 3, 4, 5월을 지나면서 정도
들고 동정도 어느 정도 파악하였습니다. 얼마 안 되는 기간이지만
자라나는 학생은 놀랍게 성장하고, 학교에서의 많은 변화에도 적응
하여 의젓한 중학생이 되어가고 있습니다. 지난 4월에는 중간고사
를 치렀습니다. 성적이 전부는 아니지만, 결과가 비교되다 보니까
관심을 가지는 것 같습니다. 근본적인 교육적 과제는 학생 개개인
의 재능과 소질을 발견하고 고무시키는 데 있습니다. 그래서 저는
급훈을 "꿈을 키우자"로 정해 뜻을 심어주고 있습니다만 품성과 가
치관 교육은 더욱 중요한 것 같습니다. 이런 면에서 △이를 관찰한
결과 학급의 음료수대를 청결히 하는 당번을 맡게 되었는데, 학년
초 추운 날씨에 운동장을 가로지르는 본관 건물에서 따뜻한 물을
공급하여 칭찬받았고, 급우들도 봉사하는 마음에 감사하여 학급회
의 시간에 두 번이나 착한 학생으로 선정되었습니다. 품성이 어질
고 헌신하려는 마음속에서 훌륭한 뜻이 키워지는 것이고, 부모님의
은혜와 기대에 보답하는 사람이 되리라 생각됩니다. 집안 환경이라
든지 부모님의 바람에 대해 알아보는 것이 바람직하다고 생각하여

어머님의 전화를 받고 한 번 찾아뵙기를 희망했지만, 다음 날 와보니 공식적인 행사가 있어 뵐 수 없게 됨을 사과드리며, 서면으로 관심 사항을 적었습니다. 차후에도 바람이나 애로점이 있으면 언제든지 연락해주시고 대화가 오갈 수 있길 원합니다. 감사합니다.

1994. 5. 11. 담임 드림.

2. 자랑스러운 제자에게

희망찬 丙子年 새해를 맞이하여 건강하고 성장하는 한 해가 될 수 있길 기원한다. 그동안 무얼 하고 지냈는지 궁금하네? 선생님도 여러분의 애틋한 염려 덕분에 잘 보내고 있다. 한두 번 산에도 가고, 볼 일이 있어 서울에도 다녀오고 했지만, 대부분은 독서를 하고 가끔 테니스를 하고 지낸다.

선생님이 이번 새해 첫날을 어떻게 맞이했는지 자랑할게. 1월 1일 신년 해맞이를 위해 2시 진주에서 출발하여 몇몇 아는 분과 함께 지리산 천왕봉을 등정하였다. 새벽 내내 산에 올라갔는데 어떻게 사람들이 많던지 꼭대기까지 성시를 이루어 하늘 끝까지 플래시 불이 끊어지지 않았더구나. 7시 30분경 정상에 도착했는데, 조금 있으니 동녘 하늘이 붉어지면서 새 역사를 밝힐 검붉은 태양이 찬란하게 떠올랐다. 나로서는 일생 처음 맞이하는 장엄한 해맞이였지. 일제히 환성을 지르며 기원을 올렸는데, 나도 여러 가지를 기원했다. 그중 한 가지가 바로 여러분이 겨울방학을 잘 지내고 공부 열심히 하여 훌륭한 사람이 되게 해달라는 것이었지.

여러분 앞에 설 때 가끔 이런 생각을 해본다. 선생님으로서 지닐 수 있는 빛나는 보람이 있다면 무엇일까? 그것은 바로 여러분 같은 제자를 훌륭한 인물로 키우는 것이지. 평생 가르칠 수는 없지만, 같이 지내는 동안만이라도 웅비할 꿈과 용기와 가능성의 씨앗을 심는 거야. 그 씨앗이 잠재성 위에 뿌려져 30년, 40년, 언제쯤 꽃피울지는 모르지만, 앞날을 내다보고 뜻을 심는 것이야. 그때쯤이면 교직을 마치고 물러서 있을지도 모르지만…… 최근 딸 아이에게 잠들기 전 노벨에 관한 이야기를 읽어주고 있는데, 그의 전기 속에는 어린 시절부터 학창 시절의 이야기가 나오는데, 그곳에는 바로 노벨을 가르친 선생님들에 관한 이야기가 나오지. 그런 것이 바로 무명 교사로서 지닌 보람이 아니겠는가?

시간은 흐르고 흘러 겨울방학의 마지막을 정리할 때가 되었다. 새해에는 더욱더 좋은 포부와 계획을 세울 수 있길 바라면서 남은 기간 알차게 보내고 개학일을 잊지 않도록 하자.　　1995년 1월.

3. 학부모님께

가을이 성큼 다가섰습니다. 학부모님 댁내 두루 평안하신지요? 아이들과 함께한 지도 벌써 8개월이 되었습니다. 그동안 힘든 일도 많았지만 잘 견뎌 주었고, 학부모님의 뒷바라지 덕에 여기까지 올 수 있었다고 생각합니다. 이제 그 결실을 보아야 할 때가 된 것 같습니다. 아이들은 하루하루가 다릅니다. 생각과 행동의 변화가 많은 시기라 학부모님이 세심한 배려와 관심을 가져야 진로를 결정하는 과정에서 어려워하지 않을 것으로 생각됩니다. 가끔은 아이들과 학부모님의 생각이 달라 힘든 경우에 처할 수 있습니다. 그럴 때는 최대한 아이들의 처지에서 생각하고 결정해 주십시오. 우리 학교는 10월 25일부터 특수목적고등학교(진주 기공, 예술고, 과학고, 체육고, 정보고, 외국어고 등)에 원서를 쓰는 것을 시작으로 고등학교 진학을 결정합니다. 바쁘고 힘드시겠지만 충분한 대화를 통해 의사를 결정해 주시고, 혹 의논할 일이 있으면 연락해주십시오.

2000. 10. 18. 담임 드림.

자아 형성과 자연 교감(自然 交感)

인간이 가진 기본 감정인 기쁨, 슬픔, 두려움, 미움 등을 정서(情緖)라고 하는데, 어릴 때는 이런 정서적 표현이 단순하지만, 중학생이 되면 발달이 두드러져 복잡하고 미묘해진다. 또한, 자아의식과 욕구가 강렬해져 자신의 존재 상황에 대해 근본적인 의문을 가지고, 미지의 세계를 막연하게 동경하는 불안정하면서도 성장하는 시기이다. 그래서 흔히 감수성이 예민하다고 하는데, 이것은 아직 자아와 신념과 가치관이 성숙하지 못한 상태에서 외부의 자극으로부터 받은 강한 인상에 행동이 좌우되는 충동적인 면도 있지만, 모든 것이 정착되지 않은 시기인 만큼 오히려 무궁한 잠재력을 일깨우는 때이기도 하다. 자신을 무엇이라고 단정 지을 수 없을 뿐 아니라, 무엇이 될지 모른다는 사실이 오히려 무엇이라도 될 가능성을 내포한다. 대부분 무엇이 될 기회가 있는데도 평범한 인간으로서 삶을 사는 것은 그 무엇이 될 수 있는 청소년 시기를 소홀히 넘긴 탓이다. 한 줌의 흙이 고려청자가 되기도 하고 옹기그릇으로 빚어지기도 하는 것처럼 자아와 인격과 정서, 가치관을 형성하는 이 시기는 참으로 중요하다. 유아기부터 자아의식이 싹트기는 하지만, 본격적으로 발달하는 것은 바로 청소년기이기 때문이다. 어릴 적에는 본능적인 욕구의 지배를 받지만, 청소년 시기에 이르러서야 개성과 지능, 환경 등을 객관적으로 인식하고, 주어진 일을 자주적이고 책임 있는 행동으로 처리하려는 정신 작용이 본격화된다. 잠재된 생명력이 발동하여 존재 가치와 사물 현상을 새롭게 보려는 자각이 생긴다. 선생님은 지금 맞이한 겨울을 색다른 마음으로 대하기 어렵다. 이미 40회를 넘게 반복해서 맞이한 계절이므로 습관과 타성에 젖어 사고가 경직되어 버렸다. 그러나 자아 형성기에 있는 청소년은 그렇지 않다. 신선한 자각으로 사물을 새롭게 볼 수 있고, 이것이 바로 성숙의 발판이다. 이 같은 안목을 가지고 눈을 틔울 때 청소년은 자신에게 감추어진 잠재 가능성을 발견하고 소질을 계발하여 그 무엇이 될 수 있는 기초를 다져간다. "교육은 문화적 이해를 바탕으로 자아를 실현하도록 행동을 변화시키는 계획적인 가치 지향적 활동"[3])이라고도 하는데, 중요한 것은 청소년이 이 같은 외부적인 교육 활동의 바탕 위에서 스스로가 자아를 정립하려는 노력을 추가했는가 하는 점이다. "인간 형성은 교육자의 의도적인 조성 활동과 미성숙자의 성장하려는 내적인 힘으로 이루어지는 성장·발달을 도와주는 활동이다."[4]) 그러나 결국 내면을 통해 틔운 눈으로 자아와 세계를 보지 못하면 누구도 그 눈을 대신해 줄 수 없다. 여기에 교육의 한계가 있다. 요즘 학생에게 텔레비전이나 컴퓨터, 비디오 등은 생활 일부분이 되어버린다. 물론 현대 문명이 낳은 편리함과 정보화시대에는 어쩔 수 없는 필요 현상이라 할지라도, 자아가 형성될 시기에 내면의 성장과 변화 드라마를 관찰하지 못하면 삶의 보물을 잃어버린다. 세상에 빛을 남긴 위인은 한결같이 자아를 정립한 시기를 철저하게 거쳤다고 장담한다. 다양한 체험학습과 끊임없는 성찰로 장래의 청사진을 그려나가는 것, 이것이 청소년이 학창 시절에 이루어내어야 할 자아 정립의 과제이다. **자신을 돌아**

---

3) 『인간교육이론』, 김수동 저, 책사랑, 2000, p.31.

4) 위의 책, p.25.

보지 못하는 사람은 진리도 사랑도 진정한 세계도 볼 수 없다. 배움을 위한 제반 노력이 중요하지 않은 것은 아니지만, 그중에서도 우선되는 것은 자아를 발견하려는 노력이다. 거기서 세상을 바라보는 남다른 개성과 재능이 있다는 사실을 알고 소질을 함양하면 분명 그 무엇을 이룰 수 있는 인물이 될 수 있다.

그렇지만 놓쳐서는 안 될 자아 탐색의 시기라 해도 그 탐색 방법과 형태가 일률적인 것은 아니다. 그래서 선생님은 한때 일구었던 시작(詩作)의 과정을 통하여 자아 탐색에 관한 원칙적인 사례를 제시하고자 한다. 즉, 나는 한때 무언가 외부의 주어진 대상에 대해서 그 정감을 詩作을 통하여 붙들어 놓고자 하였는데, 장래 그런 활동을 본격적으로 하기 위한 것은 아니었다. 관심을 가지고 선호한 분야는 세계의 궁극적인 문제를 다루는 철학이고 종교이고 진리, 사상이기는 했지만, 내면의 세계를 들여다보는 과정에서 포착된 정감을 스케치한 것이다. 이런 방법을 통하여 주어진 사물 현상에 대해 무엇 하나라도 놓치지 않으려는 노력을 습관화할 수 있었다. 이 같은 노력이 종국에는 어떤 진리적 사명을 일깨우고 인간과 진리와 神, 그리고 세계적인 분야를 새롭게 통찰할 수 있는 안목을 가지게 했다.

뜰에 핀 봉선화는
어머님 가꾸신 꽃
누나 손 고사리손이 붉게 물들었네!
웃음꽃 피어있는 집
예나 지금이건만

뜰에 핀 당국화는
어머님 돌보신 꽃
한 송이 고개 숙인 뜻을 내 몰랐었네!
함박꽃 피어있는 집
예나 지금이건만

이 詩는 마당에 있는 봉선화와 당국화를 통해서 집안의 화목을 기리고, 이를 위해 한평생 희생한 어머니의 사랑을 새기고자 한 것이다. 지금의 도시 생활 속에서는 이런 정감을 느끼기 어렵겠지만, 문제는 무엇을 통해서라도 그것을 소재로 생각됨을 표현하고자 한 노력, 이것이 자아 발견을 위한 방법이 된다. 여기서 포착한 정감은 자신만의 독특한 것이지만, 이 같은 인식 대상을 보편화시키고 객관화시키면 만인이 공감하는 사상으로까지 확대될 수 있다.

청아한 계절의
고추잠자리 머무는 오후에
저 멀리 성탑에 젖은
황혼을 바라보노니
언제라도 때 묻지 않은
흐르는 남강물이여!
지금쯤 타오르는 금빛 노을 따라
반짝이는
은빛 물결을 헤치고서
실버들 져 파문에 맺힌
내 마음은 흐르려나?

오늘도 한 걸음
끝닿은 둑길에 서서 외쳐 보았다.

진주 토박이로서 진주에 대해서 애정을 느끼고 정감을 詩로 표현
하고자 했던 것은 역시 자아 정착기인 대학 시절이었던 것 같다.
마음의 문을 열고 詩心을 일깨우니 정감이 포착되었다. 그러고 보
면 청소년의 자아 형성기에는 무언가 동경하는 세계를 향해 마음의
문을 활짝 열어야 하는 것이 또 하나의 관건이다. 진주를 생활 터
전으로 하는 많은 사람이 논개의 충절이 담긴 남강을 바라보면서도
시 한 소절 자작(自作)할 기회를 얻지 못하는 것이 태반인 것을 보
면, 의식을 열지 못할진대 진리를 자각할 수 없는 것과 같다. 지금
은 뒤 벼리가 도로 난간이 되어 복잡한 교통난을 해소하는 실정이
지만, 그 뒤 벼리를 뛰어다닐 때는 수양버들이 늘어져 있었다. 지금
도 석양이 지는 칠암 성당의 우뚝 솟은 성탑과 붉게 물든 하늘과
그 빛을 받아 부서지는 남강물을 볼 수 없는 것은 아니지만, 중요
한 것은 당시 먼저 詩心의 문을 열어 놓았기 때문에 그 같은 광경
을 보고 시상(詩想)을 떠올릴 수 있었던 것처럼, 청소년은 자아 모
색의 시기에 자아를 인식하고 자각하기 위한 마음의 문을 열 타이
밍을 맞추는 것이 중요하다.

어언 침묵과 은총의 성상을 이은
위엄스럽고도 근엄한 당신의 모습
돌아들면 들수록 잎새에 잠긴 바람이 새롭고
한 줌 흙, 바위 하나하나가 기이하다.

하늘이 가까운 곳
천사의 옷깃이 스쳐지는 곳
저기 아득한 산천이 있고 고을이 보이고
내 마음속의 고향 저녁연기가 피어오른다.

오직 존재하는 것만으로 존재하는 것 같은 외도(外道)를 모르는
불야성
　우람한 당신의 품속에는
　진정한 인명을 주재하는 젖줄이 있고 자비로움이 있고
　정복자의 외침을 회유하는 君子로서의 자태가 있다.

아, 당신은 나를 부르고 있다.
손짓하고 있다.
속삭이고 있다.
먼 산울림……

　내가 지리산 천왕봉을 처음 목격한 것은 대학 2학년 때다. 이전
에는 산행의 경험이 적었던 관계로 산청의 웅석봉에서 바라본 지리
산의 모습은 경이 자체였다. 나중에 안 사실이지만, 천왕봉에서 40
리가 넘는다는 노고단까지 해발 1,000m가 넘는 지리산 자락을 한
눈에 볼 수 있었다는 점에서 지리산은 말이 없어도 그 존재 의미를
느낄 수 있었다. 먼발치에서 바라본 지리산의 웅자는 분명 나를 향
해 위엄을 드러내고 울림을 주었다. 그러므로 청소년의 자아 형성
기에는 이처럼 말 없는 자연과도 대화할 수 있어야 하고, 신선한
안목으로 교감된 의미를 일깨워야 한다. 태초 이래 자연은 침묵하

고 있을 뿐 제 현상은 말이 없다. 자아에 대한 발견과 인식 과정도 상황은 마찬가지이다. 누가 구체적으로 일러주는 것이 아니다. 스스로 자각하고 존재 가치를 발견하여 의미를 일깨워야 한다. 이것이 자신이 옳다고 생각하는 바의 결정적인 가치관과 신념으로 굳혀진다. 그리고 평생을 바친 노력으로 신념을 구현하면 비로소 만인이 인정할 수 있는 보람된 가치로 승화된다.

내 고향 그리운 산하
스쳐 가는 바람 소리 물결 소리
하얀 철새 울음소리

아니 어쩌면 긴 밤을
할머님 곁에 앉아
한 톨 군밤 튀는 소리보다도
구수하고 감칠 맛 나는

먼 먼 옛이야기 소리
'부라산 정곡리' 마을의
독특한 풍경 소리여!
이런 고향이 있기에
모두 떠나가 버린 낙엽의
겨울나무 빈 가지는
차가운 허공만 휘젓고 있습니다.

영 못 잊을

눈길, 미소, 모습, 마음
그리고 이름이여!

이처럼 자아에 대한 자각과 모색과 발견과 형성과 그리고 정착을
이루는 과정에서는 스쳐 가는 바람 소리, 물결 소리, 자연의 소리
하나하나에도 귀 기울일 수 있어야 하고, 그를 통해 발견한 인간과
자연과 세계에 대한 낱낱의 정보를 장래 꿈을 엮어나가는 소재로
삼아야 한다. 그래서 삶의 여정에서 우러나는 그리움, 고독, 고뇌,
비애에 대한 감정까지도 빠짐없이 만끽되어야 한다. 어차피 인생은
희로애락, 흥망성쇠, 생로병사가 함께하는 여정일진대, 자아 형성기
에 청소년이 이 같은 生의 현실을 직시하지 못하면 그 자아는 모진
세파 속에서 바람 앞의 등불(風前燈火)이 되어버린다.

확 트인 대해(大海)를 바라보며 그 무엇인가 숭고한 이를 경배라
도 하는 듯, 정중하게 시중이라도 드는 듯, 두 손 모아 고개 숙이고
서 있는 남해 금산의 기암들이여!
세계의 대맥인 곤륜산의 주맥이 백두산을 거쳐 한반도의 골격을
이루고, 그 정기가 합쳐 트인 곳에서 세계를 이끌 지도자가 나온다
는 전설이 깃든 곳
그래서 그런지 그 기력을 뻗칠 쌍홍문이 있고, 관통한 구멍이 여
기저기 뚫려 있다.
그래서 그런지 태조 이성계가 60일 기도하여 조선을 건국했다 하
고, 유망한 스님들이 반드시 한 번은 찾아들어 수행을 쌓는다는 곳
수많은 인재가 대원과 공덕을 묻어둔다는 곳
그래서 그런지 금산의 산세는 그 무언가 존엄한 이를 향해 배례

하는 듯, 염원하는 듯, 비스듬히 서서 기도하고 있다.

이 시대 최후의 양심인이요 마지막 고행의 보루인 스님이 아슬한 기암 꼭대기에서 홀로 좌정하여 염불을 외우고 계시니, 나도 저 열린 세계를 향해 가슴을 열고 소중한 비원과 민족 통일을 기원하다.

평생에 한 번은 반드시 소원을 들어준다는 기도함의 원력이 살아 숨 쉬는 곳, 대공덕의 보살행이 살아 응답하는 곳

천지의 비원을 고스란히 담은 금산은 자체가 산의 원기요 의지이며 능력이리니

아, 남해의 금산이여! 그대는 그 같은 비원을 받들기 위해 영고 성쇠(榮枯盛衰)하였다.

아, 대망한 세계를 향해 뻗어 나갈 남해 금산의 신령스러움이여! 정기여! 광대함이여!

그대는 정녕 천하의 지맥이 열린 세계를 향해 뻗어난 세계의 관문이어라. 원기의 주재자이어라.

근엄한 장군이 관문을 지키고 있고 바다의 신령한 거북이들이 기어오르는 곳, 천상의 계시와 영감이 하나로 합하여 내리는 곳, 신성한 지혜가 엄습하는 곳

하나님이 태초에 천지를 창조하시기 전 온갖 물상을 시험한 코끼리 바위, 촛대바위, 제석의 놀이터……

푸른 바다, 짙푸른 남해의 물결이여! 점점이 햇살을 받아 부서지는 하나님의 축복이여!

그대는 이제 진정한 민족의 비원을 한 곳으로 모아 더 넓은 태평양 세계를 향해 도전하라. 미래 세계를 향해 개척하라.

옛 전설은 전설이 아니요. 오늘의 소망은 내일의 현실이리니

한민족의 정기와 슬기와 기상을 하나로 모아 세계를 이끌 저력을

담은 희망의 분출구가 돼라.

한민족이 반만년의 시공간을 통하여 일군 기력을 대 수령으로 솟구치게 할 장엄한 표상이 돼라.

영광된 역사를 주도할 코리아의 출전문이 돼라.

그리하여 청소년은 마땅히 그들의 열린 자아의식으로 민족과 세계가 처한 시대적인 상황을 판단하고 자신의 나아갈 방향과 좌표를 설정해야 한다. 사회와 민족, 그리고 인류를 위해 도움이 될 수 있는 자질과 능력과 웅지를 지녀야 한다. 끊임없이 노력하고 정진하여 민족 통일을 앞당기고, 장차 태평양 시대를 주도할 주역이 되어야 한다. 포부와 기개를 키워서 한민족이 세계를 향해 일어설 가능성까지 포용해야 한다. 남해 금산에 올라 大海를 바라보며 일깨운 것은 일종의 염원이지만, 세계 지도를 거꾸로 놓고 보면 한반도의 가치는 전혀 새로워진다. 지구상에서 가장 넓은 대양(大洋)이 바로 우리를 향해 손짓하고 있다. 옛날에는 땅을 많이 차지한 나라가 강대국이었는데, 이제는 육지보다 바다의 중요성이 부각되고 있다. 삼면이 바다인데, 바다는 인류의 마지막 자원의 보고일 뿐 아니라 사통팔달, 해상 교통의 역할이 증대되고 있다. 그리고 청소년은 이 같은 세계를 개척할 꿈과 청춘과 열정이 있다. 여기에 자아와 가능성과 인류를 향한 민족적 사명감까지 합치면 지금의 염원이 현실화하지 않으리라는 법이 없다. 그 같은 기대를 나는 먼저 슬기롭고 당당한 청소년인 본교 학생에게 걸어 본다.

-교지 "경상 부중" 제7호(2001년 2월)

6막 교실

남해, 손도 바다의 시절(5년)
남수중학교

(2001. 3. 1.~2006. 2. 28.)

2001학년도: 체육 주무 및 보건 업무, 우수학교운영 주무 (군 지정)

2002학년도: 보직교사, 정보, 체육, 교기 배드민턴부 창단 및 부감독(군부), 우수학교운영 주무(군 지정), 교육감 표창, 문화관광부 장관 표창

2003학년도: 보직교사, 정보, 체육, 배드민턴 부감독, 부총리 겸 교육인적자원부 장관 표창

2004학년도: 체육, 배드민턴 부감독, 교육장 표창, 교육감 표창

2005학년도: 보직교사, 정보, 체육, 배드민턴 부감독

2006학년도: 청소년지도 및 상담 석사학위 및 1급 전문상담교사 자격취득

2002년 3월 1일~2003년 2월 28일: 「체험 활동을 통한 친환경적 의식 고양과 고찰」(환경교육 우수학교 보고서), 제33회 경남교육자료개발 연구대회, 시도대회 3등급

2003년 3월 1일~2004년 2월 28일: 「환경 의식 고양을 통한 환경보전의 실천력 강화」(환경교육 우수학교 보고서)

2006년 2월: 「중학생의 진로 의사결정 유형과 진로의식발달 수준과의 관계」

제12장 길을 가며

　남수중학교로 가는 첫 길은 참으로 멀었다. 진교까지만 해도 웬만한 거리인데, 남해읍까지, 또 지족까지 가야 했다. 3학급짜리 소규모 학교였다.[5] 남해 수산 고교가 바로 옆인데, 운동장은 텅 비어 있고 도로도 한적하였다. 3층 건물에 커튼이 쳐져 적막감이 감돌았다. 출퇴근이 문제였다. 이틀간은 육로로 다녔지만, 삼천포에 집이 있는 선생님의 차 한 대는 창선 부두에 두고 나는 삼천포 부두까지 책임졌다. 항해 시간은 30분 내외, 창선-삼천포를 연결하는 다릿발이 서 있고 상판도 거의 놓여 훌쩍 뛰어도 될 것 같은데 완공되는 데 2년 반이나 걸렸다. 참으로 곤혹스러운 것은 새벽에 일어나 부두까지는 이상이 없는데 바다에 안개가 끼어 출항이 금지된 경우이다. 한 번은 사선(私船)을 구해 탔는데, 바로 배 밑의 바닷물도 보이지 않았다. 이런 조건에서 만약 사고라도 당한다면(?) 하는 생각이 엄습했다. 겨울에는 해뜨기 전에 나와 어두울 때 집에 도착했다.

　부설중학교의 마지막 해인 겨울방학 때 어머니가 갑자기 뇌혈관이 막혀 입원했는데 의사 말로는 더 이상 호전되기 어렵다고 했다. 그때부터 형제가 교대로 병상을 지켰는데, 그런 와중에 남수중학교로 발령이 났다. 새벽에 병원에서 출근했다. 그러다가 의논 끝에 큰 형님 집에 모신 지 얼마 되지 않아 임종이 가까우신 것 같아 밤새워 지켰다. 거친 숨은 오갔지만 괜찮으신 것 같아 출근하였는데 학교에 도착하자마자 전화가 왔다. 울음소리가 먼저 들렸다. 즉시

---

5) 고현중, 물건중, 남수중이 기숙형 '꽃내중학교'로 통폐합됨(2019. 3. 11).

차를 출발시켰다. 조금 전까지 보았던 창선 하늘과 앞바다가 그처럼 슬프게 울렁거리는 것인지 미처 느끼지 못했다. 불효한 이 자식을 위해 전 삶을 헌신한 어머니, 어머니! 눈물이 하염없이 흘렀다. 부둣가에서는 배가 떠나기 직전이었다. 집에 도착해 방에 들어서자 어머니는 조용히 누워계셨다(82세). 무릎 꿇고 부둥켜안았다. 마지막 가시는 길에 막냇자식 보지 못해 뒤돌아보실까 봐 어머니 얼굴에 볼을 갖다 대었다. 어머니는 아직 따뜻하셨다. 내 생명과 사랑과 덕성의 무후한 원천인 어머니! 하나님의 사랑이 완전한 것이라면 그것은 바로 내 어머니와 같은 사랑이요, 내가 이웃과 사회를 위해 바칠 사랑이 있다면 그것 역시 내 어머니와 같은 사랑이시라. 나의 사랑에 대한 수수 원천과 판단 기준은 확고하다. 어머니로부터 받은 은혜를 되갚기 위해 이후의 삶이 존재하리라. 비록 살아생전에는 이루지 못했지만 때가 되면 어머니를 세상의 가장 영광된 자리에 세우고, 마지막에는 나도 조상과 함께 계신 어머니의 품에 안기리라. 그것이 내가 기린 완전한 안식이며 영원한 평화이리라.

같이 부임한 교장 선생님은 빈 교실을 이용하여 교과 교실제를 추진하였는데 매우 긍정적이었다. 체육 연구실은 3층에 자리 잡았는데, 창문 밖으로 푸른 '손도' 바다가 한눈에 들어왔다. 1학년 도덕도 전담하였고, 시험 문제를 출제하는 일이 힘에 겨웠다. 수업 시수는 적지만 출산 휴가 등으로 할당된 업무가 많았고 뒤돌아보아도 처리할 사람이 없었다. 다양한 업무를 맡았는데, 학교 행사의 80% 이상을 주관하고 관여하고 도와야 했다. 신설된 정보 부장직을 맡았지만 나이스 체제가 처음 도입된 때라 연수를 여러 번 받았어도 시행에 어려움을 겪었다.

가르침 6막 교실인 '손도 바다 시절'에서는 '가르치며'란 장이 없다. 눈뜨면 제자와 만나는 그런 학급 담임을 5년 내내 맡지 못했다는 뜻이다. 참으로 **제자 없는 가르침은 없다.** 배드민턴부를 창단해 당시 전통 깊은 이동중학교를 물리치고 연속 군 대표로 선발되었고, 가르치면서 배운다고 하였듯, 이때부터 나도 배드민턴에 관심을 가졌다. 체험 위주의 환경 우수학교를 연속 2년 주관하면서 2002년에 『환경은 언제나 목마르다』, 2003년에 『자연이 살아가는 동안』을 편집해서 출간하였다. 60명 남짓의 소규모 학교가 도내 전체에서 체육 활성화 최우수학교로 선정된 것은 보람이었다.

길의 저술 과제로서는 2004년에 『세계섭리론』(인쇄본, 4·6배판, 854면 요약)을, 2006년에 『세계수행론』(인쇄본, 4·6배판, 825면 중 요약)을 출판하였다. 아내와 계절제 석사학위 과정을 마쳤고 상담교사 자격을 취득하였지만, 교육자로서의 양식을 재충전한 것일 뿐, 진로교사나 상담교사로 전향하지는 않았다. 연구실에서 푸른 남해바다를 바라보면서 저술과 사색에 몰두할 수 있었다. 고등학교장의 배려로 기숙사 한 칸을 얻어 날씨가 좋지 않은 날은 남아서 밤새도록 글을 쓰기도 하였다. 새벽 1시경 손가락만 한 지네가 목을 물어 생애 처음 119를 불러 남해읍 병원으로 직행하기도 하였다.

남수에서 50을 맞았다. 한 학교에 머문 동안인데도 모습이 달라졌다. 어느덧 만기가 되어 내신을 내어야 했다. 어떻게 해야 할까? 결국, 길의 과제를 완수하는 방향으로 가닥 잡고 남해를 떠나기로 하였다. 남수는 지역 점수가 높아 인사 경합지인 진주로 교직 생활 중 두 번째 입성할 수 있었다.

제13장 생각하며

- 편지글

1. ♡에게

쉼 없이 뛰고 또 뛰어갈 말띠 해, 2002년 새해를 맞이하여 ♡가 맞이할 새날들도 희망과 행복이 가득하고 열심히 성취하는 해가 될 수 있길 바란다. 물론 건강함은 기본이고! 선생님이 ♡를 보기 위해 남해의 쪽빛 바다가 넘실대는 남수중학교로 온 지도 한 해가 다 되어 가고 있다. 차를 타고 배를 타고 또 차를 타야 도착할 수 있는 곳, 새벽 5시 정도에 일어나 가족이 모두 잠든 사이 혼자서 밥 챙겨 먹고, 아들 옷을 입혀서 데려다주고 나서야 출발할 수 있는 곳, ♡가 잠든 사이에 선생님의 출근 전쟁은 이미 시작되었다. 퇴근 시간도 차가 밀려 2~3시간을 소비해야 하는 곳, 처음에는 정말 적응하기 어려웠다. 무엇보다도 먼저 1학년을 맞이해 일주일에 체육 3시간, 도덕 2시간, 정을 붙이다 보니 한 해가 금방 흘러가 버렸다. 그중 ♡의 귀여운 장난기, 천지를 진동하는 웃음소리가 곁들여 즐거운 학교생활이 되었다. ♡야! 꿋꿋하고 발랄하고 열심히 공부하고, 그리고 친구를 도우면서 2학년 이 해를 엮어나가자꾸나. 방학 전 선생님이 매우 아팠지! ♡의 염려 덕분으로 이제는 회복이 다 되었다. 그리고 꼭 답장을 달라던 ♡의 부탁! 그래서 약속을 지켜 답장 보낸다. 아무쪼록 보람된 방학을 보내고 해맑은 얼굴로 다시 보자. 안녕!　　　　2002. 1. 14. 오전, 진주에서 보냄.

2. 남수중학교 3학년 학생에게

아직 개나리, 진달래, 목련, 벚꽃이 피어나기에는 이른 감이 있는 신학기 3월을 맞이하여, 새로운 각오와 희망의 봉오리를 머금고 있을 3학년 28명의 학생에게 이 편지를 보낸다. 이 학교에 부임한 지도 벌써 3년째 접어드는구나. 아직 개구쟁이 티를 벗어나지 못한 1학년 신입생의 재잘거리는 모습이 처음 이 학교에 와서 여러분을 대한 모습이었지. 그때나 지금이나 변한 것이 없는 것 같은데 여러분을 보니 세월이 흘렀다는 것을 실감한다. 신체적인 성장과 함께 정신적, 정서적으로 많은 변화가 있었다. 그런 성장과 변화 과정을 줄곧 지켜 온 선생님으로서 이제 인생의 중요한 3학년을 맞이한 여러분에게 축하와 함께 당부의 말을 전하고 싶다. 1, 2학년 때는 자주 마주쳤는데 이제는 수업 시간이 2시간밖에 안 되는구나. 격려의 말 한마디 해 주고 싶어도 그럴 만한 겨를이 없다. 그래서 선생님이 시간을 내어 편지를 쓴다. 한창 꿈 많은 청소년 시절에는 그만큼 성장의 아픔이 있고 고민도 있는 법이라, 그런 문제에 관해서 대화할 수 있길 기대한다. 인생을 어떻게 살아야 할 것인지에 대해 기준을 제시한 1학년 때의 첫 도덕 선생님이잖니. 그때 함께했던 가르침의 내용을 다 기억하고 있지는 않겠지만, 선생님은 사명감을 가지고 올바른 인생 가치를 일깨우기 위해 노력하였다.

봄방학이 끝나고 3월 3일 등교할 때는 정말 3학년다운 학생으로서 다시 만나자. 기온 차가 심한 꽃샘추위에 모두 건강하길……

3. 우정이여! 영원하길……

푸른 녹음이 싱그럽기만 한 계절, 5월은 계절의 여왕이라고 했지! 졸음을 이기고 체육 연구실에 앉아 있는데 ◇이가 떠나갈 듯한 목소리로 불렀다. 무슨 일이 일어났는가 싶어 쳐다보니 편지 한 통을 건네주고 갔다. 연이어 ♡가 오더니 또 몇 통의 편지를 주었다 (♩, ♪, ♫, 웬 ♫이까지……). 마음이 뽀롱 가버렸지! 그래서 답장을 쓴다. 내용을 읽고 비교해보니 한결같이 마음의 성숙한 속내를 알 수 있었다. 지난날 철없이 말썽도 부렸지만, 이제는 3학년으로서 열심히 하겠다는 각오와 얼마 남지 않은 중3 생활이 아쉽다는 것, 진로에 대한 걱정, 고등학교 생활에 대한 기대감 등등 참으로 여러분은 초등학교 때부터 9년간 형제자매처럼 지내온 것 같구나. 그 우정이여! 영원하길……

4. ◇에게

◇가 부설중학교 2학년 6반이었던 때가 벌써 몇 년의 세월이 흘러버렸구나! ○이, ◉…… 모두 이제 새해가 되면 고3을 맞이하겠지? 그동안 ◇는 어떻게 지냈는지? 건강은 어떠한지? 어떤 모습으로 성숙하였을지? 자주 보지 못해도 믿음이 있다. ◇가 보여주었던 노력과 인내와 배움에 대한 열정을! 꿈을 가지고 언젠가는 이루리라는 것을! ◇에 대한 유일한 소식! 5월쯤 어머니로부터 받은 감사의 전화, 검정고시에 합격했다는 말씀! 선생님의 가슴에 잔잔한 감동이 스몄다. 만 말이 필요 없이 그동안 무엇을 위해 애썼다는 것을 보지 않아도 알 것 같았다. ◇야, 늦게나마 축하한다. 삶을 위해 최선을 다하면 언젠가는 소망이 이루어지지 않겠니! 그러면 지나온 어려움은 아름다운 추억이 될 수 있겠다. 큰 고통을 어린 시절에 겪었는데 이제 남은 것쯤이야! 더욱 건강하고 아름답고 어엿한 아가씨로 성숙하였을 거야.

선생님은 전교생이 61명인 남해의 한 작은 학교에서 근무하고 있다. 교실 밖으로 푸른 바다가 한눈에 들어오는 곳이란다. 선생님 나이도 마흔일곱, 요즘은 흰머리가 제법 눈에 보인다. ◇야! 전화 받고 언젠가 편지 한 장 띄우려고 했는데, 이제 실천한다. 아무쪼록 건강하고 즐거운 크리스마스! 복된 새해를 맞이하길! 어머니께도 안부 전한다. 항상 선생님의 기억 속에 믿음으로 남아 있는 ◇에게 집필 도중 생각하는 시간을 마련하였다. 그럼 안녕!

2002. 12. 23. 새벽, ◇의 옛날 담임 보냄.

5. ♣이에게

신록이 푸름을 더해 가는 5월, 고3이라 바쁠 텐데 편지 주어서 고맙다. ♣이 뒷바라지하랴 몇 번 학교에 들르셨던 어머님 생각이 함께 떠오르는구나! 인자하고 자상하셨던 모습. ♣이가 아울러 함께 안부 전해라. 두루 평안하시겠지? 편지를 받아보니 고3으로서의 솔직 담백한 고민을 엿볼 수 있었다. 다들 바빠서 우정을 나누기도 어렵고 시험에 쫓기고 시간에 쫓기고 건강을 유지해야 하는 체력에 쫓기고…… 그래도 ♣이가 선생님을 생각하고 있었구나! 선생님은 언젠가는 제자들이 사회에 이바지하는 훌륭한 인물이 되길 기대하고 있다. 몇 달 전 길가에서 ♗를 만난 적이 있다. 삼현여고 근방에서는 ♙이도 한 번 보고. 그것이 전부이다. 그러는 사이 벌써 3년이란 세월이 흘러 다시 진로를 걱정해야 하는 고3이 되었구나!

선생님은 남해에서 창문 너머로 청정 바다가 한눈에 내려다보이는 학교에서 근무하고 있다. 4월 28일 전까지 꼬박 2년 4개월을 삼천포에서 배를 타고 건너 다시 차를 타고 출퇴근했었다. 시간만도 왕복 3시간 40분 정도. 그런데 이제는 삼천포-창선 간 5개의 각자 모양이 다른 교량으로 연결한 연륙교가 개통되어 1시간 정도면 출퇴근할 수 있게 되었다. 소문 듣고 관광객이 전국에서 몰려드는 바람에 교통 체증이 심하다.

♣아! 고3이라 밤 1시가 넘게 공부를 하고 있는데 장차 무엇이 되어야 할 것인지에 대해서는 잘 모르겠다는 고백을 들었다. 그렇지만 그런 문제는 그야말로 누구라도 쉽게 결단을 내리기 어려운 인생 고민을 수반한 문제이다. 여기에 대해서는 더욱 성숙한 자아를 바탕으로 끊임없는 성찰을 통해 내면의 소리에 귀 기울일 필요가 있으며, 혹은 단독자로서 절대자나 하늘에 대해서 사명을 간구할 수도 있겠다. 너무 성급하게 생각하지 말고 찬찬히 단계적으로 인생길을 열어나가길 바란다.

선생님은 ♣이를 졸업시킨 이후에도 한결같이 저술에 몰두하여 아마도 올해 안에 1,000페이지 이상 분량의 책 한 권이 출판될 수 있으리라 기대한다. ♣아, 무엇이든지 집념을 가지면 끊임없는 열정이 샘솟으리라. 고3으로서 공부가 힘들겠지만 스스로 다그쳐 장차 무엇인가 귀한 사명을 일굴 수 있는 ♣이가 되어라. 노력하고 바라면 언젠가는 그렇게 되리라. 용기를 잃지 말고, 굳센 믿음을 가지고, 피 끓는 젊음을 학문을 위해서, 혹은 진리를 위해서, 혹은 사랑을 위해서? 무엇을 위해서건 정진하여 바치는 ♣이가 되길 기원한다. 내년쯤이면 어엿한 대학생이 되어 있을 ♣이의 모습을 그려본다. 매사에 건강하길 바라면서 이만 총총……

2003. 5. 26. 저녁, ♣이에게 씀.

환경 체험을 위해 남해를 일주한 남해 학생

남해의 삼동면에 자리한 남수중학교 학생들이 남해의 환경 실태를 체험하기 위해 2002년 6월 27일부터 1박 2일 동안 갯벌 탐사 및 생명의 숲 체험학습에 나섰다. 이 활동은 남해환경운동연합의 도움으로 이루어졌다. 특히 부산 지역방송인 '채널 플러스'에서는 우리 학교의 학생을 주인공으로 하루 동안의 체험 과정을 일기 형식으로 취재해 남해를 소개하는 프로그램을 제작하기도 했다. 시멘트 열기에 찌든 도시민이 남해의 푸른 바다와 산을 보게 된다면 그것은 과연 '그 섬에 가고 싶다'라고 할 환상의 관광 코스이리라.

첫날, 버스에 오른 일행이 도착한 곳은 한일 월드컵에서 덴마크 팀이 머물렀다는 스포츠 파크. 야구장과 사계절 잔디 축구장, 테니스장 등이 종합적으로 구성되어 있는데 남해 향토 역사관, 아천문화관, 그리고 안정환 선수가 뛰었던 부산 아이콘스 프로팀의 훈련 장면도 지켜볼 수 있었다. 광양만의 항구 건설을 위해 바다 밑바닥을 파낸 흙으로 메운 것이라는데, 규모가 엄청났다.

다음으로 이동한 곳은 관음포 이충무공 전몰 유허(이락사). 그런데 이곳으로 이동하기 전에 서면의 광양만 도로변에 잠시 정차하여 광양만이 현재 얼마만큼 오염 상태가 심각한지 설명을 들었다. 이날 강사로 나선 ♆(남해환경운동연합 사무국장) 씨는 처음 광양에 제철소가 들어선다고 했을 때 남해 사람들은 대환영했다고 한다. 지금은 바다 온도가 급상승하고 대형 선박이 드나들면서 배 밑바닥에 해초나 굴 등이 달라붙지 않도록 유독한 페인트를 칠한 것 때문에(기름값의 5분의 1이 절약된다고 함) 바다 오염 상태가 심각해졌다고 한다. 바다와 갯벌이 오염되므로 생활 터전으로 삼고 있는 주민이 떠날 수밖에 없다. 우리는 해안도로를 따라 이동했는데, 이 같은 도로의 건설에도 갯벌의 침식이 가져다줄 심각한 환경 파괴 상태를 우려했다. 갯벌에서 묻어난 진흙이 그대로 부엌 마당으로까지 연결되는 것이 갯벌 문화인데, 도로는 이 같은 문화 상태를 단절시켜 버린다. 갯벌은 대대손손 황금알을 낳는 거위였는데, 그 거위를 잡아버린 꼴이다.

이런 대화를 나누면서 드디어 노량해전, 그 역사의 현장에 도착해 참배하고 첨망대에서 땀을 식혔다. 그리고는 바로 아래서 펼쳐진 관음포 갯벌에서의 갯벌 탐사. 양말을 벗어 던지고 무릎까지 빠지는 갯벌에 뛰어들었는데, 늘 바다를 가까이한 우리 학교 학생도 이런 체험은 처음이었다. 조개를 줍고 게, 갯지렁이를 잡고, '쏙'과의 미묘한 신경전 등등…… 갯벌의 살아 숨 쉬는 생명력을 끌어당기는 진흙 감촉으로 느낄 수 있었다.

탐사를 마치고 이락사의 푸른 잔디 위에서 점심을 먹은 다음 이동한 곳은 설천 문항 갯벌. 썰물 때면 가운데 길이 생기는 모세의 기적 현장이다. 도중 우리는 마개만 갯벌을 지나쳤다. 마개만은 남해에서도 갯벌 상태가 가장 양호하다고 하는데, 남해에서 양호한 이 갯벌은 우리나라는 물론 전 세계적으로도 최고인 곳이란다. 특히 우리 학교가 위치한 동남해 일대는 청정 해역으로 여기서 생산되는 해산물 역시 세계 최고이다. 그렇다면 우리 학교 학생들이 이 같은 환경 체험을 하는 이유는 무엇일까? 그것은 자기 고장을 속속들이 알고 남해 바다를 지켜 남해의 소중한 바다 환경을 가꾸어 나가는 지킴이가 되어야 한다는 것이다.

문항 갯벌에 도착하니 때마침 썰물이 한창이었을 때라 마을의 많은 부녀자가 조개 채취에 열중이었다. 허리 한 번 펴지도 않고 빠른 손놀림으로 조개를 바구니에 담았다. 전량 일본으로 수출하여 연간 소득이 마을 단위로 4~5억 정도 된단다. 이곳에서 우리는 조상들이 자연과 친화적으로 고기를 잡는 수단이었던 돌발장을 견학하였다. 바다 해안선에 돌을 대략 50에서 80cm 정도 높이로 쌓아놓았는데, 밀물 때 들어온 고기가 머물다가 썰물 때에 갇힌 물에 미처 빠져나가지 못하도록 장치된 지혜의 현장이었다. 첫날 일정은 이렇게 마무리 짓고 숙소인 남해 상주 야영수련장(양아)에 돌아와 저녁을 먹고 미리 준비된 즐거운 캠프파이어 시간을 가졌다.

28일, 아침을 먹은 일행은 주변 청소를 마무리 짓고 정각 9시 버스에 올라 남해 금산에서의 생명의 숲 체험학습에 나섰다. 한려해상국립공원 가운데서도 유일한 산악 공원인 금산(681m)은 기암괴석으로 뒤덮여 38경이나 되는 절경을 이루고 있다. 태조 이성계가 이 산에서 백일기도 끝에 조선 왕조를 개국하게 되자 영세 불망 영

산이라 온 산을 비단으로 두른다는 뜻으로 보광산을 금산으로 개명했다고 한다. 입구에 도착하자 바로 1~2분 남짓한 거리에 있는 야외 강의장으로 이동하였는데, 정상까지의 등반을 염두에 둔 듯 힘들다는 소리를 연발하는 학생이 있었다. 오늘날의 청소년이 이토록 체력이 약하다면 학교에서 아무리 많은 것을 배워도 소용이 없다. 체험학습의 중요성이 여기에 있는 것 같았다. Ψ 씨가 열강한 생명의 숲을 한 번

잃어버리면 회복하기 어렵다는 의미의 그리스 신화 이야기(아귀병)를 듣고, 국립공원관리공단에서 나온 강사님의 인도로 파트별로 생명의 숲 체험학습에 나섰다. 이끼의 자생 이유, 생강나무와 국수나무 등 재미있는 나무 이름 알기, 가을이 되면 낙엽이 지는 이유, 숲이 우리에게 주는 혜택과 숲의 모습이 변해가는 과정, 금산에 서식하는 나무의 종류 알기 등등 그중 나무에도 생명이 있다는 것을 체험하기 위해 나무줄기에 청진기를 갖다 대어 관다발이 물을 빨아들이는 소리를 듣는 체험에서는 많은 학생이 호기심을 느꼈다. 이제 남은 것은 정상을 등정하는 것인데, 땀을 흘리면서 쌍홍문을 지나 드디어 보리암에 도달하였다. 푸른 하늘과 맞닿은 푸른 남해 바다가 눈 앞에 펼쳐지고, 상주 해수욕장이 손바닥만 하게 축소되어 보였다.

서둘러 하산한 우리가 점심을 먹고 오후 일정으로 도착한 곳이 물건방조어부림. 이 숲은 천연기념물 제150호로 숲의 길이가 1.5km, 너비가 30m, 300년 수령의 40여 종 2,000그루가 해안선을 따라 늘어섰는데, 태풍과 염해로부터 마을을 지켜준 이름 그대로 방조(파도를 막고) 어부(고기를 끌어당김)림이다. 조상들이 후손을 생각하여 나무를 심은 뜻을 깊이 새기면서 다음으로 이동한 곳이 둔촌 갯벌이다. 이곳은 모래로 구성된 갯벌이었는데, 모래를 파보니 안쪽이 검은 층을 이루고 있었다. 이유는 공기가 통하지 않은 탓이다. 또 다른 갯벌의 형태를 볼 수 있었고, 사는 생물의 종류도 다양했다. 망원경을 설치하여 철새의 살아 있는 생태 현장을 줄을 지어 탐조하였다.

그리고 마지막으로 이동한 곳이 창선 가인에 있는 공룡 발자국. 공룡, 연체동물, 유공충 등이 지구상에서 멸종한 것은 중생대 백악기 말(6천5백만 년 전)인데, 지금 여기에 그 발자취를 남긴 것은 학자에 따라서 주장이 다르기는 하지만 익룡일 가능성이 크다고 한다. 엉덩이보다도 더 큰 발자국이 듬성듬성 찍힌 것 옆에는 새 발자국, 사람의 발자국도(추정) 촘촘히 있었다. 중요한 것은 이들 발자국이 세계적으로도 흔적이 선명하다는 것이다. 정말 방금 공룡이 지나간 것처럼 생동감이 넘쳤다.

연이틀 동안 강행군을 한 탓이라 발걸음은 무거웠지만, 남해에 태어났으면서도 남해를 이렇게 생태 체험으로 일주한다는 것은 쉬운 기회가 아니리라. 이토록 귀한 체험학습을 할 수 있도록 협조해 준 지역의 환경 지킴이 남해환경운동연합에 대해 다시 한번 감사드리면서, 우리 학교 학생은 훌륭한 체험을 바탕으로 장차 어느 지역, 누구보다도 더 남해의 자연환경을 사랑하는 자랑스러운 역군으로 거듭날 수 있길 다짐하였다.

-환경문집 「환경은 언제나 목마르다」(2002년 10월)

人性 교육에 대한 제안[6]

동양의 유구한 전통 역사 가운데서도 조선 유교의 500년 역사는 인류 역사상 人性 교육의 이상을 본 보인 백미라 보아도 과언이 아니리라. 퇴계 선생 등이 벌인 사단칠정과 같은 人性論 논쟁을 통해서도 보듯이, 理氣의 철저한 이해를 통해 판단한 철학이 있었을 뿐 아니라 선비의 올곧은 지성적 행동은 뭇 백성의 본보기였다. 그만한 사상과 인격을 갖춘 스승상과 가치 기준이 있었기에 우리 민족

---

6) 현 세태에서의 인성 교육의 근본적인 문제점 대책에 대한 제안.

은 당당하게 善惡의 문제에 대해서 일벌백계(一罰百戒)할 수 있는 人性의 세계적인 바탕을 갖추었다.[7] 선비는 목숨을 걸고 임금님께 진언하였고, 임진왜란 때는 나라와 민족을 위해 義로써 뭉칠 수 있었으며(의병), 식민지 아래에서는 일제의 총칼에 굴하지 않고 일어섰다(3·1 만세). 나라를 지탱한 명맥이 義가 하늘에 맞닿은 人性的 바탕에 있었다.

그런데 오늘날에 이르러 왜 人性 교육의 부재 현상을 개탄하고 있는가? 목마름에 겨워 단비가 내리기를 애태우는가? 그것은 우리가 서양의 산업화한 기술 문명과 합리주의 사상과 교육 제도를 받아들이는 과정에서 빚어진 원천적인 문제와 맞물려 있다. "교육은 사람을 다루는 일이고, 인간에 관심을 가지며, 이것이 가장 중요하다."[8]라고 하면서도 학교에서 가르치는 것은 인간에 관한 관심과 人性의 함양 문제와는 동떨어져 있다. 산업화 사회를 이끌어가는 기능인을 양성하는 데 중점을 두어 인간이 지닌 人性的 가치를 일굴 교육적 여건을 제공하지 못하고 있다. 학교에서 가르치는 지식 태반이 人性의 도야 문제와 거리가 멀고 정진할 수 있는 가치관 설정이 이루어지지 못하고 있는데 어떻게 인간에 관한 교육적 이상이 실현될 수 있겠는가? 지식의 세계관적 바탕이 人性과 구조적으로 거리를 가진 것이 분명한 것인 한, 人性의 부재 현상을 치유하기란 쉽지 않다. 방법이 있다면 선현이 전념한 人性的 가치 전적을 재고해 보는 길이겠지만, 그렇다고 시대를 다시 돌이켜 적용할 수는 없다. 전통적인 人性論을 새롭게 패러다임화해서 현 제도를 개혁할

---

7) 四端七情論, 人心道心說, 本然之性 대 氣質之性, 율곡의 心性論 등등-『율곡의 사상』, 이준호 편역, 현암사, 1975, p.252.

8) 『인간교육이론』, 김수동 저, 책사랑, 2000, p.8.

수 있는 교육 철학이 요구되는 시점인데도 교육 현장에서는 서양에서 받아들인 교육 이론과 철학만 난무할 뿐, 人性的 문제를 풀 제2, 제3의 퇴계나 율곡 같은 학자와 철학이 없다.

"미국식 실용주의의 교육관 등이 어떻게 우리의 교육을 잘못 이끌어 왔는가?"9)에 대한 비판은 있지만, 정작 교육 현실 문제를 개선할 세계관적 기초와 판단 기준과 합당한 교육 철학 수립은 요원한 실정이다. 김시습은 "生知論과 하늘이 성인을 낳는다는 주장에 반대하여, 제왕은 물론 서민이라 할지라도 배우는 데는 차례가 없으며, 오늘 한 가지를 배우고 내일 또 한 가지를 배워 날마다 조금씩 닦아 나가면 누구든지 성인이 될 수 있다"10)라고 한 철학과 우주관적 고민과 인식을 거친 논점이 있었다. 그런데 지금은 어떠한가? 국가 전체가 무한 경쟁에 돌입한 상태에서 교육마저 경쟁과 경제 마인드를 도입하여 동물적인 적자생존 방식을 택했다는 것은 서구의 進化論的 이론을 교육 현장에 이식시킨 것 외에 아무것도 아니다. 인간 본성의 주 핵인 人性과 "정신은 죽어가고 있는데 경제만 홀로 살아남을 것 같은가?"11) 철저한 철학과 판단 기준 없이 받아들인 무분별한 서구의 교육 이념과 제도 이식이 교육 현장에서 人性의 황폐화를 가속한 원흉이라는 것을 지적하고 싶다. 人性 문제는 선현이 고심한 바대로 교육의 문제이기 이전에 인간의 문제이고, 우주와 연결된 세계관의 문제이다. 그러므로 교육이 人性 문제를 해결하기 위해서는 인류 전체가 본성을 회복해야 하는 만큼, 당장 해결책을 기대하기는 어렵다. 이 같은 사안을 자각함으로부터

9) 『공자 사상의 발견』, 윤사정 외 저, 민음사, 1992, p.359.
10) 『한국철학사상사』, 주홍성·이홍순·주칠성 저, 김문용·이홍용 역, 예문서원, 1993, p.199.
11) 『동양과 서양이 127일간 e-mail을 주고받다』, 김용석·이승환 저, 2001, p.189.

인간의 본성을 人性 교육에 초점을 맞추어 회복할 수 있는 교육 철학의 과제를 선현이 일군 人性的 철학에서 찾아낼 수 있을지도 모르겠다.

어찌 되었건 미국에는 듀이와 같은 교육 사상가와 철학이 있었기에 그 나라의 교육을 주도할 수 있었다. 그렇지만 우리나라는 8·15 광복 이래 '홍익인간'을 교육 이념으로 내세웠지만, 이에 대한 철학적 해석은 빈약한 형편이어서, 교육 이념의 부재 현상에 대한 긴급 조치로 1968년에 '국민교육헌장'이 제정, 공표되기에 이르렀다. '한국교육 철학의 정립'이라는 것은 우리나라의 교육계 및 교육학계의 지대한 관심사가 되어 왔고, 계속 논의가 있어야 할 으뜸가는 과제인 만큼, 이 같은 근원적 문제를 선현들이 바라본 인간과 人性에 대한 접근 방법을 통해 해결할 수 있어야 한다.

오늘날과 같은 人性 부재 현상이 인간의 本性을 잘못 바라본 서구 교육 이념과 철학이 양산한 지식의 구조적인 문제와 세계관적 바탕에서 비롯된 것이 분명한 것이라면, 우리는 먼저 인간의 本性이 궁극적으로 지향해야 할 방향을 바로 잡을 수 있어야 교육을 통해 세계적인 本性을 회복할 일말의 가능성을 엿볼 수 있다. "20대 후반의 사시 합격자가 법전만 줄줄 외운다고 인간을 제대로 심판할 자격을 갖추었다고 생각하십니까?"12) 지식 위주의 교육이 낳은 병폐를 지적한 한 지식인의 한탄처럼, 人性 부재의 원인을 치유할 근본적인 가능성을 우리는 인간을 바라보는 관점의 우주관적 접근으로부터 찾을 수 있어야 한다. 결국, 오늘날과 같은 교육의 병폐 원인도 알고 보면 그만한 관점 바탕에 원인이 있는 것이라, 집에 오면 부모 형제와 대화를 외면하고 텔레비전 앞에서 시간을 보내거나

---

12) 『동양과 서양이 127일간 e-mail을 주고받다』, 앞의 책, p.50.

컴퓨터 앞에서 게임 오락과 채팅에 골몰하고 있는 청소년을 무작정 나무랄 수만은 없다. 오히려 "요즘의 학생에게 텔레비전이나 컴퓨터는 생활 일부를 차지할 정도이며, 가정교육이나 학교 교육보다 人性과 정서 생활에 더 많은 영향을 미치고 있다. 특히 과격한 폭력 장면이나 냉정한 인간의 모습을 보면서 정서가 황폐해지는 것은 물론, 괜히 자기도 한번 해보고 싶은 마음이 들어 흉내 내기까지 한다."13) "환경은 인간 행동을 지배하는 힘을 가졌다"14)라고도 하였거니와, "근대 과정의 부산물로 야기된 물질 우선의 고도산업사회, 핵가족화, 도시화 현상, 가치관의 갈등과 인간소외에서 비롯된 사회적 문제의 발생은 심각하다. 사회병리 현상의 감염에 따른 개인의 정신건강 문제와 청소년의 불량화나 비행에서 일어나는 문제가 바로 사회의 큰 해결 과제로서 이의 진단, 처방, 치료를 위한 방안의 수립이 시급하게 요구된다."15) 사회적 배경과 산업화 구조 자체가 인간을 대량으로 소외시키고 치열한 생존 경쟁의 장으로 몰아넣고 있는 상황에서는 아무리 성인이 나와 진리로 만유 人性을 제도한다고 해도 불가항력이리라.

『명심보감』에 이르기를, "흰 구슬은 진흙탕에 떨어져도 색이 변하지 아니하고, 君子는 험난한 세상을 살면서도 마음을 어지럽게 하지 않는다"16)라고 하였다. 아무리 세파와 사회 구조가 인간의 本性을 침식해와도 인간은 원래 善한 人性的 바탕을 타고났고(맹자의 性善說), 수양을 통해 쌓은 君子의 마음처럼 흔들리지 않는 인격체도 있다고 한 만큼, 교육자가 감당해야 할 사명 몫이다(**참다운 교**

---

13) 『인간교육이론』, 앞의 책, p.132.

14) 『성격과 행동의 지도』, 앞의 책, p.14.

15) 위의 책, p.6.

16) 『仙佛合宗』, 오충허 저, 허천우 역, 여강출판사, 1995, p.21.

사 뒤에는 항상 참다운 **人性** 교육이 있다). 인간의 **本性**에 대한 회복 가능성을 보고, 교육 현장에서 **人性**을 인도할 의무감을 가지는 것이다. 비록 **人性** 지도를 위한 노력이 사회 전체의 병리 현상(세계관적 구조에 따른 인간소외 현상)에 대해서는 미봉책일지 모르나, **本性**이 고갈되도록까지 하지는 않을 것이다. 그리고 향후의 교육 방향이 정말 인간의 사람됨[**人性**]을 지상 모토로 한다면 선현들이 그렇게 실천했던 것처럼, 어떤 형태로든 인격 수양을 병행한 가치관 교육이 제도적으로 마련되어야 한다. 이것이 지식 편중이 가져다준 **人性**의 황폐화 현상을 막을 수 있는 근본적인 대책점이라는 것을 제안하고 싶다.　　　-교지 『손도』, 제21집(2003. 10. 22.)

– 보도 자료[17]

경상남도 남해교육청 소속 남수중학교가 경상남도교육청에서 실시한 2003. 체육활성화방안 추진 우수학교로 선정되었다. 경상남도 939개 초·중·고등학교를 대상으로 2003 체육활성화교육 실천 내용을 평가한 결과, 작은 섬인 남해에서도 전교생이 61명밖에 되지 않는 남수중학교가 경남에서 최우수학교로 선정되어 도내에서 유일하게 교육인적자원부 장관 표창을 받게 되었다.

이번 행사는 학교체육활성화방안 추진 현장 점검을 통해 우수학교 및 유공교원 등을 선정해 표창함으로써 교육 과정의 정상 운영과 학교체육의 균형발전 및 학생의 체력증진을 돕기 위한 행사로 평가내용은 체육교육과정 운영계획 전반, 전교생 체육프로그램, 학

---

17) 남수중, 학교체육 활성화 도내 최우수 학교로 선정.

생 체력검사통계 및 분석, 교구설비기준, 체육과 수업 등에 대한 실사를 중심으로 이뤄졌다. 이 실사는 학습자와 학부모・지역사회의 요구를 적극적으로 수용한 창의적이고 학교 실정에 맞는 프로그램 운영인지에 대해 학생의 반응과 이해 정도, 학교장 및 담당자와의 대화, 수업 참관, 학생 설문조사, 협의회 등의 다양한 방법을 사용하여 평가하였다. 이 실사에서 남수중학교는 학교 실정에 맞는 건강체조 실시(학생 개인별 능력에 맞도록 횟수 및 시간 조절 가능한 줄넘기, 새 천 년 건강체조 등 응용), 인근 학교인 물건중학교와의 자매학교 체육활동, 동아리 체육대회를 대비한 자율적 체육동아리 조직 운영, 교기인 배드민턴의 생활스포츠화 및 전교생 보급 활동 등이 우수한 평가를 받은 것으로 알려졌다. 특히, 체육 담당 엄기식 교사는 교육정보부장의 중책을 맡은 위에 2년 연속 군 지정 환경시범 우수학교 주무를 맡고 있음에도 불구하고, 학생의 체육수업과 체력증진에 열과 성을 다한 공로로 이번 학교 표창과 함께 교육인적자원부 장관 표창을 받게 되어 타 교사의 본보기가 되고 있다. 한편, 남수중학교는 평소 교육 과정의 충실한 운영, 학생의 미래를 생각하는 교육, 지역사회의 환경을 생각하는 교육에 역점을 두어 왔으며, 그를 위해 도내에서도 선구적인 교과연구실을 완벽하게 운영하는 등 교육 활동에 최선을 다하고 있는 것으로 알려져 있다. 섬 지역에 있는 조그만 남수중학교가 도내에서 체육교육 최우수학교로 선정된 것은 많은 소규모 학교의 체육교육 정상화에 길잡이가 될 것으로 본다.   -경남매일, 경남신문, 경남일보, 남해신문(2003. 9. 25~30.)

7막 교실

귀환, 줄장미의 시절(5년)

진주제일중학교

(2006. 3. 1.~2011. 2. 28.)

2006학년도: 체육 기획 및 육상지도, 교육장 표창
2007학년도: 1학년 담임
2008학년도: 1학기 3학년 교과(비담임), 2학기 2학년 담임
2009학년도: 2학년 담임
2010학년도: 2학년 담임

제14장 길을 가며

고향 진주로 다시 귀환하였다. '진주제일중학교'는 신설 2년 차로 집에서도 가까웠다. 부임 첫해에는 대부분 젊은 선생님이라 담임은 하지 않고 최고 학년인 2학년 체육을 맡았다. 아파트로 둘러싸인 학구로(부설, 신진, 신안, 배영, 평거초 등) 긍정적인 면에서는 학부모의 교육열이 높다고 할 수 있고, 부정적인 면으로서는 민원이 많았다. 수업을 마치면 썰물처럼 학원으로 빠져 학교가 텅 비었다. 땅값 비싼 곳에 세워져 운동장이 작고 활동할 수 있는 실내 공간마저 부족해 체육 교사로서 이런 문제를 해소하려고 고심하였다. 같이 부임한 후배 교사가 펜싱부를 창단하였는데, 4회 졸업생인 ○ 선수는 후일 2016. 리우 올림픽에서 한국 에페 역사상 첫 금메달을 땄다.

다음 해는 후배 교사가 한 분 더 부임해 체육부장직을 맡은 관계로 나는 4년 연속 담임을 하였다. 5~6월이면 학교 울타리에 빨간 줄장미가 만발해 학교와 거리를 아름답게 하였다. 이곳에서도 길의 과제는 이어갔는데, 출퇴근 걱정이 없어 저술에 매진할 수 있었다. 그리하여 2008년, 『가르침』과 『세계도덕론』(4·6배판 원고 533면) 원고를 탈고하였다. 계획상 새로운 과제를 진행하려고 했는데, 방향을 바꾼 모종의 계기가 생겼다. 앞서 『세계통합론』과 『세계본질론』은 정식으로 출판하였지만, 이후부터는 인쇄본으로 요약하여 소개하였다. 다시 정식으로 출판할 기회를 모색하고 있었는데, 한 지인이 교수님 한 분을 소개해 주었다. 요즘은 출판이 수요에 맞추어 단추만 누르면 제본까지 되도록 시스템화되어 비용도 적게 든다고 하였는데, 바로 '한국학술정보'였다. 길을 추구하는 도정에서 꼭 필요한 정보와 귀인을 만났다. 원고를 보내고 의뢰한 결과 허락을 받고 2008년,『통합가치론』을 출판했다. 순서는 최근에 탈고한『세계도덕론』으로부터 거꾸로 나갔다. 단행본으로 체제를 갖추고 보니 권수가 늘어났다. 기본 원고는 이미 갖춘 상태라 한 해에 거의 2~3권씩 출판하였다. 즉, 2009년에는『인간의 본성 탐구』,『선재우주론』,『수행의 완성도론』, 제일중의 마지막 해인 2010년에는『세계의 종말 선언』,『미륵탄강론』,『용화설법론』을 출판하였다.

세월은 유수와 같다고 했던가? 또 5년이 흘렀다. 머리에 흰 서리가 내렸다. 한때는 대머리까지 각오했던 나! 흰머리라도 붙어 있는 것이 다행이다. 남은 진주 근무 기간은 3년, 처음에는 진주중앙중학교로 가고 싶었지만, 뜻대로 되지 않아 진주중학교로 부임하였다.

제15장 가르치며

2007학년도, 진주제일중학교 1학년 5반 담임

가르침의 "序"

교사가 담임을 맡는다는 것은 특별한 일이 아니다. 하지만 몇 번을 맡아도 역할은 새로운 것이고, 수행해야 할 사명은 변함없이 귀하다. 성장하는 제자들은 변화하는 현실 위에 노출되어 있다. 이들을 어떻게 가르치고 일깨우고 인도할 것인가? 이것은 교사로서 짊어진 고뇌이고 전가될 수 없는 책무이다. 자고로 성현은 말씀을 남겨 당대의 제자는 물론이고 후세에 이르기까지 가르침의 경륜을 펼쳤다. 이 책의 독자는 1-5반 제자와 학부모와 동료 교사이다. 지난 1년 동안 교사로서 제자 앞에서 무엇을 가르쳤고 가르치기 위해서 노력했는가? 그리고 학생은 선생님으로부터 무엇을 배웠는가에 대한 일종의 보고서이다. 후일 무슨 가르침을 받았는가를 기억하고자 할 때 확인할 수 있는 근거이다. 현재 중1 학생에게만 국한된 것이 아니고, 청소년기에 인생과 배움에 대해 태도를 갖추고 장성해서는 진리, 도덕, 가치, 삶의 목적 설정에 있어 지침이 되리라. 나름대로 가르쳤지만, 제자들은 뜻을 놓칠 수 있고, 지성이 여물지 못해 이해하지 못할 수 있다. 그렇지만 정리되어 있으면 돌이켜 다시 생각해 볼 수 있으리라.

교사는 교육 현장에서 항상 학생과 함께해야 한다. 함께하되 인생의 지혜를 일깨운 가르침이 있어야 한다. 제자는 스승에게 무엇을 배우려 하는가? 구하려 하는가? **스승은 고뇌로운 삶의 경험과 냉철한 현실 속에서 살아 있는 인생의 지혜를 깨우치게 해야 한다. 이것이 가르침의 본분이다.** 만약 이 같은 가르침이 실천될 수 없다면 본령을 벗어난 교육 제도는 일치될 수 있도록 개선되어야 한다. 교육은 항상 고귀한 인생 목적을 자각한 교사에 의해 선도되어야 한다. 그 주된 수단이 가르침이다. 그래서 가르침은 참된 깨달음과 경지 세계, 그리고 진리를 증명할 치열한 논리가 있어야 한다. 차원이 다른 가치 세계, 정신세계를 이루고 지키고 실천할 세계로 선도해야 한다. 그중에서도 '가르침'은 하늘의 道를 깨치고 天命을 품수(稟受) 받아 이를 세상 위에 펼침이 최고이다. 거기에 가르치는 자로서의 권위가 주어지고 그 가르침은 영원하다. 성현의 가르침이 그것이다. 평생 쌓아 올린 인격의 바탕 위에서 가르침을 펼쳤고, 진리의 근원을 고귀한 인격성 위에 두었다. 하늘의 뜻을 깨우치고 天命에 근거해 나아갈 길[道]을 제시했다. 성현은 한결같이 인간 본성이 하늘로부터 품수되었다고 했다. 性卽理, 그것은 바로 하나님이 인류를 창조하였다는 뜻이다. 하늘의 뜻과 天理를 깨우치는 것이 인간으로서 추구해야 할 마땅한 과업으로 여겼다. 天道, 天理, 하나님의 말씀이 인간의 본래성을 부여하고 구축하였다고 했다. 이것을 모르면 인간이 아니다. 본래성을 알고 그것을 통해 하늘을 알아야 하는 것이 만고 이래로 불변한 인생 목적이고 배움의 추구 가치라는 것을 신념으로 설했다. 어떤 가르침도 이 같은 근간 범위를 벗어날 수 없다. 부처님도, 예수님도, 무함마드도, 소크라테스도, 孔子도, 현 교사도 마찬가지이다. **하늘의 뜻과 그로 인해 편만된 天理를 깨우치는 것이 학문의 본령**이고, 배움의 목적 자체이다. 이를 위해 동양의 선현이 제기한 수기치인(修己治人)은 天人合一을 지향하는 데 목적이 있다. 하나님의 뜻과 세계의지와 하나 되고자 했다. 정신적으로는 자각해야 하고 본질로서는 일치해야 하므로 평생 수행하고 닦았다. 이것이 인간으로서 행복하고 가치 있고 존재자로서 도달할 수 있는 절정의 경지이다. 天人合一은 天과 人이 본래 하나이기 때문에 주어진 인생 과정을 통해 그렇게 되도록 해야 한다는 것이며, 합당한 세계관의 제시이다.

그러므로 인간에 대한 가르침만큼은 인간의 天理 본성과 도리와 거리감 없이 일치되어야 한다. 그러할진대 교사가 소정의 가르침을 펼치기 위해서는 인간이란 무엇인가, 어디서 와서 어디로 가야 하는가에 대해 심도 있는 깨침이 선행되어야 한다. 그리해야 참된 교사로서 認可되리라. 선생님은 이 같은 뜻과 이상적인 인격체를 형성하기 위해 진리 탐구 역정을 마다하지 않아야 한다. 교직이 천직이란 말은 빈말이 아니다. **교사의 本은 진리를 가르친 성현이 스승이다. 교사 즉, 선생님은 주어진 사회적 위치와 사명상 참으로 앎과 인격성을 두루 갖추어야 하는 고도의 정신체이다. 부족함이 있더라도 선생님이란 인격체는 그처럼 이상화되고 기대되어야 한다.** 학생이 성장하는 기간은 한정되어 있을 뿐 아니라 이 시기 동안 교사는 학생에 대해 절대적인 영향을 끼친다. 어떤 변화를 일으킬지 모르기 때문에 담임과 교과를 맡은 책임 기간은 신성하다. 고유한 역할 임무, 즉 일깨움을 위해 소신을 다하도록 선생님과 사회는 노력을 기울여야 한다. 아름다운 경험과 추억과 설 무대를 창조적으로 지침해 주어야 한다.

1. 가르침의 목표(三月)

2007년 3월 1일, 1-5반 부담임과 체육 기획과 3학년 교과를 맡은 새 학년이 시작되었다. 그런데 뜻하지 않게 정담임이 병가를 내는 바람에 3월 22일, 할 수 없이 학년 교과를 바꾸고 담임 업무를 인계받았다. 나이스 체제에서 업무를 배워야 하는 등 어려움이 있지만 귀여운 제자가 40명이나 생긴 보람도 있어 맡기로 했다. 이 제자를 어떻게 가르칠 것인가? 중1은 어린이에서 청소년으로 진입된 인생 단계이다. 보호와 도움을 받는 어린이가 아닌, 생각해서 행동할 수 있도록 하는 데 주력하기로 했다. 대개는 공부를 강조하지만, 인간이 사회적으로 성장하기 위해서는 공부만 잘해선 안 된다. 현 교육 체제는 어쩌면 전인적인 인간 양성과 인성 교육에 있어 한계성을 드러낸 지 오래다. 그래서 종합적인 측면에서 정신적, 정서적, 의지적, 심성적으로 성장할 수 있는 자양분을 북돋고자 한다. 내세운 급훈은 자주(의식), 탐구(정신), 인내(의지), 예의(품성)이다. 이들 덕목은 장래 삶을 헤쳐나가는 데 중요한 기틀이 되리라. 이 같은 덕목 위에서 "장래를 생각하며 공부하고 꿈을 위해 길을 찾을 것"을 강조하고, 세계와 인생과 교육에 관한 생각과 지도한 내용을 틈틈이 정리하기로 마음먹었다. 후일에 교단을 떠나더라도 임한 판단과 생각만큼은 공유될 수 있길 기대하면서, 인간과 교육에 대해 사색의 창을 마련하리라. 길을 가며(眞) 가르치며(敎) 생각하며(思)……   -2007. 3. 23. 제자와의 첫 대면에서

2. 중학생으로서의 공부 태도

중학생이 된 지도 한 달이 되어간다. 중학생이 되었다는 것은 분명 초등학생과는 다른 변화를 겪는다. 그중 학습 면에서는 더욱더

그러하다. 그런데도 태도를 살펴보면 아주 여유가 많다. 만화를 보는가 하면 쉬는 시간이나 점심시간은 놀기 바쁘다. 초등학교 때는 하루에 배우는 지식의 양이 그렇게 놀아도 소화할 수 있었지만, 중학생은 그렇지 않다. 학습량이 느는 만큼 정리하고 준비하는 시간도 늘려야 한다. 예습과 복습하는 습관을 길러야 한다. 이미 중학생의 배는 출발하였다.   -2007. 3. 30. 조례시간에

3. 책임과 역할(四月)

중학교 1학년은 어떤 사고 수준과 판단력을 가졌는가? 알기 위해서는 함께해서 겪어보아야 한다. 청소가 끝나고 종례를 하려는데 교탁 앞에 휴지가 떨어져 있어 ♀이 보고 버려달라고 했다. 그러니까 ♀이가 "선생님 저는 이 분단 청소가 아니에요." 이런 상황은 어떻게 이해하고 생각을 고치도록 할 것인가? 우리는 자기 집 앞만 청소하는 사람을 보는데, 이런 사람을 잘한다고 칭찬할 것인가? 남의 집 앞도 쓸어줄 수 있는 여유를 가져야 하지 않을까? 이웃과 사회를 생각하지 않는 편협함의 발로이다. ♀이는 ♀이기 이전에 이 학교 학생이고 1-5반 구성원이다. 그렇다면 학교의 어느 구석도 청소할 의무가 있고, 교실 안에 떨어진 휴지는 담당이 아니라도 주워야 한다. 좀 더 넓게 생각하고 배려해야 한다. 이웃과 사회를 위하는 사람이 되어야 한다. 혼자만 위하고 그 이상의 봉사는 손해라고 생각하는 사람은 사회에 기여하는 인물이 될 수 없다. 내 집 앞은 물론이고 민족의 마당과 인류, 우주의 광장까지도 쓸겠다는 책임감을 느껴야 한다.   -2007. 4. 10. 종례시간에

4. 순수함

순수함은 무엇인가? 선생님의 가르침과 말씀을 가감 없이 받들어 어김이 없도록 하는 것이다. 부모님과 선생님은 여러분에게 잘못되게 가르치지 않는다. 그런데 사회에서는 지탄받는 일을 저지르는 사람이 있는 것은 무슨 이유 때문인가? 받아들이는 마음의 경로가 막혔고 삐뚤어진 탓이다. 이런 사람, 즉 순수하지 못한 사람은 참된 것을 가르쳐도 소용이 없다. 화분에 비닐을 덮어두면 물을 뿌려도 미치지 못하듯, 잘못된 책임은 자신에게 있다. **부모로부터는 피를 이어받고, 선생님으로부터는 삶을 살아갈 정신과 가치 혼을 부여받는다.** 이 어찌 소중한 분이요 가르침이지 않는가?

-2007. 4. 17. 자율학습시간에

5. 가르침에 대한 자세

소학(小學)에 이런 말이 있다.[18] "선생이 가르침을 베풀면 제자는 이를 본받아 온화하고 공손하고 스스로 마음가짐을 다잡으며, 가르침 받은 것을 극진하게 구명할 것이다."[19] 참된 진리를 접함에 대한 마음가짐과 태도가 밝혀진다. 가르침은 가르침이려니와 극진하게 구명하려는 노력이 없으면 가르침이 헛되고 만다.

-2007. 4. 23. 조례시간에

6. 공부해야 하는 이유

아침에 ㅁ이에게 집도 부자이고 부족함이 없다고 해도 배움이 없으면 어떻게 될까 하고 물었는데 머뭇거리면서 대답을 못 했다. 소학의 한 구절을 읽어주었다. "맹자 이르시길, 사람은 타고난 천성을

---

18) 소학은 우리의 선조들이 8세가 되면 스승으로부터 가르침을 받았던 교과서와도 같은 책임.
19) 『소학신강』, 김종권 강술, 서문당, 1981, p.16.

따라야 할 도리가 있는데, 배불리 먹고 따뜻한 옷을 입고 편안히 살더라도 가르침(배움)이 없으면 금수에 가까우리라."20) 배우지 않으면 짐승과 다를 바 없다는 이 충격적인 부끄러움을 모면하기 위해 여러분은 배워야 한다. 배우면서 성장해야 한다. 배우면서 깨달아야 한다. 그리해야 천성을 따르는 인간이 될 수 있다.

-2007. 4. 25. 조례시간에

7. 어리석은 사람

소학에서는 "상품의 사람은 가르치지 않아도 착하고, 중품의 사람은 가르친 뒤에 착하고, 하품의 사람은 가르쳐도 또한 착하지 않다. 여기서 상품은 성인이요 중품은 현인인데, 하품은 곧 어리석은 사람이다"21)라고 하였다. 여러분은 어떤 사람이 되려고 하는가? 어디에 속한 사람이라고 생각하는가? 나는 상품도 하품도 아닌 중품 정도면 족하다고 여긴다. 가르친 뒤에 착해질 수만 있다면 얼마나 고무된 희망인지 모른다. 그렇게만 된다면 더욱 잘 가르치기 위해 노력할 것이다. -2007. 4. 26. 자율학습시간에

8. 언어폭력

학년실에 들어서니까 한 학생이 눈물을 펑펑 쏟으며 그칠 것 같지 않다. 알고 보니 자신으로서는 감당하기 어려운 언어폭력을 당했다. 장래를 부정적으로 단정 지은 폭탄 같은 선언을 감당할 길 없어 두려움에 말을 잇지 못하고 눈물을 흘렸다. 내가 보기에는 참으로 갸륵한 학생이라 용기를 주고 싶었다. 사람의 말에는 올바르게 판단한 말도 있지만 그렇지 못한 말도 있다. 옳지 않은 말, 거짓말도 있다. 그렇다면 우리는 먼저 옳은 말과 틀린 말을 분별할 수

---

20) 위의 책, p.60.

21) 위의 책, p.306.

있는 판단력을 가져야 한다. 그것이 곧 진리를 아는 능력이다. 네가 정말 인생의 실패자인가? 무슨 근거로? 근거가 없지 않은가? 그렇다면 걱정할 근거도 없다. 인생의 실패 여부와 상관이 없다. 선생님도 그런 경우가 있는데, 그렇다면 나도 실패자인가? 걱정할 만큼 상관관계가 없다. 선생님이 보기에 이처럼 순수하고 장래를 걱정할 줄 아는 너는 오히려 인생의 승리자가 될 수 있는 심성을 갖추었다. 착하고 바른 사람이 어떻게 실패자가 되겠는가? 굳센 의지력만 보태면 훌륭한 인생의 승리자가 될 것이다. 눈물을 그치고 선생님의 말씀을 믿고 열심히 공부해라. 그런데도 눈물을 그치지 않고 마음 아파한다면 그런 면은 정말 인생의 실패자가 될 소지이다. 너는 정말 착한 학생이다. -2007. 4. 27. 쉬는 시간에

9. 진실을 볼 수 있는 눈

기독교의 신앙 기준에 따를 때, 인류는 하나님의 독생자를 십자가에 못 박은 뼈아픈 잘못이 있다. 마찬가지로 여러분도 주변에 선한 사람을 분별하지 못해 나쁜 사람으로 오해한 예가 있다면? 참으로 사랑해 주는 사람을 모른다면? 그처럼 안타까운 일도 없으리라. 재판관이 한 죄인에게 사형을 선고하였는데 나중에 진짜 범인이 나타났다면? 어떻게 되돌릴 수 있겠는가? 인류 앞에, 혹은 이웃과 친구, 그리고 스스로에 대해 잘못을 저지르지 않기 위해 섣부른 말과 행동을 삼가야 하며, 평상시 진실을 보고 읽을 수 있는 눈을 가지기 위해 노력해야 한다.

한 할머니가 학교에 방문하셨는데, 당신의 아들이 교직에 있다가 먼저 저세상으로 가버렸다고 하면서, 학교 건물에 시계가 달려 있으면 학생과 주민이 유용할 수 있으리란 생각이 들어 야외용 벽시계를 기증하고 싶다고 했다. 아들 생각도 나고 나이를 먹었지만, 보

람을 찾을 수 있는 일을 하고 싶다고 했다. 그래서 안내했는데, 그만 불미스러운 일이 일어났다. 이 일 관계로 학교를 드나들었는데, 한 학생이 3층에서 "야 이 할망탕구야"라고 놀려버렸다. 어처구니 없는 행위가 있었다니! 가정교육이 부재한 것이 원인이고, 人性이 문제이며, 학교 교육도 반성해야 할 일이다. 민족과 역사를 빛낼 인재 양성은 이상일 뿐, 악재를 기르지 않을까 의심스럽다. 인성 교육의 부재가 실감 났다. 어떻게 이런 놀림을 받아야 하는가? 참으로 우리는 인간성이 순숙되어야 하고, 선하고 조심스러워야 한다. 여린 마음으로 만사에 대해 귀를 기울여야 한다. 人性과 진실이 학생들에게 필요하다. 순수함을 간직하는 것, 진실을 볼 수 있는 눈을 가지는 것이 학교 배움을 통해서 길러질 수 없는가? 아니 지켜져야 한다는 말이 옳다. 학원 다니기 바빴지 人性 함양은 뒷전인 실정에서 우리 학교는 공부는 잘하는데 인간성이 엉망이라는 말을 듣지 않도록 하고, 참으로 바라마지 않는 인간 교육의 산실이 되어야 할 것이다.　　　　　　　　　　　　　　　　　　-2007. 4. 28. 09:00.

10. 자율과 규율

근세 역사에서 제도화된 자유와 평등은 민주주의의 두 기둥이다. 그리고 그것은 인류가 수많은 불평등과 억압 가운데서 쟁취한 빛나는 피압제자의 전리품이다. 그래서 인류가 획득한 자유는 참으로 고귀하다. 고대, 중세의 귀족이 움켜쥔 계급 권력으로부터 근대에 이르러 만민이 평등성을 확보한 이면에는 피눈물 난 투쟁이 있었다. 하지만 태어날 때부터 자유와 평등이 보장된 오늘날은 이전만큼 소중함을 자각하기 어렵다. 두발 문제도 마찬가지이다. 자유만 누린 세대는 더 이상 그 소중함을 모른다. 학생은 초등학교 6년 동안 두발의 자율이 보장된 환경 속에서 생활했다. 미성숙한 어린이인 만큼 자유롭게 성장하도록 보장되어야 함이 마땅하다. 그러나 중학생은 어느 정도 의도적으로 규제를 가해도 참을성이 있다. 이 시기마저 자율로서 풀어 버린다면 이들이 성인이 되었을 때 누려야 할 자유의 소중함은 더 이상 없다. 중·고등학교 시절은 교육적으로 감당할 수 있는 규율이 적용되어야 할 시기이다. 인간은 아무리 노력해도 자유만 있는 곳에서는 진리가 함께할 수 없다는 것이 역사가 남긴 교훈이다. 방탕과 타락과 무절제가 있을 뿐. 그래서 **동양에서는 수천 년 동안 수행이란 계율 문화가 인간의 순수 본질을 지켜내었다.** 수행과 규율 아니면 통제와 절제가 어렵다. **자신을 규율해야 진리와 함께할 수 있는데 하물며 인격적, 의지적으로 미완성, 미성숙된 학생이 규율 없는 자유에만 물들어 버리면 회복하기 어려운 의지박약자가 되어버리리라.** 철저한 교육 제도와 훈육 또는 엄정한 계율의 실천이 있었기 때문에 인류 역사를 주도한 인재가 육성되었는데(치열한 자기 통제와 계율 수행 가운데서 진리 세계를 체현함), 오늘날처럼 마냥 풀어 헤쳐진 풍조 속에서는 무엇도 기대할 것이 없다. 一陰 一陽은 유교인이 믿은 우주적 질서이다. 성장기에 규율이 몸에 배지 않으면 진정한 자율은 어디에도 없다. **자율과 규율은 때를 따라 반드시 적용되어야 하는 교육의 철칙이다.** 초등학교부터 대학교까지 자율 가운데서만 교육받은 세대는 자신도 불행이거니와, 국가와 민족으로서도 불운이 예측된다. 교육이 무너진다는 넋두리가 어제오늘만의 걱정이 아닐진대, 교육 현장에서 자율만이 요구되는 이 세태가 그것을 대변한다. 일본이 국권을 삼키고 단발령을 내렸을 때 민족의 지각 있는 선각들은 목숨을 걸고, 목을 내놓을지언정 상투는 자르지 못하겠다고 버텼다. 그러나 지금 학생이 가진 이유는 무엇인가? 무슨 대의명분이 있는가?

-2007. 4. 29. 09:00.

11. 지킴의 소중함

여러분에게 하나씩 나누어 준 책갈피가 한 시간도 지나지 않아 뜯어진 채 바닥에 버려진 것을 발견했다. 비록 보잘것없는 것이지만 선생님이 여러분에게 준 작은 선물이다. 그런데 그 의미가 무색해져 버렸다. 우리는 그것이 큰 것, 작은 것인지를 막론하고 가진 것을 소중하게 다루고 간직할 수 있는 생활 태도와 정신 자세가 필요하다. **우리는 과연 무엇을 지켜야 할 것인가? 부모님이 주신 몸이고, 선생님이 준 귀한 가르침이다.** 이 같은 지킴이 책갈피 하나를 간직할 수 있는 태도에서 비롯된다. 왜 어떤 사람은 10년이 넘어도 간직되는 물건이 한시간도 안 되어 내팽개쳐지는가? 더욱 염려되는 것은 어릴 때 가진 순수한 마음과 믿음과 우정을 잃어버리는 것이다. 그렇게 되면 나쁜 짓도 대수롭지 않은 양심 불능자가 된다. 가진 것을 소중하게 지킬 수 있는 자세가 긴요하다. 그리해야 하늘은 여러분에게 참으로 귀한 책임과 사명을 맡기시리라.

12. 협동의 힘

우연히 동창회 전야제에서 합창을 들을 기회가 있었다. 지금은 생존 경쟁 시대라 남보다 앞서려 하고 개성이 존중되는 시대이다. 그래서 뛰어난 재주를 보이기도 하는데, 합창은 인간의 또 다른 면모를 보여준다. 다양한 문화가 공존하는 시대에 사는 만큼 앞으로는 다양한 능력과 개성을 어떻게 하면 하나로 모아 조화시킬 수 있는가 하는 안목과 재능이 요청된다. 어떻게 하면 여러 사람의 힘을 모을 수 있는가? 협동은 혼자서는 비교할 수 없는 힘과 지혜를 발휘한다. 이것을 여러분은 학급 생활을 통하여 길러내어야 한다. 중지를 모아야 성공할 수 있다. 힘을 모으는 능력과 경험과 지혜를 신장시켜 나가야 한다. 그리하면 민족과 인류가 바라는 인물이 되리라.

-2007. 4. 30. 종례시간에

13. 사려 깊은 행동, 성심을 다하는 자세(五月)

●이가 첫 지필고사를 치고 나서 책상을 옮기는데 가방이 없어졌다고 했다. 두루 살펴보니까 창문 밑에서 발견되었다. 종례시간에 유인물을 주고 모자라는 것은 챙겨주고 있는데, ●이가 자기 것이 없다고 했다. 그래서 말했다. "지금 챙겨주고 있지 않느냐, 기다리면 된다." 이런 태도는 아직 사물의 현상과 이치에 대해 예측하는 사고력이 부족한 탓이다. 보이는 것만 보고 있다, 없다. 혹은 된다, 안 된다고 판단한다. 이것은 뿌리와 나뭇가지가 별개인 개체로 생각하는 것과 같다. 학생이 농구 슛을 하는데 처음에 몇 번 던져보고 안 들어가니까 혼잣말로 "나는 농구를 못 한다"라고 하면서 단념했다. 다시 기회를 주니까 그때는 또 잘 들어갔다. 새로운 재능을 발견한 듯 기뻐했다. 능력은 있는데 한두 번의 시도만으로 안 된다고 단념해 버리는 것, 이것은 생각의 단순함이 지닌 참으로 우려되는 행동이다. 매사에 사려를 다하고 연관성을 가져 깊게 생각할 수 있는 태도, 그리고 최선을 다하려는 태도가 필요하다. 우리는 경험과 나타난 것만 보고 神이 있다, 없다. 혹은 만물이 창조되었다, 진화되었다고 판단한다. 이면도 볼 수 있어야 하고, 경험하지 않아도 그 이상의 것을 생각할 수 있어야 한다. 그래서 소중한 믿음과 신념 어린 행동이 필요하다. 전체를 파악해야 한다. **세계는 아직 완성되지 않았으며, 진리는 끊임없이 생성하고 있다.** 어느 누가 지금의

본성과 인생과 진리와 神과 우주에 대해 단언할 수 있는가? 답할 수 있는가? 없다면 인생 자세는 항상 알려고 노력하는 것뿐이다. 진리가 무엇이다, 세계가 어떻다고 자신 있게 말하는 자의 오만함과 편협성을 경계해야 한다. 자신을 돌아보고 얼마나 성실하게 친구와 이웃과 진리와 세계에 대해 성심을 다해 임하려는가만 생각하도록 하자. 그것이 곧 사려 깊은 행동이고, 진리를 대하는 기본적인 자세이다.   -2007. 5. 3. 종례시간에

14. 마음의 포용성

☆이가 옆 친구와 싸우고 나서 자리를 바꾸어 달라고 했다. ★도 말다툼을 하고 달려와 "선생님 반을 바꿀 수 없어요?"라고 진지하게 물었다. 접시가 땅에 떨어져 깨어졌다면 부서진 조각을 일일이 끼워 맞출 수 있겠는가? 하물며 내 마음에 드는 친구란? 딱 두 쪽으로만 갈라졌다면 모르되 마음은 그런 것이 아니다. 그렇다면 어떻게 해야 할까? 짝지와 잘못 지내면 자리를 옮기고 반을 바꾸어도 상황은 마찬가지이다. 마음에 꼭 드는 친구는 마음을 잘 아는 친구인데, 그 마음은 자기 외에 아는 사람이 없다. 그런데도 마음에 맞는 친구를 고집하면 오히려 하나둘 멀어지고 나중에는 외톨박이가 된다. 물의 특성을 한 번 살펴보자. 어떤 그릇에도 다 담긴다. 빈틈 없이 꽉 찬다. 그렇지만 딱딱한 돌은 그렇지 않다. 담아도 틈이 생긴다. 마음 역시 틈이 생기고 불화가 생기는 원인이 무엇인가? 마음이 굳어져 있어서이다. 고집으로 인해 굳어져 있다면 꼭 맞아떨어질 마음은 세상 어디에도 없다. 그렇다면 방법은? 마음을 물처럼 푸는 것이다. 친구의 마음속에 스며들 수 있도록…… 마음은 돌덩어리가 아니다. 만사에 걸쳐 편만, 포만되고, 만물과 일체될 수 있

다. 동양인은 "心卽理"라고 하여 마음을 우주의 근간으로, 혹은 주체로 보았다. 차는 주인이 운전하는 대로 움직이기 때문에 사고가 나면 주인이 책임을 진다. 마음은 그렇다면 누가 움직이는가? 자신이다. 그런 마음을 누가 굳어버리게 하였는가? 그것을 풀 수 있는 사람은? 바로 자신이다. **친구가 마음에 꼭 들기만 바란다면 한 사람의 친구도 사귀지 못할 것이지만, 자신이 친구의 마음에 들기를 바란다면 누구라도 친구로 둘 수 있다.** 孔子는 "나의 道는 하나로 꿰뚫는다"라고 하였고, 맹자는 "道는 하나일 뿐이다22)"라고 하였는데, 마음이 그런 것이다. 본래 마음은 조각나지 않았고 딱딱하지 않았다. 그런데 조각내고 굳게 하고 상처 나게 한 것은 자신이다. 유연성과 포용성을 가지고 다스려야 진리를 알고 세계를 안다. **마음은 인간이 진리로 나아가는 교통로이고, 세계와 교호하는 텃밭이다.** 마음의 문을 열어야 사랑을 알고, 친구와도 참된 우정을 나누게 되리라.

-2007. 5. 4. 종례시간에

15. 삶의 중요성과 보은(報恩)

넓은 우주에서 지구에 있는 것과 같은 생명체는 아직 발견되지 않았다. 지구의 수많은 생명체 중에서 인간처럼 삶을 영위하고 있는 생명체는 또 얼마나 될까? 확률로 계산한다면 삶을 가진 자의 특권이 이루 말할 수 없다. 생명체가 인간으로 태어나기 위해 줄을 선다면 얼마나 많은 세월을 기다려야 할까? 이를 통해 우리는 나를 존재하게 한 부모님의 은혜를 가늠할 수 있다. 원했건 원하지 않았건 생명을 주신 것 자체가 절대적 가치를 지닌다. 이 소중한 기회를 바탕으로 잘되고 못 되는 것은 자신의 노력 탓이다. 이 이치를

---

22) 『양명 철학의 연구』, 송재윤 저, 사사연, 1981, p.81.

알아야 삶을 무엇을 위해 살아야 할 것인가에 대한 의식이 생긴다. 그것이 보은 곧, 은혜를 갚아가는 삶이다. 노력하지 않을 수 없는 삶, 평생을 갚아도 갚을 수 없는 부모님의 은혜를 갚기 위해 자식 된 여러분은 열심히 공부해야 한다.　　　　　-2007. 5. 8. 조례시간에

16. 한민족의 전통문화와 얼

청학동은 일본이 우리나라를 식민지로 만들고 민족 문화를 말살할 당시 식민 통치에 반대한 선사들이 고유한 풍습과 얼을 지키기 위해 피난해 모여 산 동네라고 한다. 하지만 우리나라는 안타깝게도 왜정(倭政)을 지나 해방이 되었는데도 불구하고 또다시 서양문물을 받아들이게 됨으로써 문화의 정통적인 맥을 잇지 못하고 말았다. 그 증거가 바로 여러분이 배우고 있는 교육 과정이다. 이것은 서양의 사상을 받아들여 이식시킨 것이다. 먹는 것, 입는 것, 배우는 것이 거의 서양식이다. 그런데 이곳은 어떤가? 훈장님의 한복으로부터 서당에서 하는 교육, 절하는 예절 풍습까지 다르지 않은가? 사실은 이것이 본 모습인데 왜 생소하게 보이는가? 여기서 우리는 저 아메리카에서 명멸한 잉카 문명 이상으로 민족 역사의 비운을 엿볼 수 있어야 한다. 선조들이 눈뜨면 읽고 생각하고 외우던 소학이나 대학, 논어, 맹자, 중용과 같은 경전이 교과서로 이어지지 못한 실정에서, 사실상 민족 문화의 전통과 얼은 단절되어 버렸다고 해도 과언이 아니다. 그래서 이번 청학동 서당 입교는 앞으로 무엇을 위해 공부할 것인가를 시사할 수 있다. 선조들은 학문한다는 것이 주로 인격을 수양하고 人性을 탐구함이 본위였다. 그리고 禮는 당시 신분 사회에서 질서 유지의 일환이자, 도야된 人性을 행동으로 실천한 품격이기도 하였다. 여러분이 공수로 절하고 읍하는 예

절을 배웠는데, 이와 같은 공부가 배움의 축을 이루다 보니, 동방예의지국이고 君子의 나라라고 칭송받은 것을 이해할 수 있다. 배우는 책마다 부모에게 효도하고 임금에게 충성하며 친구에게 우의를 다한 선행이 수록되어 있고, 천의(天意)에 근거한 성인의 말씀이 기록되어 있어 밤낮으로 외우고 논하고 실천하였다. 서양 사람이 자연을 탐구하고 원리를 발견하여 유용하려고 한 탐구 태도와 대조적이다.

그러므로 우리는 우리 문화의 소중함을 알고 우리 것을 통해 다시 세계를 볼 수 있는 눈을 가져야 한다. 역사상 5,000년 이상의 전통을 이은 나라가 지구상에 몇 나라나 된다고 생각하는가? 가까운 중국, 그리고 이집트 정도이다. 그렇다면 대한민국에 태어난 여러분이 미래 사회에서 새로운 역사를 창조하고 문제점투성이인 과학, 물질문명 체제를 재편하여 정신 우위의 세계를 건설하고자 한다면? 우리의 말과 언어와 얼과 문화로 세계사의 무대 위에 나서야 한다. 이 같은 이유로 이번 서당 체험은 앞으로의 공부 방향에 있어 소중한 길잡이가 되리라. 우리 것에 근거해서 세계를 볼 수 있는 눈을 가져야 하고, 가장 한국적인 것을 세계화해야 한다. 영문학 박사가 되고 유전공학자가 되더라도 그 의식적인 얼과 문화적 뿌리는 한민족 문화에 있다.

-2007. 5. 11, 청학동 수련 활동을 마치고 귀가 중인 버스 안에서

17. 군사부일체와 차이성

고등학교에 다니는 딸이 이런 말을 했다. "선생님은 따뜻한데 계시면서 우리는 추운 교실에서 공부만 하라고 하신다." 얼마 전에 자율학습 시간에 조금 늦게 들어가니까 "선생님도 늦게 오시면

서……" 여기서 우리는 학생들이 선생님을 어떻게 보는가에 관한 생각이 담겨 있다. 군사부일체(君師父一體)란 말이 있다. 예나 지금이나 임금이나 대통령은 최고 권력자이다. 그런데 교육에서는 그런 반열에 선생님도 속한다. 가정에서 아버지가 근본이라면 선생님도 거기에 속한다. 그래서 군사부일체이다. 딸에게 되물었다. 아버지인 내가 추운 데 있으면 어떻게 하겠니? 너는 선생님을 학생들과 동격으로 생각하고 있다. 그런 생각으로 무엇을 배우겠는가? 선생님을 부모와 같이 예우하고 공경해야 한다. 그리해야 제대로 가르침을 받을 수 있다.

18. 인성

인성은 학문 · 사상 · 제도 · 가치 · 세계의 중심이며, 그 가운데서도 갈고닦은 인격은 그 핵심이다.

19. 자립심과 책임감

🖋이가 잉크를 바닥에 흘렸다. 집에서는 엄마가 닦아 주겠지만 학교에서는 그렇게 할 수 없다. 자신이 책임지도록 교육되어야 한다. 여러분이 경제적으로 어려움에 부닥치면 부모는 돈을 주지만 선생님은 자립할 수 있도록 가르친다. 책임을 다하도록 교육한다. 그리해야 장성해서 자신에 대해, 가정에 대해, 사회에 대해 책임감을 가진 사람이 된다.

-2007. 5. 15. 종례시간에

20. 나날이 성장하는 사람

여러분은 "나는 어떤 인간인가? 어떤 인간이 될 것인가?"에 대해 고민해야 한다. 반성하는 삶을 살아 혹시 저지를 수도 있는 어리석음을 깨우치도록 해야 한다. 잘못된 생각과 판단과 행동 하나가 역사에 씻지 못할 오명을 남기는 경우가 허다하다. 사도신경은 기독교 신자들이 예배 때마다 크게 외우는 신앙에 관한 확인서이다. 거기에는 예수 그리스도가 "본디오 빌라도에게 고난을 받으사"라고 명기되어 있다. 우리 역사에서 이완용이란 이름 앞에는 반드시 '매국노'란 말이 붙는다. 이 얼마나 씻을 수 없는 치욕인가? 이 같은 일이 어떻게 해서 저질러진 것인가? 무엇이 옳고 그릇된 것인가를 잘못 판단한 어리석음에 있다. 한두 번 잘못한 것으로 후세에 두고두고 오명을 새긴 것은 아니리라. 어리석음을 어리석음으로 깨닫지 못한 무지 탓이다. 잘못을 반성하지 않고 깨닫지 못한 것이다. 이것이 여러분의 행동 가운데서도 발견된다. 깨달아야 나날이 새사람이 되고, 잘못을 반성한 성장하는 사람이 된다.

21. 생의 헌신 원리

우리는 왜 남을 위해 헌신하고 돕는 이타(利他)적 삶을 가치 있게 생각하는가? 인간으로서 영원할 수 있는 원리가 있기 때문이다. 유한한 세계에서 영원할 수 있는 방법은 타인과 이웃을 위해 헌신하는 삶이다. 자신만을 위해 살면 그 삶은 결국 유한하다. 죽음과 함께 소실된다. 이름, 재산, 명예 등이 그러하다. 하지만 나누고 헌신하면 그들의 영혼 위에 남게 된다. 죽어도 죽은 것이 아니다. 生의 헌신 원리를 알고 실천해야 한다.　　　　-2007. 5. 16. 종례시간에

22. 교육이란?

선생님이 모든 것을 갖추고 지도할 수는 없겠지만, 적어도 교육에 대한 본질적 접근과 가치 판단에는 영향을 미친다. 교육을 어떻게 생각하는가에 따라서 주어질 결과는 판이하다. 이 같은 관점은 전통적으로 인간은 선천적으로 선하다고 판단한 성선설(性善說)이라든지 서양의 진화적 발달 관점 등과도 무관하지 않다. 무엇이 옳

고 틀린 것인지를 전격적으로 판단할 수는 없지만, 그 같은 관점은 분명 인간을 이해하고 학생을 지도하는 방법 면에서 대차를 이룬다. 그래서 학생을 가르치는 교육의 최일선에서는 선현의 인간 이해를 염두에 두고 경험적으로 **교육이란 가르쳐서 일깨워야 한다**는 선천적 잠재력과 능력의 본유성에 무게를 두어야 한다. 성격이든 재능이든 성장하면서 발달한다는 생물학적 관점은 교육도 이 같은 발달성을 외부적으로 촉진하는 역할에 치중토록 한다. 그렇게 되면 가르침은 보조적인 수단밖에 안 된다. 하지만 이미 갖추어진 잠재적 본성과 가치를 일깨운다는 것은 예나 지금이나 지고한 사명감을 지닌 스승이 할 수 있는 것으로 교육적 정열과 역할을 고무한다. 학생은 무한한 잠재력과 가능성을 가진 존재이므로 이것을 어떻게 끌어낼 것인가? 선생님은 그들이 경험하고 활동할 수 있는 무대와 기회를 마련하고 권유, 배려, 인도했다. 올곧게 성장할 수 있는 장을 마련한다는 것, 재능을 발견할 수 있는 계기를 준다는 것, 이것이 교육적 정열과 유경험자인 선생님이 해야 할 역할이다.

한 벽지에 역도를 전공한 교사가 전근을 갔는데, 전교생이 몇 명 되지도 않은 데서 금메달이 쏟아졌다. 그 학교에만 역도에 소질이 있는 학생이 모여 있어서가 아니다. 어느 학교에 가서든 그렇게 지도했다면 금메달이 쏟아졌으리라. 그만큼 학생의 잠재력은 깊은 본유성 안에 갇혀 불타고 있다. 학생은 자신이 펼쳐보고 싶은 꿈이 있고 세계가 있다. 하지만 그 힘은 아직 미약하다. 끌어낼 수 있는 용기를 북돋고 손을 잡아 주어야 하고, 스스로 볼 수 있도록 불을 밝혀 주어야 한다.

학생의 성장기를 담당한 교사의 사명감은 막중하다. 이 같은 일깨움의 역할을 사회는 참으로 존중해야 하고, 교사는 자기 연마를

게을리하지 않아야 한다. 가르치면서도 늘 교육이란 무엇인가를 재고해야 하는 이유이다. -2007. 5. 16. 21:00.

23. 깨달음과 진리

혀는 조금만 찍어도 국 맛을 알지만, 숟가락은 아무리 국물을 퍼도 국 맛을 모른다(『법구경』). 여러분이 아무리 학교에 와서 공부해도 **공부하고자 하는 뜻이 없으면 깨달을 수 없고, 깨닫지 못하면 진리를 모른다. 생사를 앎이 진리의 종극이다.**

-2007. 5. 17. 조례시간에

24. 창조적인 삶과 스스로 판단한 삶

아침에 ◉이가 현관 청소를 하고 있었고 ◆이가 점심시간에 빨래걸이를 고치고 있었다. 세상에는 행동이 대조되는 사람이 있다. 창조적인 사람과 파괴적인 사람, 도움을 주는 사람과 피해를 입히는 사람…… 그중 ◉은 스스로 판단해서 행하는 학생이다. 험난한 세상을 헤쳐나감에 스스로 생각하고 판단해서 행한 자립성을 가졌다. ◆이도 마찬가지이다. 부서진 빨래 건조대를 고치려고 시도했다는 것은 스스로 자각하는 사람이고 유익한 일을 한 것이다. 부서진 것을 새롭게 하고자 한 창조적 사람이다. 그 같은 행위는 학급과 세상에 도움이 되는 행동이다. 이런 자각과 노력이 배가된다면 세상에서 얼마나 더 소중한 창조적인 행동을 할지 알 수 없다.

-2007. 5. 17. 종례시간에

25. 지도력의 핵심

■이와 ▼이가 다툼이 있어 영어 선생님께 불려왔다. 발단은 ■이가 발표짱이란 칭찬을 들었는데, 친구들이 발짱, 발작 등으로 놀린 모양이다. 이 과정에서 ■이가 조용히 하라고 했는데 화가 나버렸다.

■이는 친구를 도와주어야 하는 학급의 간부이다. 책임도 있다. 그런데 무리가 있는 것 같다. 지도자는 권위를 가질 필요가 있다. 학급을 조용히 시키는 데는 여러 가지 방법이 있다. 친구들이 말을 들을 수 있도록 행동을 잘해야 한다. 억지는 안 된다. 그래서 솔선수범하는 것이 권위를 세우는 데 필요하다. 직위로 이끌려고 하기 이전에 모범을 보이는 것, 이것보다 좋은 지도력은 없다. 자신이 먼저 조용히 공부하는 모습을 보이라. 그리하면 급우들도 조용히 하라고 했을 때 그 말을 따라 줄 것이다. 다툰 데 대해 무슨 잘못을 했는지 반성해 보라. 참지 못한 것, 친구를 이해하지 못한 것, 자신은 그렇지 않으면서 남을 억지로 변화시키려고 한 것은 잘못된 행동이다. 유교에서는 治國平天下 하려는 자는 먼저 수신(修身)을 근본으로 삼는다고 했다. 자신부터 다스려야 한다. 권력으로 다스림은 역사상 오래가지 못했다. 반대로 내면의 변화와 인격을 통한 다스림은 달랐다. 그래서 천하를 다스리는 지도자는 자신이 천하의 대본(大本)이 되어야 함이 순리이고 원칙이다. 대본이 될 수 있도록 자신을 변화시켜 나가야 한다.   -2007. 5. 18. 쉬는 시간에

26. 선생님의 역할

배우는 학생은 아직 갈 길이 결정되어 있지 않다. 어떤 삶을 살고 어떤 인생의 길을 걸어야 할 것인지 고민하는 단계이다. 그래서 선생님의 역할은 보지 못한 세계를 보게 하고, 볼 수 있는 눈을 가지도록 한다. 한 인간이 어떤 세계관을 가지는가 하는 것이 다양한 삶의 유형을 결정한다. 높고 멀리 볼 수 있는 안목을 일깨우고, 세계를 보고 매진할 수 있도록 해야 한다. 그리고 병행할 것은 쏟은 정열이 헛되지 않도록 하는 것이다. 자칫 현실과 거리감이 크면 인

생 허무란 함정이 도사린다. 어떤 길로 나아가고자 할 때는 그 길의 영원함과 옳음과 가치성을 따져 보아야 한다. 선생님은 제자가 세상을 살아가는 데 가져야 할 가치를 일깨우는 것이다. 걸어온 삶의 경험과 일군 지혜를 총동원해야 한다. 무엇이 옳은 행위이고, 왜 선함을 지켜야 하는가? 세계를 성심으로 임해야 하는 이유? 이런 주제가 곧 가르칠 영역이다.   -2007. 5. 25. 09:00.

27. 앞지르기 원칙(六月)

♛이가 중간고사에서 성적이 떨어졌다. 그래서 말했다. "♛아, 선생님하고 같이 한번 걸어보자. ♛이가 나보다 빨리 가기 위해서는 어떻게 해야 하지?" 그러니까 ♛이가 조금 보폭을 넓혔다. 나도 같이 보폭을 넓혔다. "아니 빨리 나가지 못하고 있잖아, 더 빨리 가보아!" 라고 하니까 그때야 ♛이가 뛰기 시작했다. 상대가 걷고 있다면 ♛이는 뛰어야 앞지를 수 있다. **남하고 같이 걸어서는 앞지를 수 없다. 앞지르기 위해서는 더 열심히, 그리고 더 빠르게 뛰어야 한다.**   -2007. 6. 1. 조례시간에

28. 우정이란?

♟이가 일주일 동안 아침 주번 활동을 열심히 했다. 그런데 ♛이도 주번인데 모습이 보이지 않았다. 그래서 ♟에게 말했다. "♟이가 현관을 깨끗하게 청소를 했네! 그런데 ♛이는 왜 같이 안 하지?"라고 하니까 대답하길, "선생님, ♛이가 날마다 조금 늦어서 그렇지 저하고 같이 매일 청소하고 있어요"라고 했다. 그리고 조금 후에 보니까 정말 빗자루를 들고 왔다. 여러분, 우정은 바로 이런 것이다. 친구를 위해 변호하고 좋게 말하는 것, 여기서 서로 간의 신뢰

가 쌓이고, 진한 우정도 엿볼 수 있다. 친구를 비방하고 싫다고 하는데도 별명을 부르는 것과 대조적이다.　　　　-2007. 6. 2. 조례시간에

29. 작은 거인

일요일 마산의 한 음식점에서 20년 전의 제자를 만났다. 큰 가게를 운영하고 있었다. 선생님은 조·종례 시간에 인사를 하면 정중하게 자세를 갖추고 받는다. 왜냐하면, 여러분은 뜻을 기르고 노력하면 어떤 분야에서건 뛰어나고 인격을 갖춘 인물이 될 잠재력을 지녀서이다. 대통을 이을 황태자는 나이가 어려도 국가와 국민으로부터 엄중한 예우를 받는다. 여러분도 이 시대의 황태자로 태어나 미래의 인류 역사와 민족을 주도할 작은 거인이다. 깡통을 찬 거지라도 그의 아들은 무시하지 못한다. 장성해 어떤 거부가 될지 알 수 없다. 선생님은 이 같은 가능성과 노력을 믿기 때문에 작은 거인으로서 예를 다한다. 사람은 태어나면서부터 거인이 되어 있는 것이 아니다. 한 움큼밖에 안 되는 묘목이 좋은 토양과 환경을 만나면 하늘을 찌를 듯한 거목으로 자라나듯이, 지금 여러분의 몸집과 포부는 소박하지만 성장하고 있고 뜻은 키워지고 있다. 그 뜻과 재질을 길러 나가면 어느덧 사회와 민족이 바라는 인물이 되리라. 그 뜻을 선생님은 북돋고 있고, 여러분은 성장하고 있다. 열심히, 열심히……　　　　-2007. 6. 7. 자율학습시간에

30. 성실한 삶의 자세

성실함과 높은 대비가 된다. 흔히 성실하라고 하지만 왜 성실해야 하는지 이유를 몰라 대부분 학생은 노는 데 여념이 없다. 중용에 "誠은 하늘의 道이고 誠해지려는 것은 사람의 道이다"라고 했다. 곧, 誠은 하늘의 본성이므로 誠을 깨달아 성실하게 추구해 가는

것이 인간 삶의 근본 태도이고 가야 할 길이다. 그렇지 못하다면 하늘의 본성, 즉 뜻을 거스른 것이다. 고래로 동양인은 하늘이 인간을 낳았다는 믿음을 가졌다. 그런데도 그런 삶이 성실하지 못하다면 하늘의 뜻을 어긴 것이다. 거기에 관한 결과가 곧 인생의 허무이다. 성실은 하늘의 질서를 파악할 수 있는 인간 삶의 근본 태도이다. 성실해야 성실함 자체인 하늘의 운행 궤도를 따라잡을 수 있다. 기독교인이 창조주의 뜻과 일치되고자 했듯, 성실 역시 도달하게 될 궁극처는 天人合一 경지이다. 성실은 하늘의 뜻, 질서, 본성과 하나 되는 길을 보장한다. 자아와 인생에 대한 노력을 하늘이 성실한 질서로 열매 맺고 성취하게 한다.　　　-2007. 6. 8. 창체시간에

31. 논술과 직관

21세기는 지식 정보화 사회로서 능동적으로 정보를 생산하고 비판적인 사고와 창조적인 능력을 겸비한 사람을 요구한다. 논술의 긍정적인 측면은 사고력이 풍부해진다는 것이며, 창의적인 학습을 위해서는 정연한 논술로 합리적인 사고력을 기르는 것이 필수이다. 오늘날은 이런 통합 논술의 중요성이 강조되어 대학 입시에서도 합격 여부를 좌우할 만큼 학원가에서도 구호화되어 있다. 열병과도 같은 풍조에 대해 우리는 정말 교육의 본연성을 재점검할 필요가 있다. 논술이 교육에 있어 전부가 아닌 것은 분명하다. 우리나라에 도입된 교육 제도가 그러하듯(서양) 통합 논술도 1997년, 영국의 교육 보고서에서 처음 등장했다고 한다. 즉, 서양 문화와 역사가 처한 상황 안에서 개발되고 체계화된 것이라고 할까? 논술은 자연의 진리를 추적하고 체계 짓기 위해 개발한 사고 방법의 한 유형이다. 그래서 학문을 논하거나 사물의 이치를 서술하는 데는 유용하지만

교육은 자연에 접근하는 방법 외에 인간의 실존성과 인류 문화에 접근하는데 논술 이상의 그 무엇도 필요한데, 그것이 곧 직관이다.

직관은 불교인이 구하고자 한 깨달음의 유형으로서 동양 고전의 단장들은 대개 직관된 깨달음에 대한 메모 형식이 많다. 서양은 플라톤 이래로 진리 세계의 진술을 논술 형태로 체계를 구축한 경우가 많지만, 동양은 이와 반대이다. 『노자 도덕경』은 불과 오천언을 통해 우주론과 덕론을 피력했다. 사실 우리가 **진리의 본연에 접하는 것은 논술이 아닌 직관을 통해서이다.** 깨어 있는 의식으로 세계의 생동성을 접하는 것은 지극히 순간적이다. 창의적인 영감, 즉 인스피레이션도 직관의 일종이다. 진리는 주어진 특성상 장황하게 나열될 수 없다. 나열되었다면 이미 부차적이다. 설명한 것이고 조합해서 재진술한 것이다. 직관이 일차적 인식이고, 논술은 이차적이다. 직관은 직접적이고 논술은 간접적이다. 직관은 깨어 있는 의식을 동원해야 하고, 논술은 이성적인 사고 과정을 거친다. 그러므로 우리는 직관의 운위성을 알아야 선현들이 어떤 진리 세계 속에서 삶을 영위한 것인지 수양 문화의 본질을 이해하고, 필요성을 오늘의 교육 제도 속에서 되살릴 수 있다. 즉, 논술은 자연의 이치를 수평적인 사고로 통합하는 능력인데, 직관은 내면적인 의식 세계로 파고들어 수직적이고 차원적인 본질 세계를 개척했다. 인생의 종극과 우주의 시원을 관통한다. 이런 진리 세계 접근 방법론이 동양의 전통적인 수양 문화 속에 있다는 것을 서양 풍조에 만연된 학생들에게 보여야 한다. 논술의 한계는 있는 것의 종합이고 나열인데, **직관은 경험하지 못하고 생각하지 못한 본연에로의 눈뜸이다.** 세계를 종합적, 전체적으로 보아야 함에, 논술은 분석적이라 자연 과학적인 문명 체제의 한계성을 담고 있다.

따라서 직관이 있고 난 이후의 논술은 세계를 진술함에 필요불가결한 것이지만, 논술 자체만으로서는 진리 세계를 완성할 수 없고, 나아가 서양의 문명체계만으로서는 세계의 창조 역사도 완성할 수 없다. 동서 문명의 조화가 조심스럽게 요청된다. 그렇다면 이런 직관성을 교육하기 위해 어떻게 사상적, 방법적, 제도적으로 뒷받침할 것인가 하는 것이 문제인데, 이것은 현시점에서 직관 교육의 필요성을 인식하는 자들의 과제가 되리라. 직관은 선현들이 숱하게 증험했던바 인생과 진리와 인류 문명을 획기적으로 변화시킬 것인데, 이 역할을 한국의 교육계가 선구적으로 개척할 것을 기대한다.[23]

-2007. 6. 9. 22:17.

32. 믿음과 신뢰

믿음은 어떻게 해서 생기는가? 친구 간에, 혹은 선생님과 제자 간의 신뢰는 그냥 쌓이는 것이 아니다. ◇이가 중간고사 전에 자기는 꼭 시험을 잘 볼 것이라고 했다. 하지만 말만 듣고 어떻게 믿을 수 있는가? 첫날 시험을 보고 나서 "선생님, 제가 시험을 잘 본 것 같아요." 나는 덤벙대지 말라고 했다. 아직은 믿을 수 없는 상태이다. 그런데 결과로 반에서 상위권에 진입하였다. ◇이는 노력했고, 선생님은 그런 과정을 지켜보았다. ◇이에 대해 비로소 신뢰가 생겼다. 세운 목표를 이루기 위해 노력하는 것, 여기서 믿음이 쌓인다. 자신이 한 말에 책임을 지지 못한다면 어떻게 믿을 수 있겠는가? 성실하지 못하고 변덕이 심하면 아무도 믿지 않으리라. 믿음을 지키고 믿음을 이루기 위해 애쓰는 것, 그래서 믿음을 얻게 된다면 우주와 일체 되고 통하는 사람이 될 수 있다. 이순신 장군이 백의

---

23) 직관을 통해 학생을 참다운 진리 세계로 인도해야 하는 것이 향후 요청되는 교육 과제임.

종군하였을 때는 수군의 전력이 거의 상실된 상태인데도 부하와 백성들 간에는 믿음이 있었기 때문에 다시 일어설 수 있었듯 너와 나, 친구 사이, 선생님과 제자, 부모와 자식 간에 믿음이 있다면, 그것은 최상의 존재 가치를 달성하는 것이다.

-2007. 6. 13. 종례시간에

33. 위대한 생각을 일으킴

인간의 정신 작용에는 생각이 포함되지 않은 것이 없다. 마음, 사색, 사상, 의지, 믿음, 관념, 일체유심조 등이 모두 관련되어 있다. 학문은 우주 자연과 인생에 대한 일체의 물음, 즉 의문이라고 했는데, 생각은 살아 있는 인간의 고유한 특성이다. 그리고 결국은 생각의 유무와 차이 탓에 너와 나의 삶과 존재 특성이 구별된다. 어떤 생각을 가지느냐, 혹은 가지고 있는가에 따라 인생의 향방이 결정된다. 여러분과 선생님과는 나이의 차이이기 이전에 생각에서 차이가 난다. 생각이 인생 삶을 결정하고, 행·불행을 자초하고, 역사적으로는 세계를 주도했다. 발 디딘 세상은 옳다고 하는 생각, 즉 진리로 다스려진다. 그런 지배력의 형태가 법, 가치, 도덕, 윤리, 관습, 예(禮) 신념, 세계관 등이다. 에디슨은 생각 하나로 인류의 어둠을 밝혔고, 뉴턴은 만유의 법칙을 일관시켰다. 디자이너가 패션계를 지배하는 것은 아이디어, 즉 창의적인 생각이다.

그러므로 여러분은 공부를 통해 이런 생각을 일으켜야 한다. 다양한 문제에 대해 생각할 기회를 가지는 것, 계기를 이루는 것이 공부이다. 생각하기 위해서는 시간이 필요한데, 장차 이룰 일들에 대해 생각하는 것이 공부의 본 모습이다. 생각과 단절되면 역사를 이루지 못한다. 마음 같아서는 당장 대통령도 될 수 있겠지만, 그렇게 되기 위해서는 생각부터 뒷받침되어야 하고, 그러기 위해서는 생각을 쌓는 노력을 병행해야 한다. 물론 **생각대로 모든 것이 다 이루어질 리는 없겠지만, 이루어진 모든 것은 생각함을 기본 조건으로 한다.** 관건은 이것이다. 주어진 여건 속에서 얼마만큼 생각할 수 있는가? 무엇을 생각하는가? 어떤 생각을 가졌는가? 오락 게임에 빠진 사람과 프로그래머는 생각에 차이가 있다. 꿈을 키우는 단계에서는 생각이 구체적이지 않아도 좋다. 상상이든 몽상이든 생각에 몰두하라. 이것이 세계를 향해 지성을 여물게 하고 진리를 깨우치는 사색의 기반을 조성한다. 생각의 양을 풍부하게 하면 우주의 복잡한 질서 정보를 수용할 수 있는 능력이 길러진다. 역사를 앞선 생각의 발현이 이런 생각의 일굼 가운데서 움텄다. 인생 태도와 사상의 기초를 이룰 적기가 지금이다. 선생님은 꿈 많은 소년이었다. 꿈을 통해 안 해본 것이 없었다. 무한한 상상의 나래를 꿈을 통해 펼쳤다. 지하 나라의 왕도 되어 보았고, 아름다운 이성을 동경하였으며, 바닷속에 온갖 모양의 도시를 건설하였다. 그때의 **꿈 꾸는 소년은 참으로 행복했다.** 밤이 깊도록 상상에 몰입했다. 나는 누구인지, 어떤 사람이 될 것인지, 무슨 일을 할 것인지 전혀 모르는 상태였지만…… 꿈을 키우며 생각하는 과정을 가지지 못하면 참다운 인생을 가질 수 없다. 꿈이 없는 백성은 망한다고 했듯(성경), **꿈은 허무한 것이 아니며, 꿈을 가지지 못한 인생 그것이 허무하다.** 인생에 대해 원대한 포부를 가지고 위대한 생각을 일으켜라. 생각이 풍성하도록 사색하고 탐구하는 학생이 되자.   -2007. 6. 17. 9:00.

34. 인생의 담론자

선생님은 자신이 쌓은 지혜와 경륜을 바탕으로 다양한 개성과 소질과 특성을 가진 학생들이 나아갈 바 보편적이고 종합적인 가치관을 일깨우고 지침해야 한다. 한 인간이 삶을 헤쳐나감에는 다양한 능력이 필요하다. 그런 만큼이나 그만한 소질 역시 잠재적으로 보유하고 있다. 물론 각자가 필요한 것은 공부를 통하여 개발시키지만, 앞서 인생을 지침해야 하는 선생님은 가르침이 보다 포괄적이고 종합적이어야 한다. 40명의 필요 요구를 충족시키는 인생 백화점 역할을 담당해야 하고, 시공간을 넘나든 가치적 지침과 자상한 이끎이 있어야 한다. 제자와 더불어 인생을 담론할 수 있어야 함에, 그것이 참된 스승의 역할이다   -2007. 6. 17. 09:30.

35. 배움의 목표

여러분은 왜 열심히 배워야 하는가? 지식이 선천적으로 함유된 것이든, 백지와 같은 상태에서 경험을 통해 지각된 것이든, 반드시 배움의 과정을 통해야 앎을 획득하기 때문이다. 배워서 알아야 실천할 수 있는 동기가 유발된다. 실천은 앎으로, 앎은 배움으로, 배움은 노력한 뜻이 전제 조건이다. 원칙적으로는 무엇을 통해서든 사고와 의식에 자각을 일으키면 배움이고 앎이라 하리라. 이에 받아들이고 기억하여 알게 된 지식은 자각을 위한 일차적 자료이고 동기 유발 조건이다. 이들 조건과 자료가 쌓이고 잠재될 때, 비로소 내면적인 의식을 변화시키는 자각이 일어난다. 그때 인간은 행할 도리를 알고, 보편적인 가치를 가늠하며, 세상에 존재하게 된 근본에 대해 보은(報恩)을 생각한다. 『예기』에서 "성인이 일어나 禮를 만들고 가르쳐 사람에게 禮를 가지게 하여 스스로 금수와 다르다는 것을 알게 했다"24)라고 했는데, 이것은 인간의 행위 형태를 통한 판단이고, 사실상은 인간으로서 근본을 자각해야 인간다운 도리를 행할 수 있다. 인간은 배워야 하고, 자각해야 본능과 욕망을 극복한다. 도리와 가치를 위해 신념을 굳건히 하고, 삶의 행위를 주도할 수 있다. 『예기』에서 "君子는 비록 가난하다고 해도 제기를 팔지 않는다"25)라고 했다. 君子는 유교에서 내세운 가상의 이상적 인격체로 생각하나, 君子는 배움과 앎을 통해 인간의 도리를 가늠하여 벗어나지 않고자 한 상식인이다. 벗어나 있으면 팔아서는 안 될 제기까지 팔게 된다. 삶이 아무리 각박해도 조상은 팔 수 없다. 제기는 그런 상징적 가치와 직결되어 있다. 조상을 팔아먹는 것은 근본된 도리를 저버리는 것이고, 그렇게 되면 세상에 존재할 당위성을 잃는다.

그들은 과연 무엇을 배운 것인가? 배움의 목적이 일차적인 지식의 습득에 머물지 않고, 자각을 통해 내면의 변화까지 일으켜야 하는 이유를 알라. 성현이 주장한 가르침과 교육의 목표가 人性을 함양하여 올바른 인간을 육성함에 있다는 것은 변함이 없다. 따라서 우리가 추구해야 할 교육의 목적도 인간적인 도리를 깨우쳐 인류 사회에 봉사하고 헌신할 수 있는 가치관과 실천 의지를 가진 인간을 기르는 데 있다. 그러므로 선현이 설정한 학문의 지향 목적이 성인이 되고자 하는데 둔 것은 영원한 진리이다. 모든 가능성은 활짝 열려 있다. 유교에서는 인간은 누구나 다 성인이 될 본성 바탕을 갖추었다고 했고, 불교는 누구나 다 成佛할 수 있다고 했으며, 기독교에서는 '하나님이 완전하심같이 완전하라'라고 했으니, 이처

---

24) 『예기』, 이민수 역해, 혜원출판사, 1995, p.23.

25) 위의 책, p.56.

럼 인간성을 고무한 축복은 다시 없다. 앎의 결과로 도달할 극치 세계관에 극락과 천국이 마련되어 있다고 할진대, 그곳에 들어갈 수 있는 자격자는 해박한 지식의 소유자가 아니라 참된 인간성을 회복한 성불인이고 수양인이며 도덕인, 인성인, 믿음인이다. 추구한 배움과 앎을 통해 궁극적 경지에 도달할진대, 그런 자격은 분명 인간 된 도리와 근본 된 이치를 깨달은 자이다.   -2007. 6. 24. 10:00.

36. 학교생활의 소중함

여러분은 한 인간으로서 태어났고 가정에서 양육되었다. 그리하여 대면한 첫 사회가 학교이다. 학교는 가정과 달리 단체 생활을 유지하기 위한 규칙이 있고 친구, 선후배, 선생님, 배워야 하는 과제 등이 있다. 이들은 여러분이 성장하여 사회인이 되는데 필요한 조건이다. 첫째, 친구와 선후배와의 관계 조성은 사회인이 되기 위한 기초이다. 장차 발 디딜 사회는 다양한 사람이 모여 사는 곳이다. 더불어 사는 사회. 하지만 갈등과 불편과 경쟁이 있다. 이것을 경험을 통해 부딪쳐 알고, 이해해서 서로 돕고 도움을 받으면서 생활할 수 있어야 한다. 두 번째, 사회에서 추구하고 활동할 生의 목표 과제를 배움을 통해 발견하고 하나하나 준비해 가는 것이다. 사회에서 무엇을 할 것인가를 학교생활 가운데서 모색해야 한다. 세번째, 학교생활의 질서, 즉 교칙을 준수하는 것이다. 민주주의 사회는 인간의 자유를 보장하는 것 같지만 그것은 타인의 자유를 침범하지 않는 범위 안에서이다. 학교생활의 규칙 안에서 마음껏 활동할 수 있어야 한다. 사회생활을 하기 위한 견습 단계에서부터 불편을 느끼고 제약이 따른다면 **학교는 훈도하되 사회에서는 더 이상 용납하지 않는다.**

학교생활은 한 개인이 가정 안에서 겪을 수 없는 사회 진출을 위한 소중한 경험장이다. 이곳에서 공부하고 노력한 것들에 대해 보람과 가치를 일깨워야 하며, 지혜를 구하고 친구를 얻고 다양한 가르침을 받아야 한다. 비상할 내일을 위하여, 장래를 위하여, 꿈을 위하여……   -2007. 6. 25. 봉사활동을 마치고

37. 인생은 전진하는 것

노력하지 않으면 전진이 없고, 전진이 없으면 발전할 수 없고, 발전하지 못하면 결과가 없다. **위대한 인물은 끊임없이 전진하여 많은 업적을 쌓은 사람이다.** 오늘 아무런 변화가 없는데 내일이 된다고 한들 무슨 이룸이 있겠는가? 10년 후든 20년 후든 결과는 마찬가지이다. 서울로 가기 위해서는 서울을 향해 부지런히 발걸음을 옮겨 놓아야 한다. 그렇지 못하다면? 수천 년의 세월을 보낸 돌덩어리는 지금도 그 자리에 있다.   -2007. 6. 27. 조례시간에

38. 바람직한 행동(七月)

어제 ♣이가 한문 노트를 사야 한다고 하면서 외출증을 끊어달라고 했다. 그래서 10권을 더 사 오라고 해 앞으로 학급에서 어떤 분야에서건(공부, 행동, 청소, 책임감, 선행, 우정 등등) 모범적인 모습을 보이는 학생이 있으면 사인해서 격려하겠다. 10권이 빨리 없어져 또 살 수 있길 바란다. 그리고 오후 종례시간에 ♡이에게 첫 노트를 선물했다. "착하게 성실하게, 내일을 향해 꿈꾸며……"란 글과 함께…… ♡이는 매사에 열심이다. 공부도 열심일 뿐 아니라 특히 맡은 청소를 야무지게 한다. 한 달에 한 번 청소 구역을 바꾸는데 맡은 곳마다 철저하게 뒷마무리를 했다. 한 번은 걸레를 비누로

빨고 있어서 칭찬하였다. 일은 건성으로 하는 것이 아니다. 이번 주일에는 주번 활동을 했는데 역시 마찬가지였다. 그래서 슌이를 말로서만 칭찬할 수 없다. 성실함과 착함과 생각을 고무하고, 그것이 모범적인 행동이라는 것을 확인시켜 주고 싶다. 그리해야 슌이가 자신감을 가지고 하는 행동에 대해 신념을 가지리라. 늘 어른들은 행동을 바르게 하라고 한다. 하지만 무엇이 그 같은 기준에 합당한 행동인지 분간하기 어렵다. 그런데도 말로서만 해야 한다고 해야 하는가? 여기에 선생님의 역할이 있는 것 같다. 함께하면서 옳은 행위, 성실함, 근면성, 정직, 책임을 다하는 행위를 관찰하고 발견해서 적재적소 고무하고 칭찬하고 행위한 가치를 인지할 수 있도록 해야 한다. 그리해야 무엇이 옳고 바람직한 행위인지 확실히 알게 된다. 그것이 올바른 가치관으로의 선도이고, 선의지성(善意志性)에 대한 지침이며, 세상을 옳게 하는 교육의 힘이다. 바람직한 행동을 했는데도 가치를 인정하고 확인시켜 주지 않으면 기대하는 가치관이 성숙할 수 없다. 행위와 생각과 실천 의지가 무산되어 버릴 공산이 크다. 참으로 교육적인 손실이다. 장래를 알 길 없는 학생이 삶을 어떻게 살아야 할지 행동해야 할지 막막한데, 방향 설정과 기준이 없는 현실은 가혹하다. 칠흑 같은 어둠뿐인데 등대 빛이 없다면 항해하는 배가 어떻게 되겠는가? 그래서 선생님은 "무엇을 하지 말라"라고 행동을 제재하기에 앞서 바람직한 행동들을 발견하여 고무하고 용기를 북돋는 것이 가치관을 선도하는 본연의 교육 역할이라고 믿는다.   -2007. 7. 1. 9:35.

39. 배움의 실질적 목적

기말고사는 여러분이 중학교에 들어와서 공부하고 생활한 1학기의 결산이다. 중간고사에서는 성적이 좋아 휴대폰을 선물 받은 급우도 있다고 들었다. 그래서 선생님은 그런 공부가 더욱 실질적인 가치를 창출한다는 것을 지적하고 싶다. 왜 영어(외국어)를 공부해야 하는가? 부모를 따라 여행을 해보면 이유를 알게 된다. 직접 생활하는 데 필요하다. 더군다나 세계를 무대로 꿈을 펼치고자 할진대, 외국어는 기본적인 조건에 해당한다. 과학을 공부하면 우주와 자연이 운행되는 이치와 법칙을 이해할 수 있다. 고대인은 천둥 번개나 자연의 재해를 두려워해 제사를 지내고 숭배하기까지 했다. 기초적인 보건 상식을 몰라 병을 키우고 목숨까지 잃었다. 몸의 구조, 위생 상식, 자연의 이치를 알아야 원인을 알고 대처할 수 있다. 그래서 선현은 자연 현상에 담긴 이치를 캐내어 과학 문명을 이룩하였다. 자연의 이치는 삶과 무관하지 않다. 사물과 생명체가 그런 이치에 따라 존재하고 생존할진대, 반드시 배우고 깨쳐야 한다. 우리는 태어나 존재하게 되었지만 그렇다고 처음부터 모든 것을 알고 태어난 사람은 없다. 그래서 세계를 향해 앎의 길을 개척해야 한다. 나는 과연 어디서 왔고 장차 어디로 가게 될 것인가? 배우지 않으면 답을 찾을 수 없다. 근본을 향한 물음, 의문, 탐구는 아무도 피할 수 없는 실존적 삶의 자세이다. 배우지 않고 구하지 않으면 종국에는 무방비 상태로 죽음을 맞이한다. 그래서 **근본을 알고자 하는 것은 배움의 실질적 목적이다.** 학문은 도달하고자 하는 목표가 있고, 배움은 구하고자 하는 목적이 있다. **학문은 진리로서 만물의 시종에 도달해야 하고, 인생은 추구된 정열로서 근본에 가 닿아야 한다.** 그리해야 안주할 목적지를 안다. 지금 해결하라는 것이 아니고 배우는 과정을 통해서 말이다. 과정이 있으면 결과가 주어질 것이요, 배움이 있으면 열매가 있으리라.

배움은 삶을 살지게 하는 영양분 자체이다. 배움이 쌓여 세계를 향해 문을 열고 존재한 모습을 혁신시킨다. 고귀한 삶을 완성하고, 근본을 찾아 안주하는 인생이 되리라. -2007. 7. 4. 20:00.

40. 인생 진리

◆이가 어제보다 오늘은 시험을 잘 친 것 같다고 했다. ⊙이가 웃으면서 "선생님, 저 이번에 시험 잘 쳤어요"라고 기쁨을 감추지 못했다. ✿이가 선생님, 체육 시험 잘 보았어요. 오늘이 3일째이고 내일도 보아야 하니까 최선을 다하고 나서 결과를 말하라고 했다. 자신은 신이 나서 자랑한 것이겠지만 사실 이면에는 生의 소중한 진리를 표출한 것이다. 그것이 무엇인가? 보람된 즐거움과 행복감은 그냥 주어지는 것이 아니다. 잠을 자지 않고 노력한 결과 작용이다. 만약 노력했는데도 결과가 신통찮다면 어떻게 되겠는가? 노력하니까 좋은 결과가 주어진다는 사실에 대한 체험, 이것이 진리에 대한 인식이다. 이런 경험이 많을수록 여러분은 노력해서 주어질 결과를 기대하고, 믿음이 보다 나은 가치인, 추구인, 사명인으로 성장시킨다. 성취하고자 하는 의욕을 불러일으킨다. 큰 사람, 곧 위대한 사람이 된다. 여기서 우리는 참된 노력이 어떻게 해서 참된 결과를 이루는지, 왜 노력한 것과 결과가 밀접하게 관련된 것인지, 인과법칙의 준엄함을 알아야 한다. 행동 하나하나가 어떻게 바란 바대로 결과를 이루는가? 원인과 결과와의 절대 연관성을 진리로 인식할 때, 여러분은 결과를 얻기 위해서는 응당한 노력이 필요하다는 것을 자각하게 된다. 이것이 이번 학기말 고사와 관련해서 얻은 삶의 경험이고 인생 원리 인식이다. 전 우주 간에 적용되고 지배되는 원리성이기도 하다. 공든 탑은 무너지지 않는다. 참된 믿음, 참된 진리, 참된 노력은 응당한 대가로 유형무형의 열매를 맺으리라.

-2007. 7. 5. 종례시간에

41. 노력의 인정

선생님은 학생에게 매사에 있어 노력하는 목적의식과 계기를 마련하고 그런 과정을 최대한 지켜보면서 주어진 결과를 평가하고 비판해서 인정(칭찬)해야 한다. 그리하면 학생은 자신의 내·외면적인 성장 과정을 선생님의 멘트로 확인하고, 더욱 열심히 하려는 의욕을 불태운다. 관객이 적으면 배우도 연기할 의욕을 잃는다. 노력하는 과정을 지켜보고 결과를 얻었는데도 인정해 주는 사람이 없다면 어떻게 되겠는가? **선생님은 제자들의 성장과 노력하는 모습을 최대한 지켜보아 주는 사람이 되어야 한다.** 그러면 배움에 대해 기쁨을 얻고 자랑할 것을 자랑하게 되리라. 하물며 우리의 인생 전체를 지켜보는 분이 있다면(神) 인생이 쉼 없이 고무되리라. 生의 마지막 날에는 크게 칭찬받을 기대감으로 눈을 감지 않겠는가?

-2007. 7. 5. 08:00.

42. 헌신할 수 있는 용기

지난주에 선생님이 ◆이를 칭찬한 적이 있다. 요즘은 집 안 청소도 돈을 주고 맡기는 경우가 있는데, ◆이는 걸레를 야무지게 빨아 건조대에 널어놓을 뿐만 아니라 늦어도 청소를 완결 짓는다. 이 같은 태도를 칭찬하였다. 그런데 이번 기말고사에서 ◆이가 만점짜리를 4과목이나 받았다. 청소든 공부든 철저하게 하니까 이 같은 결과가 나왔다. 중간고사에서는 조금 떨어졌는데 공부도 걸레 빨듯이 하니까 놓침이 없었다. 요즘은 이런 태도를 주변에서 좀체 찾기 어렵다.

그리고 오늘은 또 한 학생에게 노트를 주고자 한다. 이틀 전 사용하는 화장실이 막혀 물이 역류하여 넘쳐났다. ◇이가 큰 걱정을 하면서 청소 시간이 되니까 직접 고무장갑을 끼고 해결해 보겠다고 나섰고, 누런 변기의 때도 깨끗하게 씻어 볼일을 보는 데 불편이 없도록 하였다. 집에서는 귀한 자식인데 누가 이토록 손발을 걷어 붙이고 하겠는가? 꺼리는 일인데 자신이 해야 한다는 책임감을 느끼고 몸을 던져 해결하고자 한 용기가 있었다. 그래서 선생님은 "헌신할 수 있는 용기의 소중함을 위하여"란 문구를 적어주었다. 이 같은 헌신과 용기는 여러분이 갖추어야 할 소중한 덕목이다.

-2007. 7. 7. 조례시간에

43. 仁, 不仁

윤동주의 "서시"는 순수한 시인의 마음을 표현한 것이다. "하늘을 우러러 한 점 부끄럼이 없기를! 잎새에 이는 바람에도 나는 괴로워했다." 왜 괴로워했을까? 혹시 잎새가 바람에 스쳐 상처를 받을까 봐, 혹은 떨어질까 봐? 시인의 여린 마음, 신실한 마음, 애틋한 마음이 엿보인다. 어느 정도인가 하면 하늘을 우러러서도 떳떳한 마음이다. 그런데 여러분 가운데는 친구의 괴로움, 고통을 모르고 놀려대거나 싸움하거나 폭력을 거리낌 없이 행사하는 학생이 있다. 왜 자신이 기분 나쁜 것만 생각하고 친구가 상처받고 눈물 흘린다는 사실은 모를까? ▼이와 ◆이가 싸웠다. ◆이가 눈물을 흘려 눈이 벌겋게 부었다. 친구의 사정을 모르고 자기 위주로 행동한 탓이다. 티베트의 승려는 집을 짓는 데 몇 달이 걸린다고 한다. 땅을 파면 이름 모를 벌레가 다칠까 봐 조심조심 파기 때문이다. 예수님은 인간을 긍휼히 여기사 목숨을 버리면서까지 자기 고통은 뒷전에 두고 이웃을 용서하고 사랑하다 돌아가셨다. 여러분이 친구를 눈물 흘리게 하는 것은 그런 사랑이 없기 때문이다. 사랑은 남을 배려하고 고통을 자기 고통으로 느끼는 마음이다. 사랑이 있어야 비로소 친구와 하나가 될 수 있다. 잎새에 이는 바람에도 괴로워하는 마음이 곧 사랑이다. 사랑에 의해서 만상과 일체 된다. "孔子는 인(仁), 즉 사랑이 있어야 비로소 궁극적 사람이라고 할 수 있다"[26]라고 말했다. 朱子는 "仁이란 인간 본심의 완전한 德이다(仁者本心之全德)"라고도 했다. "사람을 사랑하는 것", 그것이 仁이다. 仁은 너와 나를 하나 되게 하는 조화체이다. 함께 느끼고 통함으로써 인류가 일체 된다. 그런데 여러분이 친구의 괴로움과 아픔과 고통을 느끼지 못하고 전달받지 못한 不仁, 즉 무감각, 무감정 상태라면 장차 역사 앞에서 또 얼마나 많은 사람에게 상처를 입히고 악행을 저지를지 모른다. 원자폭탄을 투하하고, 6백만 유대인을 학살하고, 그 이상의 악행을 감행해도 남의 고통에는 아랑곳없었다. 그래서 여러분에게 사랑은 곧 친구의 고통을 자기 고통으로 느끼는 것이며, 그것이 참 우정이다.　　　　　　　　　　　　　　　　-2007. 7. 9. 조례시간에

44. 작은 善行, 작은 惡行

교실에서 샌드위치란 장난과 판치기 놀이가 있었다. 샌드위치는 친구를 깔고 여러 사람이 덮치는 장난이고, 판치기는 돈을 놓고 따는 것이다. 여러분은 이 같은 놀이를 대수롭지 않게 하는데, 사실은 그렇지 않다. 무릇 일은 조그만 일에서부터 비롯된다. 따라서 "선한 일이 아무리 작다 해도, 행하지 않아서는 안 되고, 악한 일이 비록 작다 해도, 행하는 일이 있어서는 안 된다(유교)." 큰일은 작은 것이 쌓여서 이루어진다. 처음 시작의 일이 작다 하여 대수롭지 않게 여길진대, 결국은 큰일을 저지르고 만다. 작은 잘못을 근절시키지

---

26) 『중국철학사』, 森三樹三郎 저, 임병덕 역, 온 누리, 1990, p.44.

않으면 큰 잘못이 된다. 용돈으로 쓰는 백 원, 천 원은 부모님이 땀 흘려 번 재화이다. 헛되게 쓰면 안 되고, 헛되게 쓴다면 일하지 않으면서도 돈을 탐내는 사행성을 키우게 된다. 어려서부터 남의 것을 탐하고 욕심을 부리면 커서 어떻게 되겠는가? 宋代의 유학자인 정명도와 정이천 형제가 음식을 다투며 먹으니까 어머니가 훈계하시길, "어렸을 때 디투어 욕망을 채우고자 하면 커서는 어떻게 할 것이냐?"27) 나쁜 일과 마음과 욕심이 이러할진대, 선한 일도 마찬가지이다. 그래서 선한 일은 아무리 작은 일이라도 실천해야 하고, 악한 일은 아무리 작더라도 일체 근절되어야 한다.

-2007. 7. 8. 17:22.

45. 일깨움의 교육

교육은 제반 가르침을 통해 학생의 잠자는 의식을 일깨우는 것이 목적이다. 지적 가르침에 대해 평가만으로 끝나는 것은 객관 대 객관인 지식 교육 과정이고, 의식을 일깨우는 것은 주관 대 주관인 인성 교육 과정이다. 치우치지 않고 병행되어야 함에도 현행 교육 현장에서는 전적으로 전자만 제도적으로 본연화되어 있다. 반드시 병행되어야 할진대, 그런 일깨움을 주도하는 선생님은 적어도 인생 경륜과 가치 인식을 체계적으로 정비해 가르쳐야 한다. 지적 교육은 교사가 전근하면 곧바로 다른 교사가 메울 수 있다. 이 시대가 젊은 교사를 선호하는 이유도 여기에 있다. 사회 자체가 일깨움의 교육을 등한시하니까 교사도 본연의 사명을 망각했다. 인생 경륜과 가치 체제를 정비하는 것은 하루아침에 이루어지는 것이 아니다. 겪어야 대처할 수 있는 혜안이다. 이 같은 인생 지혜가 무지와 미로를 헤매는

---

27) 위의 책, p.365.

학생에게 이정표가 되고 등대가 되도록 해야 한다. 제자는 스승에게 무엇을 물어야 하는가? 인생이다. 인생에 대해 지혜를 구해야 한다. 이에 부응해서 선생님은 학생에 대해 차원적인 인생 관조 시스템으로 신념과 정열을 바쳐 장래를 지침하고 관찰해서 잠재력을 개발하는 조력자가 되어야 한다. 갈 길 모르는 제자에게 길을 인도하는 선생님이 되어야 한다. 이 같은 역할을 체계적으로, 지속해서 할 수 있는 여건과 위치에 있는 분은 선생님뿐이다. 부모·형제, 주위에 있는 누구도 부분적으로는 몰라도 천부적인 사명감으로 임할 수는 없다. 그런데도 시험 문제 하나로 전화로 한 시간을 따지는 학부모의 모습을 지켜보아야 하는 세태란 격세지감이다.

-2007. 7. 15. 22:54.

46. 정진하는 자세

기말고사를 치르고 나서 태도가 자못 산만해졌다. 배움은 쉬지 않고 정진하는 것이다. 쉬지 않는 배움, 평생 배움의 자세로 임하는 것, 배우다 죽음을 맞이하는 그것이 본연의 모습이다. **역사상의 위인은 대부분 배움을 지속한 사람이다.** 얼마나 정진하였는가? 쉬지 않은 노력의 성과는 실로 놀랍다. 원효는 생애 동안 무려 백 권이 넘는 책을 저술하였고, 성 아우구스티누스의 『神國論』은 며칠 밤낮을 읽어도 다 읽지 못할 정도이다. 보조국사 지눌은 채 50이 안 되는 나이로 떠났지만, 밤낮을 가리지 않고 정진해 장수해서도 이루지 못할 업적을 한국 불교계에 남겼다. 남보다 조건이 좋은 환경과 시간과 건강이 허락되어 위업을 이룬 것이 아니다. 주어진 생애와 시간 안에서 오직 쉬지 않고 노력한 데 있다. 아무리 잘해도 중단, 쉬어버리면 끝이다. 쉬지 말고 공부하라. 그리고 정진하라. 그것이 여러분과 선생님 모두가 취해야 할 진정한 인생 자세이다.

-2007. 7. 16. 조례시간에

47. 가르침의 궁극 목적

선생님이 여러분에게 가르치는 것은 지식이고, 옛날의 스승이 제자에게 가르친 것은 道이다. 어폐가 있는 비교인 것 같지만 선조들은 자신이 바쳐 깨우친 道를 제자에게 전하려고 한 가르침의 전통이 있었다. 그렇게 지닌 가르침의 가치는 오늘날이라고 해서 변한 것이 없다. 그렇다면 누가 하늘의 道와 뜻을 아는가? 성인이고 성현이며 철인이 일구어낸 학문이다. 이것은 서양이 쌓아 올린 자연과학적인 업적과는 상관없이 언젠가는 회복되어야 할 가르침의 궁극적 목적이다. 오늘날의 선생님도 수양과 정진으로 하늘의 道와 뜻을 깨달아 가르침에 대한 본연을 회복해야 하리라.

-2007. 7. 17. 23:13.

48. 상과 벌

한 학기 동안 이룬 노력의 결실로 4명이 교과목 우수상을 받았다. 403명 중 그 교과에서 최고에게 주는 상이다. 특히 ★이는 체육에서도 모두 백 점을 받았다. 선생님이 "노력의 결실"이란 문구를 넣어 노트를 주었다. 노트 열 권을 준비했는데 다 나가버렸다. 바람직한 노력이 돋보인 학생에게 주었는데, 분명 어느 모로 보나 자신의 노력과 발전에 대해 변화를 실감한 학생들이다. 하지만 아무리 가르쳐도 제자리걸음만 하는 학생은? 한결같이 가르침을 실천하는 학생이라면 상만 주면 교육이 되리라. 그런데 꼭 그렇지만은 않다. 그래서 벌이 필요하다. 상 대신 벌을 줄 자를 고른다면 그 숫자가 더 많다. 그런데도 교육 현장에선 인권침해 논란 때문에 체벌이 쉽지 않다. 꾸중으로 그친다. 말만의 교육, 그것으로 얼마나 이해하고 변화를 일으킬지? 오히려 반복된 습관을 낳고 만다. 잘못이 방치되고 있는 교육 현실, 그래서 나중에 정말 돌이키지 못할 잘못을 저지른다면 그 같은 참담함을 두고 누구를 원망할 것인가? 훈계와 벌을 동원해서라도 일깨워야 하는데, 벌이 실종된 현장에서 잘못을 고칠 처방약을 교육계가 잃어버렸다. 꾸중을 들은 학생이 교실의 유리창을 쳐 박살을 내도 더 이상 대책이 없었다.

-2007. 7. 22. 11:25.

49. 과정의 완수(八月)

하계방학 중 방과 후 활동으로 배드민턴반을 개설했는데 예상외로 많이 신청해 의욕을 보였다. 그런데 마지막 날 출석 통계를 내어보니 개근을 한 학생이 몇 명밖에 안 된다. 방학 중 1박 2일 일정으로 일본 대마도 시라다케산(해발 591m)을 등정했는데, 정상을 앞에 두고 하산하는 사람을 보았다. 여러분은 학생으로서 무엇이든지 배우려는 의욕을 가지는 것도 좋지만 한번 시작한 것은 끝까지 참여해 마무리를 짓는 것도 중요하다. 계획을 세워 기본 과정부터 연습하는데 마치 조각가가 코를 만들 때 빠져 버리면 코가 없게 되고, 입을 조각할 때 빠져 버리면 입을 잃은 조각품이 되는 것처럼 기능을 완성할 수 없다. 우리에게 주어지는 기회라는 것은 흔치 않다. 일생 중 언제 시라다케산을 다시 등정할 수 있겠는가? 그런 의미에서 더운 날씨에도 불구하고 빠짐없이 땀 흘린 여러분은 과정을 완수함에 따른 소중한 열매를 거두었다. 개근의 의미가 여기에 있다. 인생에도 누구에게나 시작은 있었지만 남겨진 발자취는 미미한 경우가 많다. 그것은 출발에 반해 매듭과 완수 의지가 부족한 탓이다. 완수해야 단계에 올라설 수 있고, 새로운 세계를 볼 수 있다. 향상과 전진이 있다. 여러분은 성장 과정에서 운동 기능의 한 과정을 체계적으로 숙달한 것이다. -2007. 8. 3. 방과 후 수업을 마치면서

50. 성적

한 학기 평가를 마무리 짓는데 몇몇 학생들이 평가에 대해 불만이 있었다. 그중 체육의 기능 평가는 그때 상황에서 시효 적절한 이의를 제기해야 한다. 그러면 교사는 그 부분에 대해서 다시 한번 생각할 기회를 가진다. 문제는 전체적인 기준틀을 가진 교사에 대해 학생은 자신의 성취 여부만 클로즈업해 불만을 가지는 것이다. 경기중 심판 판정에 대한 어필은 흔히 볼 수 있다. 하지만 교육 현장에서 교사에 대한 불신은 반드시 해소되어야 한다. 가르치는 교사도 노력해야 하겠지만, 우려되는 바는 역시 성적 지상주의 인식이다. 점수 때문에 가르친 선생님을 불신하고 불만이 가시지 않는다면 어떻게 되겠는가? 특히 학부모 중에는 자녀가 특목고를 가야 하는데 하필 체육 탓에 원서조차 못 내게 되었다고 아우성친다. "선생님, 왜 제가 이 점수를 받아야 합니까?" 평가 현장에서 들은 불평이다. 스승과 제자 간에 점수 때문에 얽히고설켜 버리다니! 세태 만상이라기보다는 현 교육의 목적과 설정 방향이 이 같은 결과를 초래하도록 내버린 데 원인이 있다. 孔子는 논어에서 "君子는 義에 밝고 소인은 이익에 밝다"[28]라고 하였다. 君子는 유교 사회에서 天性, 天意, 天命을 깨달아 인욕을 제거하고 天理를 보존해 治國平天下까지로 나아가고자 한 士的 계급의 이상적인 인격상이다. 여

---

28) "君子喩於義 小人喩於利."-『논어』里仁 편.

기서 적어도 유교 사회에서는 義를 天命과 대의를 지향한 가치관으로 보고 利와 구분함으로써 성현의 말씀을 따르라고 한 교육적 지침이 있었다. 그런데 지금은 義를 앞세운 목적은 뒤로 미룬 채 利를 앞세운 지식교육에 열을 올린다. 그러니까 학생은 당연히 이익에 눈이 밝아져 주어진 손익 부분을 고개 치켜들고 따진다.

孔子의 義 정신을 계승한 아성인 맹자는 양혜왕장구상(梁惠王章句上)에서 "선생(맹자)께서 천 리를 멀다 않고 오셨으니 장차 내 나라를 이롭게 함이 있겠습니까?"라고 하자 맹자 왈, "왕께서는 하필이(利)만을 말씀하십니까? 仁과 義가 있을 뿐입니다." 학생도 마찬가지이다. 그냥 이루어지는 교육은 없다. 선생님이 얼마나 열심히 가르쳤는가? 그런데 학생은 그런 수고와 은혜는 생각하지 않고 하필 利(점수)만 문제 삼는가? 이 利 우선인 사고방식은 개개인의 가치 판단 문제가 아니다. 利를 앞세우게 한 교육 목적에 근본적인 원인이 있다. 교직도 보수를 받는 엄연한 직업이고 직장이기는 하지만, 利만으로서는 종사할 수 없는 천분이 있다.[29] 선생님이 利만을 얻기 위해 가르친다면 사회가 어떻게 되겠는가? 선현은 일깨웠는데 현대 교육은 그 가르침을 잊어버린 지 오래다.

남명 조식 선생은 평생 大本으로 삼고, 심지어 운명할 때까지 제자에게 강조한 것이 敬, 義 두 글자였다. 인간은 자고로 은혜를 알고 敬으로 수양해야 大本을 세울 수 있다. 공경은 인간이 근본을 세울 수 있는 수양의 요건이다. 그리고 그렇게 해서 닦은 앎, 정의와 일깨운 사명감이 의로운 행동을 통해 실천되어야 한다. 敬과 義는 결단코 利를 앞세워서는 길러질 수 없고 실천될 수 없다. 남명

---

29) "교직은 성스러운 것이어서 금전으로 보상할 수 없는 것이다."-루터.

선생이 평생 벼슬길로 나가지 않은 처사로서 고고(孤高)하면서도 우국애민(憂國愛民)한 선비정신을 구현한 것은 경의를 신조로 삼은 가치관에 기인한 탓이다. 이 같은 주경과의(主敬果義) 정신이 제자에게 전해져 임진왜란 때 영남에서 일어난 의병장이 모두 선생의 문하생이었다. 그런데 현장 교육에서 義理 교육을 내버린다면 어떻게 되겠는가? 利를 앞세운 학생이 필경 국가와 이웃을 외면하고 개인적 영달과 성공만 밝히는 소인이 되어버리리라. -2007. 8. 6. 13:33.

51. 교육의 역할

인류사 가운데서 교육이 담당한 역할은 전 시대의 문화를 후 시대에 전달하는 것은 물론이고, 새로운 문화를 창달하기 위해 시대를 이끈 핵심 동력이고 추진 원동력이었다. 고대, 중세, 근대란 구분에도 그 같은 시대를 나누게 한 특성이 교육에 있었다. 중세 사상은 기독교 신앙을 바탕으로 그리스 철학을 섭취함으로써 종합되고 융합된 사상인데,[30] 그 같은 사상 문화를 형성한 몸통은 끊임없이 배출한 교육자와 교육의 역할에 의해서이다. 사상가는 교육을 통해 선도된 정신 에너지를 산출하였고, 교육을 통해 사상을 문화 에너지로 승화, 확산시켰다. 인류 문화를 선도한 성인, 사상가가 동시에 문화 창달에 공헌한 교육자였다는 것은 교육의 문화사적 기능을 대변한다. 교육이 그 시대의 정치와 권력에 의해 지배된 종속된 수단으로 비친 일도 있었지만, 고대 로마의 키케로 같은 이는 교육을 통해 善을 실현하고 인간에게 행복을 줄 수 있다고 보아 자유 교양 교육의 전통을 견지하는 등, 교육을 통해 사회, 정치적 이상을 실현하려고 하였다. 요즘 대통령 출마자가 국가적 이상을 교육을 중추로 삼아

---

30) 『서양 교육 사상사』, 주영흠 저, 양서원, 2001, p.87.

달성하고자 교육 대통령을 자처한 이유도 여기에 있다.

하지만 교육의 인류 문화사적 기대와 역할과 비교해 현재의 교육이 미래 사회를 이끌 추진력을 갖추고 몸통 역할을 담당하고 있는지는 의문이다. 문화의 창달 기능을 상실한 채 정치적 이해관계와 경제 논리에 의해 움직이는 수족 노릇에 그치고 있다. 중세 천년 세월이 아무리 암흑시대라고 혹평해도 수도원 문화는 고전 대부분을 사필을 통해 보존하였고, 각 방면에 걸친 훌륭한 기술들을 보존하여 고전과 학문과 기술을 근대사회로 전하였다.[31] 그런데 우리나라는 전통문화와 역사를 제도적으로 적용하려는 노력은 보이지 않고, 선진 기술과 문화란 미명 아래 서구 문화와 제도를 따라잡는데 급급한 실태이다. 교육이 문화를 창달하는 기능을 상실하면 이 나라가 앞으로 이룰 민족 문화는 어떤 형태가 될 것인가? 이것을 이 땅의 지성인은 감 잡아야 한다. 한민족은 인류의 보편 문화에 편승만 할 평범한 민족이 아니다. 오천 년 민족의 슬기를 이은 **한민족은 서구 문명이 양산한 물질, 자본, 황금만능이 가져다준 인간성 상실과 환경 파괴, 개인주의, 경쟁, 無神論, 인간주의 사상을 극복하고, 이 땅에 참으로 마음과 영혼이 넉넉하고 풍요로운 정신의 낙원을 건설할 사명을 가진 민족이다.** 이런 청사진을 어떻게 자각하고 설계할 것인가? 교육이다. 교육으로 한민족의 세계사적 사명을 새롭게 설정해야 한다.   -2007. 8. 7. 10:24.

---

31) 위의 책, p.92.

52. 보고 싶은 제자에게

연일 폭염 주의보로 무더위가 기승을 부리는 요즈음 방학을 어떻게 보내고 있는지? 시작할 때는 날짜가 많은 것 같았는데 시간이 흘러 일주일밖에 안 남았다. 세월의 무상함은 인생의 무상함과 직결된다. 허무하지 않게 하는 대책은 오늘 하루하루를 열심히 노력하여 보람을 일군 성과와 맞바꾸는 것이다. 인생의 새벽, 꿈을 키우는 학창 시절은 두 번 오지 않는다. 인생은 제각각 한정된 연료를 부여받은 상태와도 같다. 시간은 흐르고 청춘은 지나가는데 삶의 정열을 목적한 데로 추진시키지 못하고 공회전시키면 나중에는 연료가 떨어져 좌절하고 만다. 여러분은 열심히 배우고 바르게 성장하여 꿈을 이루어야 한다.

그렇다면 여러분은 역시 배움이 문제이다. 방학 동안에 무엇을 배우고 체험해서 생각의 폭을 넓혔는가? 베이컨은 "아는 것이 힘이다"라고 했는데, 그렇게 아는 것은 곧 현실적인 능력이다. 그래서 열심히 지식을 습득하는데, 그러나 그렇게 세상을 알았다고 해도 정작 자신을 모른다면? 그렇게 안 것이 쓸모가 없어진다. 자신이 누구이고 얼마나 소중한 것인지? 나는 어디서 와서 어디로 가게 될 것인가? 이것을 알고 모름의 차이는 엄청나다. 집안에 대대로 전해온 보물이 있는데 모르고 산다면? 자신의 가치를 깨달아야 세상으로부터 받아들이는 지식이 자신을 중심으로 의미 있게 빛을 발한다.

맹자는 "만물이 모두 나에게 갖추어져 있다"라고 했고, 성 아우구스티누스는 "참된 진리는 인간의 영혼 속에 내재되어 있다"라고 했다. 설령 지식은 외부로부터 습득한다고 해도 진리는 자신이 구한 인식이 주체이다. 그런데도 학교에서는 전자, 즉 외부적인 지식을 가르치는 데 역점을 두고 있다. 서양의 선진 기술을 따라잡기 위해서는 그들이 발견한 지식 위주의 학문을 배워야 한다. 그 결과 현대인은 인간소외 등 정체성을 찾지 못해 방황하고 있다. 그렇다면? 자신을 아는 배움은 내면세계를 향해야 하는 일깨움 과정이라 인격을 도야하고 수양하는 인생적 노력이 뒤따라야 한다. 내면을 일깨우는 앎은 남이 대신 주입해 줄 수 없다. 스스로 자신을 찾아 나설 수 있는 인생 목적 설정이 긴요하다. 자아의 성숙기에 있는 여러분은 지금쯤 자신을 찾아 나서는 길을 출발해야 할 때가 되었다. 그것을 한마디로 말한다면 마음을 밝히는 것이고, 인격을 닦는 것이며, 知行을 일치시키는 것이다. 유교에서는 "君子가 하는 공부는 반드시 먼저 마음을 밝히고 길러야 할 것이 무엇인지를 안 다음에 힘껏 행하여 도달할 것을 구하는 것입니다"라고 했다.

배움은 평생 이루어야 하는데, 그 과제를 지식에만 두면 졸업함과 함께 끝나버린다. 자신을 알고 세계를 알아야 한다. 그리고 좀 더 욕심을 부린다면, 그 같은 앎을 보다 영원하게 하고 신념화시키는 天命을 깨닫는 것이다. 아무리 알고자 해도 자체로서는 알 수 없는 영역이 있고 한계가 있다. 그래서 특정한 사람 중에는 神이 존재한다고 생각하고 운명이 있다고 여겨, 여기에 대해 앎을 구하기도 했다. 신앙과 믿음을 가진 종교인이 여기에 속한다. **나를 알고 세계를 알고 天命을 아는 과정, 이것이 진정한 배움의 과정이고, 앎의 목표이며, 자신의 인생 가치를 실현할 수 있는 영역 전부이다.**

알찬 열매는 알찬 생각과 실천된 행위를 통해 여물기 마련이다. 중학교 들어 처음 맞이하는 방학을 어떻게 알차게 보내었는가 하는 것은 각자의 판단에 맡기겠지만, 알차지 못했다면 지금부터라도 마음을 다져 개학과 2학기를 맞이하도록 하자. 그럼 안녕!

2007. 8. 20. 담임 씀.

53. 수양의 방호벽

한 번 이루는 것은 어렵지만 한 번 허물어지기는 쉽다. 친구가 놀린다고 갑자기 주먹을 휘두르지만, 그 주먹이 잘못 가격 되면 돌이키지 못할 결과를 낳는다. 그러므로 우리는 감정을 통제하고 이성을 앞세우는 수양(修養)을 쌓아야 한다. 잘못은 사전에 정해진 자가 저지르는 것이 아니다. 생각 한번 잘못하고 참지 못하는 자 누구에게나 해당한다. 그래서 수양은 평생을 통해 쌓아야 하고, 놓쳐서는 안 되는 긴장된 생명 끈이다. 수양은 선현이 지침한바 극단적인 행동을 피하고, 중도를 지키며, 부여받은 천성을 바르게 세워 지켜나가려는 노력이다. 그리하면 수양은 인간이 이룬 것을 결단코 허물어지지 않게 하는 굳센 방호벽을 쌓아 줄 것이다.

-2007. 8. 27. 조례시간에

54. 不義에 대처할 용기

성경에는 마음을 굳세게 해 이 세대를 본받지 말라는 요지의 글이 있다. 중학교 1학년은 사춘기에 해당하는데, 이들은 性에 대해서 얼마만 한 지식을 가지고 있을까? 평상시에는 교실 옆 벽면이라 보지 못했는데 어느 날 책상을 치우고 보니 참으로 굉장한 음화 낙서가 있었다. 미켈란젤로의 아담의 창조도 아닌 것이 나체 장면을 노골적으로 묘사했다. 이것을 여태껏 태연히 보고 있었다는 놀라운 사실이다. 이것이 문제이다. 잘못된 것이 있으면 정확하게 판단해서 개선하려는 노력이 있어야 한다. 그런데 친구가 싸우는데도 말리지 않는다. 정의를 지키기 위해서는 용기가 필요하고, 판단에 순발력이 있어야 한다. 대개는 옆에서 싸움이 일어났건, 음화가 그려졌건, 불의가 저질러지건 상관없다는 태도이다. 아직 학생이라고는 하지만 이 같은 덕목은 누가 어떻게 가르치고 길러줄 것인가? 타락하고 타락한 세대를 본받지 말라는 것, 그런데도 교육 현장에서는 모방이 도를 지나쳤다. 쏟아지는 퇴폐풍조의 파도를 무엇으로 막아 낼 것인가? 세상이 온통 음화로 뒤덮인 홍수 판인데…… 그래서 이런 이야기를 해 주고 싶다. 이 세대를 본받지 말라는 것은 순수성으로 돌아가라는 뜻이다. 원래의 본성보다 순수한 것은 없다. 유교에서는 天理를 보존하고 인욕을 제거하는 것이 수양과 학문 추구의 목적이었다. 여기에 기준을 두면 세상의 불의를 방치하지 않게 되리라. 대처할 판단력과 용기를 얻으리라.　　　-2007. 8. 30. 종례시간에

55. 정직과 진실(九月)

현재 학교에서의 생활지도는 채찍 없이 말을 이끄는 마부처럼 허물어진 세태와 해이해진 환경 속에서 자라난 학생과의 일대 전쟁이다. 걷잡을 수 없는데 채찍마저 없다면 말은 어디로 가겠는가? 그나마 이전에는 가치적인 덕목을 가르치고 本을 보이면 따르는 순수성이 있었지만, 지금은 그런 본보기를 내세우는 것 자체가 진부하다. 학교는 학생이 생활하는 곳이라 교육적 순수성이 보존된 곳이라고 할 만하다. 그런데도 부딪히면서 느낀 바로는 정직은 엿 팔아 먹어 버린 지 오래다. 전교생이 약 1,200명인 학교에서 얼굴을 다 알기는 어렵다. 무단외출, 혹은 담을 넘는 학생을 발견해 오라고 하니까 눈앞에서 도망가 버리고 서너 명만 재수가 없었다고 할 정도로 붙잡혔다. 나머지는 무단횡단을 해서 혹시나 다칠까 봐 더 이상 따라잡지 못했다. 배드민턴 수업 시간에 라켓을 무대 위에 올려놓았는데 누가 치다가 목을 부러뜨렸다. 체력검사 수업을 하는데, 윗몸 일으키기를 한 학생은 따로 세웠다. 잠시 눈을 돌린 사이에 1/3

이상의 숫자가 늘어나 있었다. 몇 번 기회를 주고 나오라고 했지만 한 학생도 나오지 않았다. 이것이 교육 현장의 실태이다. 벌써 선생님이 많은 학생을 분간할 수 없으리란 영악한 계산을 깔고 있다. 이렇듯 정직성을 잃은 학생이 사회를 구성한다고 할진대 이 사회가 어떻게 되겠는가? 기회를 주어도 끝까지 버텼는데, 그들에게는 정직성의 소중함을 이야기해도 더 이상 정직해질 수가 없다. 기대했지만 그들은 정직이란 덕목을 버린 지 오래이므로 마부가 정말 채찍을 잃은 꼴이다. 누구라도 잘못은 드러나길 꺼린다. 그래서 정직은 용기가 필요하다. 한번 거짓말을 하기 시작하면 계속한다는 말이 있다. 결국, 모습이 추악해질 대로 추악해진다. 감추고 숨기면 남는 것은 낭패와 추태뿐이다. 잘못에 대한 고백과 시인은 빠를수록 좋다. 순발력을 발휘해야 하는 것이 최선을 다한 진실이다.

-2007. 9. 1. 18:27.

56. 달라진 기준

2학기부터 수행평가에는 서술, 논술을 일정 비율 반영한다는 발표가 있었다. 이렇게 기준이 달라졌는데도 공부 패턴이 그대로라면 성적이 뒤바뀌기에 십상이다. 우리나라는 외침을 많이 받은 나라라 위인 중 대부분이 장수들이다. 시대의 지적 엘리트들이 그 같은 분야에 대해 정열을 쏟은 결과이다. 그런데 지금은? 경제 분야의 사업가들이 대거 두각을 나타내고 있다. 朱子는『논어』,『맹자』에 이어『예기』로부터『대학』과『중용』을 독립시켜 사서(四書)를 중요시한 이래 동양인은 거의 700년 동안 이 책의 지배 아래 있었다. 왜냐하면, 송·명·원·청대를 이어오면서 과거시험의 필독 교과서로 정한 탓이다. 무엇을 중요시한 것인가에 따라 공부의 방법론이 달랐다는 뜻이다. 평상시 독서량이 없으면 문제를 풀 지식을 하루아

침에 구할 수 없다. 독서가 보배다. 독서가 성적을 좌우한다. 이제
는 날씨도 선선한 가을인 만큼, 틈틈이 시간 내어 학과 공부와 독
서를 병행한 모습을 보고 싶다. -2007. 9. 4. 종례시간에

57. 義와 利

여러분은 누구나 참되고 의로운 인간이 되고 싶지만, 현실의 이
익과 맞닥뜨리면 행동이 갈라진다. 도무지 현실의 이익을 놓치려
하지 않는다. 버릴 수 있어야 의인이요 참되다고 칭함을 받을 텐데,
利 앞에서 결국 인간성이 드러난다. 그래서 義로서 본성을 굳힐 수
있는 수양이 필요하다. -2007. 9. 5. 조례시간에

58. 명심(明心)

『명심보감』이란 책이 있듯, 명심은 마음을 밝혀서 새긴다고 할
까? 말을 명심해서 들어야 한다. 아침에 비가 오니 실내에서 정숙
해야 하고 닭싸움 같은 놀이는 하지 말라고 했다. 그런데 쉬는 시
간에 ㅁ이와 ■이가 골마루에서 했다. 아침에 주의를 주었는데 한
시간도 안 되어 잊어버린다면 여러분에게 어떤 중요한 말을 한들
담아 두겠는가? 孔子, 예수, 부처님의 제자는 스승으로부터 새긴 말
씀을 명심해서 전했다. 명심하지 않으면 어떤 배움도 가르침도 진
리도 허사다. **명심해서 새겨야 진리가 영혼 위에 머물리라.**

-2007. 9. 6. 종례시간에

59. 太極性의 완성

△이가 아침부터 엎드려 있었다. 그래서 물었다. △이와 선생님
과의 현재 차이는? △이가 머뭇거렸다. 그래서 말했다. 선생님은 현
실을 위해 살지만, 너희는 꿈을 머금고 산다. **아침에 눈을 뜨면 이
상을 이룰 꿈과 희망에 겨워야 한다.** 이슬을 머금고 함초롬 피어난

푸른 새싹처럼 배움에 꿈을 가져야 한다. 유교에서는 각자가 나름 대로 하나의 완전한 太極을 지녔다고 했다. 각구태극(各具太極)은 무한한 꿈을 이룰 가능성의 싹이다. 그 같은 싹을 눈을 뜨면서부터 일구고 가꾸어야 한다. 부여된 太極性을 완성해야 한다. 아침부터 책상머리에 엎드려서 비몽사몽간에 있다면 꿈은 무너지고 만다.

-2007. 9. 7. 조례시간에

60. 정해진 규칙

뿌리가 깊지 않은 나무는 약한 바람에도 흔들리듯, 여러분은 아직 인격성에 깊이가 없다. ■이는 반에서 공부를 잘하는 편에 속한다. 그런데도 휴대폰을 내지 않고 종일 가지고 있다가 발각되었다. 휴대폰은 아침에 내고 귀가 시 가져가게 되어 있다. 그런데도 내지 않고 친구가 보고 있는 데서 사용했다는 것은 잘못된 행동이다. 공부는 잘하는데 왜 그런 행동을 했을까? 그래서 여러분은 아직 인격적으로 미성숙되었다는 것을 말하고 싶다. 신념과 판단 기준이 서 있지 않아 비록 본성은 善해도 자칫 잘못 판단하면 얼마든지 그릇된 길로 갈 수 있다. 인간의 도덕적인 판단 문제는 공부 잘한다고 해서 함께 잘하는 것이 아니다. 그러므로 여러분은 올바름에 대한 자각과 신념을 견지해야 한다. 공자님은 禮가 아니면 단호하게 보지도 듣지도 말하지도 행동하지도 말라고 충고하였다. 그만큼 인격 도야와 신념이 확고해야 한다. **자신을 善意에서 이탈하지 않도록 하고, 올바름을 지키려는 치열한 노력이 없다면 언제 어디서라도 예외 없이 한순간의 잘못된 판단으로 죄인이 될 수 있다.** 알고 보면 얼마나 두려운 일인가? 자신이 남으로부터 지탄받는 죄인이 되다니! 올바름에 대한 기준과 보편적인 신념이 없는 한 善人에 대한 보장은 아무에게도 없다. 『大學』에서는 "天子에서 일반 서민에 이르기까지 하나같이 수양을 근본으로 해야 한다"라고 강조했다.

-2007. 9. 13. 조례시간에

61. 작은 격려

★이는 남들이 맡기 싫어하는 일을 "예, 제가 하겠습니다"라고 하였고, 맡아서는 책임을 신속하게 완수했다. 부담이 가는 일을 하겠다고 한 것은 적극적인 자세이다. 할 수 있다는 자신감이다. 그 정도쯤이야 능히 처리할 수 있다는 자아 가늠 능력이다. 능력을 지녔는데도 주저하거나 나서기를 꺼린다면 역사는 이루어지지 않는다. 그리고 ⌂이는 일주일 내내 비가 왔는데 현관 관리를 잘했다. 오늘은 조금 늦어 밀대를 밀고 있으니까 ♟이가 미안한 듯, "선생님 제가 하겠습니다"라고 말했다. 이것은 분명 배려하는 마음이 없으면 안 되는 행동이다. 이 같은 작은 마음과 행동 하나가 참으로 입을 모아 훌륭하다고 하는 인격체로 성장한다. 이런 마음과 태도를 길러주고 북돋기 위해 노트로 격려하고자 한다.

-2007. 9. 15. 조례시간에

62. 배움의 즐거움

✽이가 아침부터 공부할 생각은 안 하고 왔다 갔다 한다. 지금 여러분이 밥 먹고 와서 해야 할 것은 공부이고, 중요한 일과 역시 공부이다. 학생이 학교에 와서 해야 할 일을 등한시한다면 어디서 무슨 일을 하든 부여된 책임의 중요성과 역할을 자각하지 못할 것이 뻔하다. 직장에 나가서는 일의 소중함을 모를 것이고, 가정을 꾸려서는 가정에 대해서도 성실하지 못하리라. 참으로 공부하는 것은 즐거워야 한다. 즐거움을 느껴야 한다. 공자님은 자부하시길, 주변

에서 여러 분야에서 뛰어난 사람이 많이 있지만, 자신보다 배우기를 즐기는 사람은 보지 못했다고 했다. 여러분 중에서도 이 같은 자부심을 가진 사람이 있는가? 기대할 수 있도록 배움에서 즐거움을 찾아야 한다.   -2007. 9. 19. 조례시간에

63. 학문과 수양

유교에서 君子란 "학문과 수양을 통해 인격적으로 완성에 이른 사람을 말한다." 성인, 君子는 유교 사회에서 인간이 태어나 지향해야 할 大本인데, 그 大本은 곧 배움과 수양을 통해 이루어진다고 믿었다. 인간은 배워야 하고 수양을 쌓아야 한다. 이렇게 형성된 인격체가 나라에 등용되어 백성을 이끌고 제후, 왕은 교양을 쌓아 나라를 잘 다스리기를 기대했다. 천하는 그냥 질서 지어지는 것이 아니다. 맹자는 어진 이를 불의한 자들 위에 두어야지 그 반대가 되면 나라가 망한다고 했다. 이것이 곧 배워야 하는 이유이다. 바르게 배우고 인격을 쌓아 어질어야 가정을 다스리고, 사회에 나가서는 사회를 잘 주도할 것이며, 큰 소임을 맡아서는 治國平天下란 대의 루트를 구할 것이다. 유교가 뒷받침한 신분 사회에서는 인격 수양과 학문적 소임을 사(士)라는 계급이 주도하고 이끌었는데, 오늘날은 자신의 배움 가운데서 그 같은 목적을 찾아야 한다. **학생이 바르게 배워야 이 민족, 이 나라가 창대하리라.**   -2007. 9. 20. 20:00.

64. 중용의 기준

『중용』에서는 "道라고 하는 것은 잠시라도 떨어질 수 없으며", "君子는 홀로 있을 때 신중하게 행동한다. 다른 사람이 보지 않는 곳에서 삼간다"라고 했다. 하물며 여러 사람과 같이 있는 곳에서의 행동은? 더 절도 있고 신중해서 삼가야 할 것이 기정사실이다. 이

런 행동이 가능한 것은 君子는 항상 중용이란 덕을 갖추고 있어서 때에 맞추어 中에 따라 행동하기 때문이다. 그렇지만 小人은 이 같은 기초적인 덕과 교양, 수양을 쌓지 않아 거리낌 없이 행동한다. 아이가 공중목욕탕에서 아랑곳없이 고함치고 물을 튀기면서 놀이터인 양 행동하는 것과 같다. 소인은 법도도 모르고 은혜도 모르고 의리도 없다. 그래서 행동이 난장판이다. 『논어』에서는 지나친 것은 모자람과 같다고 했다. 중용이란 기준과 덕을 갖추지 못하면 지나치거나 모자라게 되는 폐단이 나타난다. 참으로 줄기차게 까부는 학생, 장난이 심한 학생, 집적거리는 학생, 이들은 중용의 道에 어긋난 학생이다. 소인이란 인격을 벗어나지 못했다. 지나치다면 무슨 일을 하든지 그르치기에 십상이다. 君子는 大路行이라고 했듯, 학생은 항상 큰 道를 본받기 위해 노력해야 하며, 인간으로서의 그침과 미침의 상태를 알아 절도를 지켜야 한다. 지나침은 과도한 에너지가 아니며, 자신과 본성과 세계의 한계성에 대한 무지이다. **부족한 것은 정진의 목적이 될 수 있지만, 지나침은 백해무익이다.** 브레이크가 고장 난 차량이다. 지나침이 결국은 사고를 일으킨다. 자만, 오만, 교만은 지나침이 낳은 정신 해체의 온상이다. 여러분은 언제, 어떻게 해야 선현이 지킨 중용의 道를 깨우칠 것인가?

-2007. 9. 22. 8:15.

65. 인생의 과정성과 목적성

인생 삶의 과정적인 것과 목적적인 것을 알아야 한다. 인생은 삶의 한 과정에 있다. 모든 것은 하나하나 단계를 거쳐서 이루어진다. 그런데 자신이 어떤 단계에 와 있고, 무엇을 이루며, 어디로 가야 할지 모른다면? 방황할 수밖에 없다. 단계적인 과정을 알아야 목적을 인식하고 목적을 제시하여 인생을 자신 있게 추진할 수 있다. 중1이란 과정을 겪는 만큼, 이 시기에 이루어내어야 할 과제가 있다. 인생적 원리는 정확하다. 과정과 목적의식에 충실해야 성공된 삶을 이끈다. 과정을 무시한 채 한꺼번에 이루길 바라지만 인생에서 기적은 없다. **하루아침에는 그 누구도 만리장성을 쌓을 수 없다. 인생은 추구하고 바치고 노력해서 쌓아야 이루어진다.**

-2007. 9. 26. 23:25.

66. 성실한 배움

인생길은 단명한 것이 아니므로 내일을 위해 길을 출발시켜야 한다. 오늘은 비애가 있었지만, 내일은 기쁨이 있고, 오늘은 길이 막혔지만, 내일은 열릴 수 있다. 믿은 바대로 기다리며 참다 보면 더욱 성숙한 세계가 도래한다. 반드시 맞이할 그 날을 위해 자신에게 무한한 가능성을 암시하고 무궁한 잠재력을 함축시켜야 한다. 세계는 영원한데 임하는 인생 안목과 정열을 단명하게 잡으면 목적지에 도달하기 전에 기름이 바닥난다. 꿈과 정열이 없으면 영원한 세계를 영원한 정열로 임할 수 없다. 장래를 내다보고 원하는 세계를 얻으리란 확신을 가지고 인생을 밝힐 기름을 준비하는 것, 그것이 여러분이 갖추어야 할 정진하는 자세이고, 성실한 배움이다. **끈기와 인내를 가지고 원하는 세계를 위해 노력하면 오늘은 꿈을 머금은 청소년이지만 내일은 세계를 주도하는 자가 되리라.**

-2007. 9. 28. 조례시간에

67. 독서의 가치(十月)

옛날에는 사람의 한평생을 60세로 잡았다. 짧은 인생이란 의미인데, 이 같은 세월 가운데서도 어떤 사람은 큰 인생 과업을 성취하기도 한다. 그렇다면 그런 위대성은 어디서 나오는 것일까? 인간을 남모르게 변화시키는 힘이 어디에 있다고 생각하는가? 바로 독서를 통해 이루어진다. 사람의 생애는 한정이 있을 뿐 아니라 그 같은 생애 안에서 경험만을 통해 두루 안다는 것은 불가능하다. 그렇다면? 사색과 명상과 함께 독서를 통한 간접 경험을 구해야 구축 가능한 세계를 획득할 수 있다. 지금 여기에 있는 친구들이 10년, 20년 후에 몰라보게 달라졌다면 그 힘은 오직 독서를 통해서이다. 학교에서 하는 공부는 함께 익히는 공통 과정이다. 반면에 독서를 통한 사색과 탐구는 자신을 진정 자신답게 하는 지름길이다. 아무리 첨단 미디어가 판을 쳐도 예나 지금이나 미래에도 세계를 움직이는 자는 독서를 통해 폭넓은 내면세계를 개척하고 변화시키고 신념을 획득한 사람이다. 그렇지 못하면 인생 색깔이 평범하리라.

-2007. 10. 8. 자치활동 시간에

68. 가치관 교육

우리는 인생을 그냥 살고 있지 않다. 어떻게 살 것인가 하는 것이 중요한데, 궁리를 해야 한 번밖에 없는 인생을 헛되이 하지 않는다. 통상 가치관 교육이란 말을 하는데, 가치란 교과서적인 앎과는 분명 다르다. 지식교육만으로는 한계가 있다. 인생의 유경험자인 스승과 제자 간의 대화와 인도된 지침이 필요하다. 만약 한 사람이 무언가를 추구하였는데, 인생의 노년기가 되어서야 걸어온 길을 후회한다면 어떻게 되겠는가? 그래서 가치관이 형성되는 시기에 선견 된 인도와 일깨움이 중대한 역할을 한다. 그런데도 말씀을 귀담아듣지 않고 고집대로 살게 된다면?　　　　-2007. 10. 11. 조례시간에

69. 가정교육

옛날 공교육이 제도적으로 보편화하여 있지 못한 시대에는 가정교육이 교육의 많은 부분을 담당하였다. 특히 조선 시대에는 忠孝를 근간으로 한 신분 사회였을 뿐 아니라, 대가족의 질서를 유지하기 위해서는 가정의 법도를 철저하게 할 필요가 있었다. 적어도 자식이 부모에게 어떻게 대하는가? 어떻게 신분에 걸맞은 禮를 알고 지키는가 하는 것은 가정과 개개인이 지켜도 되고 안 지켜도 되는 자율적인 행위 지침이 아니었다. 사회 전체가 그 같은 질서 체제 안에서 평가되는 분위기에서는 남의 눈이 두려워서라도 불효할 수 없고, 禮를 지키지 않을 수 없었다. 孝는 국가 질서의 기반인 忠으로 확대되었고, 禮는 신분을 구분하고 사회 질서를 조절하는 근간이었다. 그러니까 孝, 忠, 禮를 알고 모름은 신분과 체면을 중시하는 양반과 구분된 서민에게까지 배움의 기본 척도가 되었다. 양반과 상놈을 가르는 척도, 그래서 가정에서는 자식이 禮를 몰라 무시당하고 배척당하고 가문의 명예를 더럽히지 않도록 유념했다. 성장하는 자녀의 행동 하나하나에 대해 훈계하기를 게을리하지 않았다.

하지만 오늘날은 이런 가정교육이 사라졌다는 개탄의 소리가 끊이지 않고 있다. 한두 명뿐인 자녀를 얼려서 키우다가 서너 살이 되면 어린이집, 유치원에 위탁하고, 초등학교부터는 각종 레슨과 학원을 전전하게 하며, 고등학교 때가 되면 아예 자녀들 얼굴조차 보기 어렵다. 부모는 부모대로 맞벌이가 대부분이라 자녀교육에 신경 쓰기 어렵고, 대화를 나눌 겨를이 없다. 부모가 자녀를 가르칠 뚜렷한 교육적 주제가 있는 것도 아니다. 아무 탈 없이 사회적으로 성장하길 바라는 마음뿐이다.

그러니까 드러나는 현상이 자식을 낳아 키워놓고도 부모가 자녀를 너무도 모른다는 데 있다. 학교에서 안 좋은 일을 저질러 전화를 걸면 도무지 수긍하지 못한다. 지녀는 끊임없이 변화하는데, 그런 변화를 부모가 따리 잡지 못한다. 그리고 학생도 곤혹스러운 것은 마찬가지이다. 학교생활은 사회생활의 축소판이고 연장인데, 급우와 어울리지 못하고 선생님에게도 불미스러운 행동을 한다. 사회적으로 문제가 되는 가출, 도벽, 폭력, 따돌림 같은 비행이 대부분 가정에 원인이 있다고 할진대, 학교 교육이 이 같은 문제를 떠맡는다는 것은 빙산의 일각 격이다. 가정교육과 학교 교육은 구분되어야 하고, 어느 한 면이 부실하면 다른 면도 건실해지기 어렵다. 대한민국뿐만 아니라 인류 전체가 현시점에서 가정을 재건해야 한다. 이런 사회를 건설할 큰 기반에 부모가 교육 철학과 정열을 가지고 자식 교육의 소임을 다해야 한다. **부모가 교육적으로 자녀를 책임지면 인류 문화는 한 세대 안에 다시 회복되리라.** 현대 사회가 많은 문제를 안게 된 것은 부모가 자녀를 방치하고 가정교육이 부재한 것이 큰 원인이다. 부모는 자녀가 사회에서 남과 함께할 수 있는 법을 가르쳐야 한다. 자녀가 학교에서 피해를 입으면 자기 자식만 생각하는 이기적 욕심을 드러낸다. 학급을 이끌어나가는 담임 처지에서는 참으로 곤혹스러운 일이다. 이럴 때 부모는 자식 앞에서 용서하고 배려하는 本을 보여야 하리라. 흔히 자식은 부모 마음대로 되지 않는다고 했듯, 부모가 아무리 자식을 위해 헌신해도 자녀에 대한 바침이 자기 자식에게 국한된 사랑일진대, 그것은 지나친 욕심이라 반향될 수 있다. 부모가 진정 자녀를 위한다면 자식이 장래에 큰 복을 받을 수 있도록 솔선해 덕을 쌓아야 한다. 이 같은 本이 가정교육의 제일이다. 가정교육 부재 현상이 일소될 수 있도록 이 시대의 부모는 각성해야 한다.　　　　-2007. 10. 14. 20:11.

70. 학문과 인격

학문은 인격을 갈고닦는 것이지 지식을 쌓는 것이 아니다. 지식은 수평적인 앎은 확대하지만, 수직적 앎에는 도달할 수 없다. 그래서 성현은 평생 갈고닦은 수행적 삶과 학문을 통해 하늘의 뜻을 알고자 했다. 誠과 義가 하늘의 뜻에 도달했을 때 비로소 우주적 진리를 통달하고 인격을 완성한 자로서 참된 가르침을 펼쳤다. 그런 가르침에는 깨달음과 신념에 찬 경지 세계와 치열한 논리가 있다. 말씀으로 세계를 선도할 수 있는 진리력을 충만시켰다. 그러므로 **학문은 인격을 더해야만 진리를 완성할 수 있다. 세계의 궁극성에 도달할 수 있고, 세계정신과 일치된다.** 성현이 구현하고자 한 天人合一 경지, 곧 쌓은 義가 하늘의 뜻에 도달하고 하늘의 뜻과 일치된 것이다.　　　　-2007. 10. 20. 20:25.

71. 교장론

인류의 위대한 스승상인 페스탈로치는 평생을 교육적 사상을 일구는 데 바쳤고, 교육적 이상을 실현하고자 했다. 그리고 오늘날의 무명 교사도 평생을 바쳐 학생을 가르치는 일에 종사하고 있는 것은 마찬가지이다. 그런데도 페스탈로치와 삶의 격이 다른 것은, 그는 자신이 일군 교육적 사상과 이상을 위해 몸 바친 반면 일선 교사는 이미 법제화된 제도의 공교육 수행자로서 전문 지식과 경험 세계를 가르치는 전달 역할자인 탓이다. 이 같은 제도적 틀 안에서 교장은 결국 맞춤형 기능 관리자일 수밖에 없다. 개인적으로 지닌 교육 철학과 신념, 가치, 사상은 크게 중요하지 않으니까 현실에 적용하기도 쉽지 않다. 어떻게 하면 훌륭한 경영 철학을 가지고 학교와 교직원을 통솔, 화합, 관리하는가? 그러니까 제도권에서 요구하는 교육적 성과를 달성하는가 하는 것이 관건이다. 마치 기계 부속품처럼 6개월을 근무하다 가버려도 또 다른 교장이 와 학교는 탈 없이 돌아간다. 제도권 안에서의 교장은 직책 수행에 필요한 자격증을 가졌는가 하는 것이지 어떤 교육적 신념과 생각과 철학을 가졌는가 하는 것은 대수가 아니다. 직책 안에 이미 모든 권한이 부여되어 있어 수행만 하면 된다. 그러기에 승진하는 즉시 그동안 제자와의 커뮤니케이션을 통해 쌓은 학문과 지식은 모두 보쌈해 던져버리고 유능한 행정가, 관리자가 되기 위해 변신한다. **교육 직책의 수장 격인 교장은 교사가 평생 헌신하여 쌓은 모든 것의 완성된 모습이 아니다.** 교사 역시 지식의 전달자로서 신념과 교육관을 교육 현장에서 펼칠 수 없으니까 나이를 먹으면 배제되는 것이 현실이고, 가르침의 본질에 있어서 경험과 지혜를 적용할 수 없게 되는 손실을 감내하고 있다. 인류의 스승은 신념과 진리를 구현하기 위해 평생 교육 현장과 괴리되지 않는 상태를 유지하면서 제자를 가르치고 영혼을 선도한 사명을 끝까지 수행하였다. **인격, 덕성, 지혜를 갖춘 교육계의 원로가 교육의 정점에 선 교장이 되어 자라나는 학생에게 인격의 本이 되고 지혜를 가르치는 큰 스승이 되어야 한다.** 참된 교육자는 어디까지나 가르침과 인격과 덕성의 완성자가 되어야 하고, 일관되게 교육 현장에서 가르침을 통해 사명을 완수해야 한다. 제도권도 일정 시기 교사가 관리자나 행정가로 변신하길 유도하거나 길을 터 강제 아닌 강제를 강요해서는 안 된다. 그같은 역할의 수행자는 제도적으로 직급을 따로 두고 양성하면 된다. 현 승진 제도는 교사로서 도달할 진정한 師道를 완성할 수 있는 길을 차단해 버렸다. 교사가 바친 교육적 헌신이 교육적 이상과 괴리되어 있다. 피동적, 직업적으로 임하게 한 것이 인간성 상실과 교육 현장의 피폐 원인이 되었다. **현 제도가 보장한 교장의 권한 수행이 참된 師道의 완수길을 가로막았다. 아울러 무명 교사의 뒷 모습을 누가 보더라도 초라하게 만들었다.** 무명 교사가 평생을 추구하여 일군 참된 가르침의 길을 인격적으로, 신념적으로, 사상적으로 완성힐 수 있도록, 그리고 귀한 지혜와 경험과 전문성을 교육 현장에서 아낌없이 쏟아붓고 떠날 수 있도록 국가는 제도를 뒷받침 해야 한다.   -2007. 10. 20. 21:16.

72. 교육의 本

『주역』에서는 "가정이 바르면 천하가 定하여진다"라고 했다. 즉, 定家定天下이다. 교육도 마찬가지이다. 공교육은 가정교육이 定해야 기반이 공고해진다. 가정교육은 本이고, 공교육은 末이다. **가정교육이 실패하면 공교육은 백약이 무효이다.** 밑 빠진 독처럼 온갖 가르침이 마이동풍이다. 청소년 비행과 방황의 90% 원인이 가정교육에 있다. 자녀가 세상에 태어나면 먼저 부모가 바르게 가르쳐야 한다. 그리해야 선생님의 가르침이 소중한 줄 안다. 부모 말씀을 흘려듣는 자가 학교에 와서 선생님의 말씀을 제대로 새길 리 만무하다. 그런데도 이 땅의 부모가 자녀교육을 전적으로 학교와 학원에 내맡길진대, 이 나라의 교육은 희망이 없다. 공교육은 가정교육과 비교해 기회나 시간 면에서 빙산의 일각 격이다. 그만큼 **자녀교육에 대한 근본적인 책임은 부모가 져야 하고, 선생님은 그렇게 바탕된 자녀를 선도하는 것이다.** 그런데도 기본조차(가르침을 받들 수 있는 정신교육, 예절교육, 人性, 성품, 가치관 교육……) 갖추지 못한 채 학교에 보내니까 이것이 학교 문제의 온상이 된다. **定家, 그**

리해야 定教育이 실현된다. 가정교육의 주역은 부모인 만큼 이 시대의 부모는 그 책임감을 통감해야 한다. 定天下의 사도란 바로 부모이다.   -2007. 10. 20. 21:47.

73. 대성할 사람

孔子의 제자인 증자는 결혼했다가 아내를 돌려보내고 평생을 혼자 살았다. 이유인즉, 하루는 아내에게 부탁을 했는데 집에 돌아와 보니 남편 말을 거들떠보지도 않았다. 그래서 당장 아내를 떠나보냈다. 작은 일을 소홀히 하면 나중에 큰일도 소홀히 할 것이니 이를 용납할 수 없다는 것이다. 시대와 풍습이 달라진 지금 그렇게까지야 하고 생각할 수 있겠지만, 그때나 지금이나 작은 일을 소홀히 하면 큰일을 그르친다는 철칙만큼은 불변한 인생 진리이다. 학급에서 맡은 책임이 비록 작은 일이라도 소중히 여기지 않는 사람에게 큰일을 맡길 리 만무하다. 자기 일을 책임지지 못하면 결혼해서는 가정을 책임지지 못하고, 사회적 의무와 책임마저 소홀히 할 것이다.

                                              -2007. 10. 26. 조례시간에

74. 성취 목표(十一月)

배움에는 결실이 있어야 한다. 중학교 들어 공식적으로 3번의 시험을 치렀다. 이제 한 번 남은 2학기 기말고사를 앞두고 이런 이야기를 해주고 싶다. 만약 하루에 백 리 길을 걸을 수 있는 사람이 50리를 걷는 것을 목표로 삼는다면 어떻게 될까? 시간적인 여유는 생기겠지만 큰 보람은 없을 것이다. 천 리 길을 걸을 사람은 새벽부터 준비가 남다르다. 공부도 마찬가지이다. 성적이 뒤떨어져 있는데도 남다른 노력을 보이지 않는 것은 자신이 정한, 성취하고자 한 목표의 난도가 높지 않은 탓이다. 이것은 욕심과는 다르다. 자신이 가진 능력과 잠재력을 가늠하지 못하고 일구려 하지 않은 증거이다. 이런 자세로서는 무엇을 하든 인생에서 큰 보람을 얻기 어렵다. 도전 가능한 목표를 정확하게 설정해서 극복해 나갈 때 남다른 보람을 얻어낼 수 있다. 백 리를 걸을 수 있는 사람이 십 리만 걷고자 한다면 나태하기 짝이 없는 죄이다. 자신에게 귀한 생명 주시고 기대를 걸고 계신 분들에 대한 배덕이다.   -2007. 11. 1. 종례시간에

75. 최상의 무기

♻이와 ♻이가 휴대폰을 늦게나마 맡기는 것을 보면서 여러분의 정직성이 길러지고 있음을 본다. 우리는 험난한 세파를 헤쳐야 하는데, 이 같은 삶의 전쟁터에서 生을 보람으로 완수할 수 있는 최후의 승리자가 되기 위해서는 어떤 무기를 가져야 할 것인가? 삼손이 가졌다는 힘을 무기로 삼을 것인가? 솔로몬이 발휘한 지혜를 구할 것인가? 중국의 진시황과 같은 절대 권력을 구할 것인가? 부러워한 무기를 가진 역사상의 인물은 그러나 삶과 인생을 완성하지 못했고, 자멸하거나 타락했거나 역사 위에서 치욕을 남겼다. 그렇다면? 정직이 최상의 무기이다. 보잘것없어 보이는 정직과 진실이 인생 과정에서 만난을 헤치는 최상의 무기이다. 정직은 어떤 압력과 핍박과 모략에도 굴하지 않는 마음의 올곧음이다. 정직하지 못하면 재벌도 대통령도 무너지지만, 정직하면 일어선다. 사람은 실수할 수 있는 관계로 본의 아니게 잘못을 저지를 수 있다. 그렇더라도 정직하면 용서받을 수 있고, 다시 회생할 수 있다. 정직이야말로 인생을 승리자가 되게 하는 무기 아닌 최상의 무기이다.

-2007. 11. 7. 조례시간에

76. 가치의 규율성

동료 선생님 한 분이 자신이 읽고 있는 한 일본 작가의 인생론에 관한 책을 자녀가 탐독하고 있는데(시리즈), 이 책에 빠져 자꾸 읽으려 한다고 고민하였다. 내용은 인생의 극단을 오고 간 작가가 인생은 적당히 즐길 것은 즐겨 규율에 얽매이지 않고 저질러 볼 것은 저질러 보아야 한다는 가치관을 강조하고 있다고 했다. 과연 이런 책을 성장하는 자녀가 보아도 될 것인가? 부모님과 선생님과 주위 어른은 당연히 정당한 규율과 가치관 아래서 성장하길 원한다. 그런데 인생을 살 만큼 산 작가가 이에 반한 생각을 피력하고 있으니 재미가 있을 것이 당연하다. 만약 내가 이 같은 경우라면 이런 유의 책은 자녀로부터 거두고 싶다. 성장하는 자녀는 평생 살아갈 인생의 기초인 가치관을 모색하고 설정하는 중이다. 이럴 때는 언제라도 건실한 가치관의 순수성을 인생의 건축 자료로 삼아야 한다. 정의, 사랑, 희망, 우정, 봉사, 책임, 사명, 진리, 믿음, 진실 등등 **청소년 시절은 순수한 가치관으로 건실한 인생관을 구축해야 할 시기이다.** 그런데 가치관의 기초가 형성되기도 전에 반한 가치관의 침입은 자못 큰 혼란을 초래한다. 인생의 본질을 형성하고 정립해야 할 시기에 이것을 해체하는 가치관은 해악을 끼치리라.

-2007. 11. 10. 13:21.

77. 가르침의 의미

선생님은 짧은 기간이지만 여러분의 성장을 지켜보면서 가능성을 발견하고 기르며 북돋워 주는 절대 인연의 도우미이고, 잘못이 있다면 그것을 조언하여 고치게 하는 역할자이다. 지켜본 것은 1년 동안이지만 앞으로 헤쳐나갈 장래의 길을 염두에 두고 가능성의 실마리를 판단한다. 바람직한 성품과 재질은 더욱 개발할 수 있도록 자극하였고, 인생에 고통을 몰고 올 싹은 아예 잘라버릴 수 있도록 칭찬과 꾸중을 동시에 병행하였다. 이 시대에 이 같은 역할을 담당한 분이 선생님 말고는 없다. 부모님과 형제는 어루만지고 사랑만 주실 뿐, 잠재된 능력을 도출해내기 어렵다. -2007. 11. 12. 조례시간에

78. 천방지축(十二月)

학급에서 일어나서는 안 될 사건이 터졌다. 수업 시간에 별명을 부른 것이 발단되어 쉬는 시간에 두 학생이 나뒹굴었는데, 이것을 지켜본 몇 명의 학생이 장난으로 이들을 밟아버렸다. 밑에 깔린 학생이 화가 치밀어 한 학생을 지목해 주먹을 날렸다. 갑자기 충격을 받은 학생이 기절해 응급차를 불렀다. 아무리 수양이 부족하더라도 넘어서는 안 될 선을 넘어버렸다. 학년 초부터 장난, 놀림, 폭력 문제에 대해 교육을 하였고, 전체 학년을 대상으로 강연도 했다. 그런데도 요즘 학생은 도대체 마이동풍이다. 금방 말하고 돌아서서 보면 천방지축이다. 점차 人性 바탕과 교육적 수준이 퇴조한다는 생각을 떨쳐버릴 수 없다. 그들은 도대체 지난 세월 동안 무엇을 보고 배운 것인가? 성경에 보면 소돔과 고모라에 부르짖음이 크고 죄악이 심히 중해 하나님이 이들을 멸망시키고자 작정했다. 그 뜻을 안 아브라함이 따졌다. 그중에는 의인도 있을 텐데 "의인을 악인과 함께 멸하시려나이까?"[32] 하나님은 약속하길, 그 성안에 의인이 한 명만 있어도 멸하지 않으리라. 하지만 결과적으로 이 성은 유황과 불로 멸망 당하고 말았다. 지금의 세대가 이렇게 해서 장성할 것이

---

32) 『창세기』 19장 23절.

면 장차 당할 어려움과 환란은 불 보듯 하다. 이 세대 가운데는 내 자식도 포함되어 있으니, 자식과도 같은 이 세대가 고난을 겪지 않도록 부모님 세대인 선생님은 혼신의 정열을 불태워야 하리라.

-2007. 12. 1. 21:00.

79. 문화 계승의 사명자

학기 말이고 비가 와 시청각 교육을 하려고 자료를 준비해 들어 갔다. 체육과 관련되는 것을 찾아낼 테니 보고 싶은 것을 보여 달라고 떼를 쓰기에 허락했더니 카페를 열어 온갖 자료를 찾아내었다. 이만한 실력이라면 인터넷상에서 무엇인들 못 찾아내겠는가? 지금은 정보화시대이다. 그나마 선생님이 배우던 세대는 독서를 통해 수양과 교양을 쌓고 세계관을 혁신시키고자 한 의식을 갖고 있었는데, 지금은 그렇지 않다. 孔子는 당시 시대의 타락상과 문명에 대해 위기의식을 느끼고 전통문화를 집대성한 육경을 편찬함으로써 고대 문화를 계승한 업적을 쌓았다. 그런데 지금의 세대가 미디어 문화에 혹하여 책 읽기를 등한시한다면 인류가 지켜온 고귀한 문화를 송두리째 잃어버리지나 않을까 하는 걱정이 들었다. 이것이 사실이라면 전통문화를 후세대에 전할 마지막 사명을 지닌 세대가 4, 50대부터 60대에 걸친 선생님인지도 모른다. 지금의 학생은 선생님 세대와는 다른 시대적 환경 속에서 성장하고 있다. 이들이 기계 문명의 노예가 되지 않고 인간 정신의 주체성을 되살릴 수 있도록 선생님 세대는 사명감을 일깨워야 한다. 그렇지 못하면 머지않아 인류의 정신 고향이 황폐해지리라. -2007. 12. 12. 21:00.

80. 인간·자연·우주를 보는 눈

들말 학예회 행사 중 하나로 ♨시인 초청 강연회가 열렸다. 왜 우리는 詩를 읽어야 하고, 詩를 써야 하고, 詩를 사랑해야 하는가가 주제였다. 결론은 詩를 쓰고 읽고 사랑하면 평상시에 볼 수 없었던 인간과 자연과 우주를 바라보는 눈이 예사롭지 않게 되고, 남다르게 되며, 남들이 보지 못하는 것을 발견하게 되고, 말 없는 인간의 진실과 자연의 소리와 우주의 모음을 엿듣고 교감하여 대화를 나눌 수 있게 된다고 했다. 시인의 마음은 세상에서 진실한 순수를 걸러 낸 영혼의 결정을 이룬다. 그것이 詩로서 표현된 모든 것들이다. 인생에서 가치 있는 것을 간직한 행복한 삶을 살아갈 수 있다. 행복은 돈을 주고 살 수 없다. 행복은 느끼는 것이므로 무엇을 가진다고 해서 얻을 수 있는 것이 아니다. 그런데 詩는 바로 그런 느낌을 세상의 욕됨으로부터 걸러내 순수성을 간직하게 하므로 조그만 은혜, 사랑, 얻음으로부터도 평화와 만족을 느낀다. 詩를 사랑하는 마음은 자신을 소중히 여기는 마음이고, 그렇게 함으로써 남을 사랑하고 소중하게 여기는 利他心을 가지게 한다. 팔다리는 벤츠 승용차를 준다고 해도, 목숨은 황금 덩어리를 준다고 해도 바꿀 수 없다. 자신이 소중한 만큼이나 소중한 가치를 일구는 마음과 정신과 영혼의 가치를 詩가 일구어 준다. 보고 느끼고 생각하는 능력을 보다 심화시킴으로써 언젠가는 詩를 통해 인간과 하나 되고, 자연과 일치되며, 우주와 합일되는 경지까지 이르지 않겠는가?

-2007. 12. 13. 학예회 강연을 들으면서

81. 한 해와 한 학년을 마무리 지으면서

戊子年 새해를 월아산 국사봉에서 맞이한 지가 꼬박 한 달이 넘

었다. 여러분 소식이 궁금해서 편지 한 장 띄운다.

심신의 급격한 변화를 겪고 있는 사춘기인 여러분이 무엇을 위해서 어떻게 변할 것인가 하는 것이 문제이다. 그 같은 변화의 목적과 정도에 따라 인간의 成滅(이룸과 잃음)에는 차이가 난다. 하나하나를 잘 이루어 나가야 하고, 이룸을 위한 방향과 목적을 세워야 한다. 인생 변화를 주도하고 가치를 일구어 나가는 것이 공부이다. 교과목은 여기에 진리와 세계를 알아야 하는 참고 자료이다. 변화를 주도해서 고귀한 목적을 성취해 나가는 것이 큰 틀 안에서의 인생 공부이다. 열심히 해야 하고, 쉬지 않고 정진해야 하는 이유이다. 한 달이 넘는 방학 동안 무엇을 어떻게 하고 이루었는가 하는 것은 장차 거둘 인생 열매를 가늠하는 척도이다. 교육은 업그레이드될 수 있는 자질과 바탕이 중요하다. 이렇게 해도 1년은 지나고 저렇게 해도 진급은 하겠지만, 한 가지 반성하고 넘어갈 것은 人性이 문제이다. **교육은 人性이 바탕 되어야 그 위에 이상적인 꿈을 펼칠 수 있다.** 人性이 바탕을 형성하지 못하면 그 위에 무엇을 세우더라도 소용이 없다. 여러분은 초등학교 6년 동안 무엇을 배우고 익혔는가? 한마디로 人性 면에서는 원석과도 같다는 생각을 가졌다. 상식적이고 원칙적인 문제가 재현, 반복되었다. 좀 더 이상적인 방향으로 나아가고 싶은데 人性이 발목을 붙들었다. 돌아서면 싸우고 다투고, 감독하지 않으면 청소가 엉망이다. 인류가 주먹을 휘두른 때가 언제인가? 그런데 그 본성이 여태껏 걸러지지 않고 순화되지 못했다. 언제라도 폭발할 수 있는 화산처럼 열기를 간직하였다. 현 교육 체제는 이 같은 열기를 제어해 줄 人性 교육 시스템이 뒷전으로 물러서 있고, 가정교육 역시 자식을 귀하게만 키우다 보니 방기되었다. 현재 학생이 배우고 있는 학문은 인간이 평생을 추구하고 완성해야 할 목적이 없다. 좋은 대학에 들어가고 입신양명할 수단일 뿐이다. 성현의 가르침과 함께하지 못하고 뜻을 교감할 안내 루트가 없다. 수학을 열심히 하고 영어를 잘해서 무엇이 될 것인가? 인생의 가치 실현과 구현 목적과 연관 지어주지 못한다. 덕은 향기를 남기나니, 그 사람이 죽었다 해도 남아 있지 않겠는가? 보다 영원하게 추구할 가치는 인격이다. 人性이 뒷받침되어야 교육과 가르침이 업그레이드된다. 교육이 비로소 고유의 기능을 발휘해 학생의 존재 차원과 정신 가치를 승격시킨다. 만약 그렇지 못하다면? 교육 현장이 저질화되고, 이기심과 경쟁이 난무해 수양으로 이루어야 할 인격 형성의 도장이 될 수 없다.

공부하고 배워야 하는 목적은 다른 데 있지 않다. 잠재 가능성을 자각하고 일깨워 발휘하는 데 있다. 그것이 본래 주어진 본래성으로의 귀환이고, 일치이며, 완성된 삶의 극치이다. 神과 자연과 본래인 자신과 하나 되는 것이다. 진리는 하나이고, 만법 귀일하며, **天人合一 목적은 어제오늘 강조한 성현의 말씀이 아니다. 여러분이 오늘날의 이 첨단 과학 문명 세계에서도 성현의 가르침에 귀 기울여야 하는 이유이다.** 어찌 배움에 대해 일깨움과 가르침을 다 심어줄 수 있겠는가? 아쉬움이 남는데 여러분도 이런 뜻을 이해하기 위해서는 그만큼 노력해야 한다. 오늘이 아니면 내일이라도, 아니면 먼 훗날의 그때 가서라도…… 언젠가는 깨달아야 하리라. 아무쪼록 방학 정리 잘하고 희망찬 2학년 진급과 새 학기를 맞이하자.

2008. 2. 1. 담임 씀.

2008학년도, 진주제일중학교
3학년 교과, 비담임(1학기)

1. 진로 모색의 시기

새 학기부터 3학년 학과를 맡게 되어 첫 수업 시간에 다음과 같은 요지의 이야기를 했다. 중3인 여러분은 바야흐로 장래 인생에 대해 뜻을 세우고 진로를 모색할 시기이다. 과연 어떤 배움의 길을 열 것인가? 그 목적이 인생 가치관과 연계되어야 하는데, 학교에서 배우는 것은 대부분 지식이다. 공부는 지식을 배우는 것이 전부가 아니다. 그렇다면? **진로를 모색하기 위해서는 먼저 나를 알아야 하는데 여러분은 자신을 얼마나 알고 있는가? 아니 얼마나 무지한가? 자신을 모르는 진로 탐색은 있을 수 없다.** 이런 사정과 달리 선현이 지침한 공부 목적은 참으로 자신을 아는 데 있었다. 유교의 경전인 『大學』에서는 배움의 목적을 明明德에 두었다. 인간은 태어나면서부터 밝은 德, 즉 잠재적인 능력을 지녔다. 인간에게 주어진 긍정적인 요소를(德) 밝혀나가는 것이 공부하는 목적이라는 뜻이다. 칸트는 인간은 모두 선의지(善意志)를 가졌고, 인간성은 도덕성에 근거한다고 했는데, 明德은 인간 가치에만 국한된 것이 아니다. 중요한 것은 이 같은 가치를 본유한 상태인데도 중3이 되도록 몰랐고, 밝힐 노력을 하지 않았다는 데 있다. 공부는 결국 잠재된 가능성을 일깨우는 과정인데, 초점이 공부체제와 겉돌고 있다. 그러므로 이제라도 내면을 파고드는 자아 탐색의 길을 출발해야 한다. 자신에 대해 日日新적 자각을 얻는 수양과 정진 공부를 병행해야 한다. 日日新, 즉 어떻게 해야 날마다 새사람이 될 것인가? 매일 생각을 새롭게 하고, 지닌 본성을 깨달아가는 사람이다. 본성을 자각해서 밝혔을 때 장래의 길이 보인다. 그리하면 자신이 배운 지식의 주인이 되고, 한 중심에 선다. 德을 밝히면 진로 문제가 절로 해결된다. 진리와 세계를 어떻게 볼 것인가에 대한 문제와 존재에 대한 의미와 삶의 방향이 정립된다. 본유한 德을 밝히는 것, 즉 새사람이 되는 길은 본유한 무한 가치를 일깨우는 것이고, 이 같은 正路에 선 사람을 공부하는 사람이라고 할 것이다. 그만큼 선현이 취한 공부 방식은 내외적 가치를 우주적 진리와 합일시키고자 혼신을 바친 신앙적 삶과도 같았다.

공부는 본능적인 욕망을 제어해야 하는 문제와도 연관이 있음에, 동양의 공부 문화에는 수행 정신이 요청되었다. 자신을 탐색하고 통제하지 않으면 우주를 알 수 없고 일체될 수 없다. 자신을 알아야 세계의 알파와 오메가에 도달할 수 있다(합일). **인간 된 본성 위에는 우주를 향한 길이 놓여 있다.** 이 길을 찾는 것이 인생의 가치 발견이고, 삶의 방향이며, 세상 가운데 임할 인생 진로의 설정이다. **본성적 가치와 부합된 길을 찾는 데서 구원의 길이 열리리라.** 중3은 이 같은 자아 탐색의 길을 여는 첫 시동기이다. **이때를 놓치지 말고 공부에는 목적을, 인생에는 뜻을 세우길……**   -수업시간에

2. 체육교과의 교육으로서의 의미

2008년 5월 한 달 동안 후배 체육 교생 두 사람을 지도하였다. 이들에게 선배 교사로서 무엇을 이끌 것인가? 첫 주는 오리엔테이션, 둘째 주는 참관 수업을 하였고, 셋째 주부터는 수업을 실습했다. 전반에 걸쳐 체육 학습지도 원리를 적용하였다. 하지만 그들이 아무리 이론을 배우고 기능을 익혔더라도 체육수업이 교육에 미치

는 의미에 대해서는 다년간 현장에 몸담으면서 숙고하지 않으면 체득될 수 없다. 체육학습의 목표는 인지적, 심동적, 정의적 측면에서 세부적으로 설정될 수 있다. 다른 교과와 달리 대부분 체력이나 운동 기능, 신체 활동을 담당한다는 측면에서, 자칫 외형적인 목표에 주력하기 쉽다. 역사, 어학, 과학 등 이론 교과는 교사와 학생이 왜 그 같은 지식을 배워야 하는지에 대해 교감이 이루어지고 있다. 하지만 체육교과는 교사조차 체육이란 학습활동의 교육적 역할을 제대로 알지 못하는 경우가 많다. 이것은 현장에 있는 교사의 잘못이라기보다는 체육이란 학문 자체가 심도 있게 교육으로서의 의미를 제공하지 못한 탓이다.

교생 두 사람이 중학교 2학년 교과에 배당된 배드민턴(하이 클리어)을 가르쳤다. "그렇게 하면 안 돼!" "이렇게 하는 거야!" 하고 소리쳤다. 그래서 말했다. 교사는 일단 전문적인 지식과 기능을 가지고 지도하는 것도 중요하지만, 가르치는 것은 또 다른 세계적인 원리를 적용해야 하는 문제가 있다. 우선은 학생이 어떻게 해서 운동 기능을 감지하고 이해, 습득하는지에 대한 교육 작용 원리부터 알아야 한다. 동작은 눈으로 보고 귀로 들어 이론적으로 이해했더라도 곧바로 기능화되지 못한다. 운동신경이란 또 다른 전달 루트가 있다. 몸은 마음먹은 대로 쉽게 움직이지 않는다(?). 운동신경의 전달 체계는 개인마다 다르므로 이에 대한 차이를 진단해서 지도할 수준과 방법을 정해야 한다. 무조건 따라서 하라고 하면 안 된다. 저 학생이 하이 클리어가 안 되는 원인은 타점과 타이밍이 문제라 셔틀을 맞추기도 전에 공이 내려와 버려 팔을 제대로 뻗지 못한다. 그렇다면 미리 팔을 높이 들게 해 라켓 면을 나타나게 해 스냅으로 정확히 맞추는 연습부터 숙달시킨다. 기능을 부분적으로 나눠서 접근시키고 그다음 스텝, 타이밍, 중심 이동을 연결해 종합적으로 완성한다. 지도과정에서도 좋은 타구가 나왔을 때는 "그렇지! 잘했어!"라고 칭찬을 아끼지 않았는데, 이 말을 들은 학생은 자신감과 용기를 가질 것이다. 대부분 학생은 배드민턴이 처음 대하는 경험 영역이다. 그런 세계를 선생님이 인도하고 있고 가르치고 있다. 그 처음을 어떻게 흥미롭게 할 수 있는가에 따라 긍정적으로 받아들여 건강을 지키는 평생의 동반자로 삼을지 알 수 없다. 요즘은 워낙 사회생활이 바쁘다 보니 부모조차 자녀에 관해 관심을 두기 어려운데, 짧은 시간이지만 개개 학생을 위한 맞춤형 지도 타임과 교정 과정을 가지면 교사로서 사랑과 관심을 쏟는 인성 교육의 산 현장이 되리라. 체육교과로서 지닌 특성이 분명한 만큼이나 자각하기에 따라서는 인류의 정신사에 이바지하는 역할이 있다는 사실을 알고 진리 세계로 인도하는 사명을 마다하지 않는 체육 교사가 되길 바란다.   -2008. 5. 28. 교생 지도과정에서의 대화 요약

3. 거짓의 대가

학교 건물에 화재 발생 시 비상벨이 울리도록 장치가 되어 있다. 그리고 긴급 시에는 수동으로 작동하는 스위치도 붙어 있는데 이것을 눌러놓고 달아나는 장난이 유행했다. 시도 때도 없이 울리니까 학교가 신경이 날카로워졌다. 전교생을 강당에 모아 놓고 훈화를 해야 할 형편이다. 여기서 마이크를 잡는다면 이런 말을 들려주리라. 학생은 호기심과 재미로 하는 것이겠지만, 거짓 벨은 언젠가는 학교 전체를 큰 재앙으로 몰고 갈 수 있다. 비상벨은 화재 발생 시 대피를 알리는 신호이다. 그런데 지금 여러분은 어떤 반응을 보이는가? 아무도 움직이지 않고 있다는 것이 문제이다. 장난 한 번이

나중에 1,200명의 목숨을 앗아갈 수도 있다. 무분별한 행동 하나가 엄청난 결과를 낳을 수 있다. 비상벨이 울려도 아무도 믿지 않게 되었다. 양치기 소년의 이야기처럼 거짓이 불러일으킨 함정은 누구도 아닌 자신에게로 돌아간다. 자신이 저지른 잘못을 자신이 되받지 않고 누가 받겠는가?

-2008년 6월 중순.

2008학년도, 진주제일중학교 2학년 3반 담임(2학기)

1. 교사의 책무

2008년 9월 1일, 영어 심화 연수를 떠나는 교사를 대신하여 2학기 담임을 맡게 되었다. 다 사정이 있고 마땅한 묘책이 없다고 하면서 교감이 두 번, 교장이 번갈아 의사를 타진했다. 후배 교사들도 있어 대수롭지 않게 넘겼는데, 계속 권유하니까 고민이 되었는데 우연히 본 '세종대왕'의 대사 한마디가 마음을 움직였다. "백성 앞에 나서기를 두려워한다면 나는 이 나라의 진정한 군왕이라고 할 수 없다."[33] 나도 그와 같은 상황, **제자가 나를 필요로 하는데 마다한다면 진정한 교사라고 할 수 없다.** 도중에 학급을 맡는 것이라 마음을 다잡는 데 시간이 걸리겠지만 헤쳐나가리라. 너나 할 것 없이 꺼리는 짐, 내가 앞서 제자 앞으로 다가가리라. 그들의 소리를 듣고 함께 문제를 해결하면서 장래를 인도하리라. 이것은 내가 교

---

33) 이야기인즉, 여진족 귀화 정책의 대립 문제로 선비와 백성들이 궁 앞에 몰려들어 상소를 올리자 단안을 내린 말씀.

육에 관한 책을 수십 권 저술하는 것보다 더 소중한 것이다.[34]

2. 소학 공부

선현은 크게 소학 공부와 대학 공부로 나누어 교육을 받았다. 즉, 아이가 8세가 되면 소학 공부 단계에 들어가 물 뿌리고 청소하는 일, 윗사람에게 대답하는 방법, 나아가고 물러서는 예절을 배우고 음악, 활쏘기, 말달리기, 글씨 쓰는 법, 셈하는 것을 배웠다. 여러분도 배우는 단계는 마찬가지이다. 학급에서 청소하고 친구, 부모, 선생님께 인사하고 열심히 해야 그다음의 대학 공부 단계, 곧 사회 공부도 잘할 수 있다.   -2008. 9. 22.

3. 무형의 가치

여러분은 남을 돕는 무형의 가치를 진리로써 인식해야 한다. 명심보감에서는 "福在積善이요 禍在積惡이니라"라고 했다. 행복은 착한 일을 많이 하는데 달렸고, 불행은 악한 일을 많이 하는데 달렸다는 뜻이다. 이 분명한 이치를 확고한 신념으로 삼아 실천하는 사람이 되자. 인생과 진리를 완성하는 것은 무형의 정신적 신념과 믿음이다.   -2008. 9. 22. 조례시간에

4. 위대한 꿈

삶의 목적은 위대한 꿈을 가지고 그것을 삶의 현실 위에서 구현하는 것이다. 인간은 태어났으되 꿈을 원동력으로 한 삶의 부단한 추구가 인생을 완성한다.   -2008. 10. 4. 10:50.

5. 예 교육

선현은 禮 교육을 중요시했는데, 요즘은 가정과 학교가 예절교육

---

34) 후일담: 이후부터는 담임 역할을 자청해 가르침의 역사를 이었다.

을 등한시하고 있다. 禮는 다름 아닌 나를 존재하게 했고 또 존재하게 할 근본 바탕과 뿌리에 대한 공경의 표시이다(공경과 예를 다하려는 행위 규범). 그런데 여기에 무지하다면 누구라도 천륜을 저버릴 수 있고, 그렇게 되면 회복하기 어려운 죄악을 저지른다.

6. 성공의 여부

교사는 성장하는 제자에게 그들이 처한 현재의 인생 단계 이후의 진로 문제와 인생 과제에 대해 안내하고 정보를 제공하고 탐색하도록 해야 할 책무가 있다. 여러분은 누구라도 재능에 따라 그 분야에서 성공한 전문 관리자가 될 수 있다. 단지 문제는 재능을 발견하고 숙련해서 탑 위치에 오르는 것이다. 그런데 공부를 잘하는 것은 재능 중의 한 부분에 속하지만, 그것이 모든 재능에 대해 탁월한 것으로 착각하면 안 된다. **세상에 태어난 자는 누구도 남다른 재능을 지녔고, 존재하는 자는 누구도 남다른 사명이 있다.** 그런데도 차이가 생기는 것은 이 같은 사실에 대한 자각과 노력한 과정이 결정적이다. 어떤 학생은 전문가를 향해 가고, 어떤 학생은 반대로 가고 있다. 지금은 행방을 바꿀 수 있지만, 시기를 지나치면 차이가 결정되어 버린다.

7. 배움의 당위

여러분은 귀로 소리를 듣는다는 것을 안다. 그리고 과학 시간에는 이런 기능을 갖춘 귀의 구조에 대해서 배운다. 즉, 귀에는 여러 가지 생물학적 장치가 있어 원활한 기능을 수행함으로써 소리가 들린다. 그런데 여러분은 이 같은 사실을 당연한 것으로 받아들인다. 귀로 소리를 듣는 것은 상식이다. 새삼스러울 것이 없다는 태도이다. 하지만 정말은 참으로 경탄할 경이를 느낄 수 있어야 한다. 귀가 그렇게 구조화되어 있다는 것은 놀라운 일이다. 감탄할 수 있어야 우주의 근원도 파고들 수 있다.   -2008. 10. 13.

8. 금맥 공부

공부하는 것은 마치 금을 찾아 헤매던 자가 금맥을 발견하는 것과 같다. 그것이 평생을 캐어도 다 캐내지 못할 노다지라고 할진대, 하루에 6시간을 작업하면 6시간에 해당하는 부사가 될 것이고, 10시간을 일하면 10시간 일한 만큼의 보화를 소유할 것이다. "유교에서는 사람은 지극히 존귀하고 무궁한 가능성을 지니고 있어 두고두고 이해해야 할 존재"35)라고 하였다. 다름 아닌 여러분은 지상의 어떤 보화와도 바꿀 수 없는 귀하디귀한 보물이다. 지닌 보물 창고로부터 얼마만큼 보물을 꺼낼 수 있는가가 공부 작업이다. 어리석은 자는 물질적인 금만 보물로 알았지 보유한 잠재성은 보물로 보지 못하기 때문에 비천한 인생을 산다. 노력한 만큼 차지하는 인생 보물, 그것이 무궁한 잠재 가능성이다.

-2008. 10. 27. 2학기 중간고사를 결산하면서

9. 배움과 지혜

학급의 앞 유리창이 깨어지면서 옆 반 학생이 크게 다쳤다. 이를 보고 ✺이가 "선생님, 왜 위험한 유리를 문에 사용하십니까?" 대답할 말이 궁했다. 유리가 깨지면 위험하다는 사실을 몰랐단 말인가? 유리는 투명해 일상생활에서 참 편리한 소재이다. 하지만 무엇이라도 완벽한 소재는 없다. 잘 안 깨어지는 소재도 있지만, 그것은 값이 너무 비싸다. 이런 것이 우리에게는 소중한 판단 근거가 된다. 여러분은 공부하면서 지혜를 일구어야 한다. 한 가지 옳은 면만 보

---

35) 「퇴계의 교육관 연구」, 임광규 저, 한양대학교교육대학원, 석사, 1989, p.41.

고 그것이 유일한 옳음이라고 주장한다면 진리를 옹호한 대변이 아니다. 정의란 옳음을 관철하고자 하는 의지일 것이다. 여러분은 열심히 배우고 익히되 그로부터 지혜를 일구지 못하면 오히려 그릇된 판단을 자초한다. 상황을 면밀하게 살펴서 무엇이 더 근본 된 것인지 가늠해야 한다. 뜨거운 쇠붙이는 조심하면 다치지 않으니, 무엇이든지 배움을 통해 위험과 유용성을 동시에 알아야 한다.36)

-2008. 11. 21. 조례시간에

10. 학생의 본분

종례를 조금 늦게 들어갔더니 반 아이 3명이 골마루에서 다른 선생님께 혼이 나고 있었다. 왜 야단을 맞았는지 물어보았더니 이구동성으로 아무런 잘못이 없다고 하였다. 孔子께서 말씀하시길, "나면서부터 아는 사람이 최고이고, 배워서 아는 사람은 그다음이고, 곤란을 겪은 다음에 배우는 사람은 또 그다음이고, 곤란을 겪고도 배우지 않으면 그런 사람은 최하이다."37) 너희는 그렇다면 어떤 단계에 속하느냐? 호되게 곤란을 겪고 나서도 이유를 모르고 배움이 없으므로 최하에 속한다. 천도교에서는 사람이 곧 한울님과 같다고 했다. 혹시 길 가다 영문도 모르고 욕을 얻어먹더라도 생각하길, 아하! 한울님이 무슨 잘못한 일이 있어 저 사람을 통해 나를 정신 차리게 하려고 그러시는가 보다 하고 자신부터 반성한다고 한다. 그런데 여러분은 잘못이 있는데도 모르니까 선생님의 언성을 높게 하였다. 곤란을 당했는데도 불구하고 배움이 없는 지극한 어리석음이다. 나면서부터 아는 사람은 못되더라도 배워서 아는 사람,

---

36) 『조선 유학의 거장들』, 한형조 저, 문학 동네, 2008, p.49.

37) 『공자의 논어』, 한국철학사상연구회 기획, 황희경 글, 정훈이 그림, 삼성출판사, 2007, p.89.

곤란을 교훈 삼을 줄 아는 사람은 되어야 한다. 그것이 곧 학생으로서 지켜야 할 본분이다. -2008. 11. 27. 조례시간에

11. 교육의 기본 조건

교무회의 시간에 학생의 흡연 문제 확산을 막기 위해 교감 선생님이 방송을 통해 훈화도 하고 엄격한 처벌을 선언했다. 그런데 다음 날 3학년 2명과 2학년 4명이 화장실에서 피우다 지적되었다. 교육 현장의 이 같은 모습을 우리는 어떻게 받아들여야 하는가? 교육은 기본적으로 가르치면 받아들이고 이해하여 생각과 행동을 바꿀 수 있는 조건 위에서 성립된다. 교사는 더 많이 가르치려고 하고 학생은 하나라도 더 배우고 받아들이려는 자세, 그것이 교육의 기본적인 조건이고, 가르치면 받아들여야 하는 것이 바른 자세이다. 이 같은 조건을 갖추어야 선생님은 학생을 가르치는 데 신명을 바칠 것이다. -2008. 12. 3.

12. 정진

휴일날 텔레비전에서 홍콩의 무술 스타 성룡의 취권을 보았다. 무술을 겨루다 적수에게 봉변을 당한 이후 스승을 찾아가 고된 연마의 과정을 거쳐 마침내 이기게 된다는 줄거리였다. 여러분도 마찬가지이다. 지금의 처지를 업그레이드시킬 뻥튀기 기계란 배움과 교육밖에 없다. 단지 거기에는 모종의 계기가 필요하다. 성룡이 참패하고 무술을 더 열심히 연마해야겠다는 동기를 부여받았듯, 여러분도 처지가 가난하다면 부자가 되기 위해, 몸이 약하다면 건강하기 위해 무언가를 이루겠다는 강력한 동기가 있어야 한다. 그래서 열심히 정진하면 진 자는 이기는 자가 되고, 실패한 자는 성공하는 자가 된다. 설사 **전쟁이 터졌다고 해도 여러분이 이루어 가야 할**

완성을 향한 삶의 추구 자세는 변함없어야 한다.

-2008. 12. 15. 조례시간에

13. 인간의 길

인간은 진리를 깨달아 그것을 자신의 인격과 인성과 인생 삶의 과정에서 완성하는 것이다. 노력해서 이룬 성적 향상을 축하하며, 탐구하는 배움의 자세를 갖추어 가길……   -2008. 12. 22.

14. 보고 싶은 2-3반 제자에게

기축년 새해를 맞이하여 건강하고 소원성취하는 한 해가 되길…… 마음도 성숙하고 키도 크고 변모된 모습이 기대된다.

사람이 헤어지는 것은 무언가 변화된 모습으로 다시 만나기 위해서이다. 선생님이 군대 생활 3년 동안 집을 떠나 있을 때, 무엇보다도 지금은 세상 하늘 아래 계시지 않는 어머니께 자식으로서 변화된 모습을 보여드리기 위해 고된 훈련을 이겨나가고자 다짐했던 기억이 있다. 여러분도 비록 짧은 40여 일간이지만 내면을 변화시킬 보람을 일구었으리라 굳게 믿는다. 알고 보면 흐르는 세월처럼 두려운 것도 없다. 그 세월이 인생의 고통도 애탐도 기다림도 모두 묻어가 버렸다. 선생님은 50줄을 넘어섰고, 여러분은 제일중의 3학년이 될 채비를 챙기고 있다니! 그렇다면 또한 언젠가는 인생의 마지막 그날도 맞이하지 않겠는가? 인생은 허무하다고 하지만 어떤 형태로든 영원할 수 있는 길은 있다. 한 인간이 역사 위에서 덕을 쌓고, 義를 위해 헌신하고, 위업을 쌓아 건실한 本이 되었다면, 그 사람은 떠나도 그 이름과 업적은 회자하여 만인에게 기억되고 불리며 기려질진대, 그런 인생은 청사의 본보기가 된다. 곧, 영원히 세상과 함께한다. 그렇게 하도록 여러분은 자신의 품성과 재능을 불철주야 갈고닦아야 한다. 인생은 무언가를 이루고자 하는 동기와 출발이 있어야 한다. 대망한 인생 씨앗을 뿌려야 하는데, 여러분은 무엇을 하고 있는가?

동양의 선현들은 한결같이 인간은 타고난 본성이 있다고 했다. 배움의 길을 열어가는 목적은 그런 인간 된 근본을 찾아가기 위해서이다. 거기에 구하고자 하는 궁극적인 가치와 목적과 진리가 있다. 어쩌면 그곳에서 삶에 지친 영혼들이 쉼을 얻을 안식처를 발견할 수 있을지도 모르겠다. 그런데 그 근원 된 안식처 자리에 나를 낳아주신 부모는 물론이고 스승도 자리를 차지한다. 그런데 인간이 인간 된 도리로 자신을 존재하게 한 근본에 대해서 욕을 내뱉는다는 것은 본성을 더 이상 회복하기 어려운 타격과 인격적 결함을 나타낸 것이다. 바탕을 더럽히고서 본성적으로 인간이기를 기대할 수는 없다. 2,500년 전, 신하가 그 임금을 죽이고 자식이 그 아비를 죽이는 자들이 나타난 시대에 태어난 孔子가 이것을 우려하여 『춘추(春秋)』를 지었다고 술회했듯, 오늘날의 이 시대도 비슷한 역도 현상을 목격하는 실정인데, 이 같은 시대를 일컬어 말세라고 하지 않았던가? 지금은 민주주의 체제이지만, 결국 빗대어 보면 스승에게 욕을 해대는 학생이 자기 아버지를 욕하고 그 이상의 근본을 더럽히는 행위를 저지르지 말라는 법이 없다. 그래서 **인간은 근본을 알아야 하고, 근본을 알기 위해서 스승의 가르침을 신명을 다해 받들어야 한다.** 나를 이룬 근본은 신성하나니, 공경하고 경건하게 지킬수록 더욱 위대하고 위대해지리라.

선생님이 생각하기로 **세계를 통틀어 현대 교육은 근본을 찾아서 근본을 바로 세우고 근본부터 인간 교육을 다시 시작하는 작업을 해야 한다.** 그 근본이 무엇이냐고 묻는다면 만만찮은 설명이 필요한데, 전 우주 간에 걸친 난제이다. 그런데 우리나라에서 시행되는 교육 제도는 대부분 서양의 사상가가 틀을 짜 놓은 밑그림을 수용한 상태로 과학과 물질 위주의 세계관 구축에 편중돼 인간의 본성 근원을 파고들 여지가 없다. 이 같은 문제점 속에서 여러분은 평생 추구해도 모자랄 진리 탐구 과제를 포착하게 된다. 아니 그 문제점을 직접 실감하였다. 아무리 인성적 가치를 강조해도 지식을 우선시하는(主知主義) 현실 상황을 벗어날 수 없다. 물질적 가치에 노출되어 이기적이고 개인적이며 도무지 義를 위해 인생을 바치려 하지 않는다.

그러므로 여러분은 심오한 경륜을 갖춘 스승을 찾아 진지하게 인생에 관해 묻고 지혜를 구해야 한다. 자고로 동서고금을 통한 위대한 제자는 존경하는 스승에게 "세계는 유한한가, 항존하는 것인가? 진리는 무엇인가? 인간은 무엇인가? 神은 존재하는가? 인생은 어떻게 살아야 하는가? 사후 세계는 존재하는가, 윤회하는가, 부활하는가? 종말과 심판은 언제 도래하는가와 같은 문제를 끈질기게 물었다. 왜냐하면, 그런 질문 속에는 우주의 진리성을 함재한 비밀이 있기 때문이다. 그것을 알 수 있다면, 혹은 캐는 방법이 있다면 出家를 결심하고, 순교하고, 인생을 바치고자 했다. 왜냐하면, 거기에는 인류의 영혼을 고무하고 구원하고 바탕 지을 진리가 내포되어서이다. 깨우치면 천지와 合一하고, 우주와 하나 될 수 있다. 길을 얻고자 함에 앞서 길을 연 스승의 경험과 지혜와 인도 역할이 필요하고, 혼신을 바칠 고귀한 향학 정신에 불타야 한다.

이 같은 메시지를 선생님은 지난 짧은 한 학기 동안 말 없는 눈으로 전달하고 싶었다. 아무쪼록 남은 기간 개학 준비 잘하고, 자신의 모습을 되돌아보는 시간을 가지면서 건강한 모습으로 만날 수 있길 바라며, 이만 안녕……   2009. 2. 6. 00:23, 담임 씀.

15. 부분과 전체

흔히 성인은 앉아서 천 리를 내다본다고 하는데, 성인이 아니라도 인생의 원리를 깨우치면 하나를 통해 열 가지를 알고, 일부분을 통해서도 전체를 알 수 있다. 아니 여러분이 오늘 아침 1시간을 어떻게 보냈는가를 통해 인생 진빈을 판단할 수 있다. 요즘은 과학이 발달하여 머리카락 한 올로도 몸 전체의 생체 정보를 읽을 수 있다. 얼마만큼 1시간을 집중할 수 있었는가는 80 평생의 성공 여부를 판가름할 수 있는 기준 척도이다. 겪어보지 않더라도 판단할 수 있다. 1시간 내내 책도 펴지 않고 이야기만 떠벌린 학생이 무슨 대과를 이루겠는가? 인생에 진전과 발전이 없으리라. '세한도'의 진리처럼, 소나무는 차갑고 눈 오는 겨울이 되어서야 늘 푸름을 알 수 있다고 했듯, 공부하는 학생은 요즈음 이 같은 시간에 더욱 자기할 일을 묵묵히 수행한다.   -2009. 2. 12. 조례시간에

2009학년도, 진주제일중학교 2학년 6반 담임

1. 38명, 제자와의 만남

기축년을 맞이해서는 보다 적극적으로 나서 학급을 관리하고 제자를 선도할 뜻을 세웠다. 할 수 있을 때까지 귀한 인연을 맞이하리라. 인간의 본성을 탐구하는 길을 찾기 위해 교육 자체 속에 깊이 파묻히리라. 그리하여 여러분과 함께하면서 인생길을 지침하고 헤쳐나가도록 하겠다. 잘 만나고 잘못 만나는 것은 자신이 먼저 잘

하고 못하고에 달렸다. 잘된 만남, 후회 없는 만남이 되도록 새 학년을 힘차게 출발하자.

2. 체육의 필요성

교과 배정상 신입생과도 인연을 맺게 되었다. 이제 막 어린 티를 벗고 청소년 관문에 들어선 이들에게 체육이란 교육 활동이 어떤 것인가에 관해 이야기할 필요성을 느꼈다. 오리엔테이션이 다 그렇겠지만, 가르치는 과목이 필요하다고 하는데 체육도 마찬가지이다. 하지만 체육만큼은 구분된 특성이 있다. 다른 과목은 이론적인 것이 대부분이지만 체육은 거의 운동장에서 이루어진다. 초등학교에서는 신체 발달이 미숙한 관계로 흥미를 더한 놀이 위주로 활동성을 높였지만, 중학교에서는 더욱 체계화시킬 필요가 있다. 특히 중학교는 키가 많이 크는 시기인 만큼 규칙적인 운동, 적절한 영양섭취, 휴식이란 삼박자가 맞아야 평생 건강의 기초가 다져진다. 학자에 따라서는 신체와 정신을 따로 보는 경우도 있지만(심신이원론), 몸이 아프면 자연히 마음도 약해지는 경우를 경험한다. 신체와 정신은 떨어질 수 없다. 정신을 굳세게 하기 위해서는 신체, 즉 몸이 건강해야 한다. 튼튼한 몸의 기초 위에 정신이 안주해야 존재적으로 안정감이 생긴다. 몸이란 받침대는 약한데 그 위에 정신이 크면 균형을 잃어 인생의 기대가 허물어진다. 정신은 마음을 포함해의지, 신념, 용기, 인내, 자신감, 믿음, 가치 등 본질적인 요소를 내포하여 이 같은 정신력을 다양한 신체 활동으로 길러야 한다. 오래달리기를 통해 가쁜 숨을 참고 완주하는 과정에서는 정말 인내력을 기르고 해내었다는 성취감을 얻는다.

몸의 튼튼한 기반 위에 꿈과 포부를 얹어 놓았을 때 이것이 꿈을 이루게 하는 조건이 된다. 자칫 오해하길, 체육은 신체를 단련하는 활동으로 알기 쉬운데, 정확하게는 신체 활동을 통하여 언급한바 체력적인 요소와 정신적인 요소를 함께 길러 삶의 행복과 기쁨을 구한다. 그러므로 학생마다 1인 1기 운동에 적극적으로 참여하여 건전한 여가 활동과 건강한 삶의 기초를 마련하자. 지금 이 운동장에서 밀이다.   -2009. 3. 12. 1학년 수업시간에

3. 인생은 만남의 역사

흔히 인생은 사람과 사람이 만남을 통해 이루어지는 역사란 말을 한다. 만약 자신이 그때 그 사람을 만나지 못했다면 어떻게 되었을까? 만난 탓에 오늘과 내일의 자신이 존재한다. 그중 귀중한 첫 만남은 나를 낳아주신 부모님과의 만남이다. 부모 탓에 인생의 출발이 있었다. 부모가 재력이 있어서, 혹은 높은 권력을 쥐어서 좋은 만남인 것이 아니다. 부모를 만난 것은 절대적인 인생 가치이다. 왜냐하면, 존재할 수 있는 생애적 기회를 주셨기 때문이다. 다음은 학교에서 친구와의 만남이다. 친구를 만남도 인생 역사에 커다란 영향을 끼친다. 중요한 것은 그 역할의 주체성 문제이다. 자신이 먼저 좋은 친구가 되어야 한다. 먼저 도와야 자신도 필요할 때 도움을 받는다. 다음은 가슴 설렌 배우자와의 만남이다. 삶의 행복이 좌우되므로 좋은 배우자를 만나기 위해서는 그만한 자격을 갖추어야 한다. 훌륭한 가정을 이루기 위해서 열심히 배워야 한다. 끝으로 가장 운명적인 만남은 생애 가운데서 인격적인 교감을 나눌 스승과의 만남이다. 여러분은 새 학년 들어 열두 분의 교과, 그리고 담임 선생님을 만났다. 인류 역사는 어쩌면 스승과 제자와의 만남이 이룬 문명사가 아닌가 할 정도로 **스승 없는 문화 계승과 가르침을 받든 제**

자 없는 문화 창달은 없었다. 알다시피 제자 플라톤은 스승 소크라테스가 신념을 지키기 위해 독배를 마신 인격을 보고 감화를 받아 그의 저술을 온통 스승의 이름으로 도배하다시피 했는데, 그렇게 해서 이룬 사상이 서양 문명의 기반이 되었다. 사도는 스승 예수 그리스도가 인류의 죄악을 짊어지고 십자가에 못 박히고 부활한 모습을 지켜 보고 기독교 신앙을 일으켜 세웠다. 동양 문명의 기틀을 이룬 孔子는 제자를 3천 명이나 두었다고 하며, 부처님의 제자는 스승의 설교와 사상을 한마디도 헛되지 않게 기록하여 팔만대장경을 이루었다. 여러분도 지금 이 자리에서 선생님의 가르침을 받들어 미래의 인생 역사를 슬기롭게 개척해 나간다면 그 덕분에 선생님도 어떻게 위대해질지 모를 일이다.　　　-2009. 3. 12. 수업시간에

4. 문제 해결과 배움

배움은 지식을 쌓아가는 데 있는 것이 아니라 몰랐던 것을 깨우치는 것이고, 할 수 없었던 것을 할 수 있도록 한다. 청소 책임을 맡은 지 보름이 되었는데 아직도 자신이 어떻게 해야 하는지 모른다. 화장실 청소만 보더라도 문제가 있으면 팔을 걷어붙여 해결해 보려고 하지 않고 달려와 "애들이 싸 놓고 갔어요", "굳어 있어요", "막혔어요"라고 일러만 바친다. 문제가 생기면 배운 지식을 동원하여 해결하려고 노력해야 한다. 그렇게 해야 배움의 길이 확대된다. 책상머리에서 배우는 지식만 공부가 아니다. 굳어서 청소하기 곤란하면 물을 부어 묽힌 다음 쓸면 된다. 道는 가까이 있는데 특정한 영역과 행위를 통해서만 구할 수 있다고 여긴다면 배움의 영역이 한정되고, 지혜롭지 못한 편견을 낳는다. 팔을 걷어붙이고 적극적으로 임해야 진리를 깨우치고 지혜를 얻는다. 화장실에서 청소하는

것도 신선한 배움의 도장이다.　　　　　　　-2009. 3. 24. 종례시간에

5. 마음먹기

3월 27일, 조례시간에 ■가 지각을 계속해서 일찍 오기로 약속했다. 내일은 8시까지 등교하자고! 하지만 어려움이 있을 것 같아 8시 15분으로 늦추어 주었다. 그리고 어머니께도 전화를 드렸다. 지각하는 버릇을 고칠 수 있도록 협조해 달라고…… 그리고 아침에 ■를 기다렸다. 겨우 20분에 맞추어 등교했다. 그래서 말하길, 지금 교실에 있는 친구를 세어보라. 그런데 그 차례가 공교롭게도 2학년 진급 때 차지한 반 등수와 똑같았다. 내심 8시까지는 등교하길 바랐다. 그런데 결국은 그가 보인 태도가 반에서 그 정도 수준이다. 만약 8시까지 등교해 1, 2등을 했더라면 성적도 정말 그렇게 되었으리라. 혁신과 개혁 없이 성적 향상의 월계관은 씌워질 수 없다. "■야, 네가 반에서 15등으로 등교하면 성적도 15등이 되고, 매일 꼴찌로 온다면 매사에서도 꼴찌를 면하지 못하리라. 알겠는가?" 대답을 강요했지만, ■의 대답에는 힘이 없었다.

6. 금단의 선

인류의 시조가 살았던 에덴동산에도 인간이 넘어서는 안 될 금단의 선이 설정되어 있었다. 만약 이 선을 넘으면 인간의 고유한 순수성이 파괴된다. 낙원에서 추방될 뿐 아니라 평생토록 고난의 길을 걸어야 한다. 그런데 그 선이 여러분의 양심과 학교생활과 사회에서도 엄연히 존재한다. 아무리 비싼 물건이라도 흠이 생기면 제값을 받지 못하듯, 지닌 본성도 이와 같다. ◐이가 엊그제 MP3를 빌려서 수업 시간에 사용하다가 들켰다. 염려스러운 것은 그렇게 들통이 난 것보다는 앞으로 ◐이가 어떤 인간이 될 것인가 하는 것이다. **인간**

은 차마 넘어서는 안 될 양심과 도덕성과 본성을 지켜야 하는 순수 선이 있다. 그것은 조물주가 지은 창조선이고 그야말로 금해진 선이다. 이것을 허물고 나면 인간으로서 남아 있을 것이 아무것도 없다. 그 선은 어느 곳 어느 때라도 그어져 있다. 그것이 학급에서는 여러분이 지켜야 하는 규칙이다.　　　　　-2009. 3. 30. 조례시간에

7. 욕설

운동장에서 축구 수업을 하다 보면 주위에 어쩌면 그렇게 병신××들이 수두룩한지 모르겠다. 조금만 잘못 차도 병신××가 되어버리고 개××, 시-× ××가 뒤섞인다. 수학여행 중에도 심심찮게 욕설이 튀어나왔다. 백제미술관에서 불상을 보았는데, 불상 뒤에 무엇이 있었는가? 성스러운 빛이 원형으로 조각되어 있었다. 여러분도 약하기는 하지만 영혼의 오로라가 있다. 욕설은 이런 정신혼을 파괴한다. 인격의 성장과도 배치된 행동이다. 욕설은 습관이다. 어떻게 해서 그 같은 욕설을 입에 묻히게 된 것인가를 따진다면 선생님도 가르치지 않았고 부모도 그렇게 하라고 하지 않았을 텐데 어느덧 습관화되어 버렸다. 욕설은 감정을 파괴하므로 꼭 낭패를 본다. 고귀한 영혼을 보존할 수 없다. 언어 습관을 고치도록 노력하자.

-2009. 4. 3. 수학여행을 마무리하면서

8. 판치기 유행을 계기로 본 교육적 방법론 제고

인간을 교육하는 데 앎과 진리와 실행력 사이에는 모종의 거리감이 있는 것이 분명하다. 아무리 객관적인 이치라도 그것을 사고적으로 이해하기 위해서는 노력이 필요하듯, 어떤 형태로든 진리와 인식함 사이에는 거리가 있다. 어떻게 할 것인가? 이것은 교육의 대상에 속하는 현실적 실체, 곧 인간을 어떻게 보아야 교육 작용이

성립되는 것인지에 대한 시사이다. 실상을 볼 수 있어야 어떻게 가르칠 것인가에 대해 원리성을 찾을 수 있다.

학생 간에 판치기가 유행했다. 쉬는 시간에 손쉽게 어울려 각자 정한 돈을 내어 따먹기식이다. 몇 번 주의를 주고 근절 의지를 밝혔는데 또 걸렸다. 여기서 우리는 현대 교육이 안고 있는 지식 위주의 교육 단상을 비판하지 않을 수 없다. 학생의 사고 구조는 주어진 개념을 이해하고 논리성을 따지는 주지주의(主知主義)적 사고 방식에 젖어 내면화, 의식화, 신념화, 행동화로 나갈 수 있는 연결 고리가 차단된 사고적 장애인을 만들었다. 선현은 그 같은 길을 잃지 않기 위해 부단하게 의지적 수련을 강화하였고, 知行合一을 구호로 내세웠는데 지금은 논리 분석주의, 합리주의, 실증적 과학 사조 등에 떠밀려 배움을 통해 심금을 울리고 영혼을 고무하는 길로부터 멀어졌다. 급기야 사고적 장애인만 대량 양산한 것이 첨단 물질문명으로 제도화된 현대의 교육 제도 시스템이다. 그러니까 반복해서 지적하고 훈화하는 모습을 지켜보면서도 판치기가 근절되지 않는다.

물론 쉽게 떨쳐버릴 수 없을 정도로 습관화된 데는 선생님의 관심 부족과 생활 지도상의 문제도 있으리라. 하지만 잘못이 있으면 개선책도 있을 텐데, 수박 겉핥기식 개념 위주로 교육받은 학생에게 말로서 설득할 수밖에 없는 교육적 처방도 문제이다. 이것은 전인교육(全人敎育)을 지표로 하는 인성 교육 방법에 있어 시사점을 제공한다. 교사가 가르치는 지식과, 진리라고 믿는 사실적 이치와, 교육을 통해 변화되기를 바라는 인성 사이에는 큰 거리가 있다. 이것을 메우는 방법과 세계관적 철학을 모색해서 제도적으로 반영해야 주지주의 교육으로 허물어진 인성을 바로 세울 수 있다. 교육에 있어서 주의주의(主意主義), 즉 의지 수련 교육을 동반해야 하는 이유이다.

인간은 의식을 변화시키고 영혼을 고무하며 본질을 승화시킬 때, 비로소 정신적으로 충족감을 얻고 자아를 성취해서 끝내 인간 된 본무를 완성하는 교육력의 꽃을 피울 수 있다.

문제의 요지: 개념 위주의 교육과 가르침은 학생의 인성 교육에 대해 별다른 영향을 끼치지 못하고 내면의 의식까지 파고들지 못함. 행동을 변화시키거나 실행력을 유도하지 못하며, 본성을 볼 수 없게 된 불행을 자초. 그 결과 사고적 장애인 양성(배움과 가르침의 의미를 행동 간에 접목하지 못하고, 실존적 상황과 단절된, 사고와 인식된 가치를 본질화시키지 못함).

대책: 개념을 통한 인식이 본성에 영향을 끼쳐 의식적인 자각을 일으키고 바람직한 방향으로 이끌기 위해서는 인식을 직관화, 의식화하여 가치를 신념화하는 단계로까지 나가는 의지 수련 활동을 동반함. 구체적인 방안과 원리성 추출은?

가능성의 역사적 선례: 돈견진여본성(頓見眞如本性). 즉, 선불교의 육조 혜능은 진설하길, "선지식들아, 나는 오조(五祖) 홍인 화상의 휘하에서 한 번 듣자 그 말끝에 크게 깨쳐(言下便悟) 진여의 본래 성품을 단박에 보았느니라. 즉, 한 번의 가르침으로 본성 실상을 단박에 직시[覺]하는 방법이 수행에 있음.[38]

교사는 학생을 어떻게 변화시킬 것인가란 기대와 과제에 대해서 적어도 종교 분야에서는 인간의 본성을 변화시키고자 하는 데 목적을 둠. 혜능이 말하길, "자기 성품을 잃으면 부처가 바로 중생이 되

---

38) 「번뇌와 보리에 관한 연구」, 안성규 저, 경상대학교대학원 국민윤리학과, 석사, 2009, p.44.

고, 자기 성품을 깨달으면 중생이 바로 부처가 된다(自性迷卽是衆生 自性覺卽是佛)"라고 하여, 본성을 깨쳐 영원한 우주적 실상을 보는 데 궁극적 가치를 둠.

논의의 제기: 현재의 교육 제도가 인성 교육을 중요시하지 않은 것은 아니지만, 문제는 밝힌바 주지주의 교육이 낳은 폐단을 메우는 미봉책에 급급하다는 데 있다. 본성을 일깨우고 고무하여 선도하는 것이 교육의 주된 역할이 되어야 함. 그렇다면 현 교육 실상은 주객이 전도된 상태? **교육 목적이 지식을 앞세운 데는 그만한 이유가 있는데, 전환하기 위해서는 물질 중심의 거대한 문명적 패러다임을 전환해야 한다.** 그렇다면 향후의 문명 역사에 물질문명의 한계성을 넘어설 수 있는 새로운 인문주의와 정신문명의 도래 가능성은? 세계관적 지향과 해결 대책은?   -2009. 4. 25.

9. 목재와 인재

청솔관의 청소 상태를 확인한다고 했는데도 ♤와 ♠이가 하지 않았다. 그래서 물었다. 목재란 무엇인가? 몇 가지 대답이 나왔다. 그래, 집을 짓거나 여러 가지 건축물에 쓰이는 나무의 재료이다. 이런 재료, 저런 재료, 만약 지난번 숭례문이 불타 복원한다고 하는데, 기둥으로 쓸 재목감을 찾는다면? 합당한 크기와 재질을 겸비해야 한다. 이렇듯 재목이 있으면 그것을 쓸 선택자도 있다. 그렇다면 여러분은? 바로 인재이다. 장차 사회와 민족과 세계가 필요로 하는 인재감이다. 그런데 책임을 망각하고 소홀히 한 너희는 나중에 어떻게 될까? 쓸모가 없는 나무는 아궁이에 던져지고 말 것이듯, 사람도 나중에는 그 쓰일 곳을 판단하는 자가 나타난다. 큰일을 맡기고자 할진대 책임을 능히 수행하는 자이리라. 『맹자』에 보면, 하늘이 소중한 일을 맡기기 전에 그 사람에게 사전에 시련을 주고 어려운 일을 헤쳐나갈 조건을 주어 연단시킨다고 했다. 여러분에게 책임을 맡기는 것도 그와 같다. 그런데 그것을 귀찮게 여기고 소홀히 한다면 하늘이 소임을 맡기겠는가? 장차 큰일을 떠맡기 위해 책임을 다하는 사람이 되자.   -2009. 5. 12. 조례시간에

10. 배움의 정신혼

경상대 수학과 학생이 무료 수학 강의실을 열었는데, 신청한 학생이 ☆이밖에 없었다. 몇 번 권유했지만 학원을 핑계 삼았다. 여러분은 세상을 살아가는 데 무엇이 소중한 가치를 지닌 것인지 판단할 수 있어야 한다. 모르면 삶에서 소중한 보배를 잃어버리는 안타까운 일을 당한다. 고대 그리스에서는 지식을 돈을 받고 가르치는 소피스트들이 성행했다. 그런데 소크라테스는 이것을 비판하고 거리에 나서 젊은 청년의 무지를 일깨우다가 오해를 사 독배를 마셨다. **여러분이 배우는 것은 선생님으로부터 정신적인 인격혼을 전수받는 것이지 지식을 주입받는 것이 아니다. 참된 배움은 제자가 존경하는 스승을 찾아가서 그 정신혼을 전수받는 것이다.** 그런 가르침을 통해 여러분은 자신도 사회를 위해 봉사하리란 정신혼을 일깨운다. 장차 어떻게 살아갈 것인가에 대한 인생 모델과 길을 지침받는다. 이 같은 배움의 기회를 붙든 학생이 반에서 한 사람밖에 없다니! 그것도 이번 중간고사에서 1등 한 ☆이밖에 없다니!

    -2009. 5. 13. 조례시간에

11. 정심[正心]

부처님은 깨달음을 얻기 위한 수행 요건으로 八正道란 8가지 바른길을 제시했다. 즉 정견, 정어, 정명, 정념 등등 진리를 깨닫고 본

래 모습을 찾고 우주의 비밀을 풀 수 있다. 바름[正]에는 법도가 있어서 거기에 합치되어야 道에 이르고 覺을 얻는다. 바름은 道로 통하는 길이고, 道를 통해 비로소 존재한 본향과 합치된다. 바름은 인간으로서 나아가야 할 옳은 길이다. "◇야, 앞에 나와서 선을 바르게 그어 보아라. 나는 자를 대고 그어 보겠다. 어떤 선이 더 바른가?" 최대한 바르기 위해서는? 합당한 기준을 가지고 바른 법칙을 따라야 한다. ◇가 바르게, 착하게, 부지런하게 살려는 마음과 다짐이 없는데 어떻게 그렇게 되겠는가? 바른 기준과 법도가 없는데 그렇게 살겠는가? 인생을 똑바로 살기 위해서는? 正心을 가져야 한다. 어긋나면 참 열매를 맺을 수 없다. 正心은 미래의 파라다이스로 인도하는 든든한 안내자이다. 여러분이 나쁜 버릇을 가지고 행동하는 것은 바름의 영역을 벗어난 탓이다. 인간은 순수한 상태로 태어났는데 지금의 습관이 잘못된 것은 원인이 전적으로 바르게 배우지 못한 탓이다. 즉, **바르게 배워야 바르게 실천할 수 있고[正行], 바르게 실천해야 바른 인생의 열매를 맺는다. 여기서 바른 배움[正學]이란 자신과 우주의 근본을 아는 것이고, 근본을 이탈하지 않는 것이며, 근본을 경외하고 기르는 것이다.** 부모와 스승의 은혜를 알고, 이웃과 사회를 위해 헌신해야 하는 이유이다. 大我를 가진 사람은 삼라만상 우주가 모두 자신의 몸이다. 그래서 남을 위하는 것은 그대로 자신을 위하는 것이다. 이런 인격인의 중심에 正心이 자리 잡고 있다. **正心은 진리로서 가늠하는 마음의 중심점이다.** 그 중심점을 똑바로 보고 자신의 마음가짐을 바로 잡아 보자.

-2009. 5. 25. 조례시간에

12. 황금 덩어리

불우한 이웃에게 사랑의 빵을 전하자는 취지의 동전 모으기 운동이 있었다. 작은 성의라도 이웃을 돕는 마음을 기르는 것은 엄연한 교육 활동 일환이다. 여러분이 동전 모으기에 동참하는 것은 액수가 많고 적음을 불문하고 불교에서 말한 무한 공덕을 쌓는 행위와 같다. 그것도 순도가 100%인 황금 공덕이다. 순수한 마음이 그렇다는 뜻이다. 이웃을 돕는 마음을 잘 기르면 장차 인류의 고통을 싸맬 고귀한 인물이 되리라.　　　　　-2009. 6. 8. 조례시간에

13. 공부 수행

기말고사를 대비해 계획표를 짰다. 공부는 모름지기 자기 뜻과 의지와 목적을 관철할 수 있는 공부 수행이 되어야 한다. 공부에 뜻이 없으면 공부방이 없다, 책상이 없다, 혹은 덥다, 춥다, 잠이 온다, 배가 고프다……라고 불평하지만, 공부를 수행이라고 생각하면 어디라도 공부가 가능한 환경이 된다. 주어진 조건 일체가 공부 목적을 관철할 수 있는 극복 대상이다. 공자님은 극기복례(克己復禮)란 말을 하셨다. 즉, 禮를 회복하기 위해서는 극복이 있어야 한다는 뜻이다. 극복하지 못하면 원하는 세계를 획득할 수 없다. 극복한 다음에야 복례, 즉 이상적인 세계에 이른다.　　-2009. 6. 15. 조례시간에

14. 사색과 교감 자세

△이가 전번 수학여행 때 백제 왕릉을 둘러보면서 산길을 걸었는데 귀에 이어폰을 끼고 있었다. 그래서 말했다. "지금 너의 귀에는 저 아름다운 새 울음소리가 들리지 않지? 이어폰을 빼고 자연의 소리를 한번 들어보아라." 아침에 몇 명은 이어폰을 낀 상태로 교실 문을 들어선다. 음악을 들으면 공부가 잘된다나? 하지만 그 때문에

다른 소리는 들을 수 없다. 아니 더 우려되는 바는 내면의 소리이다. 칸트라는 철학자는 일정한 시간에 산책하면서 사색을 통해 독일 관념론 철학을 기초했다. 만약 그가 이어폰을 끼고 산책했더라면 그 같은 사상을 일구었을까? 사람의 뇌는 관심이 분산되면 집중이 안 된다. 여러분은 무한한 상상의 나래를 펴는 청소년이다. 이때 생각의 폭을 넓히고 사색하는 습관을 길러야 하는데 전자 매체 시대에는 그렇게 하기 어렵다. 문명적 이기는 누려야 하겠지만 시와 때를 가리지 않고 이용의 편리성만 도모하면 안 된다.

-2009. 6. 18. 조례시간에

15. 새김과 어김

시험을 앞두고 책 내용을 요약해서 종례 때 검사를 맡으라고 하면서 시간까지 주었는데 ㅇ이, ㅁ, ▷이가 달아나 버렸다. 그래서 다음날 말했다. 여러분은 집에서 부모님 말씀을 얼마나 잘 듣는가? 역사상 이름을 남긴 사람의 뒤에는 항상 훌륭한 가르침을 준 스승이 있었다. **아무리 타고난 재능이 뛰어나도 스승의 가르침 없이 혼자서 대성하는 경우는 드물다.** 학문, 예술, 인격 등등 그런데 선생님의 말씀을 어긴다는 것은? 군대에서는 명령을 어기면 군법회의에 넘겨진다. 선생님은 그 같은 강제성은 없지만, 여러분의 장래를 여는 데 상징적 의미는 실로 크기만 하다. 孝는 만행의 근본이라고 하였듯, 역설로 가르친 말씀을 새겨듣지 않는 학생이 훌륭하게 될 가능성은 거의 없다. 새겨들어도 될까 말까 한데 정반대라면 확률상 불가능하다고 보는 것이 옳다. 사실상 두려운 권위를 지녔다는 것, 어떤 진리와 진실과 정의도 거부할지 모른다.   -2009. 6. 29. 조례시간에

16. 생각 보따리

자라나는 아이가 철이 없다든지 생각이 모자라는 것은 무엇보다도 사물의 원인과 결과와의 연계성 추리가 부족한 탓이다. 생각이 단순하고 보이는 면만 보고 판단한 탓이다. 아이는 인생의 본질 면에서 생성의 초기 단계에 해당한다. 경험상 생의 끝은 묘연하기만 하다. 그만큼 현재의 행동과 습관과 태도가 어떤 결과를 가져올지에 대해 무지하다. 그러나 어른은 다르다. 지난 과정과 결과성을 숱하게 경험한 바라, 원인 행위에 대해 주어질 결과를 어느 정도 예측할 수 있다. 어른 말을 새겨들으면 자다가도 떡을 얻어먹는다고 하는데, 그 이유는 인과 관계를 잘 가늠한 탓이다. 그래서 어른의 말씀을 귀담아듣고 생각을 빌려야 한다. 메모리가 부족하면 외장형을 장착하듯, 아이는 어른의 생각 보따리, 경험 보따리, 지혜 보따리를 빌려와야 한다.   -2009. 7. 7. 조례시간에

17. 나는 맑은 물인가?

지각한 몇 명을 골마루에서 지도하고 교실로 들여보냈더니 조용하던 교실이 시끄러워졌다. 그래서 한 아이에게 질문을 했다. 더러운 물에 맑은 물이 섞이면 어떻게 되는가? 선뜻 무슨 말인지 대답을 못 했다. 그래서 다시 물었다. 그렇다면 맑은 물에 더러운 물이 섞이면 어떻게 되는가? 그제야 이해하고 대답했다. "예, 물이 더러워집니다." 그렇다면 그 반대는? "예, 물이 조금 더 맑아질 것입니다." 그렇다면 조용한 교실이 시끄러워졌는데 방금 들어온 사람은 어디에 해당하는가? "예, 더러운 물입니다." 그렇다면 ◆는 어떤 물이 되어야 하겠는가? 여러분은 어디에 속하든, 무엇을 하든, 맑은 물이 되어 세상의 더러움을 씻어내고 정화하는 사람이 되어야 한

다. 깨끗한 사람이 될 수 있도록 노력해야 한다.

-2009. 7. 13. 조례시간에

18. 지혜 기름

신문 형태의 교지 "솔"이 발간되어 나누어 주었더니 교실 여기저기에 버려져 있다. 그래서 말했다. 우리가 지금 쓰는 물건이 수백 년이 지나면 귀한 보물이 된다. 이 신문도 마찬가지이다. 여러분의 소중한 기록물이고 추억을 되살릴 근거이다. 당장 읽어보지는 않더라도 보관은 하고 있어야 하는데 구겨서 버리다니! 여러분은 앞날을 내다보고 미래를 준비해야 한다. 지금 필요한 것만으로 세상을 판단해서는 안 된다. 공부하는 것은 그 보이지 않는 미래를 준비할 수 있도록 눈과 지혜를 틔우기 위해서이다. 앞날을 내다보고 준비해야 그날에 영광을 이룬다. 보이는 것만 보고 살아서는 온전히 살 수 없다. 그 이상의 것을 볼 수 있는 눈을 가지기 위해 노력해야 한다. -2009. 7. 17. 종례시간에

19. 인생의 스승

교사는 지식을 가르치는 선생이 아니라 인생의 지혜와 진리를 가르치는 스승이 되어야 한다. 여러분은 10대를 살아가고 있지만, 선생님은 50대라, 인생의 각 단계를 비교해서 그 시절에 무엇을 어떻게 해야 할 것인지에 대한 경험과 안목을 가졌다. 이것이 제자의 장래를 밝히는 인생의 지침이 되리라. -2009. 7. 18.

20. 하늘의 비밀

1학기 성적을 알려주면서 물었다. 여러분은 자기 자신이 누구인지, 무엇인지 아는가? 여러분은 세계처럼 존재함에 대해 커다란 비밀을 지녔다. 부모님도 여러분이 존재한 비밀은 잘 모른다. 아는 방

법은? 매사에 열과 성을 다하면 그때 하늘이 존재한 비밀을 가르쳐 준다. 이번 기말고사 결과를 보자. 태도 평가라든지 수행평가 과제라든지 마음을 쓰면 할 수 있는 것도 미루어 교과 선생님이 교실에까지 와서 챙기는 모습을 보았다. 이렇게 되어서는 자신에 대해 올바른 정보를 받을 수 없다. 자신조차 자신에 대해 정확한 정보를 제공하지 않는데 참모습, 참재능을 드러내 보일 리 만무하다. 자신이 어느 정도 지적인 능력을 갖춘 것인지? 어떻게 하는 것이 바른 공부 방법인지? 무엇을 몰랐고 잘못한 것인지? 최선을 다하지 못한 탓에 잘못된 판단 결과를 낳는다. **최선을 다하고 진실한 자에게만 하늘은 장래를 헤쳐나갈 지혜를 보이고, 존재에 관해 정확한 정보를 되새겨 줄 것이다.** 그렇게 할 때 여러분은 자신이 존재한 비밀을 알고 하늘의 뜻과 命을 깨우쳐 진리와 함께하는 귀한 사명자가 되리라.

-2009. 7. 20. 조례시간에

21. 바른 일과 그릇된 일의 판단 기준

이제는 여름방학이다. 자유로운 시간을 가지게 되는데, 항상 염려스러운 것은 주변 환경이 그냥 놔두는 법이 없다는 것이다. 그래서 다잡을 것은 자신이 행하는 일에 대하여 친구와 이웃과 부모님이 알았을 때, 떳떳하고 한 치도 부끄럼이 없으며 오히려 자랑스러울 것이라면 그것은 분명 옳은 행동이다. 반대로 그분들이 알면 부끄럽고 큰일이라고 판단될 때는 행동이 잘못된 것이 틀림없다. 자신은 그것을 모를 리 없다. 설마 하고 미련을 두지 말고 판단을 정확히 해야 한다.

-2009. 7. 21. 방학 선언식에서

22. 2-6반, 보고 싶은 제자에게

아직 무더위도 가시지 않았는데 개학을 눈앞에 둔 요즈음, 어떻게 지내고 있는지 보고 싶구나! 여러분을 처음 만나 씨름하기 시작한 1학기가 파노라마 되어 스친다. 애써 지도한다고는 했지만, 썩 만족스럽지는 못한 것 같다. 태어나 많은 세월 동안 밴 생활 습관과 가치관이 쉽게 달라질 리 있겠는가? 하지만 선생님은 여러분에게 바른 마음가짐으로 바르게 배워서 바르게 실천할 것을 강조하였다.[39]

여러분의 인격과 인생길은 아직 결정된 상태가 아니다. 그래서 지금의 생활 자세와 학습 태도는 평생을 살아갈 삶의 바탕을 이룬다. 성실성, 근면성, 책임감, 교우 관계, 인사성, 지도력, 말 습관 등에 있어 문제가 있다면 반성하고 바람직한 방향으로 고쳐나가야 한다. 선현은 마음을 수양하여 인격을 완성하는 데 학문하는 목적을 두었는데, 그것이 지금이라고 해서 달라진 것은 없다. 공부도 열심히 하고 인격도 성장할 수 있도록 힘써야 한다. 그리해야 어디서 무슨 일을 하든 존경받고 신뢰받고 칭찬받을 수 있는 사람이 된다. 그것이 사실은 중요하고 보람이 아니겠는가? 이웃과 사회로부터 지탄받는 사람이 된다면 가진 포부인들 펼칠 수 있겠는가? 자신은 친구와 어른, 선생님으로부터 기대에 찬 인격을 지녔는가를 점검해 볼 필요가 있다. 자신감이 없다면 인격을 개선해 나갈 수 있도록 해야 한다.

여러분은 미래에 어떤 대업(大業)을 이룰지 알 수 없는 인재이다. 지금의 잘잘못을 디딤돌로 삼아야 더 멀리 내다볼 수 있는 안목을 가진다. 잘못된 것, 실패한 것을 거울로 삼아야 재능 면에서, 용기 면에서, 정신 면에서 훌륭하게 성장한다. 인격의 갖춤 비결이 여기에 있다. 학습 태도 면에서 문제가 있었다면 방치할 수 없듯 인격

---

39) 正學, 正行: 바르게 배워서 바르게 실천한다. 이것은 학문과 인격 형성의 正道이고, 세계의 이상을 실현할 기본 체제다

도 마찬가지이다. **잘못을 반성하지 않으면 인격은 성장할 수 없다.** 자양분이 고갈된다. 자아는 성장해서 大我가 되고, 大我를 가지면 大人, 위인이 된다. 我가 성장해야 친구의 어려움을 알고, 사회와 민족의 고통을 함께 느끼며, 인류의 아우성을 들을 수 있다. 더욱 확대된 자아[大我]의 테두리 안인 탓이다. 세계의 마당이 자신이 사랑하는 몸이고 자아 영역이다.

여러분은 몸과 마음이 성장하는 청소년인 만큼, 부지런히 배움의 역량을 길러야 하고 자아, 가치를 일구어야 하며, 뜻과 포부를 키워야 한다. 최근에 국민의 심금을 울린 장례 행렬이 있었다. 이 시대와 고락을 함께한 김수환 추기경도, 노무현 대통령도, 김대중 대통령도 모두 곁을 떠나버렸다. 국민이 눈물을 흘리며 애도했지만 가신 분은 다시 돌아올 수 없다. 여러분의 성장 때도 공부 때도 선생님과 함께한 이 시절도 마찬가지이다. 이것을 알지 못하면 안 된다. 성심을 다해 임하고 대비해야 한다. 자아의식이 세계와 우주를 향해 문을 활짝 연 배움의 시절, 이때 인생 전체를 내다본 프로젝트를 구상하고 설계해야 한다. 그것이 곧 꿈을 일구는 자세이다. 뜻을 세우고 삶의 목적을 지침하는 작업이다. 그런 미래를 내다볼 수 없다면 남는 것은 후회뿐이다. 인생을 넘어 세계의 역사도 적용되는 이치는 같다. 옛날 신정(神政)이 일치된 고대 사회에서는 미래 질서를 주관한다고 믿었던 하늘[神]의 뜻을 알고자 했고, 뜻과 계시를 받들어 추종하고 대비한 민족은 환란을 이기고 복락을 누렸다. 미래를 내다보고 예리하게 통찰한 지혜를 가진 민족은 인류 역사를 주도하고 찬란한 문명 역사를 건설하였다. 인생을 알고 역사를 알고 미래까지 살펴야 함에, 2학기 개학부터의 첫 출발은 긴장된 생활이 되지 않을 수 없다. 이것이 한 달 남짓한 침묵을 깨고 보내는 메시지이다. 건강한 모습으로 다시 볼 수 있길 바라면서……

2009. 8. 24. 담임 씀.

23. 댐과 아스팔트

우리나라가 가뭄에 시달리고 있는 것은 인재이다. 토지 포장률이 높아져 비가 와도 땅이 흡수하는 비의 양이 적어 지하수조차도 고갈될 것이라고 한다. 제주도에는 잎마당에 항아리가 늘어서 있는데, 비를 모아서 생활용수로 쓰는 방법이다. 진주 인근에는 진양호가 있는데, 이 댐은 한때 동양 최대의 담수량을 자랑했다. 엄청난 양의 물을 가두어 가뭄과 농사에 대비한다. 그렇다면 여러분이 쌓는 지식은? 비축할 수 있는 그릇 용량은? 아스팔트 위에 내린 비는 즉시 흘러내려 담아둘 수 없다. 공부 자세도 그렇다. 하루에 얼마만큼의 지식을 담아가는가? 자세가 발라야 차곡차곡 쌓는 사람이 된다. 그래서 공부 태도는 바로 지식을 담아두는 그릇이 된다. 이 그릇이 여러분의 성공 여부를 좌우한다.　　　　　-2009. 9. 7. 조례시간에

24. 걸레

화장실의 걸레가 썩어버렸다. 사용하고 깨끗이 빨아 놓지 않은 결과이다. 귀찮으니까 사용하기는 해 놓고 뒷정리를 게을리하였다. 개인의 삶과 사회도 그러하다. 편리 위주로 상식적인 절차와 단계를 무시하고 책임을 전가하면 사회와 나라인들 썩어 버리지 않겠는가? 만물의 이치에는 예외가 없다. 자연환경은 자체적으로 정화 능력이 있지만 너나 할 것 없이 편리성만 도모해 훼손하면 지구인들 썩지 않고 배기겠는가? 걸레를 빨아서 제때 말리면 1년 내내 우리 반은 몇 장만 있어도 된다. 소중한 것들을 지킬 수 있다.

-2009. 9. 8. 조례시간에

25. 완벽한 앎

□가 그냥 앉아 있는 것은 자신이 무엇을 모르고 있는지 알지 못해서이다. 여러분은 끊임없이 자신의 부족함, 자신이 무엇을 모르는지를 발견해야 한다. 그리고 하나하나 채워나가다 보면 어느덧 완벽한 앎에 이른다. 모르는 것을 찾고 그것을 이해해 나가는 것이 공부의 실질적 방법이다. **자신이 모르는 것을 아는 것이 완벽한 앎에 이르는 지름길이다.**

-2009. 9. 27. 조례시간에

26. 성공의 요소들

여러분이 장래에 성공할 수 있는 요인은 공부를 잘하는 것이나 특기를 연마하는 것에만 있지 않다. 『천재를 뛰어넘는 77인의 연습벌레들』이라는 책 제목을 보았는데, 정말 성공할 수 있는 요인은 남다른 재능을 가졌다는 데 있지 않다. 음식은 주재료에 양념을 배합해야 제맛을 내듯, 성공도 마찬가지이다. 그 양념적인 요소란 바로 끈기와 인내이다. 노력을 쏟아야 하는데, 끈기를 더하지 못하면 재능이 있더라도 성공할 수 없다. 인내심은 더욱더 그렇다. 기다려야 하는데 쉽게 포기해 버리면 안 된다. 이런 면에서 본다면 성공의 요인은 재능+인내심이다. 이 같은 요소를 길러야 한다.

-2009. 10. 6. 조례시간에

27. 지혜의 샘

아침저녁으로 제법 선선한 바람이 불고 있다. 어른이 즐겨 마시는 술은 재료를 다 넣었다고 해서 곧바로 술이 되는 것이 아니다. 숙성된 기간을 거쳐야 한다. 나무도 여름철에는 무성하게 자라지만 가을이 되면 잎을 떨구고 겨울을 대비한다. 황금 들녘의 누런 알곡은 햇빛을 충분히 받아야 좋은 결실을 이룬다. 여러분도 마찬가지이다. 열심히 공부했고 몸도 많이 성장했지만, 발맞추어 마음도 성숙해야 한다. 기후적으로 상쾌한 이 가을은 만물이 결실을 맺는 것은 물론이고, 정신도 알찬 열매를 맺게 한다. 대자연과 하나 되고 일치된 쾌적한 기후가 그것이다. 이때 사색하는 시간을 가져 정신적으로 성숙해야 한다. 그것을 모르고 떠들기만 하면 풍성한 알곡을 기대할 수 없다. 여러분의 정신은 물을 담아두는 저수지가 아니다. 그 안에서 진리를 샘솟게 하는 지혜의 샘터이다. 공부하는 것은 머릿속에 많이 담아 두는 것으로 생각하는데, 머리는 그런 지식을 담아두는 그릇 역할이 아니다. **지혜를 샘 솟게 하려면 사색의 공간을 확보해야 한다.** 공부하면서 장래에 대해 다양한 생각을 떠올리고, 꿈을 일구며, 아이디어가 생기게 해야 한다. 외우기보다는 새로운 생각을 일으켜야 한다.

신선한 아침, 스치는 바람을 맞으면서 사색할 수 있는 공간을 마련하자. 그리하면 어느덧 몸과 마음이 보배로운 학생으로 성장할 수 있으리라.　　　-2009. 10. 19. 2학기 중간고사 성적 향상을 축하하며……

28. 보이지 않는 경계선

오늘 아침 뉴스에서는 베를린 장벽이 무너진 지 20주년을 맞이하여 독일에서 대대적인 기념행사를 치른다는 소식을 들었다. 동독 사람이 자유를 찾아 장벽을 넘다가 많이 희생되었는데 이들을 추모하는 행사도 아울러 열린단다. 아무리 높은 장벽도 목숨을 걸고 넘고자 하면 못 넘을 장벽이 없다. 중국의 진시황이 오랑캐가 넘보지 못하도록 쌓았다는 만리장성도 마찬가지이다. 탈북을 시도한 북한 주민이 붙잡혀 송환되기도 하지만 그중에는 자유를 쟁취한 분도 있다. 엄중한 경계 초소도 거친 압록강도 인간이 경계를 뚫고 건너자고 한다면 못 건널 곳이 없다. 그런데 우리 학교는 사방팔방으로 문이 없다(?). 며칠 전 몇몇 학생이 무단외출을 하였다가 붙잡혀 벌을 받았다. 문이 없으니 얼마나 통과하기 수월했겠는가? 하지만 여러분은 그 무형의 경계문을 두려워할 줄 알아야 한다. 지상의 어떤 장애물도 인간은 넘을 수 있지만, 무형의 담은 함부로 넘으면 안 된다. 문이 없다고 하였는데 정말 문이 없는가? 교칙을 지키고자 하는 마음속에 있다. 여러분은 마음속에 있는 문을 볼 수 있는 눈을 가져야 한다. 장차 지켜야 할 소중한 가치가 바로 마음의 담벼락으로 경계를 이루고 있다. 사회의 법은 눈에 보이는 경계담이 아니다. 그렇다고 그것을 함부로 넘나들면 어떻게 되겠는가? 사회의 법은 베를린 장벽처럼 넘지 못하도록 높게 쌓아 놓은 콘크리트 장벽이 아니다. 마음을 허물면 아주 쉽게 넘을 수 있다.

마음의 벽은 그처럼 허물기도 쉽지만 마음먹기에 따라서는 그처럼 든든한 벽도 없다. 소중하게 지켜서 절대로 허물지 않게 해야 한다. 양심의 벽, 순결의 벽, 약속과 신뢰의 벽, 우정의 벽 등등 지키고자 하면 평생토록 보전할 수 있지만 한 번 허물기 시작하면 이후로는 걷잡을 수 없다. 욕망이 봇물 터지듯 쏟아진다. 마음의 벽은 한 번, 처음 그 한 번이 중요하다. 한 번이 허물어지면 이후부터는 수천 번 수만 번이다. 이 얼마나 두려운 벽인가? 그 경계선이 두려운 것이니 그것을 알아야 험난한 인생행로를 헤쳐나갈 수 있으리라.

-2009. 11. 9. 조례시간에

29. 종합 체육대회 우승을 축하하며

본교가 2009년 제5회 교육장기 쟁탈 초・중학생 종합 체육대회에서 종합 우승을 차지했다. 아울러 2005년 개교 이래 2006년,

2007년에 이어 세 번째 우승컵을 안았다. 남이 인정하는 명문 학교는 유형무형의 빛나는 전통과 역사를 지녔다. 하지만 본교는 들말 벌판에 세워진 신설 학교로 장차 어떤 전통을 쌓아갈 것인가 하는 과제를 안고 있다. 그래서 올해 부임한 교장 선생님께서는 첫 대면 인사에서 "진주에서 제일가는 학교에서 함께할 수 있게 된 것을 자랑스럽게 여긴다"린 말씀을 강조하셨다. 즉, 이 학교를 진주에서 제일가는 중학교가 될 수 있도록 전통을 쌓아나가는 것이 목표이고 숙명인지도 모른다. 관내 중학교가 전통 있는 교명을 가졌지만, "제일"이란 이름을 쓰지 않은 것은 진정한 주인이 따로 있었기 때문이다. 이것을 긍지로 삼고 다양한 교육 활동 속에서 확인해야 한다.

교육장기 종합체육대회는 아마추어가 펼친 동아리 활동의 총결산이다. 공부하는 학생이 틈틈이 익힌 운동 기량을 겨루었다. 처음에는 육상 대회 위주였는데 해마다 종목이 추가되어 올해에는 5월에 동아리 농구 대회, 6월에 단체 줄넘기 대회, 10월에 육상 대회가 열렸는데, 이렇게 해서 거둔 종합 성적이 "Top"을 차지했다. 이것은 비록 부분적이기는 하지만 본교의 교육 활동 상황을 대외적으로 견주고 보니까 "제일"인 것으로 확인되었다. 이 의미를 일깨워 자부심을 품고 좋은 전통 수립의 원동력으로 삼아야 한다.

흔히 교육의 이상적인 목표로 智·德·體를 겸비한 조화로운 인간 육성을 든다. 본교는 제2회 졸업생을 배출하였는데, 고등학교에 진학하여 학업 분야에서 두각을 나타내고 있다는 소식을 여러 경로를 통해 들었다. 그만큼 본교는 "제일인"으로서 열심히 공부도 하고[智] 열심히 운동도 하는[體] 전통을 세워나가고 있다. 단지 아쉬운 점이 있다면 德, 즉 인성적인 측면이다. 훌륭한 덕성을 갖추어 스승과 제자 간에 공경과 사랑이 넘치고, 웃어른께 예의 바르며, 낮

아주시고 길러주신 부모님의 은혜에 감사할 줄 아는 학생이 될 수 있다면 우리 학교는 정말 진주에서 제일인 전통을 수립하고, 이웃과 사회와 민족과 역사가 필요로 하는 인재로 성장하리라는 것을 믿어 의심치 않는다. -2009. 11. 22.

30. 세상 역리

세상 이치는 역설적인 측면이 있다. 완전한 것이 완전한 사랑을 이루고 완전한 성공을 거두는 것 같지만, 오히려 더 이상 채울 것이 없으므로 생성을 멈추고 진보, 발전할 수 없다. 부족함이 없는 인간은 도리어 자만과 교만으로 넘쳐버릴 수 있다. 부족함을 자각하여 겸손하고 노력하는 자세가 아름다운 삶의 모습이다. 세계에서 가장 우람한 체격을 인정받은 보디빌더가 사실은 어릴 때 몸이 허약해 그것을 보완하려고 노력한 결과 일등 체격을 인정받았다는 고백을 들었다. 자신이 부족한 것을 모르면 발전이 없다. **모르는 것이 없다면 이제는 알 것도 없다.** 선생님은 학창 시절 선수 생활을 하면서 제대로 배울 기회를 얻지 못한 탓에 그것을 계기로 평생 책을 가까이하게 된 동기를 부여받았다. 신종플루로 인해 10명 정도의 학생이 1주일간 격리되었다. 그렇게 해서 부족해진 학습력을 인지하지 못한다면 이번 기말고사의 결과는 기대할 수 없다. 부족한 것을 인정하는 것은 부끄러운 일이 아니다. 세상 이치는 역리적이라고 했다. 이 이치를 진리로 인식해야 한다. -2009. 11. 30. 조례시간에

31. 열과 성

지난번 ▦보고 유인물을 거두어 달라고 했더니 점심시간 전까지 마무리해 주었다. 그래서 이번에는 연말 성금 모으기도 부탁했더니 며칠 안 되어 100% 달성했다. 공부를 잘하는 것도 중요하지만 자

신이 맡은 소임을 충분히 인지해 책임을 수행하는 것도 중요하다. ▨는 교실 문을 들어서자마자 성금 봉투부터 챙기면서 일일이 독촉을 했다. 어디 그 성화에 배겨날 급우가 있겠는가? 맡은 책임에 대해 열과 성을 바쳤다. 쉬는 시간에는 책도 보고 싶고 밀린 숙제는 없었겠는가? 하지만 맡은 책임을 우선에 두고 시간과 마음을 바쳤다. 만사는 그렇게 해야 성공한다. 사회에서 인정받는다. 물에 물 탄 듯해서는 안 된다.   -2009. 12. 18. 조례시간에

32. 보고 싶은 제자에게

경인년 새해도 벌써 한 달이 지났다. 1년은 12달인데, 한 달이란 비중은 결코 가벼울 수 없다. 그러나 진학을 대비해 에너지를 비축하였다면 오히려 남은 11달이 기대되리라. 방학 선언식 때 동아리 축구 대회 출전 탓에 얼굴을 보지 못했다. 2학기 말 성적 처리가 방학과 맞물려 통지표는 발송했지만 궁금한 점이 많으리라 생각된다. 여러분을 보내고 나서 결과를 분석해 보았다. 기준은 1학기 말 성적과의 대비인데, 반 전체로서는 떨어진 학생보다는 향상된 학생이 더 많았다. 그것보다는 선생님이 1년 동안 공부한 태도를 지켜본 결과, 성적은 역시 오를 만한 학생이 올랐고 그렇지 못한 학생은 떨어졌다는 결론을 얻었다. 왜 평상시 공부하는 태도가 성적에 영향을 끼치는가? 이유를 알아보니 선생님조차 큰 걱정거리가 생겼다. 왜냐하면, 공부 태도가 성적뿐만 아니고 장래 삶과 인생 전반에 걸친 성공 여부와도 상관이 있으리란 우려 탓이다. 공부 태도와 성적은 그 이상의 장래 인생과 긴밀하게 연관되어 있다. 관련된 진행 루트는 분명하다. 생각→가치→정신→자세→공부→성적→인생의 성공 여부 좌우이다. 속담에 "안에서 새는 바가지는 밖에서도 샌다"

라는 말이 있다. '그 사람이 무슨 생각을 하고 있는가?' 하는 것이 가치관을 좌우하고, 가치관은 정신 상태를, 정신 상태는 공부 자세, 공부 자세는 인생을 추진시킬 정열로 전환된다.

불교에서는 정혜쌍수(定慧雙修)란 말이 있다. 즉, 선정(禪定)과 지혜(智慧)는 둘이 아닌 관계라, 선정과 지혜란 겸전됨을 가르쳤다. 무슨 말인가 하면, 학교생활에서 보이는 공부 태도와 그로 인해 얻게 될 결과가 다르지 않다는 뜻이다. 공부 태도가 그대로 공부 결과로 이어진다. **왜 선정과 지혜는 겸전되는가? 선정은 지혜를 얻게 하는 태도이고, 정신 자세며, 경지 세계이다. 선정에 들지 못했다면 지혜도 얻을 수 없다. 이것은 공부할 수 있는 태도가 정립되지 못한 자에게는 온전한 앎도 머물 수 없다는 뜻이다.** 그래서 선정, 즉 태도는 수행자에게 지혜로 인도하는 길이 되도록 하고, 그 앞에 도달해서는 문을 열 수 있도록 하는 열쇠이다. 지혜가 있어 지혜를 얻는 것이 아니다. 생각과 가치와 정신 자세, 공부에 대한 태도가 성적을 향상시키고, 인생을 성공으로 인도하는 역할을 한다. 선생님은 그렇게 생각하는데 여러분은 어떻게 생각하는가? 옳다고 생각한다면 공부 태도를 반성하고 성찰하여 생각을 다잡아 새 학년, 새 학기를 맞이할 수 있길 기대하면서…… 2010. 1. 25. 담임 보냄.

33. 인생의 비밀

이제 며칠 남지 않은 2학년 마무리 기간인데 이틀 간씩 나누어서 하라고 한 청소를 ◑와 ●이가 내팽개쳤다. 만약 여러분이 시한부 선고를 받아 하루밖에 살지 못한다면 무엇을 할 수 있겠는가? 연장해서 1년을 살 수 있게 되었다면? 10년, 50년, 100년 등등 연장됨에 따라 이루고자 하는 목표도 달라지리라. 즉, 인생을 단명하게 보는 사람과 영원하다고 보는 사람과는 행동과 인생관이 다르다. 죽으면 그만이라는 사람과 죽어도 영원하다고 보는 사람은 삶을 엮어가고 풀어가고 쌓아가는 모습이 다르다. 지금 여러분이 해야 할 청소를 다 하지 않으면 2학년도 얼마 남지 않았는데, 언제 어떻게 책임을 면할 수 있겠는가? 다시는 기회가 없기 때문에 고스란히 짊어질 업으로 남는다. 인생의 비밀 원리란 이런 것이다. 인간이 죽어서 어디로 가는 것인지를 알기 위해서는 인간이 어떻게 이 세상에 오게 되었는가를 보면 알 수 있다. 여러분은 처음부터 세상에 있었던 것이 아니다. 분명 無한 상태에서 有하게 되었듯, 그렇게 有했다가 우리는 다시 無하리라. 그런데 그 無가 정말 끝장인 無인가? 우리를 有하게 한 無가 아닌가? 無한 상태에서 인간이 태어났다. 그렇다면 죽어서도 그렇게 無한 상태로 존재하리라(有함). 곧, 영혼은 영원하다는 결론이다. 無→有→無한 有라, 이런 존재 상태는 마치 구름에 가렸던 해가 나타나는 것과도 같다. 존재한 삶과 죽음에 대한 생멸 이치가 이러하다. 죽음은 구름에 가린 것이고, 존재한 삶은 구름을 거두고 햇살을 발산한 상태이다. 그래서 부여된 인생 책임은 피하고 도망간다고 해서 끝날 수 없다. 언젠가는 완수해야 하는데, 그렇지 못하면 배가된 업으로 남으리라.

-2010. 2. 8. 조례시간에

2010학년도, 진주제일중학교, 2학년 8반 담임

1. 천직

새해를 맞고 보니 나에게도 교직의 끝이 보이는 시점에 들어섰다. 남은 기간은 정년까지 10년 6개월, 학교로 치면 2~3개 정도이다. 앞으로 얼마나 더 담임 역할을 할 수 있을지 모르지만, 할 수 있는 한 교사로서 해야 할 사명을 다하리라. 신상을 파악하고 보니 경제적으로 어렵거나 부모의 불화로 방황하고 고통 겪는 제자가 있다. 그들과 인연을 맺은 것은 하늘이 나에게 그들의 영혼을 맡긴 것이다. 사랑으로 대화하고 가르치고 이끌어 고민을 떨쳐버리고, 건강하고 희망찬 미래를 설계할 수 있도록 하리라.   -2010. 3. 7.

2. 지행합일

진단평가를 하였다. 첫 시간 감독을 하였는데 국어 듣기 평가로 판타지 소설에 몰입된 독서 태도를 비판한 내용이 있었다. 그런데 다음 시간에 곧바로 ㉠가 몰래 판타지 소설을 읽다가 들켰다. 무엇이 문제인가? 지와 행이 일치되지 못한 것이다. ㉠는 공부도 잘해 듣기 평가에서 판타지 소설에 대한 문항을 잘 맞추었으리라. 그런데 취한 행동은? 이 같은 문제 탓에 선현은 지와 행의 일치 상태를 학문 추구의 이상으로 삼았다. 배운 것을 행동으로 실천하지 못하면 배운 것이 소용이 없다. 헛되고 헛될 뿐이다.

-2010. 3. 9. 종례시간에

3. 가치 있는 행동, 가치 없는 행동

물건을 사려고 하면 값이 비싼 것이 있고 싼 것이 있듯, 여러분의 행동에도 가치 있는 것이 있고 그렇지 못한 것이 있다. 계발 활동 조직을 하는데 반당 인원이 정해져 있어 넘치는 반은 가위바위보로 결정했다. 그런데 그 시간에 ▽이가 몸이 아파 보건실에 누워 있다가 와서 보니 원하는 부서에는 인원이 차버렸다. 그래서 ▲에게 사정을 이야기하니까 기꺼이 양보했다. ▲의 양보는 분명 여러분의 가위바위보와는 비교할 수 없는 가치 있는 행동이다. 이런 가치가 인생 삶에도 그대로 적용되어 가치를 쌓는 보람 있는 삶을 사는 사람과 살았어도 아무런 가치를 쌓지 못하는 허무한 삶을 사는 사람이 있다.

4. 편향의 폐해

◉이가 과학 과목과 만드는 것은 좋아하는데 외우는 것과 사회 과목은 싫어한다고 했다. 그래서 시간을 내어 대화를 나누었다. 성현은 한결같이 가르치길, 진리는 마음속에 있고 어디에도 머물러 도무지 경계가 없다고 했다. ◉이가 과학을 잘해 물건이 고장 나면 배운 지식을 가지고 고칠 수 있겠지만, 결혼해서 자식을 기르는데 애를 먹인다면 어떻게 할 것인가? 그때도 과학적인 지식으로 해결할 것인가? 편향된 공부는 한계성이 있어 뜻하지 않은 요인 탓에 꿈을 좌절시키기도 한다. 마치 편식의 폐해처럼……

-2010. 3. 23. 청소시간에

5. 소중한 것을 지키게 한 교육

◇가 슬리퍼를 잃어버렸다고 했다. 학교 오면 늘 발바닥에 붙어 있는 슬리퍼를 어떻게 해서 잃어버렸단 말인가? 그것은 결코 잃어버릴 수 없는 물건이다. 정신만 있다면! 교육은 자신이 지켜야 할 것을 지킬 수 있도록 가르치는 것이지 문제를 무조건 해결해 주는 것은 아닐 것이다. 그리해야 소중한 것을 지킬 수 있는 사람이 된다.

-2010. 3. 30. 종례시간에

6. 가르침의 진리력

제자와 함께하는 사도의 길은 어려움은 있지만, 천직을 수행하는 숭고함이 있다. 가르침, 그곳에는 스승과 제자 간에 교감되는 사랑과 진리가 함께한다. 그래서 교실과 운동장은 교육의 원리성이 살아 숨 쉬는 인생 진리의 수수 현장이다. 그 대상이 누구이든 제자와 교호하는 곳에는 인간성을 고무하는 참된 진리가 머물러 있다. 인간이 무엇인가를 묻고, 이를 통해 인생의 나아갈 방향을 지침할 수 있다. **진리 중에서도 가르침으로 일군 교육적 진리 인식이 제일이다.** 실질적, 생동적이다. 인간과 세계를 결단코 포기할 수 없도록 한다. 애정과 사랑이 무궁하게 샘솟는다. 경험이 깊을수록, 경륜이 쌓일수록, 교육력에 대한 진리의 각성은 더욱더 심대하리라.

-2010. 4. 4. 저녁에

7. 성장하는 사람

▲은 반에서 제일 키가 큰데 이제 성장이 멈춘다면 어떻게 될까? 배움, 인격도 그와 같다. 성장과 발전이 있어야 하는데 주변 사람을 보면 인격이나 학문에 발전이 없는 사람이 있다. 어른인데도 욕을 달고 산다. 배움에 성장이 있으려면? 반성하고 평가할 수 있어야 한다. 그리고 기초를 다져야 한다. 마른 땅에는 물이 고이지 않듯, 학문과 인격도 그와 같다. 뮤제이온의 수학 교수인 유클리드의 교수법이 워낙 까다롭고 배우기 어려워 참지 못한 프톨레마이오스 왕이 쉽게 가르쳐 달라고 애걸하자, "기하학에는 왕도가 없습니다"[40]라고 했다. 여러분도 이번 중간고사를 철저히 분석해서 실수를 딛고 일어서야 한다. 그리해야 성장하는 사람이 된다.

-2010. 5. 4. 조례시간에

---

40) 『불교적 깨달음과 과학적 깨달음』, 김성규 저, 과학과 사상, 1993, pp.36~37.

8. 인내와 끈기

체육 시간에 한 학생을 보고 창고 문을 닫아달라고 했다. 셔터문과 열쇠고리가 어긋나 있어 자물쇠를 채우지 못했다. 힌트를 주었다. 셔터문을 올렸다 내리면서 고리를 맞추면 된다. 그렇게 문을 올렸는데 잘 올라가지 않았다. 한 손이 아닌 두 손으로 밀면 된다고 했다. 겨우 올렸다 내렸는데 이번에는 자물쇠를 채우려 하니까 채워지지 않았다. 정색하고 말했다. 네가 지금 안 된다고 한 것은 모두 할 수 있게 되어 있다. 안 된다고 포기하지 말고 이렇게도 해보고 안 되면 또 저렇게 해보고 여러 가지 방법을 강구해 보라고 했다. 요령을 터득하고 나니까 안 올라가던 셔터문이 올라가고, 안 채워진 열쇠가 거짓말처럼 채워졌다. 그런데 왜 안 된다고 단정하였는가? 3m만 파면 지하수가 있는데 2.9m 지점에서 돌이 닿는다고 해서 포기해버리면 어떻게 되는가? 여러분은 지금 어떤 잠재 가능성을 지녔는지 알 수 없는 상태인데, 자신의 재능을 탐구하는 데 집중과 인내심이 없으면? 끈기가 필요하다. 그리해야 내면 깊숙이 잠재된 재능의 보물을 끄집어낸다. 여러분은 과연 어떤 보물을 지닌 것인지 아는가? 인내와 끈기가 없으면 가진 보물을 영원히 캐내지 못하리라.　　　　　　　　　　　　　　　-2010. 5. 12. 조례시간에

9. 공부와 행동의 잘잘못

건강 체력검사가 있어 노파심에 조례시간에 무단외출을 하지 말 것을 주지시켰다. 그런데 점심시간에 선도부 학생이 무단외출을 한 학생이 있다고 하여 가보니 믿고 신뢰한 학생들이 섞여 있었다. 도대체 배움이란 무엇이고, 공부를 잘한다는 것은 무엇을 의미하는가? 자신의 욕구를 조절하지 못하고 행동의 잘잘못을 판단하지 못

한다면 성적은 인간 능력의 무엇을 평가한 수치인가? 윤리적 판단, 도덕적 심성과 아무 연관이 없는가? 같은 영역의 사고 능력인 것 같지만 같은 손도 손바닥과 손등이 다르듯, **도덕적 판단력과 지식적 판단력은 별개라는 것이 결론이다.** 그래서 선현은 공부의 목적을 인간이 지닌 지적 능력을 기르는 데 두지 않고 인격적인 완성을 목적으로 한 성인 지향에 두었다. 성인은 무엇인가? 나를 둔 근원, 즉 하늘의 뜻을 알아 어떠한 유혹에도 굴하지 않고, 인간 본연의 본성을 지키려고 한 분이 아닌가? 누가 보든 안 보든, 신념과 지조를 지키면서 세상 유혹을 물리칠 의지인, 양심인이 몇 명이나 될까? 도덕의 선, 그 양심의 선을 허물면 인생의 모든 것이 무너진다. 인류가 하늘로부터 부여받은 본성까지 잃어버린다. 무단외출을 하는 순간, 지금까지 교칙을 지킨 순수한 선은 허물어진다. 학급에서 필통이 없어졌다, 샤프를 잃어버렸다, 돈이 없어졌다고 하는데, 잃어버린 사람이 있다면 훔친 사람도 있을 것이다. 지금은 액수가 적지만 나중에는 얼마나 불어날지 알 수 없다. 반복되는 죄악의 나락으로 떨어진다. 공부 잘하면 착한 학생이라는 것은 큰 착각이다. 순수한 마음으로 밤하늘의 별과 대화를 나눌 수 있는 자만이 이 세상에서나 저 세상에서나 행복을 누리는 은총을 입으리라.

-2010. 5. 20.

10. 언더파 인생

선생님과 부모님께 편지쓰기를 했는데 몇 자 적어 놓지도 않고 떠들고 있었다. 그래서 물었다. 우리의 인생은 유한한가, 무한한가? 중학교 시절은? 지금 이 편지쓰기 시간은? 당연히 유한하다. 시간이 정해져 있다. 시간 안에서 과제를 해결하고 인생의 부여된 과업을 완수해야 한다. 골프 시합은 총 18홀인데, 각 홀마다 몇 타 안에 홀인을 시켜야 하는 규칙이 있다. 5타 안에 넣어야 할 곳에서 타수를 넘겨 버리면 '보기'가 된다. 반대로 타를 줄이면 '언더파'가 된다. 그래서 우승까지 기대하려면 10언더파 이상은 쳐야 한다. 언더파를 쳐 플러스인 점수를 보태어 나가야 우승을 기대할 수 있듯, 인생에서도 성공을 기대할 수 있다. 그런데 시간 안에 과제를 해결하지 못하는 것은 마이너스적인 인생이다. 여러분은 매 순간을 꼭 붙들어 언더파적 인생을 살아야 한다.　　　-2010. 5. 26. 조례시간에

11. 인생은 준비성

1학기 중간고사를 2주 남겼다. 계획을 세우고 대비해야 한다. 지금 준비하면 300등이 100등도 할 수 있고 100등이 1등도 할 수 있다. 그러나 시험날을 하루 남겼다면 1등과 100등은 결정적이다. 주어진 시간을 잘 활용해야 기회를 얻을 수 있다. **인생은 일회성이므로 미리 준비하지 못하면 성공할 수 없다. 10대는 20대를 위해, 20대는 30대를 위해…… 사전에 도약할 터전을 마련해야 길이 열린다.** 그러지 못하면 때가 되어도 갈 곳이 없다.

-2010. 6. 14. 조례시간에

12. 최상의 가치

대한민국이 월드컵 예선 리그에서 그리스에 2대 0으로 완승하고 자만해 아르헨티나에 4대 1로 패했다. 연이어 북한이 포르투갈에 7대 0이란 부끄러운 점수로 탈락하고 말았다. 무조건 골을 넣는 것만이 이기는 것이 아니다. 잘 지켜야 한다. 집을 하루아침에 지을 수는 없지만 단번에 허물 수는 있다. 이루기는 어렵지만 허무는 것은 순식간이다. 건강, 가정의 행복, 양심, 순결, 성적 등이 모두 그

렇다. 유지하고 지켜야 하는데 방심하면 무너진다. 전진, 발전만이 능사가 아니다. 순수한 본성, 양심, 순결은 조물주가 준 최상의 보물이다. 귀하게 지켜야 한다. 추락하는 것은 순식간이지만, 올라서는 것은 대단히 어렵다는 것을! 성적을 100등 올리는 것은 어렵지만, 100등 쳐지기는 너무나 쉽다는 것을!　　-2010. 6. 24. 조례시간에

13. 교육의 본질

중간고사에서 적발된 학생의 시험 부정행위를 선도하고 일깨우기 위한 대책을 논의하기 위해 교무회의가 열렸다. 잘못된 행위를 바로잡으려고 하지 않고 아예 철저한 감시 방식으로 대처한다면 어떻게 되겠는가? 교육과 선생님이 존재할 이유가 없어진다. 학생의 가치관과 인성 교육은 포기한 채 감독할 체제만 강화한다는 것은 교육의 역할을 전도시킨 것이다. 학교 현장에서 참으로 중요한 근본은 무엇인가, 성적인가, 덕성인가? 교육으로 이루어야 할 근원적 목적은 도대체 무엇인가? 옛날이나 지금이나 미래에도 변함없이 올바르게 성장하도록 해야 할 인성이 아닌가? 인성을 일깨워 부정행위를 막아야지 문제는 고스란히 보쌈한 채 감독만 철저히 하고자 한 대책 마련은 눈 감고 아웅 격인 교육 현실이다. 이것은 학교 현장의 관리자와 교육 행정가가 저지르기 쉬운 커다란 착각이다. 교육적인 문제를 교육으로 할 수 있는 역할 안에서 접근하지 않고 정치 논리, 경제 논리, 학문으로 위장한 제도 논리로 풀려고 했다. 그렇게 되면 옛말에 열 사람이 도둑 한 사람 붙잡지 못한다는 말이 꼭 맞다.

교육의 원리적인 측면에서도 인간 교육은 근본적인 것을 개선해서 파생된 일체 문제를 해결해야 하는데, 근본은 버려두고 말단에

서 일어난 문제를 땜질만 해댄다. 즉, 부정행위는 인간이 지닌 마음 작용이 일으킨 행위의 결과이다. 그렇다면 취해야 할 단계적 조치는 행동 감시와 근절 대책 마련 이전에 마음의 문제를 교육적으로 접근하는 것이다. 그런데 2인 감독 체제 전환은 교육의 본질과는 거리가 먼 말단적 조치이다. 동양의 위대한 성현인 맹자는 인간은 태어날 때부터 선한 본성을 가졌다고 했다. 성선설에 근거하여 교육자는 가르치는 제자에 대해 무궁한 교육적 가능성과 신뢰를 바쳐야 한다. **지금은 악한 상태라도 선으로의 개선 의지를 포기하지 않는 것, 이것이 교육의 위대한 사명 본질이다.** 바람직한 해결책은 언제라도 존재한다. 스승과 제자가 믿고 신뢰하는 가운데 배운 것이 정당하게 평가될 수 있도록 우리는 교육의 본질 문제와 인간성의 지향 방향을 똑바로 보고 판단해야 한다. -2010. 6. 24.

14. 대가성

학교 평가 안내문을 학부모님께 보내기 위해 ○이와 ●에게 봉투에 가정통신문 넣는 것을 도와달라고 했다. 열심히 하고 나더니 말했다. "선생님, 이것 도와드렸으니 블루 포인트 올려주세요." 그래서 말했다. 너희가 진정한 마음으로 도와주기를 바랐지 무엇을 바라고 한 행동은 원하지 않는다. 그렇게 해서 점수를 올려줄 수도 없다. 왜냐하면, 올려주면 너희는 정말 남을 위해 헌신하는 참 정신을 기를 수 없기 때문이다. 남을 돕는 것은 예나 지금이나 대가를 바라서는 안 된다. 조건 없이 행하는 거기에 참된 사랑의 실천이 있다. 바람 없이 봉사해야 그로부터 무언의 감동이 있고 복덕이 쌓인다. 바친 봉사를 물질로 보상받을 것인가 공덕으로 쌓아둘 것인가?

-2010. 7. 5. 조례시간에

15. 보고 싶은 제자에게

기다린 여름방학을 보내면서 어떤 알찬 경험을 쌓고 마음먹은 것을 이루고 있는지 궁금하다. 헛된 방학을 보내지 않도록 여러분의 생각을 고무시키고자 한다. 미국의 서부 개척사를 다룬 영화를 보면 황무지를 일굴 꿈을 가진 사람을 모집하여 그들이 달려가서 깃발을 꽂는 곳을 소유로 인정하여 개척할 수 있게 하였는데, 그들은 좀 더 비옥한 땅을 차지하기 위해 혈안이 되었다. 길 가던 한 나그네가 노다지 금광맥을 발견하였다면 밤낮을 가리지 않고 캐기 위해 땀을 흘릴 것이다. 그런데 사실 생각해 보면 여러분의 잠재 가능성은 그 어떤 비옥한 땅을 차지하거나 금맥을 발견하는 것보다도 더 소중하다. 삶의 꿈과 의미와 목적이 스며있다. 그런데 무엇이 문제인가? 지닌 가치를 모르고 있다는 데 있다. 그러니까 진지하게 노력하는 모습이 없다.

잠재력을 지닌 탓에 청소년 시절은 인생의 기반을 터 닦아야 하는 시기이다. 멀리, 넓게, 높게 볼 수 있는 눈을 가져야 한다. 영롱하고 총명한 천재란 말은 어린아이에게 쓰는 말이지 노인에게는 해당 없다. 치열하게 노력하고, 자신에 대해서 진지하며, 멀리 내다보아야 할 시기이다. 젊어 고생은 사서라도 한다고 하지 않았던가? 젊어서 겪은 고생과 경험과 그를 통해 얻는 생각은 무엇과도 바꿀 수 없다. 앞을 내다보기 위해서 젊음의 노력을 배가해야 한다. 미리 내다보고 사전에 대비해 때를 맞이해야 한다. 당도하고 나서 정신을 차리면 그때는 이미 준비한 자에게 자리를 내주어야 한다. 고뇌로운 후회와 쓴잔을 마셔야 한다.

그렇다면 과연 자신에 대해 어떤 보배로운 보물을 발견하였고, 캐내기 위해 노력하고 있는가? 장래를 내다보고 꿈을 키우며 길을 준비하고 있는가? 이것이 남은 방학 동안 생각해 보아야 할 문제이다. 흔히 합리화에 익숙한 사람은 사실을 잘 알면서도 회피하고 노력하지 않는 탓을 남에게 돌린다. 노력하고 공부하는 것은 자신이 가진 꿈을 이루고 지닌 재능 보물을 캐내기 위해서라 다른 무엇이 있다면 꿈을 이루기 위해 극복할 대상일 뿐이다. 원인 없는 결과는 없다. 호두알을 먹기 위해서는 껍질을 벗겨 내어야 한다. 공부도 그와 같은 상황을 벗어날 수 없다. 자신이 이루고자 하는 꿈과 성공은 모두 혹독한 껍질로 포장되어 있다. 원하는 알맹이를 얻기 위해서는 설정된 조건을 충족시켜야 한다. **얻고자 하는 알맹이 하나는 원하지 않는 조건 껍질 속에 둘러싸여 있다.** 원하는 것 하나를 얻기 위해서는 주어진 껍질 조건을 헤치고 도전해야 한다.

성장 드라마를 보면 어디에서도 주인공은 단번에 성공하지 않는다. 역경을 이겨내는 과정, 그것이 감동을 더 한다. 하지만 여러분은 정작 고생을 원하지 않는다. 편하기만 바란다. 그렇다면 아무것도 얻을 수 없는 것이 인생 철칙이다. 이 같은 원칙을 따르고 보면 자신이 정말 장래에 꿈을 이루는 인물이 될 수 있을 것인지 가늠할 수 있다. 난관을 헤쳐가야 하는데, 편하게 지내고 있다면 고생 끝의 낙을 기대할 수 없다. 무슨 일을 이루든지 추진 과정에는 항상 제약이 따른다. 배가 전진하기 위해서는 물살을 갈라야 한다. 그런데 주변의 물살이 잔잔하기만 하다면? 고요한 것이 마냥 좋은가? 배가 정박 중이라면 태풍도 암초도 만날 일이 없다. 꿈을 위한 노력이 없으면 순탄하기는 하지만 발전이 없고 장래에 대한 대비책이 없다. 마음 상태와 노력하는 태도를 점검해서 개학한 2학기부터는 변화된 모습으로 만날 수 있길 기대하면서……

2010. 8. 1. 담임 씀.

16. 내가 도대체 무슨 잘못을!

과학 선생님이 ◆를 학년실로 데리고 들어오는데 화가 많이 나 있었다. 부모를 불러와야 한다는 것이다. 물어보니 ◆도 얼굴이 상기되어 있었다. 자신은 별로 잘못도 없는데 선생님이 꾸중하셨다는 것이다. 참으로 난감한 일이다. ◆의 말도 일리는 있겠지만, 이것은 하나만 알고 둘을 모른 철없는 태도이다. 선생님이 가만히 있는데 그렇게 하셨겠는가? 물론 순간적인 관찰이라 오해했을 수도 있겠지만, 그렇다고 대들기까지 하다니! ◆야! 너는 잘못이 없다고 하지만 너의 그 후속된 행동은 잘못의 연속이다. 이미 학급의 학생이 너로 인해 수업이 정상적으로 진행되지 못했고, 선생님도 화가 나 수업을 마다한 채 씨름 중이지 않니? ◆야, 내가 너보다 먼저 선생님께 사과를 드렸다. 그렇다면 ◆야, 나는 도대체 무슨 잘못을 저질렀지? 당연히 큰 잘못이 있다. 잘못을 저지르고도 자기 잘못을 모르는 너를 잘못 가르친 잘못이다. **자식과 제자가 잘못을 저지르면 부모와 스승은 응당한 책임이 있다.** 왜 그런가? 잘못 本을 보이고 잘못 가르친 탓이다. 그런데도 ◆야, 너는 정말 잘못이 없느냐?

-2010. 9. 6. 조례시간에

17. 인생의 근본 확립

로또 당첨으로 37억을 받은 사람이 빚진 6억을 갚지도 않은 채 도망가서 받은 돈까지 전부 날려버렸다. 빚쟁이가 이 사실을 알고 고소를 해 2년 징역형을 선고받았다는 뉴스를 들었다. 이것은 그 사람이 가진 인간적인 근본이 문제이다. 근본이 바르지 못하면 37억이 아니라 100억을 안긴들 아무 소용이 없다. 37억은 횡재도 아니고 행운도 아닌 화마이다. 공부하는 자세가 확립되어 있지 못하면 아무리 많은 시간을 보내도 형설의 공을 쌓기 어렵다. 100세, 1,000세를 산다고 해도 이룸이 없다. 그래서 인생은 철저하게 근본을 닦아야 한다. 그리해야 10원짜리 하나라도, 혹은 단 1분도 헛되이 하지 않으리라. -2010. 9. 16. 조례시간에

18. 음양의 꼬리, 절망 가운데서도 희망은 있다.

온통 절망으로 휩싸인 사람에게 정말 한 올의 실낱같은 희망조차 없다면 어떻게 되겠는가? 찾으면 있게 되고, 있는 그것이 세상 이치이다. 음양은 몸통과 꼬리로 구성되어 있다. 음양이 몸통으로만 존재한다면 서로 교체될 수 없고, 영원하게 생성할 수 없다. 학급이 잘 이끌어지는데 한 놈, 그 한 놈이 문제이다. 우리는 무엇이든 완벽한 것을 추구하고 만족하기를 바라지만, 이런 상태는 있을 수 없다. 교육도 마찬가지이다. 모두 말 잘 듣고 품행이 방정하며 할 일 찾아서 한다면 선생님이 가르칠 필요가 없다. 방황하고 헤매는 제자 때문에 교육적인 인내와 사랑과 지혜로운 인도가 필요하다. 교육적 원리와 목적이 도출된다. 동물은 몸통과 사지와 머리만 있으면 되는데 왜 불필요해 보이는 꼬리가 꼬랑지에 달려 있는가? 그것이 곧 세계를 충동시키고 변화시키고 혁신시키는 요인이다. 몸통이 아닌 꼬리에 몸통을 추진시키는 요소가 숨어 있다. 몸통이 아니라 꼬리가 몸통의 방향을 정한다. -2010. 9. 18.

19. 근본

인간이 세상에 태어나 근본을 찾는 것은 인생의 추구 목적이고, 학문 탐구의 목적이며, 인류 역사의 추진 목적이다. 근본을 알기 위해 노력하는 그곳에 인생의 고귀한 가치가 스며있고, 근본을 깨우치는 그곳에 인생의 궁극적인 완성이 있으며, 근본을 위해 투신하

는 그곳에 **거룩한 인생적 승화가 있다.** 그렇다면 그 근본은 과연 무엇인가? 부모, 조상, 하나님이며, 나를 있게 한 진리성이다.

-2010. 9. 26. 11:10.

20. 정신 계승

제자는 스승의 가르침을 통하여 스승의 **인격을 신뢰하고 스승의 뜻을 받들고 스승의 정신혼을 계승해야 한다.** 그리하면 지식의 경계를 넘어 차원적인 진리 세계로 인도받으리라.

-2010. 10. 22. 조례시간에

21. 세계관의 변화

어릴 때 다닌 초등학교 운동장이 당시에는 넓었는데 어른이 되어 찾아가 보니까 좁았다. 지금 여러분은 많은 신체적 변화를 겪고 있다. 어릴 적에는 아버지와 선생님 말씀이 두렵고 겁도 났는데, 지금은 그런 아버지와 선생님의 신체 조건을 능가한다. 그래서 태도에도 변화가 생겼다. 말대꾸도 하고 힘으로 반항도 해본다. 신체는 성장했지만, 정신적인 성숙이 따르지 못한 탓이다. 철이 들고 예의를 알아야 하는데, 힘으로 해결하려고 한다. 이런 신체적 변화기에 인성의 방향이 크게 달라지며, 그것은 변화된 신체에 따른 생각의 변화 결과이다. 여러분은 어떤 인간이 될 것인가? 클수록 철이 들어 은혜를 아는 인간이 될 것인가? 많이 컸으니 그동안 억눌린 것을 힘으로 대항하려 하는 배덕한 인간이 될 것인가?

-2010. 10. 25. 조례시간에

22. 인정과 성공

여러분은 성공의 비결이 무엇이라고 생각하는가? 노력하는 것인가, 아니면 남다른 재능을 가지는 것인가? 다름 아닌 사람으로부터 인정받는 것이다. 성경에 보면 욥이란 인물이 있는데, 그는 형제의 미움을 받아 노예로 팔려 갔지만, 그 나라 시위대장의 인정을 받아 가정경제를 책임진 집사가 되었고, 큰 유혹을 물리친 결과 그 나라 왕으로부터도 인정받은 국무총리가 되어 가족과 민족을 구원한 위대한 인물이 되었다. 여러분은 모두 청소에 참여하였는데 그런 청소를 통해 선생님으로부터 인정받은 학생이 있는가? 불평하고 요령만 피웠다. 하지만 ○은 그렇지 않았다. 복도를 맡으면 복도가 훤해지고 교실 바닥을 맡으면 발밑까지 구석구석 먼지를 제거했다. ○은 공부도 1등이고 덩치도 제일 크지만, 그것으로 인정받은 것이 아니다. 여러분도 함께 참여한 청소를 통해서이다. 선생님은 여러분 앞에서 아무것도 자랑할 것이 없는 사람이지만, 그러나 선생님으로부터 인정받는 학생은 반드시 성공하리라. 왜냐하면, 세상은 온통 인간이 만들어가는 세상이고 이끌어 가는 세계이다. 그래서 노력하는 것도 중요하지만 나아가서는 윗사람이 인정하고 키워주어야 한다. 상사가 인정하니까 승진을 하고, 왕이 인정하니까 나라의 국무총리가 되었다. ○이가 인정받기 위해서 한 것은 아니지만, 선생님이 그 정성을 모를 리 없다. 그렇게 인정받아야 성공한다.

-2010. 11. 26. 종례시간에

23. 보이지 않는 노력

광저우 아시안 게임에서 박태환 선수가 수영 1,500m 경기에서 중국의 심양 선수에게 졌다. 아나운서 말이 심양 선수는 한 번에 발을 6번 차는데 박태환 선수는 4번밖에 차지 못한다고 했다. 물밖의 팔 동작은 같지만 보이지 않는 물속에서 더 많이 발을 찬 것이다. 공부도 마찬가지이다. 학교에서 6시간 공부하는 것은 똑같다.

그렇다면? 보이지 않는 곳에서 남다른 노력을 쌓아야 한다. 그리해야 앞설 수 있다. 심양이 박태환 선수를 이긴 것은 키가 커서가 아니다. 보이지 않는 물속에서 발을 더 많이 찬 탓이다.

-2010. 11. 29. 조례시간에

24. 공덕의 가치

주변에는 어려운 이웃이 있는데 남을 돕는 정신적 가치를 깨우치기란 쉽지 않다. 부처님은 백 년 동안 모은 재물은 하루아침에 날려버릴 수도 있지만, 공덕은 3일만 쌓아도 천 년을 간다고 하였다. 예수님은 값진 보화를 땅에 쌓지 말고 하늘에 쌓아두라고 했다. 그 공덕과 하늘의 보화가 다름 아닌 어려운 이웃을 위해 사랑을 실천하는 것이다. 헌신하는 가치가 영원함을 역설한 것은 부처님과 예수님이 같다.

-2010. 11. 30. 조례시간에

25. 나의 제자에게

신묘년(辛卯年)을 맞이하여 건강하고 훌륭한 꿈을 성장시키는 한 해가 되기를 기원한다. 새해부터는 여느 해와 달리 중3인 선배로서 책임 있는 학교생활을 해야 하고, 진로를 선택해야 하는 시기인 만큼, 학업을 위해 매진해야 할 해이다.

그렇다면 무엇을 어떻게 할 것인가? 답을 구하기 위해서는 여태까지의 학교생활을 돌이켜보아야 한다. **인생에는 뿌리가 있고 역사에는 바탕이 있다. 우리는 미래를 새롭게 개척하는 것 같지만 이미 과거로부터 굳혀진 성격, 취향, 습관으로부터 영향을 받고 있다.** 이것이 무슨 말인가 하면 반드시 지난 학기를 반성해야 한다는 뜻이다. 그렇지 못하면 잘했어도 잘한 이유를 모르기 때문에 다시 잘못을 저지를 수 있다. 그리고 무엇보다도 지난날을 철저하게 반성해야 하는 이유는 인생과 역사 역시 반복되기 때문이다. 오늘 잘못은 오늘 한 번만으로 끝나지 않는다. 때와 상황을 달리해 다시 부딪힌다. 동양의 『주역』에서는 음양, 사상, 팔괘, 64괘가 조화를 이루어 만상을 생성시키고 인생과 역사를 결정한다고 했다. 늘 새날을 맞이하기 때문에 이날이 반복된다는 생각은 하지 않는데, 사실상 수억 년에 걸쳐 우주의 운행은 그렇게 순환되었다. 사시사철처럼 우주적인 질서가 그러한데, 인생 삶인들 벗어날 리 있겠는가? 50년 전이나 지금이나 선생님이 존재한 본질은 변한 것이 없다. 변화를 겪은 것은 반복된 것을 다르게 인식한 것뿐이다. 그래서 니체란 철인은 영원회귀 사상을 말했고, 부처님은 윤회설을, 예수님은 부활과 재림을 말했다. 이런 사상을 추려보면 세상에는 무언가 바탕 된 본질이 있어 그것은 변함없이 존재하고, 또 변화하고 생멸하는 것은 표면에 있는 뭇 현상일 뿐이다. 그런 과정이 무수한 세월에 걸쳐 반복되고 있다. 그래서 살펴보면 정말 세상은 근본 된 바탕 틀이 있어 만사가 그 틀 안에서 존재한다는 사실을 알 수 있다. 수백억이 넘는 세포가 일사불란하게 나란 생명체를 이루고 인간이란 종을 이루었다. 얼굴 모양과 사는 모습은 다르지만, 인간종이란 전체 틀은 벗어나지 않았다. 이런 현상이 아무런 바탕 틀 없이 작용할 수는 없다. 그냥 허공에 떠 있는 존재가 아니라 인생 삶을 결정짓는 근본이 있다는 사실을 자각하고, 삶을 개선할 지혜와 원리를 근본으로부터 구해야 한다.

　흔히 인생은 무한한 잠재 가능성과 기회를 얻고 있다고 하는데 선생님이 볼 때는 안타깝게도 오직 한 번밖에 쓸 수 없는 카드와도 같다. 돌이켜 보면 선생님은 50년을 훨씬 넘겼는데, 이렇게 써버린 인생 카드를 지금에 와서 다시 바꿀 수는 없다. 바꿀 수는 있겠지만 그렇게 되면 카드의 가치와 유용도가 떨어진다. 그런데 여러분은 그 중요한 카드를 아직 한 번도 사용하지 않았고, 어떤 카드를 쓸지 결정하지도 않은 상태이다. 하지만 이제는 중3으로서의 인생관, 가치관, 세계관을 준비하는 중이므로 점차 결정되어 가고 있다. 그래서 지금 중요한 것은 어떤 경우 어떤 상황에서도 카드를 써야 할 때 바르게 쓸 수 있는 용기와, 카드가 지닌 경쟁력을 갖추는 데 있다. 카드를 썼을 때 그 카드가 남보다 유리할 수 있도록 가치를 높여 놓아야 인생을 성공적으로 이끌 수 있는데, 힘도 없고 아무도 혹할 특징이 없다면 내놓은 카드를 아무도 거들떠보지 않으리라. 거듭된 실패를 경험할 뿐이다. 선생님은 부족하나마 운동이란 특기 카드를 지닌 탓에 이 카드 하나로 인생 역정을 헤쳐나올 수 있었다. 그래서 중요한 것은 인생 레이스에서 남다른 경쟁력을 확보할 수 있는 특기 카드를 만들기 위해 주력해야 한다. 스포츠에서는 공격하는 것이 최선의 방어라고 했듯, 인간은 누구라도 완벽할 수 없으므로 특기 카드를 지니면 결점을 보완하고 인생을 고무하는 세계로 인도한다. 보다 격조 높은 로열, 특별한 삶의 세계로 이끈다.

모두가 원하지만, 모두에게 다 기회가 허용되는 것은 아니다. 비록 2학년 때 부진함이 있었다 해도 선생님이 지적한 삶의 근본 바탕과 정신 자세를 개선해서 방학 생활을 보낸다면 만회할 기회란 얼마든지 있다. 2학년 과정을 잘 마무리 짓는 것은 물론이고 맞이할 새 학년 새 학기에는 향후의 인생을 좌우할 특기 카드를 개발하고 꿈을 이룰 기초를 다질 수 있길 바란다. 항상 여러분의 바른 생각과 훌륭한 성장을 기원하는 담임이……

2011. 1. 25. 13:00, 여러분을 사랑하는 담임 씀.

제16장 생각하며

- 교육 단상

1. 참된 교사는 인생 꿈을 제자의 가슴 속에 묻는다. 그렇지 못하고 괴리되어 있다면, 평범한 직업인일 뿐이다.   -2007. 4. 2.

2. 학문은 始와 終을 간파해야 하고 인생은 의구, 버림, 구원이란 조건을 완비해야 한다. 학문이 始終을 모른 채 진리를 주장하면 하나만 알고 아홉을 모르는 무지의 소치이다. 인생이 아무리 영광되고 구족되더라도 인간다운 본연인 근원을 되묻고 되찾고 안주한 과정이 없으면 결과적으로 헛된 삶이 된다. 고로 인생의 배움은 무언가의 추구 과정과 도달 목표가 있어야 하고, 이룸이 있어야 한다. 인간은 모든 것을 알고 태어나는 것이 아니다. 그렇기 때문에 반드시 구함과 배움의 과정이 있어야 한다.

3. 현대 학문은 세인이 평생 추구하고 궁구해서 완성할 수 있는 배움의 목적과 가치를 제시하지 못했다.

4. 행복은 깊은 사려로 세상의 안온함과 함께하는 것이다. 몰려드는 훈풍 속에 잠적하는 것이다. 잡념 없이, 어떤 고통에 대한 느낌도 없이, 고뇌·애증·원한·고민·미래의 심려를 떨쳐버린 채 대지의 풍경 속에 안기는 것이다. 우주의 적막감을 느끼면서도 살아서나 죽어서나 일체감에 변함이 없다면 우주의 시원을 몰라도 좋고, 생멸의 비밀에 무지해도 좋다. 정려함으로 생각하는 여유와 마음을 가지는 한 우리는 순수하고, 자신은 하나이며, 우주의 일부이

다. 죽어도 우주의 생명력과 함께하리라.

5. 요즈음 학교 현장에서는 교권이 무너졌다는 말을 자주 듣는다. 학생을 가르치는 선생님의 권위는 중요하다. 권위가 없으면 참된 지식과 살아 있는 지혜를 가르쳐도 소용이 없다. **교실에는 질서가 있어야 하고, 선생님에게는 권위가 있어야 진리에 대한 수수(授受) 작용이 성립된다. 교육의 기본적인 원리가 적용될 수 있다.** 권위는 복합적인 요인에 의해(노력과 신뢰 등) 뒷받침되지만, 교권은 교육 작용을 일으키는 보이지 않는 제3의 힘이다.

6. 孔子는 "學의 궁극적 목적이 天命을 아는 데 있다"라고 했다.[41] 진실로 天命을 아는 것은 천지의 운행 목적이고 인생의 추구 목적이며 자아의 존재 목적이다. 天命을 아는 것은 교육의 삼위일체 목적관이다.

7. **스승은 제자에게 제 방면과 역할과 상황 속에서 가치관을 받들어 실천할 수 있도록 인생의 원리를 가르쳐야 한다.** -2009. 4. 15.

− 기고문

진리와 배움

진리는 배움의 중대한 목표이다. **인류 역사상 진리를 추구하고 열망하지 않은 세대와 영혼은 없었다.** 진리를 위해 목숨을 건 구법 여행을 떠났고, 일생을 바쳐 정진하며, 진리를 지키기 위해 차라리

---

41) 『역사이해에 관한 기론적 고찰』, 김도종, 원광대학교대학원 불교학과, 박사, 1987, p.60.

죽음을 선택한 성현도 있다(소크라테스). 孔子는 아침에 道를 들으면 저녁에 죽어도 좋다고 했다. 도대체 진리가 무엇이기에 소중한 생명까지 담보로 내놓다니! 무언가 눈에 보이지 않는 가치가 있는 것이 분명하다. 그것을 학생은 배움을 통하여 찾아야 한다. **배움은 무엇인가? 바로 진리를 구하는 것이다.** 흔히 책 속에 길이 있고 진리가 있다고 히는데, 그렇다면 진리란 무엇인가? 그러나 안타깝게도 지성들이 정열을 바쳐 탐구하였지만, 구체적으로 정의된 바는 없다. 진리는 무언가 세계의 본질적인 면과 연관이 짙다. 그러니까 여태껏 선현이 엿보기는 했지만 판단한 관점은 여러 갈래이다. 이것은 근원적인 바탕이 있기는 한데 완전하게 드러나지 못한 것이 중요한 원인이다. 그래서 세상 가운데는 미리 될 일을 바라본 예언이란 형태와 믿음을 요구하는 진리가 있게 되고(종교 신앙), 신념으로는 견지하되 증명하기 어려운 진리도 있다(철학). 서양의 합리주의는 이것을 참지 못해 이성적으로 판단하고 분석, 관찰, 실험해서 확인하고 증명할 수 없는 것은 진리적 범주로부터 추방해 버리기도 했지만 많은 문제점을 낳았고, 진리 세계를 이해할 수 있는 폭을 좁혀 버렸다. 곧이곧대로 질서정연한 법칙 아래 있는 물질이나 현상이란 영역에 대해서는 괄목한 만한 탐구 성과를 거두었지만, 인간의 마음이나 주관, 의지, 생사, 운명, 道, 본질, 形而上學, 神과 같은 주제에 대해서는 접근하기 어려웠다.

이처럼 편향된 주류적 사조에 의해 오늘날의 학생은 배움, 공부, 학습, 지식, 학문이란 세계를 아무리 파헤쳐도 진리라는 정체를 발견하기가 쉽지 않았다. **현재의 교육 철학과 제도적 시스템 아래서는 배우고 익힌 객관적인 지식이나 이치와 주관적인 가치 세계를 연결할 수 있는 길이 근본적으로 차단되어 있다.** 배움이 진리와 거리가 멀다. 배움은 진리를 구하는 것을 목표로 하는데, 도달이 요원하다면 어떻게 되겠는가? 정말 요즘은 배움을 일류 대학에 진학하고, 좋은 직업을 가지며, 사회적으로 성공할 수 있는가 하는 자격요건 정도로 생각하지 인생 본질을 변화시키고 운명을 개선해 인격을 향진시킬 수 있는 가치성 설정은 이루지 못한다. 장래 꿈과 연관되고 인생 가치를 일구어야 하는데, 진리가 아닌 지식만 구한 결과이다. 그러므로 일단 진리가 무엇인지에 대해 확실하게 규정한 바는 없지만, 진리가 아닌 지식만 배움으로써 일어난 폐해만큼은 확실하다. 지식은 아무리 추구해도 세계의 기원과 인생의 나고 죽음 문제는 해결하지 못한다. 행복이 무엇인지, 죄악이 무엇인지, 왜 정의가 지켜져야 하는지, 생각하는 인간이 궁금하게 여기는 삶의 문제에 대해 대답을 주지 못한다. 그러나 진리는 그렇지 않다. 최소한 지식이 가진 문제의식을 포함해 무궁무진한 문제로까지 세계를 넓힌다. 그래서 진리는 평생 추구해도 다함이 없고, 여태까지 탐구해도 모습을 다 드러내지 못했다. 하지만 신명을 바친 선현은 진리에 대해 일말의 메시지를 남기고 갔다. "진리는 하나다. 진리는 한 근원, 한 뿌리이다. 만법이 일체이고 결국은 귀일한다. 진리는 다 통한다" 등등 이 같은 판단 이면에는 커다란 비밀이 숨어 있다. 쉽게 결론 내릴 수는 없지만, 이것을 풀 수 있다면 인류가 그토록 궁금하게 여긴 진리의 본질 형태를 밝힐 가능성도 있다. 이것이 학생이 도전해봄 직한 이상적인 배움의 과제가 될지 모르겠다.

따라서 진리를 추구하기 위해서는 먼저 배움의 자세가 달라져야 한다. 지식은 결정된 앎을 수용하는 것이지만 진리는 자아가 인생과 세계에 대해 의문을 가지고 앎을 일굴 때 다가온다. 진리를 인식한다는 것은 삼라만상 세계에 대해 주관을 세우는 것이다. 말 없는 세계에 대해 귀 기울이고 의미를 일깨운다. 소중하지 않은 것이 없고 촌음을 아껴 정진한다. **사색하고 성찰하는 영혼 위에 태고의 원음이 읍한다.** 道를 구하고, 覺을 얻고, 神이 있다면 神의 소린들 들을 수 없겠는가? 선현이 진리를 얻은 비밀 원리가 여기에 있다. 삼라만상 우주가 법칙적으로만 분열한다면 세계는 서양의 認識論만 있으면 되고, 인류는 과학만 탐구하면 되리라. 그런데 동양의 선현들이 따로 직관, 수행, 깨달음, 반야란 초월 인식 세계를 개척한 이유는 무엇인가? 존재하고 있는 세계는 더욱 본질적이고 종합적인 탓이다. 그래서 인간은 너와 나를 불문하고 지식이 아닌 진리를 추구해야 하는 것이 맞다. 특히 인생의 원대한 터전을 마련해야 하는 학생에게는 더욱 절실하다. 정체성과 더불어 인생관, 가치관, 세계관을 모색해야 하는데, 이때 진리를 추구하는 자세의 정착으로 권유하고 싶은 것은 **늘 뜻을 일구고 꿈을 키우는 추구 정신이다.** 물질적 가치에 현혹되기 쉬운 청소년이 정신적인 가치를 소중하게 여기고, 그렇게 해서 얻은 진리성을 증험하는 것이다. 그 같은 체험 인식이 곧 영혼으로 하여금 진리의 세계로 진입하게 하는 계기를 이룬다. 인생은 더욱 본질적인 세계의 영향 아래 있는데, 본질적인 것은 결국 진리이다. **우리는 알게 모르게 진리로 존재하고, 진리 안에서 살다가 진리 안에서 죽는다.** 생명 같은 진리를 놓쳐버리고 나 몰라라 한다면 인간다운 삶을 살 수 없다. 어떻게 살고 어디로 가야 할지 방향을 잡을 수 없다. 죽어서도 구천을 떠돈다. 적극적으로 진리를 수용하고 인식하고 일구어 깨달을 수 있는 자세가 필요하고, 그렇지 못한 영혼을 진리 세계로 인도할 수 있다면 그보다 더한 生의 가치 구현은 없다. 무엇이 우리를 허망의 구렁텅이에서 건져낼 것인가? 진리이다. 진리가 나를 변화시키고 운명을 근본적으로 승화시킨다. 결국은 **진리가 나를 이끌고 세계를 이끌며 우주의 근간을 이룬다. 진리를 추구하고 자각하는 삶은 가장 실존적으로 세계와 함께하는 것이며, 세계 역사를 긍정적인 방향으로 추진시키는 원동력이다.**

그래서 나는 우리 학교가 세상에서 보배로운 "진리를 추구하는 배움의 전당"이 될 수 있길 바란다. 옛 책에 이르길, "아름다운 산수가 깊은 곳에는 신선이 노닐 듯하다"란 말이 있다. 학교가 진리를 추구하는 전당이 되지 않고서 어떻게 훌륭한 인물이 배출되겠는가? 산수 깊은 환경에서 신선이 노닐 수 있듯, 학생이 열심히 진리를 추구하는 전통과 환경이 갖추어진 곳에서 훌륭한 인물이 나온다. 혼자만 공부해서는 진리성에 입각한 세계적 인물이 되기 어렵다. 모두 이 학교를 진리를 추구하는 가치 있는 전당이 되도록 노력해야 그 같은 환경 속에서 나라와 인류 사회에 보탬이 되는 인물이 배출되리라. 진리를 위해 뜻을 일구고 내일을 꿈꾸는 본교 학생이 되기를 다시 한번 기대하면서……

-제일중 학보 「솔」 제2호(2006년 8월)

8막 교실

전통, 비봉산의 시절(3년)
진주중학교

(2011. 3. 1.~2014. 2. 28.)

2011학년도: 2학년 담임, 육상지도, 교육장 표창
2012학년도: 1학년 부담임, 보직교사, 역도부 감독, 교육감
　　　　　　표창
2013학년도: 2학년 제2 담임, 보직교사, 역도부 감독

2012. 우수선수지도실적 평정 대회, 교육감 1등급
2013. 우수선수지도실적 평정 대회, 교육감 1등급

제17장 길을 가며

진주중학교는 진주 지역에서 역사와 전통을 자랑하는 학교이며 사회적, 국가적으로 명망 높은 인물을 많이 배출하였다. 담 하나를 사이에 두고 있는 진주고등학교는 3년 동안 푸르른 비봉산을 바라보고 정구를 하면서 땀 흘린 모교이고 무언의 꿈을 키웠던 곳이다. 저술을 위한 씨앗이자 원류도 이곳 비봉산 터전으로부터 시작되었다. 비봉(飛鳳)이란 풍수적으로 봉황이 나는 듯한 형국이라, 비록 봉우리는 낮지만(표고 140m) 동서로 크게 날개를 펼친 모양새이다. 신성하고도 범상찮은 이곳에서 무언가 교육적인 영광이 있길 기대하였다. 어느 모로 보나 지역의 중심적인 역할을 하는 학교인데, 지금은 열악함을 면치 못하고 있다. 체육 교사가 4명이고, 후배가 체육부장을 하고 있어 첫해에는 체육 업무를 보조하면서 2학년 정담임을 맡았다. 굳이 정담임이라고 말한 것은 제도가 바뀌어 복수 담임, 제1·2 담임 등으로 명칭이 바뀐 탓이다(지금은 폐지됨). 다음해부터는 근무 상황이 변하여 후배가 교무 부장, 나는 체육부장을 맡았다. 그리고 또 한 가지 변화는 역도부 감독 역할을 병행한 것이다. 진주중학교는 축구부, 태권도부도 교기로 지정되어 있어 한 교실에 체육 영재가 3~4명씩 되었다. 학창시절 위 마당에서 정구로 땀을 흘렸고 체육 교사까지 되었지만, 여태껏 특기생을 육성하는 부감독직은 내심 기피하였다. 하지만 이제는 거부할 수 없게 된 상황이라 각오하길, 지금까지 운동하면서 쌓아 올린 경험과 훈련 방법을 적용하여 그들이 흘린 땀이 헛되지 않도록 뒷받침하고자 하였다. 그 결과 2012년 제41회 전국소년체전 역도 −94kg급에서 3관왕, 2013년 제42회 전국소년체전 동체급에서 금메달 2, 동메달 1개를 획득하였다.

이곳에서 이룬 저술 역정으로서는 『성령의 시대 개막』(2011), 『역사의 본질 탐구』(2012), 『세계의 섭리 역사』(2012), 『문명 역사의 본말』(2012), 『세계의 신적 본질』(2013), 『지상 강림 역사』(2014)가 있다. 특히 『지상 강림 역사』는 길의 전후 과정에서 모멘트를 이루는데, 부여받은 저술 사명의 목적을 적시하였다. 선언된 지상 강림 역사를 진리적, 섭리적, 역사적으로 증거하기 위해 계속 길이 추구되리라.

근무 3년째에는 본교 축구부의 숙원인 인조 잔디 구장을 조성하기 위한 지역 주민의 여론 조사, 공사비 확보, 업체 선정 등에서 체육부장으로서 역할을 하였고, 운동장 배수로 공사 착수 모습을 지켜보면서 학교를 떠났다. 만기가 되어 막상 타 지역으로 가고자 하니 앞이 막막하였다. 수소문 끝에 그나마 가까운 사천 지역에 3개 정도 자리가 보여 그쪽으로 방향을 정했다. 하지만 그곳으로 희망한 내신자가 쟁쟁하다는 정보를 듣고 마감이 임박한 상황에서 통영으로 희망지를 바꾸었다. 때가 되어 발령이 났는데 결과는 가만히 있었더라면 처음 원한 데로 가게 되어 있었다. 인사는 계산대로 되는 것이 아니고 운대로 된다는 말이 떠올랐다. 그렇다면 이것은 정말 무슨 뜻인가? 사천이면 진주에 가까우니까 그곳에서 정년을 맞이하면 될 것 같았다. 하지만 통영은 그런 기대와 희망을 접어야 했다.

제18장 가르치며

2011학년도, 진주중학교 2학년 7반 담임

1. 진주중학교 부임 이유

교육의 도시를 대표하는 진주중학교에 부임했다. 진중을 택한 이유는 단 한 가지, 수많은 인재를 길러낸 푸르른 비봉산 아래 터전에서 평소 품은 체육을 통한 교육적 이상을 펼쳐보기 위해서이다. 피 끓는 학창 시절 나도 이곳에서 꿈을 키운 만큼 장성한 지금은 사랑하는 제자들에게 그동안의 경륜을 쏟아 길을 인도하고, 지혜를 일깨우며, 훌륭한 뜻을 일구게 하리라. 함께 뛰면서 교육이 무엇인지? 인생이 무엇인지? 헌신해야 할 삶의 가치가 무엇인지 숙고하는 기회를 가지리라.
-2011. 3. 2.

2. 건강한 신체

세상에 아무리 귀한 보물을 가져도 건강을 잃으면 소용이 없다고 했다. 인생을 살아가는 것은 행복을 구하기 위함이고, 행복을 얻는 데는 많은 요소가 있지만 그중 기반을 이루는 것이 바로 건강이다. 그런데 이런 필요성을 인식한 것은 근대를 연 서양의 지성들로부터였다. 서양의 중세나 동양의 유교 사회에서는 신체 활동을 탐탁잖게 여겼다. 육신을 욕망과 죄악의 온상으로 여긴다든지(기독교), 땀 흘리는 일은 하인이 하는 일 정도로 여겼다(조선의 양반 사회). 그런데 영국의 경험론 철학자 존 로크는 "건강한 신체에 건전한 정신이 깃든다"라는 유베날리우스의 말을 인용해 당시로써는 획기적인 사상을 피력하였고, 그로부터 체육은 인간의 질적 삶을 향상하는 데 꼭 필요한 교육적 요소로 자리매김하였다. 이른바 지·덕·체를 겸비한 인격체 육성이 그것이다.

그런데도 오늘날은 과학이 발달함에 따라 인간의 삶은 편리해졌지만, 비례적으로 신체 활동의 기회가 줄어들어 비만과 각종 질병에 시달리고 있다. 그래서 체육의 필요성과 가치를 자각하여, 성장하는 시기부터 건강한 삶을 위해 신체 활동을 적극적으로 경험해야 한다. 어차피 현대 문명은 물질문명 체제라 기계를 다루지 않으면 생활할 수 없는데, 이 기계는 다름 아닌 운동 신경을 발달시켜야 하는 기능의 문제이다. 오늘날 교통사고의 80%가 기계가 아닌 인간적 실수로 일어나고 있다는 통계치만 보더라도 청소년은 다양한 운동 경험을 통해 기계 문명을 원활히 수용할 수 있는 운동 신경을 발달시켜야 한다.

그래서 운동 경험은 내일이면 늦다. 규칙적으로 운동하는 습관을 기르고, 체력 관리를 철저히 하여 사회에 나가서도 스포츠를 통해 이웃과 교제하고, 여가를 즐기며, 건강하고 행복한 가정을 이루도록 지금부터 발걸음을 옮겨 놓아야 한다.

-2011. 3월 첫 주, 체육 과목 소개시간에

3. 사람 사는 법

여러분은 학교에서 지식만 얻어가는 것이 아니다. 급우와 함께 생활하면서 생기는 문제를 대화로 해결하고 양보, 화해, 우정을 나누며 사람이 사는 법을 배워야 한다. 그리해야 사회에 나가면 직장 생활에도 적응하고 배우자를 만나 훌륭한 가정을 이룬다. 사람 사는 법을 배우는 그것이 정말 참된 학교 교육이며, 학교에 오는 이유이다. 친구와 다투고 참지 못해 피해를 주며 왕따로 고통 주는 것이라면 이것은 사람 사는 법을 배운 것이 아니다. 이런 학생이 사회에 나간다면 어떻게 될까?　　　　　-2011. 3. 14. 조례시간에

4. 공부하는 이유

알다시피 에이브러헴 링컨(1809~1866)은 미국의 16대 대통령이다. 그는 어린 시절 켄터키주의 통나무집에서 가난한 농부의 아들로 태어나 미국의 대통령이 되었고, 노예를 해방했다. 이 위인이 한 일을 보면서 우리는 자신이 왜 열심히 공부해야 하는지 이유를 깨달아야 한다. 바로 의미 있는 역사를 창조하기 위해서이고, 보람된 일을 하기 위해서이다. 링컨이 가난한 가운데서도 열심히 공부하지 않았다면 변호사도 정치에 대한 꿈도 키울 수 없었을 것이다. 어렵게 공부했기 때문에 불쌍한 사람의 처지를 이해하게 되었고, 이것이 미국 대통령이 되었을 때 노예의 편에 서서 자유를 주는 데 힘이 되었다. 열심히 공부하면 역사란 무대에서 많은 훌륭한 일을 할 수 있는 기회가 주어진다는 사실을 알고 공부 영역을 확대해 나갈 필요가 있다.　　　　　-2011. 3. 15. 조례시간에

5. 경험과 지혜

목욕탕에서 목욕을 하는데 샤워기가 고장 났다. 몇 번을 고쳐 보려고 했지만 안 되어 관리인에게 의뢰했더니 단번에 눌러 고쳐버렸다. 알고 보니 조금만 더 세게 뚜껑을 눌렀으면 고칠 수 있었다. 이것이 바로 경험이 지닌 지혜이다. 경험이 부족하니까 안 되는 것으로 알고 포기하였는데, 그분은 단번에 문제를 처리했다. 포기와 해결과의 차이를 판가름해 주는 것이 경험이 주는 지혜이다. 미국의

존 듀이는 공부하는 목적을 책상에서 이론적으로 익히는 지식이 아니라 하나하나를 경험, 즉 체험을 통해 익히도록 하는데 주안점을 둔 교육 철학을 제시하였다. 경험이 부족한 여러분은 가능한 것을 불가능한 것으로 판단할 수 있다. 단순하게 생각해 시도하다가 포기해버리는 경향이 있는데, 그렇게 해서는 누구도 깊은 곳에 있는 샘물을 발견하기 어렵다. 여기 조금 파다가 안 되면 저기 조금 파 보고 해서는 아무것도 발견할 수 없다. 자신의 재능을 발견하기 위해서는 끈기와 인내와 경험이 필요하다. 어디에 능력과 행복과 찬란한 인생 무대를 펼칠 재능이 파묻혀 있을지 알 수 없다. 인생문을 열기 직전에 포기해 버린다면 큰 불행이 되리라. 참으로 어리석은 자가 되리라.　　　　　　　　　　　　　　-2011. 3. 18. 조례시간에

6. 세대 차에 대한 변

학년 초 업무 분담 발표 때 교감 선생님께서 말씀하시길, 어려움이 있어 학급 담임은 57년생까지 끊어서 맡기게 되었다고 하셨다. 나도 그 경계선에 걸려 담임을 맡게 되었는데, 진중은 나름대로 학교 경영 방침과 교직원 분위기에 특성이 있었다. 그렇다면 학생의 교육 환경은? 아침에 자율학습 지도를 하고 있는데 반 학생 한 명이 늦게 들어왔기에 조금만 더 일찍 등교하라고 했더니 갑자기 열을 내면서 흥분을 감추지 못했다. 자신은 지각생을 단속하는 교문을 무사히 통과했는데 선생님이 왜 간섭하느냐는 것이었다. 너는 학급에서 지각 단속에서 안 걸리는 것이 문제가 아니라 학급에서 좀 더 모범을 보여야 할 위치에 있는 반장이 아니냐고 했더니, 느닷없이 선생님하고는 세대 차를 느낀다면서 대화하기를 거부했다. 아주 흥분한 상태라 인내심을 발휘해야 했다.

생각해 보면 참으로 회한에 찬 제자로부터의 일격이다. 정말 그 학생 눈으로 세대 차가 절감되도록 한 것인지 반문했다. 나눈 대화 중 말뜻을 이해하지 못해 단절된 데는 누군가에게 분명 원인이 있다. 그렇다면 그것이 누구인가? 세대 차란 문제가 갑자기 교육 인생에서 큰 화두로 등장했다. 물리적인 삶의 공간에서 10대와 50대린 참으로 큰 치이이다. 반에서 젊은 부모가 39세 정도라, 한 세대조차 훨씬 넘어섰다. 하지만 교육은 본질적인 면에서 신지식을 전수하는 것도, 젊음과 패기만으로 이루어지는 것도 아니다. 온갖 풍상을 겪은 삶의 경륜자로서 인생의 지혜를 가르치는 측면도 있다. 이런 경험과 지혜는 각 세대를 거쳐야만 쌓이는 것이라, 세대 차가 적은 2~30대 젊은 교사가 그 이상의 인생 경륜을 지침하기는 어렵다. 물론 자기 연찬과 변화에 대응하지 못한다면 나이를 먹을수록 고리타분함이 배일 수 있다. 하지만 교사로서 학생을 위해 정진하길 멈추지 않았다면 그야말로 경륜이 쌓였을 때 인격과 지혜를 갖춘 완덕(完德)한 교사가 될 수 있다. 과일에는 풋과일이 있듯, 젊어서는 경륜을 쌓아 그런 교사가 되기 위해 노력해야지, 싱싱함이 사라지면 시세가 급락하는 꽃처럼 한때의 인기몰이꾼이 되어서는 안 되리라. 문제는 이런 교사의 길과 격을 알 길 없는 학생이다. 관리자는 그나마 사회적으로 지위를 인정받으니까 학생도 격조를 달리하지만, 평교사는 자기들 안목에서 무시한다. 버릇이 없고 말도 함부로 한다. 그래도 이해하는 것은 선생님 편이지 학생 편이 아니다. 나이 먹은 선생님은 그 같은 인생의 경험 과정을 두루 겪었기 때문에 주어진 처지와 고민과 어려움을 이해한다. 미경험된 미지의 세계를 개척해 나가야 하는 학생은 안내자가 필요하며, 세대를 초월한 지혜를 구해야 한다. 세대가 높은 자가 세대를 앞지르고 초월

할 수 있지 세대가 낮은 자는 일일이 헤쳐나갈 수밖에 없다. 이런 의미에서 **세대 차란 세대가 낮은 자가 세대가 높은 자에게서 느끼는 세계 이해에 대한 무지와 한계성의 노출이다.**

제자로서 연만한 선생님께 대해 취할 올바른 태도는 지금까지 파란만장한 삶을 겪은 경륜과 지혜를 존경해야 하며, 그분들 인생의 뒤안길에는 지금까지 길러온 수많은 제자가 사회 각처에서 후광을 발휘하고 있다는 사실을 볼 수 있어야 한다. 세대를 앞선 지혜를 배움에서는 인격에서 우러나는 선생님에 대한 신뢰와 굳은 믿음이 필요하다. 세대 간의 격차로 인해 당장은 쉽게 이해할 수 없더라도 제자로서 올바른 배움의 길을 열어가기 위해서는 가르치는 선생님을 존경하고 믿음으로 따라야 한다.

돌이켜 보건대 나도 젊은 시절을 겪으며 교단에 섰지만, 그때는 인생과 세계와 진리에 대한 앎이 너무나 부족하였고, 사실상 멋모르는 상태였는데, 지금은 학생이 인생을 헤쳐나가는 데 있어 꼭 필요한 것이 무엇이라는 것 정도는 판단할 수 있다. 이것이 교사로서 지닌 교육적 신념이고, 교육의 지침 방향이며, 교육 철학이다. 나도 학창 시절에 여러 선생님으로부터 가르침을 받았지만, 마음으로 존경하는 선생님은 중3 때 수업 내용은 제쳐 놓고 많은 인생담을 들려주셨던 국어 교과 담임 선생님이셨다. 지금의 기억으로도 할아버지 선생님 같은 인상을 지우기 어렵다. 인생도 역사도 결국은 그렇게 태동한 근본으로 돌아가는 것일진대, **교육은 인생과 세계를 바라보는 수많은 학생이 그렇게 돌아갈 근본이란 것이 과연 무엇인지 깨닫고, 그러한 근원처를 찾아갈 수 있도록 길을 인도하는 것이다.** 그 本이 神이 되었건, 道가 되었건, 空, 物, 心, 太極, 梵이 되었건 각자가 판단할 일이지만, 그 가운데 반드시 포함되는 것은 생명을 주신 부모님이고, 정신에 가르침의 혼을 불어넣어 주신 선생님이다. 역사상 어떤 성인도, 위인도, 보통 사람이라도 자신을 이루게 한 이 두 분의 근본자를 거치지 않고서는 온전한 인간이 되지 못했다.

-2011. 3. 22. 아침 자율학습시간에

7. 규율이 필요한 이유

도자기를 만들 때는 핀을 돌려 섬세하게 다듬는다. 인간이 성장하는 과정도 마찬가지이다. 청소년기는 몸뿐만 아니라 마음과 정서, 성격, 기본 습관, 가치관 등이 마치 굳지 않은 진흙처럼 틀을 잡지 못한 상태이다. 이때 가정의 부모와 학교 선생님과 사회의 어른이 그 틀을 바르게 잡아주어야 훌륭하게 성장할 수 있다. 학교 교육에 규율이 필요한 이유이고, 학생이 학교에서 정한 교칙을 지켜야 하는 이유이다. 자랄 때 곁가지가 생기면 거목이 될 수 없다. 나무를 위해서 잘라주어야 한다. 수행자는 지켜야 할 계율이 너무나 많다. 그러나 이것을 지키면 오히려 그곳에 무한한 영혼의 자유가 있다. 자유성은 인간의 규율성이 절정에 달했을 때 부여되어야 만끽할 수 있다. 규율이 조성되지 않은 상태에서의 자유성은 백해무익이다. 위대한 종교인은 인류가 헤어나지 못하는 속박과 구속 가운데 있을 때 비로소 나타나 대 자유를 선언했다. 佛陀는 고행으로부터 더욱 더 자유롭게 깨달음에 이르는 길을, 예수는 유대인의 엄정한 전통 율법으로부터 하나님께로 나아가는 길을 자유롭게 함으로써 수많은 영혼을 구원하는 길을 텄다. 곧, 성장기에 규율은 올바른 인간이 되기 위해서 거쳐야 하는 인생 삶의 규정 틀이다.

그런데도 학교에서의 성실한 교칙 준수 요구를 부정하고 어긴다면 이것은 마치 알을 보호하기 위해 만들어 놓은 달걀 껍데기를 깨뜨려 버리는 것과 같다. 달걀은 알 속에서 가장 안전하고 편하게 생명력을 보존할 수 있고, 때가 되면 세상 가운데로 나와 날개를 펼수 있게 하는데, 그 껍질이 구속인 것처럼 여기고 때도 아닌데 박차버린다면 어떻게 되겠는가? 과일 껍질은 과일을 오래도록 보존하기 위해서이듯 규칙과 규율성은 학생을 더 나은 세계로 나가게 하는 보호막이다. 이런 역할을 하는 최소한의 규칙조차 거부한다면 사회는 이런 학생을 더 이상 보호할 수 없다. 준엄한 법의 제재를 받아 자유를 잃게 되는 어리석음을 범하게 될 것이다. 그러므로 학교 규칙을 어기면 자유를 얻는 것이 아니라 자유를 잃어버리게 된다.

-2011. 4. 1. 조례시간에

8.아침 가르기

등교하는데 처음 며칠 동안은 자율학습 시간에 맞추었다. 그랬더니 거리에 차도 많고, 신호를 기다리는 시간도 길며, 특히 아침 등굣길이라 진고 학생과 뒤엉켜 상당히 지체되었다. 겨우 교문을 비집고 들어서면 주차장이 가득 차 자리가 없었다. 그래서 조금 일찍 나섰더니 복잡한 출근 문제가 일시에 해결되었다. 과연 60억이 넘는 인류 중 새벽에 눈을 뜨고 활동하는 인구수는 얼마나 될까? 지금 출근길의 예를 들자면 10%도 안 되리라. 그래서 일찍 활동하는 사람은 그만큼 경쟁 상대도 적어지고 자신이 원하는 바를 쉽게 획득할 수 있다. 부지런하고 근면한 사람에게 주어지는 혜택이고 선물이다. 아침 일찍 등교하면 텅 빈 거리를 거침없이 나갈 수 있는 것처럼, 인생길도 거침없이 열어갈 수 있으리라.

-2011. 4. 2. 조례시간에

9. 도전과 응전

가정환경 조사서를 살펴보니 갑부의 아들이 아닌 여러분은 모두 갑부가 될 가능성을 지녔다. 현재 자신의 처지가 어려운 것은 비관할 것이 아니고, 시인하고 극복하려고 노력하면 그렇게 될 수 있다는 뜻이다. 역사가 토인비가 말하기를, "인류 역사는 도전에 대한 응전의 역사"라고 했다. 실례로 인류의 4대 문명 발상지 중 한 곳인 중국의 황하는 그보다 더 지리적 환경이 좋은 양쯔강을 제치고 중국 문명을 일으킨 발상지가 되었다. 이 말은 풍부한 자연은 인간을 안주하게 만들어 새로운 것을 일으킬 창조력을 유발할 수 없는데, 혹독한 자연환경의 도전은 인간의 응전이란 정신력을 촉발하게 되고, 그렇게 해서 창출된 긍정적인 의지력이 인류의 첫 문명을 일으키게 한 원동력이 된 것이다. 만약 여러분이 재벌 2세로 태어났다면 풍족한 환경 속에서 굳이 열심히 일해야 하겠다는 인생 목적과 추구 가치를 세우기 어려우리라. 하지만 자라면서 가난이 무엇이라는 것을 체험한 사람은 어떻게 하면 남이 부러워할 만큼 잘 살수 있을 것인가를 궁리하게 된다. 그래서 현재의 가정환경이 어려운 것은 결코 부끄러운 것이 될 수 없는, 더욱 분발케 하는 계기가 될 수 있다. 단지 문제는 그런 처지를 긍정하는 마음가짐이 중요한데, 그러지 못하면 어떤 처지로부터도 응전을 일으킬 에너지를 생산하지 못한다. **한때 가난을 경험했던 자는 부자가 될 확률이 높고, 한때 부자였던 자는 오히려 가난해질 확률이 높다(?).** 인생의 역전과 반전이 오직 삶의 도전에 대한 응전의 역사에 있다는 사실을 알고 허약한 자가 건강한 자가 되고, 공부 못하는 자가 공부 잘하는 역전의 명수가 될 수 있길 바란다.

10. 꿈의 무대

중간고사가 며칠 남지 않았는데 시험에 대한 스트레스가 있으리라고 생각한다. 하지만 박찬호가 메이저 리그에 등판할 때 그것을 스트레스라고 생각하지는 않았으리라. 박지성이 월드컵 무대에서 뛰는데 그 기회를 어찌 마다하겠는가? 김연아가 동계 올림픽에서 금메달을 딴 것은 온갖 시험을 이기고 용기 있게 무대에 섰기 때문이다. 불안과 스트레스를 이기고 세계인의 이목이 쏠린 꿈의 무대에 선 탓에 세계인이 인정하고 찬사를 아끼지 않은 스타로 발돋움할 수 있었다. 여러분을 기다리고 있는 중간고사도 마찬가지이다. 그동안 노력한 성과를 확인할 수 있는 무대이다. 등위를 역전시키고 부모님으로부터 칭찬받을 기회이다. 열심히 준비해서 도전하는 무대가 되어야 하는데, 회피하고 두려워해서는 장차 어떤 무대에도 설 수 없고, 가진 능력을 인정받을 기회도 없다. 인생은 무대를 통해 발돋움할 수 있고, 세상으로부터 인정받으며, 역사를 이루는 것인 만큼, 오늘의 무대 맞이를 내일 꿈의 무대에 서기 위한 인생 발판이라고 생각하고 적극적으로 대비해야 한다.

-2011. 4. 25. 조례시간에

11. 식물의 소리, 양심의 소리, 하늘의 소리

아침에 ●에게 물었다. 사람은 무엇을 먹고 사는가? "예, 밥입니다." 그렇다면 그 밥을 며칠 동안 먹지 못하면 어떻게 되는가? "예, 배가 매우 고픕니다." 배만 고픈 것이 아니라 많은 고통도 뒤따를 것이다. 그렇다면 ●은 그런 고통을 겪어보았는가? 정말 굶어 보았는가? 교실에는 유일한 식물이 하나 있다. 학생들이 두리번거렸다. ○이가 "선생님, 앞에 난이 있습니다"라고 말했다. 그래서 다시 물었다. 그렇다면 이 난은 어떻게 살아가고 있는가? "예, 선생님, 물을 먹고 삽니다." "……" 그런데 지금 3월부터 두 달이 다 되어가는데 이 난에 물을 한 번이라도 주어 본 사람? 아무도 없지 않은가? 물을 먹어야 사는데 물을 주지 않았다면 이 난이 어떻겠는가? 여러분들 앞에서 그동안 얼마나 애탄 목소리로, 그것도 제일 가까이 있는 "▽ 씨, 물 좀 주세요!" "▼ 씨, 물 좀 주세요!" 하고 호소하지 않았겠는가? 그 소리를 여러분은 듣지 못했는가? 지금 아프리카 그 척박한 오지에서 물 한 모금, 밥 한 끼 제때 먹지 못해 병들고 고통받고 죽어가고 있는 어린 생명의 호소 소리가 들리지 않는가? 이 난이 말을 하는가? 그 아이의 호소가 여기까지 들리는가? 말하지 않고, 말하지 못하고, 들리지 않아도 그 소리를 들을 수 있어야 한다. 하늘의 소리를 듣고, 식물의 소리를 듣고, 이웃의 어려운 소리를 들을 수 있어야 한다. 그것이 여러분이 이곳에서 배우는 이유이다. 알아야 하고, 깨어야 하고, 사랑으로 마음의 문을 열어야 한다. 교실에 있는 난에 물이 필요하고, 물을 주지 않으면 말라 죽을 수밖에 없다는 것을 누가 몰랐겠는가? 하지만 관심이 부족하고, 사랑이 부족하고, 내가 해야 한다는 자각이 없으니까 그 속삭임을 아무도 듣지 못했다. 난은 말하지 못해도 우리가 깨달으면 말 없는 소리를 알아들을 수 있다. 말 없는 말을 알아들어야 여러분은 진실로 나를 사랑하는 이의 마음도 알아차릴 수 있고, 하늘이 여러분에게 命하는 사명의 소리도 들을 수 있다. 하늘이 말을 하던가? 말하지 않아도 하늘이 이르시는 말씀을 들어야 한다. 그것이 곧 하늘이 명하는 고귀한 사명이고 소명이며 인생행로를 결정할 天命이리라.

-2011. 4. 26. 조례시간에

12. 이상적인 희망

만약 한 사람이 있어 그 사람이 동네 등산로가 깨끗하게 될 때까지 쓰레기를 줍기로 했다면 그 사람의 소원은 언제 달성될 것인가? 아마 평생 줍고 또 주워도 계속 남아 있을 것이다. 왜 그런가? 쓰레기를 줍는 한 계산대로라면 며칠 내로 깨끗해질 것이다. 하지만 현실은 그렇지 못하다. 더 이상 버리는 사람이 없어야 하는데 세상 가운데는 버리는 사람이 부지기수이기 때문이다. 성인은 세상에 천국을 건설하길 원했는데 우리는 왜 아직도 그런 세상을 맞이하지 못하는가? 쓰레기의 이치와 똑같다. 죄를 저지르는 사람만 없다면 내일이라도 당장 세상이 천국으로 돌변하리라. 그런데 깨끗하지 못하고 천국이 되지 못하는 것은 끊임없이 새로운 쓰레기를 버리고 죄악을 반복해 저지르기 때문이다. 왜 아침에 깨끗한 교실이 오후에는 청소해야 하는가? 이론적으로는 버리지 않으면 청소할 필요가 없다. 그렇다면 청소는 언제까지 반복해야 하는가? 이런 근본적인 원인 문제를 해결하는 데 교육적 사명이 있다. 만인이 깨달아야 하고, 만인이 실천해야 하며, 근본을 자각하는 교육인이 되어야 한다. 그리하여 설사 버리는 사람이 있더라도 교육으로 버리는 사람보다 줍는 사람을 더 많게 가르친다면 세상은 언젠가는 깨끗한 천국이 될 희망이 있다.

13. 생명의 움틈과 속삭임

여러분은 어제 밤하늘을 수놓은 그 초롱초롱한 별빛들이 여러분의 장래 꿈을 밝히기 위해 빛나고 있었다는 사실을 알았는가? 아침 등굣길 연둣빛으로 피어오른 가로수의 그 싱그러운 움틈이 바로 여러분에게 보이기 위해 피어난 생명의 속삭임이었다는 것을 보았는가? 오늘 수업 시간에 들은 그 선생님의 열띤 가르침이 여러분이 평생 사용할 지혜의 자양분이란 사실을 깨달았는가?

14. 가치의 인정자

부모님은 늘 함께하시기 때문에 은혜 주심의 소중함을 잘 모르듯, 선생님 역시 존재한 가치를 등한시하기 쉽다. 겉모습이 사장님처럼 돈이 많다면 부러워라도 할 것이고, 국회의원처럼 사회적 지위가 돈독하다면 악수라도 청하겠지만, 선생님은 단순히 과학이나 영어 지식을 전수하는 교사 정도로만 여긴다. 그러나 선생님은 여러분의 성장 과정을 한정된 시간 동안 지켜보고 있지만, 일생을 좌우하고 결정지을 존재 가치를 발견하고 인정하고 북돋는 역할을 담당하고 있다. 여러분은 태어나 지금까지 누구도, 여러분의 부모님도, 아니 자기 자신도 자신이 과연 세상에 어떤 존귀한 사명과 재능과 존재 가치를 지니고 있는지 알지 못한다. 그런데 선생님은 그런 사실을 다양한 계기를 통해 발견하고 인정하고 가능성을 지침해 준다. 이런 선생님에 대해 가르침을 등한시하고, 혹은 무시하고, 혹은 반항까지 한다면 그것은 자신에게 잠재된 능력 바가지를 엎어버리는 것과 같다. 인간은 성장하여 위인이 되는데, 그 가능성을 청소년 시절에 발견하여 기르지 못한다면 훌륭한 인물이 될 수 없다. 그래서 교사가 선생님이 되고, 선생님이 스승이 되는 것은 여러분과 선생님과의 그 거부할 수 없는 인격적인 교감과 존경과 믿음 어린 관계 형성에서 비롯된다. 그 중요한 역할을 선생님은 자각해야 하고, 학생은 받들어야 한다.   -2011. 5. 13.

15. 교사의 역할

교육실습생이 학급에 소속되었다. 그래서 한 달 동안 학생과의 관계 형성을 통해 학생이 지닌 다양한 특성을 발견하여 한 가지 이상 메모해 달라고 부탁했다. 화원에는 다양한 종류의 꽃이 제각각의 모양과 색깔로 자태를 뽐내고 있듯, 학생도 분명 다양한 성격과 재능과 고민을 가지고 있다. 이것을 선생님은 얼마나 예리하게, 그리고 깊이 있게 관찰하고 발견하는가에 따라 학생의 장래를 인도할 수 있다. 겉모습을 통해서는 얼굴 모양과 키, 몸무게 등이 다르다는 것을 비교할 수 있지만, 이면에는 무슨 특기와 재능과 취미를 가진 것인지, 보이지 않는 내면까지 꿰뚫는 눈을 가지고 또 길러야 교사로서 역할을 다할 수 있다. 그리고 그것은 나아가 인간과 세계를 이해하는 세계관과 가치관과 진리를 성찰하는 길이기도 하다.

-2011. 5. 17. 종례시간에

16. 인생 역사는 어떻게 이루어지는가?

달나라에 우주선을 쏘아 올린 지가 언제인데 아프리카 오지에서 몇 시간씩 걸어 황토물을 길러 먹는 원주민이 소개되었다. 어떻게 이런 문명적 격차가 생긴 것인가? 인류 문화와 인생 역사는 과연 어떻게 이루어지는가? 여러분은 인생에서 특별한 행운과 성공을 기대하지만 그런 역사가 이루어지는 원칙은 분명하다. 오늘 주어진 이 순간순간에 벽돌을 쌓아 올리지 않으면 자신이 원한 인생의 만리장성은 완성할 수 없다. 지금 여러분이 보내고 있는 시간이 바로 인생 역사를 이루게 하는 단단한 벽돌이다. 이 벽돌을 장래의 그 무언가를 위해 쌓아 올려야 언젠가 자신이 원하는 이상적인 집을 지을 수 있다. 학교에 왔으면 열심히 지식을 쌓아야 한다. 그리해야 인생 역사가 진척된다. 비싼 기름을 태웠으면 목적한 곳에 도착해야 한다.

-2011. 5. 20. 조례시간에

17. 판단하는 삶

나라 예산을 투자해 건설한 고속전철이 계속 고장을 일으켜 국민을 불편하게 하고 있다는 소식을 접했다. 고속에 견딜 수 있도록 만들어졌고 레일도 튼튼하게 깔았는데 왜 고장이 빈번하고 탈선까지 하는 것일까? 철저하게 설계를 해서 모든 것을 고려했는데도 불구하고 고속철은 만들어진 기계에 불과하므로 이상 유무를 진단할 수 있는 자체 판단력이 없다. 하지만 인간인 여러분은 다르다. 사전에 길을 닦아 레일을 깔아 놓지 않아도, 혹은 비상 제어 시스템을 장착해 놓지 않아도 판단할 수 있는 눈을 가진 탓에 없는 길도 헤쳐나갈 수 있다. 그때그때 생각하고 판단만 잘한다면 아무런 이상을 일으키지 않는다. 그것이 다름 아닌 길을 가면서 옳고 그른 것을 판단할 수 있는 자세와 능력이다. 왜 인생길에서 어리석은 잘못을 저지르고 옳지 못한 길로 이탈하는가 하면 판단을 제대로 하지 않기 때문이고, 유혹에 빠져 잘못된 판단을 하기 때문이다. 왜 교칙을 지켜야 하는지? 친구와 싸우면 안 되는지? 마지못해 따르는 것이 아니라 스스로 판단해서 바른길을 찾아 나갈 때 여러분은 고속철처럼 인생길을 이탈하는 일이 없을 것이다.

-2011. 5. 23. 조례시간에

18. 교육의 본질적 역할

선생님은 휴지를 버리지 말고 껌을 뱉지 말라고 계속 말했다. 그런데도 학교 현장과 사회 곳곳에 휴지는 물론이고 담배꽁초, 술병 등등 쓰레기가 산과 들을 불문하고 버려진 현실을 어떻게 보아야 하는가? 이런 습성과 태도를 근절하기 위해서는 무엇을 어떻게 해야 할까? 아예 휴지를 없앨 것인가? 껌을 씹지 못하게 할 것인가?

그렇게 하는 것은 결국 주객이 전도된 방안일 따름이다. 말끔하게 하기 위해서는 휴지를 없애는 것도, 술을 제조하지 못하게 하는 것도 아닌, 그런 행위를 하지 않도록 인간을 교육하는 것이다. 그렇게 하는 것이 교육의 본질이다. 그리고 이것이 교육이 인류 사회에서 반드시 성취해내어야 하는 천국 시민의 자질을 양성하는 지대한 사명이다(**천국 시민을 양성해야 하는 것이 교육의 인류 문화사적 역할이고 사명임**). 그 가능성 있는 현실적 방안으로서는 한 사람이 줍는 상태를 개선해서 두 사람이 되고 세 사람이 되고…… 그렇게 해서 버리는 사람보다도 줍는 사람이 더 많아진다면 결국 모두가 원하는 천국을 이 땅에서 건설할 수 있으리라.　　　　-2011. 5. 30.

19. 천도 성실(天道 誠實)

　하늘이 우주의 질서에 어김이 없듯 인간의 한결같은 노력 행위를 두고서 성실(誠實)하다고 한다. 하루는 해가 동쪽에서 뜨고 다른 날은 서쪽에서 뜬다면 우주의 질서가 교란된다. 하루는 일찍 등교했다가 다른 날은 지각하는 학생을 두고 성실한 학생이라고 하지 않는다. 그러고 보면 우리의 행동 가치를 인정하는 것도 한결같은 성실성이 뒷받침되었을 때다. 『中庸』에서는 성실한 것은 하늘의 道이고, 성실하려는 것은 인간의 道라고 했다. 하늘이 성실하듯 인간도 그 성실성을 본받아야 인사(人事)를 대성(大成)한다. 그 성실한 하늘의 道란 다름 아닌 만물과 만상을 이룬 바탕 질서이다. 만물의 생성과 이룸이 이러할진대, 하늘의 道를 본받은 人道가 성실하지 못하다면 세상에서 이룰 것이 아무것도 없다. 성실하지 못하면 우주의 운행 질서가 멈추고, 성실하지 못하면 인간의 인생 근본이 형성될 수 없다.-1학기 기말고사 성적 향상을 축하하며……

2011. 7. 11. 담임.

20. 보고 싶은 2-7반 제자에게

무더운 여름날, 폭우가 쏟아지고 태풍이 덮쳐 곳곳에서 물난리를 겪고 있는데 무탈하고 건강하게 지내는지 궁금하다. 한 학기 동안 여러분과 함께하다 보니 스승과 제자로서 많은 추억이 쌓인 것 같다. 지난 세월은 이제 돌이킬 수 없지만, 아직 우리에게는 2학기가 있으므로 새로운 역사를 이루어 살 잠재 에너지를 방학 동인 축적할 수 있길 바란다.

지금 여러분은 무엇보다도 중요한 성장의 역사를 이루어 가고 있다. 평생을 좌우할 인생의 기본 틀을 잡아가고 있는 시기인 만큼, 여기에는 반드시 그 길을 담금질하고 방향을 지침할 안내자가 있어야 한다. 이런 역할의 한가운데 학교 선생님이 자리 잡고 있으므로 2학기부터는 각오를 새롭게 해서 소중한 가르침을 받들도록 해야 한다. 함께 생활한 1학기를 되돌아보면 보람 반, 실망 반이 교차하였던 것 같다. 교육은 더 나은 방향으로의 변화를 목적으로 하는데, 학습 습관과 인격을 변화시키는 데는 많은 어려움이 있었다. 마음의 문을 열어 선생님이 제시한 세계를 볼 수 있어야 하는데, 자신감과 용기의 부족으로 머뭇거림이 있었다. 좀 더 자존감(자신의 존재 가치)을 높이고 큰 포부를 지녀 꿈꾼 세계를 이루어 갈 수 있길 바란다.

여러분의 인생 과정에는 바르게 도전해서 쟁취할 수 있는 수많은 황금의 기회가 가로 놓여 있다. 황금의 가치는 귀한 것이고 변하지 않는다. 그래서 누구나 가지고 싶고 탐을 낸다. 자연히 경쟁력이 따라붙기 때문에 그만한 도전과 노력과 준비가 필요하다. 그런데 여러분은 곳곳에 꽂혀 있는 황금의 깃발들을 아예 쳐다보지도 않고 있다. 선생님이 안 된다고 한 판치기가 근절되지 않고 있는 것과도 무관하지 않다. 판치기는 자신이 노력한다고 해서 원한대로 결과를 보장받는 것이 아니다. 사회적으로 유행하는 로또 복권도 마찬가지이다. 포기하지 않고 끝까지 도전한다고 해서 행운이 약속되는 것이 아니다. 요행적 바람과 생각이 오히려 정당하게 쟁취할 수 있는 수많은 황금의 기회까지 무산시키기 때문에 근절하고자 했다. 여러분은 심각하지 않은 한두 번의 심심풀이 장난으로 여길 수도 있겠지만, 그것은 인간에게 잠재된 요행을 바라는 욕망의 덩어리를 건드린 것이다. 그래서 지난 기말고사에서 소기의 향상이 있었던 학생에게는 선물을 주겠다고 약속한 적이 있다. 이것은 정말 도전해 봄 직한 황금의 기회와도 같다. 노력하고 준비해서 도전한다면 누구라도 바라는 황금의 깃발을 뽑아 들 수 있다. 지금의 판사, 검사, 사장, 시장, 국회의원, 대통령은 언제까지나 그 자리를 독차지하는 것이 아니다. 때가 되면 항상 새로운 인물들로 교체된다. 그러므로 여러분은 그때를 위하여 어떤 황금의 깃발을 뽑을 것인지를 눈여겨보아 두어야 하고, 경쟁이 심한 만큼 유리한 교두보를 확보해 놓아야 한다. 그것이 배움을 통해 성취해 나가야 할 현 단계에서의 인생 과업이다. 그러기 위해서는 열심히 배워 한시라도 제자리에 머물러 있어서는 안 된다. 2학기부터는 보다 성숙한 행동적 변화가 있길 기대한다. 끊임없이 성장하기 위해서는 무엇보다도 생각을 크게 변화시켜야 한다. 어제나 오늘이나 생각에 변화가 없다면 행동에도 인격에도 진척이 없다. 그런 생각을 변화시키는 주된 작용에 배움이 자리 잡고 있다.

그중 독서는 생각을 큰 폭으로 변화시키는 주된 원동력이다. 생각의 변화가 독서를 통해 이루어진다. **독서는 평범한 사람을 위대**

하게 하는 맞춤형 창조력이다. 장래에 어디서 무슨 일을 하든지 필요한 지혜와 창조력을 공급하는 것이 독서이다. 식물이 성장하는데 거름이 부족하면 안 되는 것처럼, 사람은 독서력이 풍부해야 대성할 수 있다. 그리고 생각을 변화시키는 요인에는 다양한 경험도 필요하다. **경험하는 것만큼 확실한 배움은 없다.** 그런데 이런 경험을 위해서는 도전할 수 있는 용기가 필요하다. 안주하고 있어서는 답보 상태를 면하기 어렵다. 또 한 가지 생각의 변화를 일으키는 요인에는 사회에서 성공한 입지적인 사람과의 인격적인 교감이 있다.

그래서 독서, 경험, 인격적인 만남을 통해서 수많은 생각의 변화가 있을 때 여러분은 어느덧 남들로부터 존경받은 선배, 어른, 부모, 그리고 우러러보는 지도자, 인격인, 위인으로 거듭날 것이다. 반대로 하등의 변화와 노력이 없다면? 인격과 인생 역사는 정체되고 오히려 남들로부터 손가락질받고 업신여김을 당하는 부끄러운 사람으로 전락해 버린다. 역사적으로 보아도 명예혁명(1688년), 산업혁명(1760년) 등의 변화를 주도적으로 이끈 영국은 근대를 열고 세계를 지배한 대영제국을 건설했지만, 변화를 거부하고 통상수교거부정책을 쓴 우리나라는 먼저 개화된 일본에 나라를 빼앗긴 치욕을 당했다. 여러분은 정말 노력하고 도전해서 학창 시절에 이루어야 할 중대한 인생 과제인 배움이란 황금의 기회를 꼭 붙들어 자신의 삶을 보다 능동적으로 개척하고 성취해 나가는 자랑스러운 제자가 될 수 있기를 바란다. 그런 기대에 부응하기 위해서는 먼저 정신적으로 깨어야 하고, 얼을 가다듬어야 한다. 남은 방학 기간을 알차게 보내야 하고, 개학 후의 태도가 달라져야 한다. 머리, 복장을 가다듬어 개학 날 건강한 모습으로 만날 수 있길 바라면서, 그럼 안녕…… 담임 보냄.

21. 평가받지 못한 인생

아들과 함께 등산을 했다. 안개가 끼고 이슬비가 내려 산길이 미끄러웠다. 조심했는데 그만 죽 미끄러지고 말았다. 앞에서 걷던 아들이 이 모습을 보고 크게 웃었다. 그런데 2~30m도 못 내려가서 이제는 아들이 죽 미끄러져 버렸다. 아무리 눈으로 보고 지각해도 자신이 경험하지 못하면 미끄러진 실상을 알기 어렵다. 여러분도 마찬가지이다. 선생님이 잘못을 지적해도 깨닫거나 행동에 큰 변화가 없다. 왜 그런가? 여러분은 그렇게 해서 산 인생의 결과를 평가받지 못해서이다. 하지만 선생님은 다르다. 이만한 연륜을 지나는 동안 수많은 과정을 겪고 경험한 바이며, 또 그렇게 해서 평가받은 제자를 길러내었고 지켜보았기 때문이다. 평가된 결과를 확인한 탓에 여러분에게 가르칠 수 있다. 왜 그렇게 행동하면 안 되고, 선생님이 안내하는 길을 믿고 나아가야 하는지······   -2011. 8. 29.

22. 무단결석

ⓒ이가 학교생활에 적응하지 못하고 반복해서 무단결석을 했다. 왜 친구들은 3년 동안, 아니 그 이상도 탈 없이 잘 다니는데 너는 하루가 멀다고 결석을 하느냐? 왜 그런 어려움이 생기고 힘들게 생활하느냐? 네가 학교생활이 힘든 것은 가야 할 길을 이탈해 있기 때문이다. 가야 할 길, 닦여진 길, 놓인 길을 가지 않기 때문이다. 그 결과는 당연하다. 고속도로로 가면 쉽고 편하고 빨리 갈 수 있는데, 이탈해서는 전진이 어렵다. 산길로 접어들었다면 가시밭길이 앞길을 가로막고 있고 자칫 방향까지도 잃을 수 있다. 네가 지금 그와 같지 않으냐?   -2011. 9. 2.

23. 알을 품음

추석을 전후하여 지역의 국회의원이 국정보고 소책자를 우편으로 보냈다. 살펴보니 진주중 24회, 진고 48회란 학력이 소개되었다. 그리고 다음 난에는 사회 활동을 소개하였는데, 무려 26개 분야에 책임을 맡았거나 거쳤고, 현재도 6개 분야는 고문 또는 회장직을 역임하고 있었다. 이분은 도대체 어떤 능력을 길렀기에 이토록 왕성한 사회 활동을 할 수 있는가? 그 힘이 곧 학창 시절의 공부에 있다고 생각한다. 지금 여러분은 무언가 비상할 내일을 위해 알을 품고 있는 시기이다. 이때 잘 품고 잠재력을 길러 놓아야 알을 깨고 부화했을 때 선배 국회의원처럼 지칠 줄 모르는 사회 활동과 업적을 쌓을 수 있다. 지금은 그런 힘을 길러야 할 때지 이용할 때가 아니다.

-2011. 9. 8.

24. 교육의 역할

6월에 급식소 앞에 빈터가 있어 상추씨를 5천 원어치 사서 뿌려 놓았다. 판단하기로 급식소 앞이 땅도 좋아 보여 3천 원짜리를, 옆의 땅은 거칠어 보여 2천 원짜리 씨를 뿌렸다. 물론 씨를 늦게 뿌린 탓도 있겠지만 양쪽 다 성장이 조금 느렸다. 그런데 예상과 달리 급식소 앞은 비가 오면 물도 잘 안 빠지고 햇빛도 벽에 가려 있는 시간이 길어 성장이 잘 안 되었고, 옆의 상추는 잘 자라 수확까지 해 몇 끼를 잘 먹었다. 그래서 생각한 것이 교육은 정말 무엇이 좋아야 하는가? 씨가 좋아야 하는가, 터가 좋아야 하는가? 재능이 중요한가, 환경이 중요한가? 결과를 가늠하는 것은 인생이든 교육이든 어려움이 있다. 양쪽 다 반씩 갈라서 씨를 뿌렸더라면 비교가 되었으리라. 그러나 무엇이든 현실에서는 조건이 여의치 못하다.

같은 조건에서는 결국 환경이 관건이다. 아무리 씨가 좋아도 터가 좋지 못하면 그것은 미래에 아무런 희망이 없다. 하지만 비록 씨는 좋지 않더라도 환경이 조건을 잘 갖춘다면 최상은 아니더라도 소기의 목적은 이룬다. 좋은 씨에 좋은 터라면 금상첨화이겠지만, 세상에는 그런 조건을 갖춘 상태만 존재하는 것은 아니므로 부족한 씨라도 그 이상의 본성을 개화시킬 수 있도록 하는 것이 교육의 역할이고 가치이다.   -2011. 9. 15.

25. 쓰나미

올해 일본 동부 해안 지역에 태평양에서의 지진 발생 탓으로 쓰나미가 덮쳐 수많은 인명과 재산 피해가 속출한 사건을 기억하고 있으리라. 물론 쓰나미 발생이 사전에 예고되지 않은 바는 아니었지만, 규모와 파괴력이 상상을 초월했기 때문에 주민들이 속수무책이었다. 지진 발생 즉시 대피하였더라면 적어도 목숨만은 건졌으리라. 여러분이 하는 공부도 마찬가지이다. 이유 없이 결석하고 놀기만 해도 당장 어려움과 제약이 가해지는 것은 아니다. 하지만 진학하고자 할 때, 혹은 사회에서 무언가를 이루고 싶을 때, 그때야 지금의 행위적 쓰나미가 운명을 가로막는다. 원하는데 진학을 못 한다든지 자격 미달로 채용을 거부당한다. 하고 싶은 일을 해야 행복을 이룰 텐데, 남은 것은 하기 싫은 일들뿐이라 의욕을 잃는 불행을 겪고 만다. 그런 인생 쓰나미를 만나지 않으려면 오늘 쉬지 않고 노력해야 한다.   -2011. 9. 20.

26. 타고난 원석

저녁에 가족과 함께 개천 예술제 '등'을 구경하러 진주성에 나들이를 갔다. 도착하니 마침 제1회 전국 판소리 축제가 야외무대에서 펼쳐지고 있었다. 구성진 판소리를 오랜만에 들으면서 한 가지 의문을 가졌다. 왜 나는 평범한 목소리인데 저들은 저토록 트이고 구성진 가락을 뽑아낼 수 있는가? 이유는 그들은 자신의 목소리를 갈고닦았기 때문이고, 나는 그렇게 하지 못했다는 데 있다. 만약 나도 그렇게 가다듬었더라면 그렇게 되지 않았을까? 사람은 누구나 나름대로 부여받은 고귀한 원석을 타고났다고 본다. 그런데 나는 다듬지 않아 평범하게 되었다. 그대로 두어서는 안 되는데, 여기에 교육과 공부와 인생이 삼위일체로 합쳐진 목적이 있다. 곧, **교육은 부여된 원석을 부단하게 갈고닦게 하는 것이고, 공부는 그 원석을 빛나게 개발하는 것이며, 그것을 인생이란 무대에서 가치를 더하도록 하는 것이다.** 원석은 큰 가치가 없지만 어떻게 가공하는가에 따라 배가되듯, 인생의 가치도 그러하다. **원석을 갈고닦아 주어진 가치를 높이는 것이 인생의 목적이고, 갈고닦을 수 있도록 방법을 제시하는 것이 교육의 목적이며, 불철주야 갈고닦아 원석을 빛내는 것이 공부하는 목적이다.** -2011. 10. 10.

27. 인성의 대성

달마대사는 중국에 선종을 전파한 초조인데, 유명해지자 왕이 그를 불러 물었다. "절도 많이 짓고 희사도 많이 했는데 공덕이 얼마나 되겠는가?" 달마대사의 대답은 "無!" 성경에 보면 동생인 야곱이 형인 에서의 복을 가로채 하나님의 축복을 받아낸 이야기가 있다. 선생님은 여러분의 인성을 가르치고 인도하는 교사이지만 내심 모든 가능성을 판단하기도 한다. 여러분을 관찰해 앞으로의 발전 가능성을 고려하면서 조언과 칭찬을 아끼지 않는다. 토요일 마지막 시간, 과제를 마무리해야 하는데 그러지 못한 학생을 남겨 청소를 시켰다.

청소가 다 된 줄 알았는데 쓰레기통 주위가 지저분했다. 옆에 있던 ◇이더러 치우라고 했더니 건성으로 휴지 한두 조각 집어던지고 다 된 양 가려고 했다. 더 마무리를 지으라고 했더니 표정이 굳어졌다. 이런 행동은 인성의 가능 바탕을 판단할 수 있는 잠재 본성이다. 이런 행동은 고쳐야 하고 고치기 위해서는 생각을 고쳐야 한다. 자신은 생각이 옳다고 여기지만 그렇지 못한 경우가 허다하다.

성경에 의하면, 예수님이 생존했을 때의 유대인은 율법을 그대로 지키고 성경을 강보에 싸서 다닐 만큼 기록된 말씀을 어기지 않으려고 노력했다. 하지만 예수님은 그들을 비판했고, 율법이 아닌 믿음으로 구원을 얻는 새 길을 여셨다. ☺는 나름대로 신념과 목표가 있어서이겠지만 학년 초부터 봉사 활동 실적을 쌓아 모두 합치면 아마 50시간 이상은 될 것이다. 누가 보더라도 남다른 행동인 것이 틀림없다. 그런데 학급에서 어떤 모범적인 헌신을 하고 있는가를 관찰하면 봉사한 참된 의미와는 사뭇 거리가 있다. 미국에서 의사를 뽑는 취득 과정에서 면접을 본 학생이 시험 성적도 좋았는데 그만 낙방하고 말았다. 이유인즉 면접 때 그동안 헌혈을 한 경험이 있느냐고 물었는데 한 번도 없다고 했다는 것이다. 의사가 될 자격 기준은 의사로서 갖추어야 할 전공 분야의 해박한 지식도 필요하지만, 그것보다는 이웃의 아픔을 자신의 아픔으로 알고 아픔을 들어주기 위해 헌신하는 사랑이 더 기본적이기 때문이다. 이처럼 여러분은 아직 가치 판단이 미성숙된 청소년이기 때문에 잘못 생각하고 그릇되게 행동할 수는 있다. 그래서 이것을 바르게 인도해 줄 수 있는 선생님이 계시다는 사실을 알고 야곱이 기를 쓰고 하나님의 축복을 받으려고 했던 것처럼 인성의 잠재 가능성을 확인받을 수 있는 착한 일과 예의 바른 행동으로 선생님께 감동을 주고 칭찬받을 수 있는 사람으로 자랐으면 하는 기대를 가져 본다.

-2011. 11. 14.

28. 자신에 대한 무지

여러분의 행동을 보면 장차 그런 품성으로 남으로부터 칭찬받고 존경받는 삶을 살 수 있을 것인지 인격적으로 손가락질받을 것인지를 어느 정도는 짐작할 수 있다. 선생님은 여러분의 잘못에 대해 조언하고 바른길로 인도하고자 했다. 그런데 문제는 여러분이다. 뜻이 있어 지적하는데도 그것을 이해하지 못한다는 데 있다. **교육은 어떻게 가르치는가 하는 문제도 중요하지만 어떻게 받아들이는가 하는 문제는 더욱 중요하다. 결국, 인격을 대성하고 실패하는 갈림길의 핵심 요인은 가르침보다는 받아들임에 더 영향력이 크다.** 그래서 아무리 잘 가르쳐도 그곳에는 어리석은 자들이 섞여 있게 된다. 여러분은 그렇다면 과연 성공할 것인가 실패할 것인가? 가르침을 믿고 따르고 실천하면 인정받고 성공할 수 있으리라.

-2011. 11. 21. 조례시간에

29. 자기주장

청소가 잘되지 않아 종례를 마치고 일제히 책상을 뒤로 밀게 했다. 그런데 ✿가 문을 나서면서 불평을 말했다. "왜 나는 아침에 추운데 청소하고 오후에는 일찍 집에 가고 싶은데 기다리게 합니까? 책걸상 끄는 담당자도 다 있는데 말입니다." 그래. ✿의 주장은 틀린 데가 없다. 하지만 ✿는 학급 전체를 생각하지 못하고 자신만을 생각했기 때문에 선생님의 지시와 판단을 이해할 수 없다. 장님이 코끼리를 만지면 각자 다르게 판단하는 것처럼 학급을 위해 자신의 불이익을 항변하기 이전에 기다리고 참을 수 있는 마음도 필요하다. 선생님이 왜 그리했겠는가? 청소가 잘 안 되기 때문이다. 벌써 어제는 2명이 도망을 가기도 했다. 개인이 아닌 전체의 목적과 공익을 위해 조그만 힘을 보태고 기다려 줄 수 있는 그것이 보람된 헌신의 정신이다. 왜 그것을 ♣는 생각하지 못할까?

-2011. 11. 23. 종례시간에

30. 인생의 최고 드라이버

◖아, 자신의 인생길은 자신이 운전해 가는 것이다. 안개가 끼고 장애가 있다고 해서 운전대를 남에게 맡길 수는 없다. 그런데 ◖이는 조금만 어려움이 생기면 스스로 길을 헤치려 하지 않고 부모님께 맡겨 버리거나 무단결석을 해버린다. 학교에 안 온다고 해서 문제가 해결되는 것은 아니다. 자신이 문제를 해결하고 헤쳐나갈 수 있는 인생의 드라이버로서 자신감을 길러야 한다. 인생의 드라이버 능력을 길러야 장차 최고인 인생 드라이버가 될 수 있다.

-2011. 12. 3. 친구와 싸워 다친 ◖이에게

31. "진중 제2회 관악부 정기연주회"를 보면서

교육은 가능성의 꽃봉오리를 피어나게 하는 것과 같고, 교육자는 無로부터 꽃을 피워내는 위대한 창조자이다. 그들이 아무리 재능을 지녔더라도 가르치는 선생님의 뜻과 정열이 없다면 모든 보화가 무익할 따름이다. 고로 선생님의 가르침은 위대한 창조력이다.

32. 조건적 결과

노력하지 않은 자는 진리를 모른다. 핍박받지 않은 자는 자유를 모른다. 땀 흘리지 않은 자는 보람을 모른다. 씨 뿌리지 않은 자는 결실을 볼 수 없다. 애탐이 없는 자는 사랑을 모른다. 정열을 바치지 않은 자는 영광을 이룰 수 없다. 만사는 일체가 조건적이다. 지금 젊은 날에 꿈을 키우고 장래를 위해 씨를 뿌려야 먼 후일, 모든 것을 기대할 수 있으리라.

-기말고사 성적 향상을 축하하며…… 2011. 12. 13. 담임.

33. 사랑하는 2-7반 제자에게

기다린 겨울방학이 엊그제 같은데 아쉬운 날들이 흘러가고 있다. 다들 건강하게 지내고 있는지 궁금하다. 일일이 전화도 해보고 안부도 물어보고 해야 하는데, 이런 염려를 편지 한 장으로 대신하고자 한다.

임진년 동방의 밝은 해가 솟아오른 새해를 맞이하여 큰 희망을 가슴에 품고 힘차게 도약하고 더욱 정진할 수 있길 기원한다. 1년 동안 귀한 성장 과정을 지켜본 담임으로서 인생길을 헤쳐나가는 데 힘과 용기를 북돋고 지혜를 더해주고 싶었는데 아쉬움이 남아 있다. 세월이 우리를 기다려 주지 않으니, 3월이 되면 다시 새 학년, 새 친구, 새 선생님을 만나겠지만, 무엇을 어떻게 배워야 할 것인가에 대한 가치 설정과 목적은 변함없는 것이기 때문에, 한 해 동안 가르치면서 겪은 경험을 반성하면서 새로운 방향을 제시해 보고자 한다. 아무리 세대 간의 격차가 크고 가치관이 전도되었다 해도 무엇을 위해 살아야 하고 무엇을 지키고 바르게 판단할 것인가는 변할 수 없는 것이므로, 이것을 여러분은 배움의 과정을 통해 똑바로 바라보아야 한다. 그 기준을 100점 단위가 아닌 +와 -로 나누고 싶다. 예를 들면 교실에 쓰레기가 널브러져 있다고 할 때, 그렇게 버린 사람은 -, 상관없는 사람은 0, 빗자루를 들고 쓴 사람을 +, 혹은 어떤 물건을 부순 사람은 -, 고친 사람을 +로 보았을 때 선생님이 학교생활 전반을 지켜본 담임으로서 내릴 수 있는 평가점은? 학급

35명 중에서 +가 많을까 -가 많을까? 선생님이 목적한 기대치는 당연히 + 수치가 많은 것이었지만, 여기에 해당하는 학생은 소수에 불과했다. 나름대로는 마음을 다한 이끎과 깨우침을 위한 노력인데, 제대로 전달되지 못해 혹은 곡해되고, 혹은 거부, 혹은 반항 같은 몸짓으로 돌아왔을 때 실망과 한계를 느꼈고, 여기에는 무언가 눈에 드러나지 않은 문제가 도사리고 있다는 것을 생각나게 했다. 교육은 근본적으로 가르치는 사람과 가르침을 받는 사람이 자격을 갖추었을 때 성립된다. 선생님이 자격을 가지고 가르쳐야 하는 것처럼, 학생도 그만한 가르침을 받을 소양과 정신 자세를 갖추어야 하는데, 그 자격 요건은 다름 아닌 열심히 배우고자 하는 정신 자세이다. 그런데 문제는 배움의 기회가 아주 귀하여 배우고자 한 뜻을 가진 자들만 스승이나 학당을 찾았던 옛날과 달리 지금은 의무교육 체제다 보니 중2가 되고 뜻을 세워야 할 청소년이 되었는데도 불구하고, 왜 공부를 해야 하는지 필요성을 절감하지 못한 채 기계적으로 떠밀려 학교에 오고 있는 학생이 있다.

옛날에 어떤 사람이 뜻한 바 있어 집을 떠나 무술을 배우기 위해 스승을 찾았는데, 그 스승은 그에게 원하는 무술은 가르쳐주지 않고 3년 동안 밥 짓고 청소하고 나무만 하라고 했다. 왜 그랬겠는가? 무술을 전수할 수 있는 도량, 곧 정신력과 인내심과 체력을 연마시키기 위해서였다. 배움을 청하는 자도 응당한 자격을 갖추어야 하는데, 공자님의 제자 중 유명한 자로는 그 기질이 강성해 孔子가 처음 만났을 때는 윽박지르고 위협을 줄 만큼 무례하기로 유명한 무인 기질의 소유자였다. 그런 자로도 공자님이 '아무리 날카로운 화살도 화살 깃을 달고 목표를 구분해서 정확하게 조준하지 못하면 어떤 귀한 목숨을 앗아갈지 모른다. 대장부란 자고로 학문을 겸비해야 진정한 **君子**가 될 수 있다'라고 가르치자 즉각 깨닫고 이후부 터 스승의 가르침을 받든 훌륭한 제자가 되었다. 배움은 재차 스승 의 인격을 믿고 공경하여 따르는 것이다. **선생님이 여러분과 함께 하는 것은 선생님이 가진 인격의 本, 신념의 本, 가치의 本을 보이 기 위해서이다.** 그 자체가 가르침을 주는 교육적 행위이다. 그런데 그린 숨은 노력을 여러분은 얼마만큼 이해하고 받아들였는가?

선생님은 한 해 동안 여러분의 인격 성장 과정을 지켜보면서 어 쩌면 그렇게 행동에 변화가 일어나기 어려운 것인가를 생각해 보았 다. 왜 그런가? 행동을 변화시키는 방법을 배우지 못해 앎을 실천 하지 못한 탓이다. 그것도 그럴 것이 학교에 와서 배우는 지식은 객관적인 사실이나 원리, 법칙, 역사 영역을 통해 자연을 변화시키 고 이용하는 내용이다. **행동을 변화시키기 위해서는 따로 방법과 원리와 인식적인 체계가 세워져야 하는데, 이에 대한 교육적 바탕 이 체계적으로 마련되지 못했다.** 배우지 못했는데 어떻게 실천할 수 있겠는가? 사실 자연을 대상으로 한 지식 위주 교육은 근대 세 계를 구축하는 과정에서 서양 사람이 개척한 학문적 영역에 기반을 둔 제도로서, 이를 통해 오늘날 과학문명, 물질문명이 성행하게 되 었다. 프랜시스 베이컨이란 철학자는(영국, 1561~1626) "아는 것 이 힘이다"란 유명한 명제를 강조했는데, 문제는 그렇게 해서 사회 가 정말 잘 되었는가? 기계를 도구로 한 기술을 발달시켜 육신은 편리하게 되었지만, 환경오염이라든지 인간성이 황폐해져 버렸고, 학교 현장에서도 인성 교육이 등한시되어 인격적 향상이 어렵게 되 었다.

다시 한번 우리는 배움의 길을 열어가는 목적이 무엇인가를 재고 해서 품성과 인격을 개진해 나가는 데 초점을 맞추어야 한다. 물론

우리가 배우고 아는 것은 옳고 그른 것을 분별해 사설에 혹하지 않고, 인식적 영역을 넓혀 세계를 바르게 이해하기 위해서이다. 그러지 못하면 오판하게 되고, 오판하면 인생길에 방황이 시작된다. 배움의 목적을 바르게 설정하기 위해서는 무엇이 더욱 근본 된 것인가를 분간할 필요가 있다. 여러분이 배우고 기억하고 있는 지식은 시험을 치면 잊어버리고, 확실하다고 믿고 있는 과학적 지식은 가설로서 언제 수정될지 알 수 없다. 하지만 **인격과 덕성으로 일군 성현의 가르침은 만인의 영혼 위에 새겨져 영원하게 전승되고 있다.** 덕성과 신념과 의지로 쌓아 올린 진리가 더 영원하다.

따라서 여러분이 중점을 두어야 할 배움의 목적은 분명해진다. 행동을 변화시켜 품성을 함양하는 것이 本이 되고, 그 本이 바로 서면 末인 현실적인 배움의 수단, 이기, 재물은 절로 따르게 된다. 동양의 선현이 배움의 목적을 위성지학(爲聖之學)에 두었다는 것은 참으로 옳다. 인성 도야의 극치 경지인 성인이 되는데 인간이 도달해야 할 궁극적 목표를 두었다. 이 길은 이 땅의 누구도 거부할 수 없다. 우리는 무엇이 하늘로부터 드리워진 구원의 동아줄이고 썩은 동아줄인지를 분간해야 한다. 유교 경전 중 하나인 『중용』 17장에서는 "대덕자 필수명(大德者 必受命)"이라고 했다. 풀이하면, 인격의 德을 쌓은 자는 하늘의 命을 받는다는 것이니, 天命을 받는다는 것은 우리의 性을 부여한 주재자로부터 인정받게 되는 최고의 가치 인준 절차이다. 자신이 품은 뜻과 존재 목적이 나아갈 길을 부여받는다는 뜻인데(길, 道를 얻음), 이것이 바로 大德을 구현한 인격을 통해 달성된다는 것이다. 지식을 쌓은 박사는 학계에서 존경받는 학자가 될 수 있지만, 인격을 갈고닦아 大德을 구현한 자는 능히 천하의 大本을 세워 大經을 경륜할 수 있고, 이름을 만세에 걸쳐 길이 빛낼 수 있다.

이런 인격을 쌓고 大德을 구현하는 길은 평소 행동하고 있는 생활로부터 실천되어야 하고, 훌륭한 선생님과의 인격적 교감과 가르침을 통해 일깨워야 한다. 그래서 爲聖之學에 뜻을 두었던 성현은 평생 자신의 생활 전반을 수양의 장으로 설정하여 행동을 반성하고 앞선 성인의 말씀을 가슴 깊이 새기면서 인격을 갈고닦았다. 그래서 『중용』 1장에서는, "天이 命하는 것, 그것을 일컬어 性이라 하고(天命之謂性), 性을 따르는 것, 그것을 일컬어 道라 하고(率性之謂道), 道를 닦는 것, 그것을 일컬어 敎라고 했다(修道之謂敎). 道를 닦는 것을 敎라고 한 것은, 이것이 곧 행해야 할 배움의 목적이고 행동을 변화시킬 수 있는 실천 방법이다. 道를 닦는다는 것은 어떤 무형의 대상이 아닌, 바로 자신의 인성, 인격, 품성이다. 이것을 갈고닦는 데 목적을 두어야 그를 통해 부여된 천부의 본성을 따를 수 있게 되고, 따름에 있어 추호도 어긋남이 없게 되면 하늘의 뜻과 일치된, 하늘의 命을 알게 된다. 인성적 토대가 하늘의 命으로까지 직결되므로, 하늘에 인간의 성의(誠意)가 도달하는 것, 이것이 유교식으로 천국에 이르는 길이고, 그것은 곧 인간이 영원한 생명을 얻는 구원의 길이기도 하다. 인간의 품성 그릇이 깨끗하게 닦여 있어야 그곳에 진리가 머물고, 道가 머물고, 하늘의 命이 미칠 수 있는데, 근본 됨을 몰라 부여된 본성 그릇을 엎어버린다면 하늘로부터 부여될 福은 물론이고, 더 이상 생명을 연명할 수 있는 빗방울 하나도 담아놓지 못할 것이다.

여러분은 아직 어느 모로 보나 미성숙한 단계에 있고, 인격은 하루아침에 쌓이는 것이 아니므로 앞으로 나아가야 할 미지의 인생 과제로서 지침하고자 하니, 그것은 선생님을 포함해서 모든 인류가 어쩌면 평생을 통해 씨름해야 할 과제이기도 하다. 무한한 가능성을 지닌 청소년답게 새해부터는 인격을 변화시켜 근본을 바르게 세우는 데 배움의 목표를 둔다면, 여러분이 장래에 어떤 꿈을 펼치더라도 성공적인 삶을 이끌 수 있으리라고 확신한다. 이웃과 사회와 나라를 위해 大德을 베풀 수 있는 자랑스러운 2-7반 제자가 되리라는 것을……   2012. 1. 17. 담임 씀.

2013학년도, 진주중학교 2학년 6반 제2 담임[42)]

1. 바람과 혼

개업한 가게 앞을 지나면 크게 부푼 풍선이 바람의 강약에 따라 춤을 추는 모습을 볼 수 있다. 키도 크고 아주 율동적으로 움직이기 때문에 지나가는 사람의 시선을 모으는 데 안성맞춤이다. 그런데 바람이 빠지면 볼품없이 쪼그라들어 형체조차 알아볼 수 없다. 여러분이 아침에 엎드려 있는 모습이 그 바람 빠진 풍선과 다를바 없다. 공부는 바른 자세를 갖추고 해야 제대로 된다.

-2013. 3. 12. 아침 독서시간에

2. 정신 자세

교육은 정신을 가르치는 것이고, 배움은 정신을 일깨우는 것이다. 유대인의 자녀 교육법은 고기를 낚아주는 것이 아니라 고기를 낚는 방법을 가르친다. 교육의 목적과 가치와 원리가 그러하다. 정신이 바르면 어수선한 지하철 속에서도 책을 보는 태도를 보이지만, 정

---

42) 담임 체제가 복수 담임에서 제1, 2 담임으로 명칭이 바뀜.

신을 못 차리면 도서관에서도 장난뿐이다. 삶을 살아가는 자세도 삶을 추진하는 정신에 있다. 정신이 똑바르면 성실하고 헛됨이 없어 결실을 거두지만, 그렇지 못하면 살아도 빈껍데기만 남게 된다. 바른 정신 자세를 갖추어야 장래에 성공된 삶을 보장할 수 있다.

3. 인격의 발전

서양에서는 역사는 진보한다고 본 사학자가 있지만, 인격은 극복하지 못하면 발전이 없다. 물은 흘러야 바다로 가는데 막히면 정체되어 썩는다. **노력과 정성을 다하여 인격을 개선하고 반성과 성찰을 다 할 때 훌륭한 인격자로 성장한다.** 세월이 지나고 철이 들면 달라지리라고 기대하지만, 오늘 몸에 붙은 습관을 고치지 못하면 그때는 더 어렵다.   -2013. 4. 17. 아침에

4. 서양의 지식과 동양의 지혜

흔히 서양은 지식을 추구하고 동양은 지혜를 일군다고 한다. 지식은 나타난 것, 존재하는 것, 눈에 보이는 것을 관찰하고 분석하여 원리와 법칙을 발견하는 것이다. 지혜는 드러나지 않은 것, 더 깊숙한 곳에 감추어진 것, 현상의 이면에 있는 이치를 통찰하는 것이다. 이에 서양 사람은 존재하는 것을 진리의 기준으로 삼은 탓에 그로써 건설한 현대 문명이 몸살을 앓고 있고, 지구 전체가 한꺼번에 멸망할 수 있는 요인을 키웠다. 그러나 동양은 앉아서도 천 리를 내다볼 수 있는 지혜를 기른 탓에 피폐한 인류 문명을 다시 일으켜 세울 수 있다. ♟이가 운동장에서 쓸어 모은 흙을 담벼락 너머로 넘겼는데 담 옆에 주차된 트럭이 둘러써 버렸다. 왜 담 넘어 차가 있고 사람이 다닌다는 사실은 몰랐을까? 우리는 담벼락처럼 가려진 담 너머를 볼 수 있는 눈을 가지기 위해 공부하는 것이다. 보이는

것만 보고 판단하면 크게 잘못될 수 있다. 지혜를 동원해야 하나니, 그것이 진정한 배움의 길이다. 동양의 선현이 바로 그 같은 지혜를 일구기 위해 수행과 정진을 병행한 공부를 했다. 선현의 공부법을 배워야 한다.   -2013. 4. 18. 23:40.

5. 하늘의 별, 땅의 계단

여러분은 먼 미래를 향해 원대한 꿈을 가져야 하지만, 그러나 결코 하늘로부터 내려온다고 한 전설의 동아줄은 붙들 생각을 하지 말아야 한다. 그것은 여러분의 인생 삶과 현실 역사와는 아무 연관이 없는 환상의 동아줄이다. 꿈속에서 억만장자였는데 꿈을 깨고 보니 허사가 아닌가? 생각만으로는 가능할 것 같아도 현실의 삶에서는 변화가 없고 발전이 없다. 그러므로 여러분은 하늘의 별만 쳐다보지 말고 발 디딘 땅을 보고 그곳에서 노력하여 하늘의 별도 딸 수 있는 계단을 하나하나 쌓아 올려라. 그 계단은 하다못해 가지 위에 매달린 감이라도 따게 한다. 원하는 꿈도 이루어주지 않겠는가? 인류가 땅 위에 쌓아 올린 문명이 쳐다만 보았던 달도 정복할 수 있게 했다.   -2013. 4. 28. 20:30.

6. 진리를 일구는 공부

공부는 어떻게 해야 하는가? 공부는 외우고 기억하는 것이 전부가 아니다. 진리는 자신이 이미 모든 것을 지녔다. 우주를 구성한 원리를 본유하였다. 선현은 인간을 소우주로 표현했다. **세상의 온갖 지식은 바로 자기 자신이 갖춘 진리를 일구는 수단으로 삼아 탐구해야 한다.** 지닌 진리를 일구고 일깨워야 그를 바탕으로 새로운 인생 역사를 창조할 수 있다. 진리를 자신으로부터 일구고 세상 진리를 자신을 일깨우는 수단으로 삼아야 공부를 통해 참 자아를 형성하고, 위대한 진리인이 될 수 있다.   -2013. 6. 5.

7. 눈치

우리는 눈치를 본다고 말한다. 소신이 없다는 의미로도 받아들여지지만, 눈치를 본다는 것은 상황을 살핀다는 긍정적인 의미로도 이해할 수 있다. 세상은 수시로 변한다. 계절이 변하고, 아침저녁이 변하고, 떠 있는 태양도 그 자리에 머물러 있지 않다. 선생님도 마찬가지이다. 조금 전끼지는 떠들어도 놔두었는데, 지금은 떠들었다고 불러낸다. 그래서 눈치란 세상의 변화되는 상황을 예의 주시한다는 말과도 같다. 익힌 지식을 변화된 상황에 맞추어 활용해야 한다. 눈치가 있어야 설사 공부하고는 거리가 멀더라도 사회에 나가면 먹고 살 기지를 발휘한다. 눈치의 긍정적인 측면을 살려 상황의 변화에 대처할 수 있는 사람이 되자.   -2013. 6. 24. 조례시간에

8. 마음의 가치

빌 게이츠가 한국 청소년에게 100억을 투자하기로 했다면 그는 무엇을 보고 투자를 결정할까? 여러분은 자신이 가진 것 중에서 가치 있는 보물이 무엇이라고 생각하는가? 몇 명에게 장래 꿈이 무엇인지 물어보았지만, 한결같이 자세한 대답을 듣지 못했다. 우리 학급은 서로에게 귀인이 되자고 하였는데, 여러분은 과연 귀인이 될 무엇을 가졌는가? 존재한 값어치를 결정하는 그 무엇이란 다름 아닌 장래에 대해 가진 생각이다. 단순한 생각이 아니고 포부와 희망을 실은 가치 있는 인생 계획, 그 생각이 소중한 것이고 그 마음 때문에 귀한 것이라, 빌 게이츠도 그런 생각을 듣고 투자할 것이다. 거기에 첨가할 것이 있다면 성실성이랄까? 생각을 현실화시키는 것은 계획을 보장할 성실성이다. 생각과 성실성, 이것이 여러분에게 가치 있는 보물이다.   -2013. 6. 25. 조례시간에

9. 선생님은 어떤 사람인가?

선생님은 이런 사람이다. 선생님은 제자를 위해 눈을 아주 높은 곳에 두고 세계를 두루 탐방하는 사람이다. 자신의 길이 아닌 제자를 위해 인생을 경험하고, 자연을 탐구하고, 진리를 성찰한 사람. 그가 선생님이다. 세상 전체를 가르침의 교과서로 삼았다.

선생님은 제자를 위해 다양한 인생길을 개척한 사람이다. 자신의 길이 아닌 제자를 위해 인생을 모색하고, 자연을 모색하고, 진리를 모색한 사람. 그가 선생님이다. 인생 전체를 가르침의 本으로 삼았다.

10. 교지: "학급 이야기-우리 반을 소개합니다."

우리 반은요! 2학년 6반은 의지적인 ✪1 담임 선생님과 자상한 염기식 2 담임 선생님, 그리고 34명의 활기찬 남학생으로 구성되어 있습니다. 우리 반은 공부도 잘하고 활기찬 반입니다. 선생님께서는 항상 저희에게 미래를 위해 꾸중을 하지만 격려도 많이 합니다. 그리고 우리 반 아이 중에서 끼가 많고 어디가 특출한 아이를 살펴보면 공부를 잘하는 ◇이, 축구를 잘하는 □와 ■, 그림을 잘 그리는 ▽ 이외에도 많은 친구가 있습니다.

잊지 못할 추억도 많습니다. 우리 학교는 체육대회를 대신해 매년 산을 오르는데, 이번 2학년은 월아산을 등반하기로 하였습니다. 하산하는 중 다른 반 아이들 몇몇이 다치고 힘들기는 하였지만, 정말로 보람 있었던 등반이었습니다. ✪1 담임 선생님은 항상 교실의 청결을 강조하여 솔선수범하므로 교실 안과 주변이 빛이 납니다. 우리의 어려움을 알고 늘 곁에서 보살피고 배려해 줍니다. 그리고 2 담임 염기식 선생님께서는 매일 아침 자습 시간에 인상 깊은 이야기를 해 줍니다. 그리고 그 말씀을 정리해서 격려해 주고요. 그중 가장 기억에 남는 것은 '이룰 자'라는 말씀입니다. 이룰 자는 성실함……을 요하고, 자신이 장차 이룰 수 있는 자가 되기 위해서는 그만한 품성과 능력과 정신을 길러야 한다고 했습니다. 이 글을 소개하는 이유는 우리가 무엇을 이루기 위해서 그만큼 노력해야 한다는 뜻입니다. 장래를 위해 앞에서 이끌어 주고 뒤에서 밀어주신 두 분, 담임 선생님께 감사드립니다.

11. 大成의 조건

◆에게

내가 존재하고 살아가는 이유는 원석과도 같은 재능을 갈고닦기 위해서이다. 탕자는 세월을 낭비하는 사람이고 주어진 기회를 등한시하는 사람이다. 세월을 낭비하는 것은 시간을 낭비하는 것이고, 정열을 낭비하는 것이고, 자신에게 주어진 고귀한 재능을 낭비하는 것이다. 물을 그릇에 담아두지 않고 낭비하면 갈증이 날 때 목이 마르고, 기름을 비축하지 않으면 추운 겨울에 냉기를 감당하기 어려우며, 재물을 낭비하면 누구라도 패가망신하고 말 것이듯 시간, 기회, 정열, 세월, 재능을 낭비하고서 후회하고 실패하고 큰 고통을 겪지 않을 자 하나도 없다. 씨를 뿌리지 않았으므로 거둘 수 없고, 양성하지 않았으므로 기대할 것이 없고, 정진하지 않았으므로 이룰 것이 없다. 세월은 물처럼 흘러가고 젊음과 면학의 기회는 두 번 다시 오지 않나니, 이 哲理를 거부하고서 누가, 무엇이 장래를 기약할 수 있겠는가? 겸허하게 받들고 순응하고 실천하는 자, 天命을 깨닫고 大成하리라. ─5월 중간고사 성적 향상을 축하하며

12. 탐구하는 자세

◈에게

공부(工夫)는 어떻게 하는 것인가? 탐구하는 것이다. 탐구는 찾을 '探'에 궁구할 '究'이다. 구할 '求'자도 있다. 수백 미터 땅 밑 어디에 석유가 매장되어 있는 것인지는 시추를 해보아야 안다. 엄청난 돈이 드는데도 끝까지 포기하지 않고 뚫어보아야 한다. 인생도 마찬가지이다. 80 평생에 여러분은 겨우 15년 정도를 살았다. 자기 인생, 자기 운명을 알 리 만무하다. 그러니까 탐구해서 자기 재능, 자기 특기, 자기 잠재 가치, 자신이 나아갈 인생길을 찾아야 한다. 궁구해야 길을 찾고, 진리를 찾고, 인생의 보물을 찾는다. 탐구하기 위해서는 열중하고 집중하고 정열을 바쳐야 한다. 왜 선조들은 쉬지 않고 탐험(探險)하고, 탐색(探索)하고, 탐구(探究)하였는가? 眞理[길]를 구하기 위해서이다. 진리는 그냥 주어지지 않는다. 그래서 공부는 끊임없이 탐구하는 자세를 가지는 것이다. 그것이 공부이다(공부=탐구).   -7월 기말고사 성적 향상을 축하하며

13. 이룰 자

◈에게

나무를 고를 때는 그 나무가 잘 자라 쓸모 있는 재목이 될 것인가를 본다. 사람을 고를 때는 그 사람이 장차 어떤 일을 할 수 있고, 또 성공할 것인가를 본다. 자신은 과연 이룰 자인가? 이룰 수 있는 자가 되기 위해서는? 나무가 잘 자라기 위해서는 좋은 토양과 햇빛과 수분과 영양분을 충분하게 공급받아야 하듯, 사람도 무언가를 이룰 수 있는 자가 되기 위해서는 반드시 갖추어야 할 조건이 있다. 성실함, 인내성, 책임감, 끈기, 집념, 큰 포부, 도전 정신, 창

의성……

자신이 장차 이룰 수 있는 자가 되기 위해서는 그만한 품성과 능력과 정신력을 길러야 한다.　　　　-10월 중간고사 성적 향상을 축하하며

14. 삶의 근본

◇에게

『대학』에서는 "덕본재말(德本財末)"이란 말이 있다. 그 뜻을 풀이하면, 사람이 살아가는 데는 德이 뿌리이고 재물은 맨 끝이다. 德을 베풀면 재물은 절로 들어온다. 이것을 교육과 배움에 빗대면 인성과 인격이 근본이고, 지식은 여기에 따르는 것이다. 인격을 갈고 닦는 것이 근본이고 우선이란 뜻이다. 그런데 이것을 바꾸어 버린다면 결과가 어떻게 되겠는가? 즉, 재물만 귀하게 여기고 덕성을 쌓는 것은 안중에도 없다면? 유교에서는 本과 末이 전도된[本末顚倒] 실태를 일컬어 말세라고 했다. 나무는 뿌리를 땅속 깊이 파묻어 영양을 공급받아야 가지가 무성하고 꽃을 피워 열매를 맺는데, 뿌리가 뽑혀 하늘을 쳐다보고 있고, 가지가 땅을 처박고 있다면 어떻게 되겠는가? **인성이 삶의 근본이 되어야 하는 것은 필연적 귀결이다.** 자신의 인격을 변화시키고 발전시키는 방법을 알고, 그곳에 인생의 고귀한 가치와 목적을 두어야 한다.

　　　　　　　　　　　　　　　　-12월 기말고사 성적 향상을 축하하며

제19장 생각하며

1. ☯, 제41회 전국 소년체육대회, 역도 3관왕

- 선수 활동 기간: 2010년 9월 1일~2012년 12월 현재
- 지도한 내용: 제41회 전국소년체육대회 상위 입상을 위해 총 7단계에 걸친 훈련 일정 및 계획을 세워 대비하였다. 목표 순위(인상-동, 용상-금, 합계-은)
- 훈련 계획 내용(1차~7차): 생략
- 자랑하고 싶은 내용 및 프로그램: 선수 자신에 대한 장단점을 분석한 것은 물론이고, 전국 단위 경쟁 선수에 대한 인적 사항과 예상 전력을 분석하였다.
- 힘들었던 내용: 겨울 동계 훈련 당시 사고를 당하여 한 달 정도 치료를 받았는데 이때가 제일 힘들었고, 우수한 성적을 거두어야 한다는 데 대한 우려가 컸으며, 소년 체전 한 달을 남겨 놓고는 부담감 때문에 운동을 그만두겠다고 떼를 쓴 일도 있었다. 큰 대회를 앞둔 선수에게는 심리적인 안정감을 가지도록 하는 것이 중요하다는 사실을 알았다.
- 전지훈련 내용: 소년 체전 앞에 열린 제84회 전국 남자 역도 선수권 대회에서 3관왕은 물론이고 대회 신기록을 세워 최우수 선수상을 받은 것이 다른 경쟁 선수에게 동급 체급을 피하게 한 요인이 되었고, 경기장도 소년 체전이 열리는 이충문화체육센터였기 때문에 전지훈련으로서 적격이었다. 경남 체육고등학교 역도부와 연계하여 일주일에 한두

번 이곳에서 선배와 함께 훈련한 것이 큰 도움이 되었다.

2. 소체 유공자 공무 국외 연수보고서(1차)

1) 기간: 2012. 8. 21.(화)~8. 24.(금) 3박 4일간

2) 장소: 일본(오사카-교토-나라-고베)

3) 제목: 친절과 질서 속의 가면(내용 생략)

3. 소체 유공자 공무 국외 연수보고서(2차)

1) 기간: 2013. 8. 17.(토)~8. 20.(화) 3박 4일간

2) 장소: 중국 북경(첫째 날: 천단공원-천안문광장-자금성-조양 서커스단 관람-왕부정 거리. 둘째 날: 명 13릉-만리장성-용경협. 셋째 날: 이화원-북경체육대학교-인력거 투어-올림픽 주경기장-뮤지컬 금면왕조 관람)

3) 제목: 황제의 나라 수도 베이징(내용 생략)

4. 보도 자료

바벨로 들어 올린 金 2, 銅 1(진주중학교 전국 역도의 메카로 우뚝 서다): 내용 생략-경남일보, 2013. 6. 3.

- 기고문

전국 역도의 역사를 다시 쓴 진주중

진주중학교는 비봉산 자락에서 터를 닦은 이래 90여 년이 넘게 훌륭한 인재를 육성한 명문 중학교로서, 역도부가 교기로 지정된 것은 1996년도, 돌이켜 보면 그동안 많은 훌륭한 선수를 배출하여

학교의 명예를 드높였지만, 2008년 진주중 역도부 창단 때 선수였던 ✥경기지도자가 부임하면서부터 열기가 고조되었다. 그리고 본인이 2011년에 역도부 감독을 맡았을 당시는 어느 정도 기반이 다져진 상태였다. 그리고 이 해 ◐(-94kg급) 선수가 제41회 전국소년체육대회에서 3관왕을 달성한 쾌거를 이루었다. 올해의 주인공인 ☀ 선수도 ◐ 선수가 이룬 전적을 지켜보면서 영광을 재현하기 위해 꿈을 키워 왔다. ☀ 선수는 남보다 늦게 입문하였지만, 역도 선수로서 지녀야 할 끈기와 포기할 줄 모르는 굳센 의지로 성실히 훈련에 임해 왔다. 그리하여 작년 12월, 제42회 전국 소년 체전에 출전할 경남 대표선수를 뽑는 1차 평가전 -94kg급에 출전하여 인상 100kg, 용상 120kg을 들어 올려 선발되었다. 그러나 안타깝게도 용상을 들어 올리던 중 내디딘 오른발이 미끄러지면서 골반이 휘어졌다. 이때부터 고통스러운 부상과의 싸움이 시작되었다. 소년 체전 한 달을 남기고부터는 도무지 용상까지는 어려울 것 같아 인상 위주로 훈련 방법을 전환했다.

대회는 5월 26일 오후 3시 30분을 넘어 대구체고 역도 경기장에서 열렸다. 처음 인상 경기가 시작되었다. 3차 시기까지 기회가 주어지는데, ☀ 선수는 1, 2차 시기에서 각각 108kg, 111kg을 성공시켰다. 그러니까 더 무거운 무게를 신청한 선수들이 나타났지만, 그들은 모두 실패했다. 3차 시기에서 울산 선수가 다시 111kg에 도전했는데 실패함으로써 사실상 ☀ 선수는 3차 시기를 남겨 놓은 상태에서 금메달을 확정 지었다. 그리고 다시 마지막 피날레 113kg을 거뜬하게 들어 올려 그동안 염려했던 우려를 불식시키고 기대에 부응하여 -94kg급에서 전국 최고의 정상에 우뚝 섰다. 누구나 바벨에 대해 도전할 수는 있지만, 성공을 허락하는 것은 오직 하늘이다. 바벨은 준엄한 심판관이다. 무엇을 보고 판결했겠는가? 그 선수가 평상시에 흘린 땀과 노력이 아니겠는가? 하지만 아직 시합은 끝나지 않았다. 연이어 용상 시합이 진행되었다. 아니 진행은 용상이지만 이 경기는 사실상 인상 때부터 시작되었다. 용상은 언급한바 ☀ 선수에게는 불리한 카드이다. 용상은 강원도 선수가 두각을 나타내었다. ☀ 선수는 1차 시기를 125kg에서 시작하여 성공했다. 2차 시기에서는 130kg에 도전하여 다시 성공했다. 자기 기록을 경신한 쾌거였다. 연이어 충남 선수가 134kg에 성공했고, 강원도 선수는 다시 135kg을 성공한 상태였다. 마지막 3차 시기에서 충남 선수가 134kg, 전남 선수가 133kg을 성공했다. 하지만 ☀ 선수는 욕심을 부리지 않았다. 합계 카드가 있었기 때문이다. ✥코치는 마지막 카드로서 133kg을 선택했다. 이것은 선수와 코치가 일심동체가 되지 않고서는 최상치를 가늠하기 쉽지 않다. 그동안의 컨디션 상태를 종합적으로, 그리고 정확하게 판단하고 있어야 한다. 우렁찬 기합과 함께 133kg을 성공하고야 말았다. 이것은 스포츠란 무대가 우리에게 주는 최고의 감동이고, 투혼의 승리이다. 그러나 그 성공이 어떤 결과를 가져올 것인지는 아직 몰랐다. 무대를 지켜보는 우리로서는 이미 ☀ 선수보다 더 많이 든 선수들이 있었고, 강원도 선수가 아직도 3차 시기를 남겨두고 있었다. 그런데 이 선수 역시 140kg을 깔끔히 성공시켰다. 용상에서 금메달을 거머쥔 순간이었다. 그런데 느닷없이 ✥ 코치가 달려오면서 "선생님, ☀이가 합계에서 금메달, 용상에서 동메달을 추가했습니다!" 우리는 앞서 열린 인상 기록에 대한 정보를 알지 못한 상태였기 때문에 결과를 알지 못하는 상황이었다. 하지만 무대 뒤에서는 치열한 작전이 펼쳐졌다. 결과는 강원도 선수보다(철암중) 인상, 용상을 합친 기록이 2kg 더 많아 ☀ 선수가 금메달이 되었고, 용상에서도 133kg을 같이 든 전남 선수가 몸무게가 1kg 더 나가 규정상 동메달이 되었다고 했다. 지금도 궁금한 것은 왜 강원도 선수가 이미 2차 시기에서 135kg으로 금메달을 확정 지은 상태에서 실패해도 상관이 없는 145kg에 도전하지 않았는가 하는 점이다. 그 대답은 지금 누구에게 물어볼 것인가? 단지 이런 결과로 생각나는 전설 한 가지는 연못에 빠진 도끼를 찾는 정직한 나무꾼에게 산신령이 자기 것이 아니라고 부인한 금도끼, 은도끼, 동도끼까지 안긴 것처럼 ☀, 그가 이룬 투혼의 승리가 너무나 장하고 고귀하여 금메달과 동메달을 덤으로 안긴 것이 아닌가 하는 감사의 생각뿐이다.

빛나고 값진 금메달이기 때문에 학교에서는 6월 3일, 학교 운동장에서 학부모, 역도부원, 교직원과 전교 학생 천여 명이 참석한 가운데 ☀ 선수의 성과를 축하하는 환영 행사를 치렀다. 메달 수여식, 꽃다발이 쏟아졌고, 기념 촬영, 전통을 자랑하는 본교 관악부의 축하 연주가 있었다. 환영식에서 교장 선생님은, "진주중학교가 전국에서 보기 드문 자랑스러운 행사를 하게 되었다. 길러주신 부모님과 지도한 ✛ 코치, 염기식 감독에게 감사드리며, ☀ 선수가 꿈과 열정을 갖고 성실하게 노력하면 큰 성과를 이룰 수 있다는 용기를 우리 모두에게 심어주었다"라고 격려했다. 열정을 바친 ✛ 코치와 모든 지원을 아끼지 않은 교장 선생님, 교육청 관계자 덕분에 전국 소년 체전에서 연속 2년 다관왕을 배출하여 금메달 5개, 동메달 1개를 획득한 보람을 일구었다. ☀ 선수로 인해 명실상부하게 경남 역도의 중심 학교로 자리를 굳히게 된 진주중학교 역도부는 앞으로도 계속 금맥을 캐는 역사와 전통을 잇기 위해 오늘도 비지땀을 흘리고 있다.   -진주 교육(2013 여름, Vol. 84)

9막 교실

통영, 카 레이스의 시절(2년)
통영중앙중학교

(2014. 3. 1.~2016. 2. 29.)

2014학년도: 보직교사, 트라이애슬론 부감독
2015학년도: 보직교사, 유도부 창단, 부감독, 교육감 표창

2014. 우수선수지도실적 평정 대회, 교육감 3등급
2015. 우수선수지도실적 평정 대회, 교육감 2등급

제20장 **길을 가며**

2014년 3월 2일, 통영중앙중학교에 부임하였다. 이곳은 세월이 멈춘 듯하였다. 젊은 교사가 많아 담임을 하라는 말은 끝내 없었다. 알고 보니 나이가 제일 많다나? 낯선 이곳에서 해야 힐 역할에 대해 고민해야 했다. 학교는 민간 자본으로 지어진 B.T.L 관리 체제로 구석구석 깨끗하였다. 통영 입구의 매립지에 세운 신설 학교이고 교통이 편리해 기존 학교는 교실이 비어 있는데도 증축을 해야 했다. 남녀공학에 교과 교실제를 운영하고 있어 쉬는 시간이면 가방을 멘 학생들이 대거 이동하는 모습이 색달랐다.

통근 문제로 고민 중이었는데 교무실에 들어서니 교무 부장이 반갑게 맞아주면서 카풀 팀도 편성해 주었다. 다른 추억도 있지만, 진주-통영 간은 고속도로가 시원스럽게 뚫려서 9막 교실을 "카 레이스의 시절"로 정했다. 학교까지 45분 내외인데 정차하는 곳이 거의 없었다. 노후화된 무쏘 차량 (1998년식)이 이때 무탈했던 것은 큰 다행이다. 첫해 1년간은 그렇게 보냈고 다음 해에는 미술 선생님이 부임했는데, 멀미로 다른 차를 타지 못한 관계로 편하게 출퇴근하였다.

업무 여건은 참으로 난감했다. 전임 체육 선생님 두 분이 한꺼번에 전근을 가셨다. 나 외에는 희망자도 없었고 또 미발령이라 지역의 기간제 교사 한 분을 부랴부랴 수소문하였다. 부장직을 맡으면서 교기를 운영하였는데, 특기생이 다양해 수영 남녀 2명, 여자 육상 4명, 유도 1명, 트라이애슬론이 1명이었다. 부임 2년 차에는 유도부를 창단한 관계로 겨울방학을 바쁘게 보냈다.

추진한 저술 성과로서는 지상에 강림한 神의 본체를 구체화한 신론을 펼쳤는데, 2014년에는 『인식적 신론』, 2015년에는 『관념적 신론』을 출판하였다. 즉, 神의 본체는 세계의 본질 규명 여건과 맥락을 같이하며, 무신론자가 신앙인을 비웃고 神이 존재한 사실을 부인한 이유는 오직 한 가지, 세계의 본질, 분열이 완료되지 못한 탓이다. 그래서 세계의 본질, 그 진리의 전모로 구성된 神이 모습을 드러낼 수 없었다.

의도와 다르게 통영으로 왔지만, 대화를 나눌 동료 교사도 생기고 업무에도 적응하였다. 그렇지만 정년까지의 매듭은 불투명하였다. 이곳에서 5년을 보낸다 해도 1년 반이 더 남는다. 그렇지만 옮길 만한 여건도 마땅찮았다. 그런 생각으로 1년을 보냈고, 또 1년을 보냈다. 그리고 혹시나 하고 진주로 내신을 내었다. 세상은 변하고 또 변한다고 했던가? 지난날은 치열한 경합지인데 문이 활짝 열려 동료 두 분과 같이 전보되었다. 아내도 하동에서 같이 들어왔는데, 늘 엇갈리다가 동시에 전보되어 관심을 끌었다. 시내 곳곳에 자리가 비어 모교이기도 한 진주남중을 최종 정착지로 정하고 싶었다. 하지만 아쉽게도 관내 선희망자가 있어 불투명해져 버렸는데, 최종적으로는 제일중으로 결정되었다. 어떤 과정을 거쳐 그렇게 된 것인지는 지금도 이유를 알 수 없다.

제21장 가르치며

1. 교육의 목적

교육의 목적은 인간의 근본을 형성하는 데 있고, 그에 따른 가치를 인식하는 데 있다. 청소년은 성장 과정에서 이 같은 덕목을 실인해서 보다 영속할 삶의 기반을 마련해야 한다. 즉, 인생의 근본을 형성하는 것을 목적으로 참된 가치를 수용하고(탐구성, 신앙성, 사명성), 올바른 품성을 기르며(성실성, 책임성, 인내성), 개성 있는 특기를 개발하고 닦아야 한다(창의성, 통찰성, 미래성). -2014. 1. 10.

2. 덕성 교육 함양 방법론

덕성을 함양하기 위해서는 인간의 본성을 어떻게 변화시킬 수 있는가에 대한 메커니즘을 밝혀야 한다. 서양인은 외부 사물을 탐색하고 인간의 사고와 자연적 질서와의 정합성 여부를 따진 것이라면, 동양인은 인간의 본성을 도야하고 우주의 심오한 철리를 터득하고자 하였다. 그래서 서양은 외부 세계를 탐색하는데 적합한 인식 방법을 개척하였고, 동양은 내면세계를 파고드는 데 적합한 수행 방법을 개척하였다. -2014. 5. 25.

3. 인간의 본성

체육수업 시간에 몇몇 학생이 농구대 뒤에 숨어 있어 계속 나오라고 했지만 나오지 않아 보이는 머리카락을 조금 잡아당겼는데 갑자기 입에서 쌍욕이 튀어나왔다. 지도하는 과정에서는 선생님께 욕한 것이 아니고 혼자 한 말이라고 변명하였지만, 마음이 편치 않았다. 그런 불만 표출 행위가 정말 무엇을 의미하는 것인지 그 학생은 알지 못하리라. 근본을 망각한 배은망덕이라, 인성이 잘못되면 누구도 희망을 품기 어렵다. 아울러 나 자신도 자각이 들었다. **아아, 인간의 본성이 예전 같지 않다. 인간의 본성은 변질되었다.** 본성이 변질되었는데 지금까지의 대한민국 교육은 무엇을 하였는가?

-2015. 9. 18

4. 스승

우리가 인생에서 단 한 분 존경하는 스승을 가슴 속에 품고 살 수 없다면 그 인생은 발전이 없고 기대할 것이 없다. 우리는 인생의 갈림길에서 훌륭한 스승을 만나야 하며, 그리해야 삶이 업그레이드된다.

제22장 생각하며

- 교육 단상

1. 2015학년도 인사이동 발표를 보니 많은 동료, 선후배들이 노력의 결실이자 인생의 전환점인 승진이란 영광을 안았다. 그렇지만 나는 학생과 함께한 무명 교사로서 남은 세월 동안 제자를 위해 정열을 쏟고, 그렇게 해서 이룰 수 있는 결실과 영광이 무엇인가를 고민하면서 교직을 마무리하리라.   -2015. 2. 22.

2. 이 시대는 반인륜적인 사건이 빈발하므로 예수님보다도 인간의 윤리 강령과 도덕적 가치를 재정립할 수 있는 공자님 같은 성현의 부활이 더 절실하다. 인간성 회복과 인륜적인 도리 자각과 근본을 확립하는 것이 교육의 과제이다.   -2015. 2. 26.

3. 요즘은 핵가족 사회라 가족 중에서도 형제들과 함께 생활하는 경우가 흔하지 않다. 이전에는 가정에서 자연스럽게 습득한 인간관계와 사회생활인데, 지금은 학교생활에도 적응하지 못해 따돌림이라든지 일탈 행동이 나타난다. 기본적인 생활 규범과 질서조차 익히지 못하고 개념 없이 행동하여 고통을 안기는 경우가 많다. 일각에서는 감정과 분노를 조절하지 못해 비관하고 부모·형제까지 동반 자살하는 등 가정까지 파국을 맞이하였다. 교육의 역할이 무엇인지 고심하게 한다. 인간다운 인간을 육성할 수 있는 가치관과 제도적 시스템 구축이 긴요하다.   -2015. 3. 10.

인천 소년 체전에 피어난 트라이애슬론의 꽃

통영은 이탈리아의 나폴리를 연상케 할 만큼 경관이 수려한 항구 도시이고 김춘수, 박경리, 유치환 작가 등을 낳은 문학의 도시로 알려졌지만, 국제적인 철인 3종 경기(트라이애슬론)를 개최할 만큼 시설과 환경을 갖춘 스포츠 도시란 사실에 대해서는 생소하리라.[43] 올해 이 학교로 발령을 받았을 때, 이곳에 근무했던 한 지인으로부터 "그 학교에는 '트라이애슬론'이란 고상한 교기가 있다"라는 말을 들었다. 그리고 체육부장이란 직책을 맡다 보니 트라이애슬론과 정말 인연을 맺게 되었다. 알고 보니 이 종목 외 수영, 유도 등도 지정되어 있었고, 원래는 근대 3종(수영, 사격, 콘파인-육상)이 있었는데, 선수 수급 문제와 학교 사정상 유사 종목인 트라이애슬론을 하는 선수가 3학년에 1명 남아 있었다.

학년 초 업무 파악과 함께 선수로 활동하는 학생과 면담을 하였는데, 올해에는 지정된 교기 외 육상 영역에서 여학생 4명이 더 입학한 상태였다. 3학년 2반, ◉ 학생이 트라이애슬론을 한다고 하여 대화를 나누어보니 이 종목에서 훌륭한 선수가 되어 보겠다는 꿈을 가지고 있었다. 지정된 코치도 없는 상황이고, 훈련 장소 등도 묘연했다. 알고 보니 통영에서 철인 3종 경기에 관여하고 있는 두 분의 유경험자가 개인 시간을 할애해 지도하고 있었다. 3월은 그렇게 해

---

43) 국제 트라이애슬론 경기연맹(ITU)이 주관하는 '2014 통영 ITU 트라이애슬론 월드컵 대회'가 2014년 10월 16~19일 개막됨. 이 대회는 ITU가 승인한 8개국 세계월드컵 시리즈로 올림픽 출전권 포인트가 주어지며, 세계 37개국을 대표하는 최정상급 남녀 선수 및 동호인 2,700여 명이 참가함.

서 지나가고, 4월 초가 되자 경남 트라이애슬론 연맹에서 소년 체전에 출전할 선수 선발전을 창원에서 연다고 하였다. 다른 종목은 3월 중순까지 끝낸 상태인 만큼 트라이애슬론은 운동하는 선수층이 얇고 시행된 역사도 짧았다.

그렇다면 트라이애슬론은 어떤 스포츠인가? 한 선수가 수영, 사이클, 마라톤 3종목을 연이어 실시하여 합계 시간으로 순위를 결정하는 경기로, 어원상 tri(3가지), athlon(경기)의 합성어이다.[44] 극기와 인내력을 요구하는 내구성 경기인데, 미국 샌디에이고 해변에서 인명 구조 요원이 도전적인 복합운동의 하나로 만들어낸 것으로 2000년 '시드니 올림픽'에서 정식 종목으로 채택되었다.[45] 인천광역시에서 개최되는 '제43회 전국소년체육대회'에서 트라이애슬론 종목은 단체전과 개인전에 시도별로 선수가 참가하여 각축을 벌인다.[46]

2014년 4월 11일(금), 창원종합운동장에서 열린 선발전에 참가한 학교는 우리 학교 1명, 충무중 2명, 창원중앙중에서 남녀 각각 약간 명, 진주동명중 1명, 창원 팔용중에서의 여자 선수 등이었다. 약식으로 치렀는데, ◉이가 3등을 하였다. 그런데 연맹 측에서 선발 조건으로 4월 13일(일) 천안독립기념관에서 열리는 '전국 듀애슬론 대회(달리기 2.5km, 사이클 25km, 달리기 2.5km)'에 참가해야 한다는 것이었다. 평소에 운동한 선수인지 아닌지를 확인한다는 것이 이유였다. 4월 12일(토)은 '2014. 경남 초, 중학생 종합체육대회'가 사천시 일원에서 개최된 관계로 이 대회에도 출전해야 했는데, 일정에 무리가 있었지만 참가하기로 했다. 이 시점까지 ◉이는 사이

---

44) 네이버 백과사전.

45) 올림픽 코스: 수영 1.5km, 사이클 40km, 마라톤 10km, 합계 51.5km.

46) 소년 체전 단체전 코스: 수영 100m, 사이클 2km, 달리기 800m, 개인전 코스: 수영 400m, 사이클 10km, 달리기 2.5km.

클을 많이 타보지 못한 상태라 25km를 완주하는 데 목표를 두었다. 결과는 출전 선수 중 5위를 차지하여 경남 대표선수로 확정되었다.

남은 기간은 겨우 한 달 보름 정도, 모든 것이 부족한 형편이었다. 시즌을 앞둔 선수에게 있어 동계훈련은 참으로 중요한데, 알고보니 ◉이는 겨울방학 중 수영만 틈틈이 했을 뿐, 별다른 훈련 프로그램을 소화해 내지 못했다. 전반적인 기초체력 강화와 사이클이 문제인데, 다행히 선발전에서 만난 진주동명중 선수가 진주에서 개인 교습 형태로 지도를 받고 있고, 그곳 철인 3종 동호인과 연합하여 훈련할 수 있는 시스템이 갖추어져 있다고 했다. 연습 시간 할애 문제로 고민하던 중, 5월 1일부터 6일까지 연휴가 이어졌다. 이기간에 ◉이는 진주집에서 숙식하면서 새벽 운동부터 저녁훈련까지 어려운 훈련 과정을 소화해 내었다. 사이클은 도로를 질주해야 하는 위험한 운동으로 안전이 중요시되어 혼자서는 할 수 없다. 또한, 차가 많이 다니지 않는 이른 시간을 이용해야 해서 아침 7시에 준비하여 하루 70~90km 거리를 주행했다.[47] 사이클을 트렁크에 싣고 통영에서 진주로 옮길 때도 60km를 45분 이상 걸리는데, 자전거로는 무려 3시간 이상 달렸다. 그리고는 다시 마라톤을 하고 저녁에는 수영까지 해야 했다. 그리고 일주일 후인 5월 10일, 11일, 휴일에도 같은 훈련을 반복했다. 이제 남은 소체 기간은 2주 남짓, ◉이도 부족한 사이클과 체력 부분에서 어느 정도 자신감을 가진 듯했다. 정말 철인다운 체력을 가진 것이다.

대회 일주일 전인 17일(토)에는 바다 수영을 경험했다. 트라이애

---

47) 실제로 훈련 2일 차 때는 동호인 한 분이 넘어져 훈련복이 피부에 달라붙을 만큼 찰과상을 입어 119구급차에 실려 가기도 함.

슬론은 오리지널하게 바다를 헤엄치는 경기인데, 수영장에서의 수영과는 양상이 크게 다르다. 거친 파도와 싸워야 하고, 목표를 보면서 헤엄쳐야 하기에 고개를 들어야 한다. 18일(일)에는 통영 '산양 스포츠파크'에서 경남 대표 단체전 경기에 출전할 남녀 선수 6명이 모여 릴레이 순서를 결정하고 마무리 연습을 했다. 트라이애슬론은 밝힌바 3가지 종목을 릴레이식으로 수영에서 사이클로, 사이클에서 마라톤으로 전환을 이루어야 하고, 이 과정에서 선수는 신속한 근 전환까지 해야 한다. 수영에서 육지로 올라서면 몸이 무겁고 다리가 잘 움직이지 않기 때문에 빨리 회복할 수 있는 적응이 필요하다. 그리고 사이클을 하기 위해서는 신발을 갈아 신고, 사이클 경기 후 헬멧을 벗는 과정에서 지정된 바구니에 담지 못하면 페널티를 먹는 등 경기 외적 요소도 작용하기 때문에 이런 바꿈터에서의 신속한 행동 요령까지 반복해서 숙지했다.[48][49] 트라이애슬론은 대회 때마다 경기 코스가 다르고 또 길어 사전 코스 숙지가 중요한데, 특히 대회 당일 비가 올 것이 예고된 상태라 더욱더 그러했다. 그래서 대회는 5월 25일(일)이지만 목요일(22일) 일제히 출발했다.

대회 장소는 인천광역시 송도 센트럴파크 일원이었다. 그러니까 도심 속의 바다에서 수영, 사이클, 마라톤이 이어진다. 코스답사와 수영 적응 훈련을 마쳤고, 저녁에는 롤링을 하면서 도로 영상을 스크린을 통해 보고 이미지 트레이닝을 했다. 금요일과 토요일 오전까지는 반복훈련을 하였고, 오후 3시에는 주최 측에서 주관한 공식

---

48) 페널티(Penalty): 경기 중, 시간 벌칙을 받은 선수는 달리기경기 중 또는 결승점을 통과하기 전 아무 때나 페널티박스에서 시간 벌칙을 받을 수 있고, 시간 벌칙을 받지 않고 경기 종료 때 실격 처리됨.

49) 페널티 규정: 수영경기 중 부정 출발(10초), 사이클 경기 중 승, 하차선 위반(10초), 바꿈터에서 사용한 장비의 부적절한 거치와 방치(10초).

훈련, 오후 5시부터는 대표자 회의와 경기 설명회에 참석하였다.

드디어 5월 25일, 아침 6시에 기상한 대표팀은 오전 9시, 남자 단체전을 필두로 한 경기 시각에 맞추기 위해 일찍 아침을 먹고 몸을 풀었다. 남자 단체팀은 각 시도를 대표한 8개 팀이 참가하였다. 우리 팀의 릴레이 순서는 첫 번째 창원, 두 번째 진주, 그리고 마지막 주자로 ◉이었다. 출발 신호가 울리고 철인들이 물속으로 뛰어들었다. 하얀 물살을 가르면서 대한민국의 건아들이 파도를 헤치고 나가는데, 그 모습은 수영장에서 헤엄치는 모습과는 또 다른 감회가 전달되었다. 반환점을 돌아 물속에서 나오는데, 아니 이것이 어찌 된 일인가? 경남 선수가 제일 선두로 올라서는 것이 아닌가? 갑자기 코치진이 흥분하였다. 목청껏 "경남 파이팅!" 하고 외쳤다. 조마조마한 바꿈터에서의 실수도 없이 선두로 사이클을 타고 나가는 모습을 보고 기대감이 컸다. 사실 이 바꿈터에서 많은 이변이 일어난다. 정신없이 서둘다 보면 실수를 하기 쉽다. 사이클, 마라톤도 선두를 유지하여 2번 주자에게로 손 터치가 이루어졌다. 回은 경남의 에이스로 큰 차이를 낼 것으로 기대했다. 수영에 이어 사이클은 보이지 않기 때문에 몇 분간의 기다림이 정말 길게 느껴졌다. 나타났는데 3등으로 선두가 바뀌어 있었다. 달리기에서는 지친 감마저 보였다. 그리하여 ◉이에게 임무가 맡겨졌다. 거리 차는 1, 2등과 대략 30~50m 정도, 과연 ◉이가 이 차이를 극복할 수 있을 것인가? 드디어 마지막 주자의 모습이 저 멀리서 보이기 시작했다. 선두는 경기 선발팀, 2위는 서울 선발팀, 그다음 ◉이가 보였다. 그런데 ◉이 뒤로 경북 선발팀이 바짝 뒤쫓고 있었다. 입이 마르고, 결승선을 통과할 때까지 힘내라고 ◉이 이름을 불렀다. 결과는 2번 주자로부터 이어받은 3위 순위를 끝까지 지켜내었다. ◉이가 흘린 땀과 경남 대표팀이 이루어낸 단합된 힘의 결과였다. 단체전과 연이어 열린 개인전에서 경기팀과 서울팀이 거의 메달을 석권하다시피 한 이번 대회에서 경남 대표팀과 ◉이가 동메달을 획득했다는 것은 송도 인천 소년 체전에서 우리 학교의 트라이애슬론이 피워낸 고귀한 꽃이다. 그것도 결승전 통과 기록이 경기 25분 54초, 서울 26분 33초, 경남이 26분 57초였다.

연이어 열린 여자 단체전, 오후에 열린 남녀 개인전에서는 경남 모두 메달권 진입에 실패했다. 코칭 시스템, 시간 할애, 훈련비 투자, 훈련 환경 조성 등등 모든 면에서 열악함을 면치 못한 상태였지만, 오직 ◉이가 트라이애슬론을 통해 이루고자 한 꿈이 건실했기 때문에 부족함을 메울 수 있었다. 금메달에 도전하기 위해서는 그 이상의 노력과 투자가 있어야 한다는 뜻이다. 한계와 가능성을 동시에 보았고 끊임없는 선수 수급과 자질을 가진 선수 발굴이 중요한데, 아쉬운 점은 ◉이의 대를 이을 후배 선수가 우리 학교에는 없다는 것이다.

비록 동메달에 머문 아쉬움은 있지만, ◉이는 겨우 한 달 보름 남짓한 기간 동안 철인다운 훈련에 집중할 수 있었으므로, 정말 온전한 훈련 시스템이 갖추어진 곳으로 진학하여 매진한다면 국가 대표로서 올림픽대회에도 출전할 가능성을 가진 선수이다. 꿈은 꾸는 것이 아니라 이루는 것이라고 하였듯, 열심히 노력하면 언젠가는 그날을 맞이할 수 있지 않겠는가? 소년 체전에서는 육상 부분에서도 마라톤은 없고 5,000m 경보 경기가 제일 힘든 경기인데, 트라이애슬론은 여학생도 30분을 넘는 시간 동안 수영, 사이클, 달리기를 해야 하는 소년 체전의 꽃이다. 그 힘든 경기 코스를 완주해내는 여자 선수를 보면서 우리 학교 여학생도 이런 스포츠에 관심을 가지기를 바라는 마음 간절하였다. 어려움을 이기고 견뎌야 하는데, 이런 인내심을 기르는 데 트라이애슬론만 한 스포츠가 없다. **슬픈 인생을 이기고 좌절을 극복할 수 있는 삶에의 용기와 희망을 얻기 위해 그들은 고통을 헤치고 애써 철인이 되고자 했다.**

꿈을 가지고 노력하면 이룰 수 있다는 本을 보인 ◉이에게 박수를, 그리고 물심양면으로 격려와 지원을 아끼지 않은 교장 선생님, 개인 시간을 쪼개어 ◉이를 지도한 두 분 코치 선생님께 감사드린다. 이런 대회 경험과 반성과 전통이 쌓이고 쌓여 신설 중학교 5년 차에 돌입한 우리 학교가 훌륭한 전통을 수립하는 것은 물론이고, 체육 영재가 속출하여 대망의 금메달을 따는 자랑스러운 명문 중학교가 될 수 있길 기대하면서…… -교지 『가온』, 세 번째 Story(2015. 5.)

창단 첫해, 제주 소년 체전 유도 은메달 쾌거

1-3반 ♥ 학생이 2015년 5월 31일, 제주도 제주유도회관에서 열린 제44회 전국소년체육대회 유도 종목 경남 대표로 출전해(-45kg급) 16개 도 대표선수와 접전하여 은메달을 획득하였다. 이 학생은 제2 신장기를 거치지 않아 뼈와 근육이 채 굳지도 않은 상태인데 2, 3학년 선수와 대등하게 시합하여 대회 관계자를 놀라게 하였다. 학교의 명예를 빛내고 무한한 발전 가능성을 확인한 쾌거인데도 "우리 학교에 유도부가 있는가"라고 의아해할 학생들에게 유도부 창단에서 은메달을 따기까지 약 5개월간의 과정을 소개하고자 한다.

통영은 유도의 고장이라고 할 정도로 지역 사회에 많은 유도인이 있고, 통영유도회를 통해 결속을 다지고 있는 상태에서 인근 통영초등학교에서는 이미 수년 전부터 유도를 교기로 우수한 선수를 배출하였다. 그렇지만 안타깝게도 이들이 통영에서 계속 운동할 수 있는 연계 진학 체제가 갖추어지지 못해 다른 지역으로 진출하였다. 이런 어려움을 해소하기 위해 지역 관계자의 요청과 교장 선생님의 결단으로 2015년 1월 29일, 도 교육청, 통영교육지원청, 통영유도회로부터의 전폭적인 지지와 도움을 받아 5명의 선수로 통영중앙중학교 유도부 창단식을 가졌다. 이날 창단식에는 유도 꿈나무의 장도를 축하하기 위해 많은 지역 유도회원님과 학부모, 축하객이(60여 명) 참석하여 자리를 빛내주었다. 전문 코치로 매해 연속 소체 메달권에 진입하였고, 특히 작년에는 금메달과 동메달을 석권한 통영초등학교 ◆ 경기지도자가 맡았다.

  힘차게 출발한 유도부는 현안 과제인 제44회 전국소년체육대회 경남 대표 선발에 대비하여 훈련 체제를 갖추었다. 동계훈련 기간 중 2회에 걸쳐 전지훈련을 다녀왔고, 경남 대표 선발 기준에 맞추기 위해 2015년 3월 9일에는 강원도 철원에서 열린 "여명 컵 전국 유도대회"에 출전하였다(전국규모대회에 입상하면 포인트가 주어짐). 2, 3학년 선수와 맞대결을 하다 보니 머리 하나는 더 있어 보였다. 초등학교 때는 모두 1, 2위를 경험한 내로라한 선수였지만 역부족이었다. -45kg급에 ♥만 두 번 이기고 8강까지 진출했는데, 4강전에서는 아무리 흔들어도 기술이 통하지 않았다. 별다른 성과를 거두지 못하고 돌아왔다. 하지만 곧 다가올 2차, 3차 평가전을 앞두고 열심히 연습하였다. 우리 선수는 모두 5명인데 그중 ◆ 코치는 "선생님, ♥를 한 번 지켜봐 주세요. 앞으로 물건이 될 선수입니다"란 말을 하였다.

2015년 3월 28일, 2차를 거쳐 진해 구민회관에서 열린 경남 대표 최종 평가전에서 3명이 대표선수로 확정되었다. ◘과 回는 큰 경쟁 상대가 없어 무난히 선발되었지만, 문제는 ♥에게 있었다. 이미 우리 학교에서도 같은 체급에 작년 초등 -35kg급 금메달리스트인 回이가 있었고, 10명 이상의 선수가 대거 출전했는데, 그중에는 역시 작년 전국 소체 동메달리스트인 창녕 성산중 선수(2학년)도 포진하고 있었다. ♥와 창녕 선수는 1, 2차 평가전을 치르면서 1승 1패를 기록한 상태, 回이와 ♥가 각각 2승씩 거두고 4강전에서 만났는데, ♥가 결승전에 진출하였고, 창녕 선수와 맞붙었다. 우열을 가리기 어려운 접전을 펼쳤는데, 시종일관 대결을 피하지 않고 적극적으로 체력을 쏟아 유효승을 거두었다. 나는 ♥가 선발된 줄 알았다. 그런데 알고 보니 창녕 선수가 철원 여명 컵 대회에서 2등을 하여 포인트가 동률인 탓에 한 번 더 결전을 치러야 한다고 했다. 어떻게 이 어려움을 이겨낼 것인가? 대등한 경기를 펼쳤는데, 역시 ♥의 파이팅이 돋보였다. 큰 기술은 넣지 못한 상태에서 지도승을 거두었다. 정말 예상을 뒤엎은 결과였다. 관중이 두 선수만 남아 치르는 최종전을 숨죽이고 지켜보았고, 엎치락뒤치락하는 시소 경기에 몰입하였다. 그리고 끝내 환호하였다. 학부모도 참관하였는데 함께 응원하였다. 중등부는 총 10체급인데, 창단 3개월 만에 3체급에 선발된 성과를 거두었다. 이런 결과 뒤에는 밤낮을 가리지 않고 유도장에서 놀았다는 통영초 감독의 말에서 비결을 찾을 수 있다. "도대체 노는 것이 비결이라니!" 그 놂이 그냥 놂이겠는가? 남들이 따라잡지 못할 만큼 열심히 훈련했다는 뜻이다. 즉, 무엇이든지 남만큼, 남과 같이해서는 치열한 경쟁 사회에서 앞설 수 없다.

경남 대표 3체급 선발은 팀에 활력을 불어넣었다. 남은 소체 기간 동안 체계적인 단계별 훈련 계획 수립을 요구하였다. 그리하여 총 5단계 훈련 과정을 마련하여 유도장 출입구에 붙여 놓고 선수도 같이 대비할 수 있도록 하였다. 1단계는 4월 30일까지 체력 및 근력 강화훈련, 2단계는 5월 2일부터 2박 3일간 경북 고령중학교 전지훈련을 통한 실전 연습, 3단계는 5월 15일까지 시합술 및 실전 연결기술 훈련을 중점적으로 하였다. 그리고 이때부터는 새벽 6시 30분에 집합하여 인터벌 및 스피드 훈련을 병행하였고, 오후 훈련에 이어 야간 9시 30분까지 시간을 연장하였다. 그리고 4단계는 5월 28일까지 맞춤형 시합술 및 컨디션 조절을 하고, 5단계로 5월 29일 제주도로 출발, 현지 적응 훈련을 거쳐, 5월 31일 오전 시합에 초점을 맞추었다.

시간 나는 대로 아침 체력 훈련을 지켜보았는데, 훈련장에 가보면 옷은 이미 땀으로 범벅이 되어 있었다. 체력이 한계에 도달했는데도 코치가 외치면 다시 일어나 남은 몫을 다 했다. 유도는 상대방의 중심을 무너뜨리는 스포츠인 탓에 기술도 중요하지만, 그것을 뒷받침하는 것은 체력이고 정신력이다. 중학생은 총 4분의 경기를 치르고 무승부면 판정이 날 때까지 연장전을 가지는데, 여기서 큰 영향력을 끼치는 것은 결국 체력과 정신력이다. 그래서 체력은 최대, 최후의 무기이다. 힘든 훈련 과정을 묵묵히 소화해 내는 선수들이 대견스러웠다. 이런 어려움을 견디는 한 앞으로 부딪힐 온갖 인생 역경도 능히 헤쳐나가리라.

결전을 앞두고 훈련 강도가 심하여짐에 따라 돌아가며 몸살을 하기 시작했다. 그러나 ♥는 끝까지 견뎌내었다. 5월 29일, 예약된 비행기를 타고 약 30명에 달하는 경남 유도 대표선수들과 함께 김해를 거쳐 제주 국제공항에 도착했다. 5월 30일은 초등부, 여자 중등

부 경기가 있었는데, 함께 훈련에 참여했던 죽림초 선수가 -43kg급
에서 금메달을 차지하고, 최우수 선수상까지 받는 영광을 안았다.
경남 유도의 자랑이고 통영의 자랑이다. 그리고 5월 31일 일요일,
드디어 대비하고 대비한 결전의 날이 왔다. 첫 시합은 16강전으로
서 ♥가 나갔는데, 몸이 제대로 풀리지 않은 상태였지만 전남 대표
선수를 누르기 한판으로 이겼다. 곧이어 ◙(-48kg)이가 16강전에서
충북 선수를 되치기로 한판승을 거두었다. 팀에 사기가 올랐다. 하
지만 -90kg에 출전한 ▣가 인천 대표와 붙었는데, 그 선수는 머리
하나가 더 있었다. 역부족으로 삼각 누르기에 한판패를 당했다. 다
음 8강까지는 시간이 조금 걸렸는데, 경북 대표 역시 ♥보다 키도
크고 아주 힘이 셌다. 하지만 기지를 발휘해 수비를 잘하면서 안다
리 절반, 누르기 절반으로 승리했다. 동메달을 확보한 순간이었다.
교장 선생님과 교감 선생님, 내가 달려나가 잘했다고 악수를 하였
다. 곧이어 치러진 ◙은 울산 선수에게 되치기 절반과 꺾기를 당해
분패하고 말았다. 3학년으로서 꼭 메달을 따기를 기대했는데 아쉬
움이 컸다. ♥의 준결승 상대는 서울 대표, ♥보다 학년이 위인 3학
년 선수였다. 이 시합에서도 ♥는 감탄스러우리만치 시합을 잘 이
끌어 안다리 절반과 지도 하나로 승리했다. 지도로 리드(lead)한 상
태라 시간이 애타게 흐르길 바랐는데, 막판에 절반승까지 거두고
보니 감개가 무량하였다.

드디어 다른 체급도 막바지에 이르러 중량급에서는 이미 금메달
이 결정된 상태에서 ♥ 체급은 시합이 지연되었다. 경기장이 두 곳
인데 제2 경기장으로 옮겨 결승전에 도달한 경기 대표선수와 맞붙
었다. 이 선수는 3학년으로서 내리 3년간 동 체급을 유지하면서 거
의 전국대회에서 우승을 독차지해 온 선수였다. 체중이 초과하여

무려 7kg 정도를 감량했다는 정보를 듣고 오래 버티면 해볼 만하다는 작전도 세웠다. ♥의 파이팅은 대단했다. 공격을 주고받으며 자웅을 겨루었다. 2분 정도까지는 점수를 선취할 수도 있는 대등한 경기였다. 그러나 2년간이란 세월과 성장 차이는 어쩔 수 없었다. 기술을 걸다 넘어졌는데, 아주 노련하게 다리를 감아버려 조르기 한판에 석패하고 말았다. 마치 덫에 걸린 것처럼 빠져나오기 위해 애를 썼지만, 상대 선수는 요지부동이었다. 수 초 동안 안타까움과 고통이 함께 느껴졌다. 한판패가 선언되고 일어서는데 눈에서 눈물이 흘렀다. 자신이 할 수 있는 최선을 다했고, 어쩔 수 없는 한계점에서 ♥는 과연 어떤 감정과 생각을 가졌을까? 어린 나이이기는 하지만 도인(道人) 못지않게 유도란 스포츠가 안긴 큰 깨달음을 얻지 않았을까? 비록 우승의 문턱에서 좌절하기는 하였지만, ♥는 앞으로 크게 성장할 가능성과 희망을 보였다. 만약 이번에 금메달을 땄다면 그것이 오히려 유도 선수로서 대성하는 데 독소가 될지도 모른다. 우리는 이루고자 하는 목표를 잃어버리는 것만큼 불행한 일도 없다. 더 큰 그릇으로 성장하기 위해 이 순간 내일 이루어야 할 분명한 목표를 안긴 것이다. 그리해야 ♥, 아니 우리 학교 유도부가 쉬지 않고 발전할 수 있다고 생각한다.

시합이 끝나자 시합 과정을 지켜본 공인 유도 국제심판 한 분이 다가와 ♥에 대해 이것저것 물어보더니 1학년이라고 하자 놀라면서, 파이팅이 넘치고 1학년이라고는 믿어지지 않는 경기 운영을 보고 어린 선수이지만 무궁한 존경심이 우러나온다고 하였다. 그리고 ◈ 코치더러, 이 선수를 잘 지도해 세계의 유도사에 이름을 날리는 훌륭한 선수가 될 수 있게 해 달라고 당부하였다. 될 성싶은 나무는 떡잎부터 알아본다고 했듯, 전문가의 눈에는 훌륭한 자질을 갖춘 선수는 기미가 보이는 모양이다. 자신이 미처 확인하고 발견하지 못한 이런 소질과 가능성을 발견하여 기르고 북돋고 이끌어 주어 꿈을 이룰 수 있도록 하는 것이 선생님의 본분이고 사명이며 중대한 역할이다. 그래서 학생은 이 같은 안목과 사명을 가진 선생님을 전적으로 믿고 따라야 한다.

♥가 중학교에서의 올림픽이라고 할 수 있는 소년 체전에서 은메달을 획득하고 시상대 위에 올랐다. 신설 6년 차에 접어든 우리 학교의 학생은 이 자랑스러운 모습을 본보기로 삼아 학교를 사랑하고 배움의 가치를 소중하게 여겨 훌륭한 전통을 수립하는 주역이 되어야 한다. 아울러 본교 유도부는 이번 제주 소년 체전을 통해 한 단계 더 발전할 수 있는 계기가 되었고, 지역의 우수한 유도 영재들이 꿈을 키울 수 있는 산실 역할로서 기대를 모으게 되었다. 유도부 창단 첫해에 메달권 진입을 이룬 만큼, 자신감을 가지고 더욱 땀 흘려 체계적인 훈련에 매진하리라. 다시 한번 유도부 창단과 은메달을 획득하는데 견인차 구실을 하고 성원을 아끼지 않은 여러 관계자분께 감사드리면서, 이곳에서 그야말로 세계적인 유도 영웅이 속속 배출될 수 있도록 최선을 다할 것이다.

-교지 『가온』, 네 번째 이야기(2016. 5.)

아! 그리운 금강산

1998년 11월 18일에 시작된 금강산 관광은 한국의 민간인이 북한을 여행할 수 있게 된, 남북이 분단된 이래로 새로운 획을 그은 사건으로서, 한국 기업인 현대 그룹의 오랜 노력과 정부의 햇볕 정책이 맞물려 열매를 맺었다. 그러나 2008년 7월 11일, 북한군에 의한 관광객 피격 사망 사건이 발생하면서 금강산 관광이 잠정 중단된 상태이다.[50] 금강산을 관광한 것은 피격 사건이 일어나기 1년 전인 2007년 8월 15일부터 17일까지로, 중단되고 나서 지금까지 관광 사업이 재개되지 못하고 있는 것은 안타까운 일이다. 금강산으로 가는 길이 열린 지 10년 만에야 기회를 붙들었는데, 그때 본 금강산을 지금은 꿈속에서 그릴 수밖에 없게 되었다. 군사분계선을 넘으면서 분단의 상처와 민족의 역사 앞에 가로놓인 통일의 과제를 뼈저리게 느꼈으며, 금수강산의 최정수인 금강산의 절경을 두 눈으로 확인했다. 그러나 못내 아쉬움을 금할 수 없었던 것은 두고 온 금강산도 山河도 아닌, 그곳에서 생활하고 있는 동포였다. 확연한 생활의 격차, 체제의 다름, 말도 같고 얼굴색도 같은데 마음을 터놓을 수 없는 안타까움, 통일은 반드시 절감해서 해결해야 할 역사적 과제였다. 우리 민족이 장차 태평양 시대를 주도할 수 있으려면 남북이 통일되고 민족이 하나 되는 것이 선결 조건이다. 반쪽인 상태로서는 인간도 정상적인 활동이 어렵다는 생각이 들었다. 평생에

---

50) 네이버 백과사전, 금강산 관광.

걸쳐 두고두고 아껴서 발자취를 남기려고 했는데 내 나라, 우리의 山河를 마음대로 밟을 수 없게 되었다는 것이 한민족이 처한 슬픈 현실이다. 내가 본 금강산은 그 명산에 대한 정감적 동조이기 이전에 정말 잃어버린 동포에 대한 가슴 아픈 확인이었으니, 부모가 사랑스러운 자식을 잃어버렸다면 어찌 그 자식을 잊을 수 있겠는가? 아픔이 사라지겠는가? 6 · 25 때 헤어진 이산가족은 지금도 북녘 하늘을 쳐다보면서 남북이 통일되기를 손꼽아 기원하고 있다. 그런데도 망향의 기억을 되살리게 했던 금강산 관광마저 중단된 지금은 그나마 가보았던 금강산에 대한 경험과 생각이 장차 통일 역사의 주역이 될 우리 학교 학생에게 민족이 처한 분단 역사의 현실과 통일에 대한 사명감을 일깨울 수 있는 자료가 될 것 같아 소개하고자 한다.

대한민국이 금수강산이라고 하는 것은 자찬이 아니다. 사계절이 뚜렷하고 삼면이 바다로 둘러싸여 사람이 살기 좋은 온난한 기후가 만들어 낸 대자연의 합작품이다. 그중 금강산은 천하제일의 절경을 이룬 명산이라, 이 땅에 태어난 사람은 누구라도 평생에 한 번은 금강산 구경을 소원했다. 조선 시대의 이름난 선비들 가운데는 금강산에 들어가 학문을 닦고 道를 구하고자 했던 흔적이 많다. 그렇지 못하다 해도 그들의 연보에는 금강산을 둘러보았다는 기록이 엿보이고, 금강산을 소재로 한 시, 기행, 그림들이 있다. 동학의 창시자인 수운(최제우) 선생은 꿈속에서 금강산에서 왔다는 한 스님으로부터 천서(天書)를 받고 후일 만민을 구원할 無極大道를 펼치게 된다. 7보 중 가장 아름답고 단단한 보석이 다이아몬드인데, 오죽하면 그 이름을 따 金剛의 山이라고 했을까만,[51] 빼어난 산인데도 지금까지 유명세만을 곁 동냥질해야 했던 이유는 무엇인가? 그것은 곧 지구촌에서 유일하게 분단의 비애를 안고 있는 민족인 탓이다.

2007년 8월 15일 새벽 5시 30분, 가족과 함께 금강산 관광을 계획했던 팀들이 문화예술회관(진주)에 집결했다. 대진, 경부, 중부, 영동, 중앙 고속도로를 타고 홍천에서 국도로 진입해 화진포 휴게소에 도착한 것이 오후 1시 20분 경이었다(8시간 정도 소요). 남측 안내원이 금강산 관광증을 배부하였고, 휴대폰 등 북측에 가시고 들어갈 수 없는 물건을 수거한 후 안내도 받았다.

2시 50분경, 드디어 남측 출입사무소에서 절차를 밟고 버스에 탑승한 후 일제히 비무장 지대를 통과했다. 57년 동안 누구의 발길도 허락하지 않았던 땅인데, 62돌을 맞이한 뜻깊은 광복절 날에 국군의 마지막 환송을 받으며 통과했다. 남측 안내원의 말로는 가로등이 남측은 하늘색인데 북측은 은색이라고 했다. 얼마 동안 가서 황갈색 군복을 입고 사무를 보고 있는 북측 출입사무소에 도착했다. 같은 말과 언어를 쓰고 있는 땅인데도 외국처럼 짐 검사와 절차를 밟고 확인을 해야 하다니! 긴장은 되었지만 통과하는 데 시간이 걸리지는 않았다. 이제 우리는 완전히 북한 지역에 들어섰다. 온정리에 있는 숙소까지 이동하는 데 걸린 시간은 불과 15분 내외, 눈 앞에 펼쳐진 북한 지역의 풍경은 푸른 山河 그대로였다. 저녁 시간이라 도로변에 북한 주민이 걸어가고 있었다. 숙소에 도착해 짐을 풀고 금강산 해수욕장에 들렀는데, 옆으로 고성읍을 거쳐 원산으로 가는 아스팔트 길이 놓여 있었다. 분명 우리의 국도와 같은 큰길인데도 달려가는 차가 눈에 보이지 않았다는 것, 통과 시간이 불과

---

51) 봄: 금강산, 여름: 봉래산, 가을: 풍악산, 겨울: 개골산.

몇 분대이기는 하지만 남한과는 대조되는 정경이었다. 여기서 우리는 비로소 구름에 쌓인 금강산의 장엄한 자태를 한눈에 넣을 수 있었다. 맑은 날은 아니었지만, 왼쪽의 일출봉(해발 1,552m)으로부터 주봉인 비로봉(해발 1,638m), 오른쪽의 천불산에 이르기까지 금강의 일만 이천 봉우리가 호수같이 잔잔한 장전항의 정취와 어우러져 눈길을 떼기 어렵게 했다.

6시 30분, 저녁을 먹고 일행은 서둘러 금강산 문화회관에서 펼쳐지는 '평양 모란봉교예단'의 종합교예 공연을 관람했다. 막이 열리고 하얀 꽃무늬 한복을 입은 여성 사회자가 나와 동포 여러분을 진심으로 환영하며, 동포애의 심정으로 최선의 기량을 선보이겠다고 인사를 하였다. 함께 본 아들이 일기에서 표현한 것처럼 북한 사람은 성대가 풍부하다고 지적했다. 말의 여운이 채 가시기도 전에 숨을 몰아쉬어 말끝의 톤을 올려서 발음하는 데서 무언가 인간의 심정을 속속들이 전달하여 가슴을 뭉클하게 하는 힘이 있었다. 'ㄹ'자 발음이 뚜렷했고, 시종일관 외래어 사용이 없었다. 곳곳에 그들의 주체사상을 표현한 붉은 문구가 띄었는데, 새겨진 것은 한글뿐이었다. 관람 시간은 1시간 30분이었는데 어려운 난이도의 위험한 공연이 많았음에도 단 한 번의 실수도 없었다. 한편으로는 측은함이 앞선다고 하지만, 공연의 마지막 인사말에서 한민족이 통일되어 다시 만나기를 간절히 기원한다고 했을 때 관람객은 모두 일어나서 손뼉을 쳤다. 저녁은 한국 음식점에서 먹고 휴식을 취했는데, 텔레비전은 남한 채널에 고정되어 있었다. 음식점 등은 남측과 북측이 나누어 운영하고 있었다. 행동은 자유로웠으나 단지 정해진 구간 안에서였다. 안내원에게서 많이 들은 주의 사항은 이동 중 사진 촬영이 금지되어 있다는 것, 어기면 카메라 압수는 물론이고 벌금까지 물어야 한다고 했다.

8월 16일 아침 7시, 여행사에서 제공한 뷔페식 식사를 마치고 8시 20분경, 꿈에 그리던 금강산의 구룡연 코스 등반에 올랐다. 신계사를 지나 목란관 밑까지는 버스로 이동하였는데, 직접 금강산의 자락 안으로 들어서니 풍세의 범상찮음이 느껴지기 시작했다. 금강산은 크게 외금강, 내금강, 해금강으로 나뉘며, 외금강은 다른 강에 비해 그 기세가 장엄하고 남성적인데, 구룡연 코스는 이 같은 외금강을 대표하는 등반코스이다. 경쾌하고 시원하게 떨어지는 폭포와 사시사철 푸른 담(潭)과 소(沼)를 감상할 수 있으며, 산행 시간은 상팔담 코스를 포함해 4~5시간 정도이다. 구룡연 코스의 절경을 감상하면서 북측 음식을 즐길 수 있는 목란관을 지나 본격적인 등반길에 올랐다.

길은 완만하고 서너 명이 함께 걸어갈 수 있도록 자연스럽게 다듬어져 있었다. 구름 낀 날씨가 오히려 좋았다. 매미 소리, 그 청아한 자연의 합창이 우리를 반기는 듯하고, 발길이 깊어갈수록 흰 바위 사이로 소나무가 준수한 푸름을 자랑하고 있었다. 돌 하나로 보면 제멋대로 뒹굴고, 풀 한 포기로 보면 늘 보는 그 풀인데, 이들이 전체적으로 조화를 이루어 조물주의 완벽한 작품을 연출해 내다니! 하늘을 보아도 절경이고, 발밑을 보아도 절경이며, 앞뒤 좌우로 늘어선 봉우리가 절경 아닌 곳이 없었다. 열심히 보았는데도 사람들의 시선이 머물러 되돌아보면 미처 보지 못한 봉우리가 전설을 이야기하고 있었다. 계곡에는 수정 같은 물이 흘러 담을 이루었고, 산봉우리는 구름에 잠겨 한 폭의 동양화를 연출했다. 억겁에 걸친 세월의 조각가가 일만 이천 봉우리를 다듬었고, 화가가 흰 바위를 채색했으며, 정원사가 푸른 이끼, 나무를 정교히 다듬었다. 구름, 흰 바위, 안개, 물, 소나무가 어우러져 사시사철 모습을 달리한다고 하니, 금강산은 참으로 신선이 노닐 만한 곳이다. 풍경에 취해 사진도 찍고 금수다리, 만경다리를 지나 금강문에 도달했다. 일종의 바위 굴이라고나 할까? 이곳에는 김일성 초상휘장을 가슴에 단 북측 여 안내원이 설명하고 있었고, 한 곳에서는 음료수, 과자 등도 팔고 있었다. 안내원과의 접촉과 대화는 자유로웠으며, 오히려 궁금한 것이 있으면 물어보라고 하는 적극적 자세였다. '배지'라고 하니까 수령님의 초상휘장이라고 말을 고쳐주기도 했다. 김일성과 김정일이 다녀간 곳은 곳곳이 성역화되어 강령적인 교시가 비석으로 세워졌고, 바위에 새겨 놓았다. 그들은 조선의 기상인 금강산은 잘 보존하여야 한다고 하면서 완전한 조물주의 작품을 앞장서 훼손하였다(자연은 인간의 낙서장이 아님). 누가 그 깊은 골을 지울 수 있을 것인가? 자연에 대한 인간의 오만함과 권력의 무상함만 후세에 교훈으로 남기지 않겠는가?

구룡연은 흐르는 계곡물이 함께하는 코스이다. 이 골짝 저 골짝으로 건너면서 길이 나 있어서 아름다운 다리도 많다. 그 다리 난간에 기대서 보면 구룡연의 깊은 골에 대한 조망권이 한층 더 좋아진다. 흔들다리를 지나 무대 바위 위에 서니 구룡연이 구사한 골짜기와 봉우리의 절경이 한눈에 드러나고, 그 앞에는 옥류가 담을 이루었는데, 좌우 폭이 수영장을 연상케 한다. 그 깊고 깨끗한 옥류가 태고의 원류를 간직하였다. 바위에 부딪힌 물은 하얗게 부서지고, 담고 있는 바위 역시 희기만 한데, 담을 이룬 물빛은 왜 수정처럼 푸른 옥류인가? 하늘이 파래서인가? 푸른 소나무의 잎이 투영되어서인가? (게르마늄 성분 때문) 인류는 참으로 금강산 같은 물빛의 원색을 회복해야 지상선경(地上仙景)을 이룰 수 있다. **인걸은 자연**

의 기세를 따라 나고, 자연이 善하고 깨끗해야 그곳으로부터 善男善女가 善한 본성을 지키면서 살아갈 수 있다. 자연은 인간을 善하게 길러내는 모태이며, 인간이 자연의 법칙에 순응하여 조화를 이루어 살아가는 세상이 바로 지상선경이다. 그런데 이 모태를 훼손하고 그 물빛을 다시 회복하지 못한다면 미래가 어떻게 되겠는가? 그런 의미에서 본다면 이토록 소중한 금강산이 북한 땅에 있다고 하는 것은 역설적인 의미가 있다. 만약 설악산이나 지리산처럼 개방되었다면 지금의 이 옥류는 어떻게 되어 있을 것인가? 남북 땅이 언젠가는 하나 되고 통일되어야 하겠지만, 거기에는 반드시 그만한 준비가 되어 있어야 한다. 통일되어 하나 되는 과정에서 무언가 인류가 염원한 이상적인 사회, 국가, 문화를 건설할 수 있는 본보기적 지침을 마련할 수 있어야 하리라.

산수화에는 산꼭대기에서 폭포가 쏟아져 내리는 풍경이 있다. 나는 그것이 상상으로 그려진 그림인 줄 알았는데, 그 같은 정경이 정말 내 눈앞에 펼쳐졌다. 비봉폭포였다. 하늘 끝과 맞닿은 산꼭대기에서 물줄기를 흩날리며 길게 폭포를 이루었다. 그리고 관폭정을 지나니 드디어 우리가 목표로 한 구룡폭포에 도달했다. 앞에 정자가 지어져 있었는데, 직접 내려가 보았다. 9마리의 용이 승천하는 모습이라 구룡폭포라고 했다는데, 정말 물줄기가 장관이었다. 우리나라 3대 폭포 중 하나라 떨어지는 물줄기가 가는 물방울을 이루어 용이 승천하는 듯 푸른 서기가 서렸다.

지금까지는 등산 코스가 거의 완만했다. 그런데 상팔담을 오르는 코스에는 철계단이 계속 놓여 있을 정도로 가팔랐다. 20분 정도 숨을 몰아쉬었는데, 오르고 보니 그곳에는 또 다른 선경 세계가 펼쳐져 있었다. 상큼한 바람이 땀을 식혔다. 금강산의 깊고 긴 골짜기를 타고 내린 물줄기가 여덟 개의 웅덩이를 파 푸른 담을 이루었는데, 여기로부터 선녀와 나무꾼의 전설이 유래되었다나? 그 아래 조금 전에 본 구룡폭포로 연결된다. 사진을 통해 보았던 정경 그대로이다. 갑자기 바람이 일어 옆에 있던 관광객의 모자가 날아 낭떠러지 밑으로 떨어져 버렸다. 내 모자도 들썩했는데 다행히 날아가지는 않았다. 가파른 바위 위에 다람쥐가 나타났는데, 사람에 대한 두려움이 없다. 처음에는 1m 정도, 가만히 있으니

금강산 구룡폭포

까 50cm 발밑에까지 다가와 두리번거렸다. 발견 즉시 놀라서 총총걸음으로 사라지던 남한의 다람쥐와 대조적이다. 사진을 찍고 아쉬움을 달래면서 하산을 서둘렀다. 금강산 입구의 북측이 운영하는 목란관에 점심이 예약되어 있었다. 북측 접대원이 서빙을 했고, 메뉴는 비빔밥과 냉면이었다. 가격은 10불 정도. 예약했는데도 늦게 나왔다. 재료와 음식을 그때그때 준비하기 때문이란다. 식사를 마치고 셔틀버스를 타고 숙소에 돌아온 일행은 오후 2시에 계획된 삼일포 관광에 겨우 시간을 맞출 수 있었다.

삼일포는 처음에는 바다였으나 동해안의 융기 현상으로 호수가 되었는데, 관동 8경의 하나로 어떤 왕이 하루에 하나씩 구경하기로 계획을 잡았지만, 이 삼일포에 이르러 그만 정경에 취해 이틀을 더 머물렀다고 한다. 둘레가 8km를 넘고 호수 안에는 '와우도'란 섬과

신선이 와서 놀았다는 '사선정' 정자가 있고, 뭐니 뭐니 해도 이곳에서는 배를 타고 호수를 둘러보는 뱃놀이가 제격이란다. 호수를 반 바퀴 정도 둘러 장군대에 이르니 북측 여안내원이 삼일포의 유래를 구슬프게 소개했다. 그 특유의 억양과 후덕한 미모에 반해 관광객이 넋을 잃었다. 자리를 뜨지 않고 노래를 청하니 마지못해 한 곡 했다. 짓궂게도 다시 청하니 '반갑습니다'란 노래를 했다. 다시 청하니까 살짝 자리를 피해버렸다. 예로부터 남남북녀란 말이 있다. 어떤 사람이 통일되면 남한 총각과 결혼하겠느냐고 다짜고짜 물었다. 대답이 곤란했든지 빨리 통일되기를 바란다는 말로 대답을 대신했다. 삼일포로 가는 길은 폭우로 인해 도로 유실이 많았고, 통과하는 시간에는 북측 군인이 곳곳에 포진되어 우리와 북한 주민을 통제하고 있었다.

2시간 정도 삼일포 관광을 마치고 일행은 등산으로 땀을 많이 흘린 관계로, 금강산 온천에서 온천욕을 했다. 온정리(溫井里)란 이름답게 섭씨 50도의 천연 온천수를 사용하는 세계 최고 수준의 온천으로서 특히 노천탕은 금강산을 한눈에 바라볼 수 있도록 꾸며져 있어 신선이 된 기분이었다. 금강산은 음기가 강해 여자는 이곳에 오면 살이 찌고 남자는 살이 빠진다고 하여 음양의 조화를 위해 하루씩 남탕과 여탕 장소를 바꾼다고 했다. 저녁은 온정각 동관의 백세주 마을에서 하고, 다음날 등반을 위해 휴식을 취했다.

8월 17일, 7시에 아침 식사를 하고 짐을 챙겨 차에 싣고 만물상 코스 등반을 출발했다. 버스로 이동하는데 만물상 코스는 내금강 쪽이라 산세가 자못 부드럽고 여성스러웠다. 준수한 적송이 군락을 이루었는데, 이런 군락은 세계적으로 이곳 금강산 외 몇 군데 안 된다고 했다. 안내원으로부터 각종 바위와 관음봉 봉우리에 얽힌 전설을 들으며 20분 정도 이동했다. 안타깝게도 도로가 유실되어 위험한 관계로 도보로 한 시간 정도 걸어서 이동해야 한다고 했다. 시간이 모자라 천선대까지 가지 못하고 귀면암 바로 앞 전망대에서 만물상을 바라보아야 하는 아쉬움을 남겼다. 정자가 있는 곳에서 10분 정도 올라가니 바로 귀면암을 앞에 둔 만물상이 펼쳐졌다. 수많은 바위 봉우리가 마치 병풍처럼 둘러싸 하늘을 찌를 듯이 솟아 있는데, 수많은 봉우리가 나를 중심으로 둥글게 치솟아, 하늘을 보니 푸른 하늘이 마치 호수처럼 고여

금강산 만물상

있고, 흰 구름이 물처럼 흘러갔다. 왕의 권좌를 위엄 있게 하는 일월의 병풍처럼 만물상은 조물주의 권좌를 보좌하고 있는 듯했다. 조물주의 권좌가 이곳에 있었다니! 그래서 금강산의 돌 하나 물 한 방울이 그토록 빼어난 옥돌, 옥수를 이루었구나! 이것은 만물상을 보고 직감한 하나의 느낌이자 깨달음이다. 한정된 시간이라 먼 곳에서 만물상의 전체 윤곽만 가슴에 담고 가지만, 언젠가는 천선대 하늘문을 지나 조물주가 정말 거하여 계실 듯한 하늘 구름까지 올라가 맞닿아 보리라.

이후부터는 남한 땅으로 귀환해야 하는 시간이므로 서둘러 셔틀버스를 타고 11시 30분쯤 옥류관에 도착했다. 옥류관은 평양 옥류관의 분점 1호인 금강산 분점으로서, 우리는 정통 평양냉면을 맛보

았다. 안내원의 말이 이곳까지 와서 먹어보지 않고 두고두고 후회하는 것보다는 먹어보고 실망하는 것이 낫다고 했다. 말 그대로 먹어보니 갖은 조미료에 입맛이 든 우리로서는 싱겁고 쌉쓸한 맛이 감돌았다. 하지만 그들은 인공 조미료를 쓰지 않고 생강 등 자연 조미료를 쓴다고 자랑했다.

오후 1시, 아쉬움을 남긴 채 일행은 귀환을 위해 길을 출발했다. 남측, 북측 관계자가 나와 끝까지 손을 흔들어 주었다. 북측 출입사무소에서 다시 절차를 밟고 관광증을 반납했다. 그러고도 우리는 약 20분 정도를 더 기다려야 했다. DMZ 지역을 통과하는 시간이 정해져 있다나? 이유를 몰랐던 일행은 혹시 무슨 일이 일어나 인질로 붙잡히지나 않나 하는 불안감이 스쳤다. 하지만 시간이 되자 26대의 긴 버스 행렬이 무사히 남측 출입사무소에 도착해 늠름한 국군의 모습을 볼 수 있었다. 긴장감이 풀리고 자유의 공기를 마시기는 하였지만, 마음은 아직도 북녘 들판에 비스듬히 누워 있는 나무 전봇대의 모습이 앙금처럼 남아 있었다. 남한 땅에서는 갖은 색깔로 채색이 되어 있었다면 북한은 너무나 단조로웠다고나 할까? 그러나 내가 만난 북측 안내원도 일단은 밝고 건강해 보였다. 그런데도 마음이 못내 아리고 아쉽고 안타까운 이유는 무엇인가? 그들이 가지지 못한 것을 더 많이 가졌다고 해서 그들보다 훨씬 행복한 것은 아니리라. 그들이 지키고 있는 금강산은 남한의 그 어떤 山河보다 깨끗하고 아름다웠다. 문제는 인간이 세상에 태어나 인간답게 살 수 있는 가치를 추구하는 삶과 행복과 자유이다. 자신이 하고 싶은 일을 하고, 보고 싶은 것을 보며, 이루고 싶은 일을 이루고 가는 삶이라면 그 같은 노력이 실패해도 원 없는 삶이고, 누구를 원망할 것도 없는 자기 책임이다. 하지만 한 인간이 태어나면서부터 볼 것을 보지 못한 상태에서 국가와 당이 지시한 사상과 교시에 의해 통제되고 제한되어 버린다면 어떻게 되겠는가? 이런 측면에서 한민족은 참으로 가슴 아픈 역사를 간직하고 있다. 아무리 태평양 시대를 주도할 주역 민족으로 부상하고자 해도 이 가로놓인 남북분단이란 족쇄를 풀어헤치지 못하면 일어설 수 없다. 남북이 통일되고 민족이 하나 되는 체험 역사가 없으면 미래의 인류 문명사를 주도할 수 없다. 남북이 분명 하나일진대, 혈맥이 제대로 통하지 못하면 정상적으로 일어서기 어렵다. 그 혈맥을 언제 어떻게 누가 틔울 수 있을 것인가?

숱한 아쉬움과 과제와 아픔을 남긴 채 두고 온 내 사랑, 나의 山河, 나의 동포들이여! 우리 모두 창대할 통일의 그날, 자유의 그날, 한민족이 하나 되어 영광을 이룰 그날을 기대하자. 진주라 천 리 길을 쉬지 않고 달려오니 밤 10시 40분, 집에 도착하니 11시가 넘었다. 그리운 금강산을 다시 꿈속에서 그려보며 잠을 재촉하였다.

정년, 교직의 마무리 시절(4년 6개월)
진주제일중학교

(2016. 3. 1.~2020. 8. 31.)

2016학년도: 체육 업무 전담, 교육장 표창
2017학년도: 환경, 학생복지
2018학년도: 보직교사
2019학년도: 보직교사, 교육장 표창
2020학년도 1학기: 보직교사, 홍조근정훈장(예정), 퇴임

제23장 길을 가며

본래 끝매듭은 한 번 더 휘둘러 굵게 매는 법이다. 가르침 10막 교실이 그러하다. 다시 인연을 맺게 된 진주제일중학교의 겉모습은 그대로였지만 실내는 기능과 역할이 많이 달라져 있었다. 학급 수, 학생 수도 줄었다. 교장 선생님은 2년 선배이시고, 동기인 교감과도 함께 근무하게 되었다. 주위에는 이미 교장이 된 친구도 있고, 통영에서는 후배가 교감이기도 했다. 선후배 또는 동기가 관리자인 직장에서 같이 근무한다는 것은 어색한 일이지만, 평교사의 길을 걷기로 한 이상 각오한 바였다. 매사는 하기 나름이라 스스럼없이 소통하였고 예를 지키려 애썼다. 통영에서는 교감이 R.O.T.C. 후배였는데, 사석에서는 "충성"하고 거수경례를 해 송구한 적이 많았다.

2016학년도 첫해에 맡은 업무는 체육 전담으로 학생부에 소속되었다. 2017학년도에는 남해로 출퇴근을 함께했던 친구가 전근을 와 서로 의지하며 지냈다. 진로상담부로 옮겨 기획과 학생복지 업무를 담당했다. 2018학년도에는 공모 교장 선생님이 부임하였고, 업무 조직이 크게 달라져 학년부 중심으로 재편성되었다. 곤혹스러운 것은 젊은 교사는 고민할 것도 없이 담임을 맡으면 되었지만, 원로교사는 담임 역할이 쉽지 않은 상태에서 업무도 경험이나 전문성 때문에 선택폭이 좁았다. 나이와 상관없이 근무 조건은 같은데 이 같은 고민을 누가 알아주랴! 누가 개선할 수 있겠는가? 그러니까 **교사의 정년은 만 62세이지만, 마음속의 정년은 55세이다.** 안팎으로 어려움에 부딪혀 '명예퇴직'으로 교직을 그만두게 되는 주된 원인이 되기도

하지만, 그것은 진정한 명예가 아니다. 기획 자리를 원했지만, 학교 사정으로 환경건강부장직을 맡아 업무를 추진하게 되었다.

통영에서의 출퇴근은 기본적으로 2시간 정도이다. 그런데 안착한 이곳은 집에서 자전거로 5분 거리라 책 한 권을 손에 들면 200~300페이지 안쪽은 하루 정도면 독파할 수 있었다. 집필에도 집중할 수 있게 되어 2016년에『존재적 신론』을, 2017년부터는 神의 제1 본성이자 세계관의 제1바탕인 창조 문제를 동양본체론에 근거해 풀어『본질로부터의 창조』,『창조성론』을, 2018년에는『창조의 대원동력』을,

먼 길 함께한 아내와 함께

2019년에는『창조증거론 1, 2』를 출판하였다. 이로써 요약했던 인쇄본을 모두 정식으로 세상 가운데 드러내었다. '길은 어디에 있는가'란 명제 하나로 길을 출발한 이래 실로 44년간이란 세월이 걸렸다. 저술 과제를 완수함과 함께 교직 생활도 마무리 짓게 된 것은 다행이라고 생각한다. 정년을 맞이한 것은 인생길에서 큰 변화이고 전환점이기는 하지만, 나는 오히려 이때를 위해 지금까지의 삶을 준비하였다. 새롭게 펼칠 인생 후반의 길을 기대하면서 무궁한 자유와 만 영혼을 구원할 영원한 길을 위하여……

제24장 가르치며

1. 교육의 참패 현상

　요즘의 학교 세태는 학생과 학부모가 선생님의 그 무엇을 믿지 못하기에 가르침에 불응하고 선생님을 고발하는 교권침해가 비일비재하게 일어나는가(교사에 대한 몰이해, 학교에서의 난동, 폭력 등)? 선생님은 교단에 서서, 혹은 학교 현장에서 제자를 위해 참된 길을 가르치고자 노력하였다. 그 세월이 유치원에서부터 대학교까지 얼마인가? 도대체 선생님의 무엇을 믿지 못한다는 것인가? 그것은 필시 부모가 상대적 관계를 고려하지 않고 자기 자식만 위하고자 한 친권적 이기심의 발로이다. 부모는 자녀가 성장하는 숱한 세월을 온전히 함께할 수 있다고 생각하는가? 어떻게 수많은 행동과 인격과 품성과 가치관을 지도, 훈육, 절제, 고무, 자각, 가르칠 수 있겠는가? **이 시대에 스승의 가르침과 교육적 관심으로부터 배제된 학생이 인격적, 사회적, 영혼적으로 설 곳은 어디에도 없다.** 자식의 장래를 부모의 과욕 때문에 망가뜨려 버린 교육의 참패 현상이다. 일탈의 일차적 원인을 제공한 가정교육의 실패 현상을 학교와 선생님에게 전과하려 한 적반하장이다. 이 시대가 당면한 인간성의 피폐 현상과 인간말종 현상을 안타깝게 지켜보면서 거기에는 여러 가지 원인이 있지만, 그중에는 학부모의 선생님에 대한 곡해와 다양한 교권침해 사례에도 있다는 사실을 명기하고 싶다. 교육은 선생님이 학생을 사랑하고 학생은 선생님을 존경하며 학부모는 선생님을 신뢰하는 인격의 교호 관계를 통해 이루어지는데, 이것이 허물어진 학교 현장에서 기대할 수 있는 바람직한 인간 교육은 없다. 어떻게 긍정적인 장래를 열 수 있겠는가? -2019. 7. 24. 10:30.

2. 교육과 특기

2019년 10월 10일(목) 교육장기 초·중학교 육상대회를 대비해서 종목별로 선수를 선발하였고, 20일 전부터는 아침에 모아 연습을 시켰다. 동료 체육 선생님이 3분 있었지만, 학급과 인성부장, 교기 등을 맡고 있어 직접 주관하였다. 올해로 15회째이다. 수업이 만만찮은 상태에서 준비하였다. 트랙, 필드, 계주를 합쳐 1, 2학년 모두 20명 정도를 선발해야 하는데, 늘 운동장에서 대하지만 재목감을 발굴하기란 쉽지 않다. 대개는 초등학교 때 입상을 했거나 출전 경험이 있는 학생을 물어서 하는데 이번에는 1학기 때부터 육상 수업을 통하여 테스트한 기록을 근거로 선발하였다. 다행히 학생들이 아침 운동에 성실히 참여해 주었다. 작년에 1학년은 메달을 제법 땄는데, 2학년이 못 미쳐 3등에 머물렀다. 문제는 정년을 앞둔 마당에서 괜한 욕심을 부리는 것이 아닌가도 싶었지만, 내가 아니면 지도할 사람이 없고, 그렇다고 가능성이 보이는데 포기할 수도 없어 적극적으로 임했다. 중반쯤 되니까 여기가 아프다 저기가 아프다고 호소하였지만, 컨디션을 조절하여 대회에 출전했다. 재목만 보고 연습시킨 선수들이라 금메달은 많이 나오지 않았지만 출전한 종목마다 기본적인 점수는 거의 땄다. 참고로 1위는 6점이고 6등은 1점이다. 금메달을 많이 가져간 학교가 많아 특별히 기대하지 않았다. 그런데 폐막식 성적 발표에서 본교가 14개 관내 중학교(남녀공학 포함)에서 종합 1위를 차지하였다. 성적은 금 2, 은 7, 동 3, 4위 5명이지만, 메달 밖의 점수가 더해져 사실상은 금메달 12개를 딴 효과를 발휘했다. 선수들 모두가 일제히 환호하였다.

　이로써 동 대회를 지도하여 4년 동안 종합 1위 2번, 2위 1번, 3위 1번의 성과를 거두었다. 이전에도 3번 우승한 소감을 피력한 적이 있고, 진주중학교 때는 종합 1위와 2위를 안긴 적이 있다. 평상시의 교육 과정에서 육상 수업을 다루고, 대회 출전에 관심을 가진 것은 나 자신 초등학교 5학년 때부터 학교 대표로, 혹은 시 대표로 출전한 경험이 있었던 탓이다. 중학교에서는 육상으로 길러진 체력 때문에 체육 선생님의 눈에 띄어 정구에 입문하였다. 고등학교, 대학교를 정구 특기생으로 진학하였고, 체육 교사까지 된 전적 탓에 육상은 학교 현장뿐만 아니라 일상생활과도 깊이 연관되었다. 나는 '길'이란 의식을 항상 가지고 있는데, 밝혔다시피 길은 진리 추구 개념도 지녔지만, 실질적으로는 뛰기를 생활화하면서 길의 추구 의지를 다진 탓이기도 하다. 이번 대회를 대비한 선수 선발 과정에서 한 학생이 키도 크고 팔도 긴데 티볼 공을 울타리 너머까지 던져버렸다. 이 정도면 기본 폼만 잘 가르쳐도 창던지기나 원반던지기에서 금메달은 떼어 놓은 당상이라 권유했는데, 며칠이 지나도 소식이 없어 확인해 보니 부모님이 나가지 말라고 했다는 것이다. 흔히 겪는 사례라 아쉬움을 달랬지만, 학창 시절의 스포츠 경험이 평생의 활동을 좌우한다는 사실을 모르는 부모님의 교육관이 안타까웠다. 초등학교 때 배구를 배운 학생은 사회에 나가서도 속한 직장에서 남들이 부러워하는 리더가 된다. 돌이켜보건대 나 자신 남다른 특기가 있었다면, 그것은 바로 또래 친구에 비해 빨랐다는 것이고 중학교, 고등학교에서의 체력장 또는 오래달리기, 심지어 광주 보병학교 훈련장에서도 선착순과 구보를 하면 선두자리를 놓치지 않았다. 30대가 되어서도 도민 체전 일반부 대표선수로 출전하여

400m 허들에서 메달을 따기도 하였다. 그리고 지금도 여전히 일주일에 한 번 정도는 남강 둔치를 뛰면서 땀을 흘린다. 만약 부모님의 만류로 운동선수로서 활약하지 않았다면 이후의 운동과 진리 추구를 병행한 삶의 모습은 다시 없었으리라. 결코, 의도한 길은 아니지만 이런 삶의 길을 걸은 것을 후회하지 않으며, 이후의 삶도 힘차게 뛰면서 길을 지키기 위해 노력할 것이다. 인생길에서 뛰기를 멈추지 않는 한 나의 삶은 항상 그렇게 건재하리라 믿어 의심치 않는다.   -2019. 10. 13.

3. 교육의 주체

만인을 궁극적인 진리에 이르게 하는 가르침은 스승이 제자를 깨닫게 하는 것이 제일이다. 요즘의 학생 활동 중심, 배움 중심 교육은 학생을 경험적인 탐구 방향으로 유도할 수는 있지만, 만족스럽게 진리에 이르는 깨침 작용을 촉발하기는 어렵다. 사람은 본래의 본성인 천성을 갖추고 있지만, 더 나아가서는 누구나 다 깨달을 수 있는 잠재 지각력을 지닌 것이 보편적이다. 이런 직관력을 스승은 경륜적인 가르침과 교육적 방법을 통해 일깨울 수 있도록 해야 한다.

-2019. 10. 20.

4. 약속을 지킴

1학년 학생이 점심시간에 축구공을 빌려달라고 했다. 확실히 책임질 수 있다면 줄 수 있는데 몇몇 학생은 그렇지 못한 경우가 있었다고 하니까 자신은 그런 학생이 아니라고 항변했다. 아니나 다를까 점심시간이 끝나도 공은 돌아오지 않았다. 5교시에 수업을 해야 하니까 꼭 가져와야 한다고 당부를 했는데도…… 하루가 지나고 이틀이 지나도 소식이 없었다. 이 일을 어떻게 할 것인가? 다음 날

아침에 학생을 찾으러 직접 교실까지 갔다. 불러내니까 머리를 긁적이면서 강당 천장에 올라가 버렸다고 했다. 그래서 마주 앉아 소파 방정환 선생이 당시의 열악한 교육적 환경 속에서도 어린이들이 바른 인성을 가질 수 있도록 편집한 동화책 속 이야기 하나를 들려주었다. 한 소녀가 거리에서 꽃을 팔고 있어 지나가던 신사가 몇 송이를 샀다. 그런데 거스름돈이 모자라 잠시 집에 다녀오겠다고 했다. 신사는 쾌히 허락하고 기다렸는데 시간이 지나도 오지 않자 혀를 차면서 돌아서려는데 웬 소녀가 급히 달려왔다. 언니가 교통사고를 당해 병원으로 이송되었는데, 거스름돈을 꼭 전해 주어야 한다고 해 뛰어왔다고 하면서 손을 내밀었다.

약속을 지키기 어렵게 된 피치 못할 사정이 생겼다면 "■아, 너는 앞으로 어떻게 행동하겠니?" 참으로 중요한 것은 학생이 약속을 어겼을 때 어떻게 응당하게 훈계할 것인가보다는 어떻게 해야 약속을 지키는 사람으로 선도할 수 있을까를 고심해야 하는 것이 선생님의 지도 자세이다.
-2019. 11. 6.

5. 감사 편지

제13회 졸업식을 했다. 떠나면서 오랜만에 감사의 편지 한 장을 받았다. 나로서는 마지막 졸업식이고 졸업생이리라.

"선생님, 진주제일중학교에 들어온 지 1년도 안 된 것 같은데 벌써 졸업입니다. 선생님이 해주신 체육수업이 항상 즐거웠고, 배드민턴을 가르쳐 주시며 한 판씩 해 주셨을 때 정말 설렜고 행복했습니다. 항상 건강하시고 행복한 일만 가득하시길 바랍니다."
2020. 2. 14. 제자 ○올림.

제25장 생각하며

1. 오늘날 만연된 비윤리적, 말세적인 인간의 천태만상 결과는 근본적인 원인이 무엇을 어떻게 가르쳤고 배운 것인가 하는 교육 속에 책임이 있다.   -2019. 5. 5.

2. 교육은 진리에 대한 믿음에서 비롯된다. 그리고 그 열매는 뭇 영혼이 맺은 가치 창조의 열매를 통해 실증된다.

3. 바람직한 인간성 형성이 공부 열심히 하고 많이 배운다고 해서 이루어지는 것은 아니다. 그렇다면 인간성 형성은 어떻게 이루어지는가? 세계를 보고 판단하고 경험하고 탐색한 종합적인 노력의 결과이다. 인간성은 인생관, 가치관, 진리관, 세계관이 상호 작용하여 형성되고 습관이 신념화, 본성화되었을 때다.

4. 현대 교육의 위기, 그리고 교육의 종말성 인식은 잘못 설정된 교육의 목적에서 비롯되었다. 그러니까 잘못된 교육 목적의 대명사인 지식 교육에서 인간성 회복 교육으로의 패러다임 전환이 필요하다. 곧 자연을 탐구한 지식 위주의 교육 목적에서 선현이 추구한 인간성 회복과 완성 목적으로 복귀하는 것이다.   -2019. 6. 15.

5. 교육은 결국 인간의 본향이 무엇인지, 어디인지, 어떻게 도달해야 하는지를 일깨우는 것이며, 여기에 교육의 제반 역할이 있다. 본성을 보고 일깨우도록 지침해야 한다. 주변의 제 현상들은 본향 모습을 볼 수 있는 거울이다. 자신도 그렇게 해서 존재했기 때문에……   -2019. 6. 26.

6. 지적 인식, 이성적 통찰 외에도 의지 작용, 신념 작용을 병행해야 인격 형성에 영향을 미친다.

7. 현 교육의 근본적인 문제점은 가르침이 인간의 근본 본성과 괴리된 데 있다.

8. 교육론은 인류가 지금까지 살아온 일체의 문화, 역사, 사상, 진리, 가치의 진액을 추출하여 적용, 활용, 종합한다. 교육을 매체로 할 때 인류의 지혜, 신앙, 인격적 역량을 집약시킬 수 있다.

9. 철없는 청소년기는 인생적 태도와 가치관이 정립되지 못한 상태라 기본적인 생활 습관 덕목인 책임의식, 성실성, 근면성, 솔직함, 예절, 우정, 말 습관…… 등을 일일이 가르쳐야 한다. 그렇다면 이런 과정을 모두 거친 어른은 그 같은 가치관과 덕목을 숙지한 상태인가? 과연 인생 대학을 졸업할 만큼 완숙되었는가? 그렇지 않다면 언제라도 인생을 되돌아보고 정립할 기회를 다시 구해야 한다.

-2019. 8. 23.

10. 교육은 성현과 철인과 지성인들이 관여한 공통의 관심사였고 추구 영역이며 구현 목표이다.

11. 인간이 진리를 알아야 하는 이유는 진리에는 인간이 나고 살고 가야 할 길이 지침된 탓이다. 그래서 진리대로 살면 바르고 참되고 가치 있게 되어 그렇게 살지 못한 삶의 허무를 극복한다.

12. 교권은 스승이 제자의 인생길을 선의로 인도하고자 한 무한 책임의식이다. 제자의 삶이 소정의 기간 동안 의탁되었기 때문에 온 힘을 쏟아 인도하고 가르치고 교화해야 한다.　　-2019. 11. 22.

13. 경험은 지식의 원천이 아니며, 경험하지 못한 진리는 확신할 수 없다는 데 있다. 사실적인 진리는 선재하지만 그것을 확인할 수 있으려면 경험이란 과정을 거쳐야 한다.

14. 인간의 본성은 교육 실현 목적의 바탕이고 판단 기준이다. 그리고 인류가 추구한 眞·善·美적 가치관은 본성을 회복하고 도달하기 위한 교육적 지표이다.   -2019. 12. 10.

15. 사람은 무지로 인한 그릇된 판단 때문에 죄악을 저지를 수 있으므로 그 같은 무지를 깨우치도록 주력하는 데 교육의 지대한 역할이 있다.   -2019. 12. 16.

16. 이상적인 교육의 목적 실현=이상적인 교육 인간상 실현=이상적인 사회(나라) 건설 실현   -2019. 12. 21.

17. 동서의 지성들은 한결같이 교육을 통해 인간과 사회를 개혁하고자 한 보편적 의지를 다졌다.

18. 무엇을 배울 것인가=무엇을 추구할 것인가=무엇을 이룰(성취) 것인가와 연관하여 삶의 목표를 결정해야 한다.   -2020. 1. 2.

19. 선을 쌓고 또 쌓으면 덕이 이룩되리로다!

20. 어린이는 교육적 대상이기 이전에 심성을 곧게 하는 양육과 보살핌의 비중이 더 크다. 잘 키우는 것이 잘 교육하는 것 이상이다. 그런데도 의도되고 강제된다면 오히려 비교육적이다. 어린이는 따뜻한 양육을 통해 지적 교육이 아닌 풍부한 정서를 함양시켜야 한다.   -2020. 1. 4.

21. 성장은 잠재력을 갖춘 것이다. 그러나 결코 진화적인 것은 아니다. 잠재된 가능성과 재질을 어떻게 일구고 깨닫고 갈고닦게 할 것인가 하는 것이 교육적 관건이다.

22. 교직은 천직으로서 하늘이 부여한 신성한 직업이다. 그러므로 교사는 하늘의 命을 자각하여 그 뜻을 받들어야 한다. 하늘이 거두지 않은 命을 자의로 거두는 일은 결코 없어야 한다. 시세가 변함에 따라 교사로서 임하는 길에 어려움이 따르는 것은 당연한 것, 끝까

지 참고 이겨내는 것이 천직을 수행하는 자세이다.

23. 인간은 배움과 수양의 자세를 병행해야 인격이 완성된다. 이런 측면에서 본다면 **현대의 교육 시스템은 인간 본성의 도야와 회복과 완성에 부족한 요소가 분명하게 드러난다.** 지적 교육의 시스템은 제도적으로 잘 갖추었지만 수행적 시스템은 구체화하지 못했다. 인간성 지향의 교육 목적 구현 의지가 방기되있다. -2020. 1. 27.

24. 하늘의 道는 성실이나니, 그 道를 본받아 인간이 성실한 길을 갈 수 있도록 가르치는 것이 교육의 대본연이다. 성실할 수 있도록, 성실하도록 가르치는 것이 교육의 正道이다.   -2020. 2. 2.

25. 공부란 몰랐던 지식을 알고 익히고 기억하고 응용하는 것이 전부가 아니다. 참된 공부는 몰랐던 세계를 알게 되는 과정을 통해 자신이 본유한 내면의 존재성을 일구고 깨우치는 데 있다. 그리해야 인생길을 근원 된 곳으로 인도할 수 있다. 곧, 구원의 길에 도달할 수 있다.

26. 전인 교육은 일체 가치를 조화시킨 인격성을 통해 드러나고 열매 맺는다.

27. 교육은 인간의 존엄한 가치를 일깨우고 간직하고 지키도록 하는 것이다. 그것을 모르면 인류 문명이 파괴된다.

28. 인간에게 부여된 천부의 본성을 회복하는 것은 수행과 교육과 학문의 공통된 추구 목적이고 존엄한 실현 목표이다. -2020. 4. 1.

진주제일중 염기식 교사
제자사랑 장학금 전달

  진주제일중학교는 오는 8월 정년퇴임을 앞둔 염기식 교사가 제자사랑 장학금을 전달했다고 9일 밝혔다. 염 교사는 어려운 환경 속에서도 성실하게 생활하는 제자들을 위해 2018년부터 장학금을 전달하고 있다. 올해 장학금은 7명의 학생들에 전달됐다.

-2020. 6 10. 경남일보 ○기자

제26장 마무리 글

1. 제일의 아침마당을 쓸면서

2018년 3월 2일, 환경건강부 부장직을 맡게 되면서 학교생활에도 변화가 있었다. 6시 전후로 일어나 아침을 간단히 챙겨 먹고 자전거를 타고 학교에 도착하면 6시 30분쯤, 당직에 방해가 되지 않도록 강당을 통해 세이콤을 해제하고 교무실 문을 연다. 골마루와 교무실 창문을 활짝 연 다음, 컴퓨터를 켜 일과를 준비한다. 7시 10분, 쓰레받기와 대비를 챙겨 들고 학교 정문을 향한다. 청소하는 환경미화원의 쓰레받기와 빗자루가 가벼워 보여 어떻게 만들었는지 묻고 구조를 확인한 다음 그렇게 제작하였다. 아픈 허리 문제가 해결되었고, 큰 봉지를 들고 다니지 않아도 되었다. 등굣길과 학교 마당을 쓸기로 마음먹은 것은 제일의 학생들이 배움의 문을 여는 아침 길을 신성하게 하기 위해서이다. 조병화 시인은 "지금 어드메쯤 아침을 몰고 오는 어린 분이 계시옵니다. 그분을 위하여 묵은 이 의자를 비워 드리지요"라고 하였듯, 사랑하는 제자들이 장차 대한민국을 자랑스럽게 할 훌륭한 인재가 될 수 있길 바라는 마음으로, 그들이 밟을 이 배움의 길을 깨끗하게 하고 싶었다. 그러고는 학생부와 함께 아침 교통 지도를 한 다음 수업에 임하였다.

마당을 쓸면서 생각하였다. 처음에는 한두 발만 걸어도 껌 딱지, 휴짓조각이 널려 있었는데, 매일 줍고 떼고 쓸고 하다 보니 개선되었다. 이것 하나를 통해 보아도 학생들의 학교생활이 건실해졌다는 뜻이다. 우리는 왜 주변 환경을 깨끗하게 해야 하는가? 흐트러진 환경은 흐트러진 배움의 자세와도 일치한다. 그릇된 생활 습관과 인성 형성에도 큰 영향을 끼친다. 반면에 주변 환경이 깨끗하면 학생도 섣불리 휴지를 버리지 않고 그런 환경을 유지하려고 한다. 그러면 건강은 물론이고 정서적으로도 안정감을 가진다. 더욱 나아진 배움의 터전이 될 수 있길 기대하면서 힘차게 등교할 제자들의 아침 길을 쓸었다. 버리면 또 줍고, 붙어 있으면 또 떼는 행동을 마다하지 않았다. 마치 오체투지로 한 발짝 한 발짝 걷는 순례자의 마음처럼…… 교직 생활 중 가장 오래 몸담았고, 가르침의 발자취를 남긴 이 학교가 더욱 발전할 수 있길 기대한다. 또한, 어드메쯤 이 사회 곳곳에서 활동하고 있을 제자들이 대한민국의 영광된 통일과 인류 평화에 이바지할 인물로 장성할 수 있길 기원하면서 오늘도 묵묵히 제일의 아침마당을 쓸 뿐이다.

2. 권유

지난날의 가르침을 통하여 나는 그들의 앞날을 예단하고 그 시절이 다하기 전에 배움에 대해 뜻을 일구고 씨를 뿌려야 한다고 강조하였다. 성인이 된 지금쯤 무엇을 잘했기 때문에 성공적인 삶을 이루었고, 혹은 부족함이 있어 실패된 삶의 결과를 얻게 된 것인지를 되돌아보고 반성할 수 있는 인생 판단 근거를 이 '가르침의 교실'에서 제시하려고 하였다. 선생님은 때를 놓치지 않고 가야 할 길을 가르쳤는데도 그 같은 지침과 기대와 기름에 대해 부응하지 못한 것이 있다면 자신이 실천을 뒷받침하지 못한 탓임을 직시할 수 있어야 한다. 학창 시절을 돌이켜 보고 자신의 배움에 무슨 잘못이 있던 것인지 원인을 추적하고 성찰한다면 우리의 인생 삶은 아직 끝나지 않았다. 깨닫는 즉시 통회함과 상처의 치유와 인생 구원이 있으리라. **교육은 인간이 인생의 근본을 정립하고 세계와 연관하여 삶의 고귀한 가치를 추구할 수 있도록 하는 것이 대세이다.** 만약 그런 과정이 없었고 잘못이 있었다면 지난 삶을 되돌아보고 재설정을 시도해야 하는데, 이 '가르침의 교실'은 인생길을 향도하는 나침반 역할을 담당하리라. **청소년기는 인간 본립의 기초로서 인생 원리의 실마리를 간직했다.** 걸은 인생길이 잘못되었다고 판단되면 인생 원리를 처음부터 다시 적용할 수 있는 방법을 이 '가르침의 교실'을 통해 찾을 수 있기를 바란다.

3. 교직 무대

주어진 교직 무대에서 펼친 가르침의 전체 교실은 분명 직접 걸은 길이지만 그 내용은 계획해서 구성한 각본이 아니다. 다만 길을 걸었고 누구보다도 고뇌하면서 최선을 다한 순리를 따랐다. 하지만 그렇게 해서 완수한 가르침의 길은 무엇을 시사하는가? 의도하지 않았음에도 의도된 그 무언가의 손길이 있었다는 것을 발견할 수 있다. 그것이 무엇인가? 너와 나, 그리고 우리 모두는 무슨 의미를 깨달아야 하는가? 오늘날 갈 길을 잃고 방황하는 인류를 인도할 가르침의 원리와 교육의 패러다임을 전환할 진리력을 함재했다.

4. 체육 교사

처음 임용받아 정년을 맞기까지 나는 체육 교사로 복무하였다. 초등학교 6학년 때 담임 선생님께서는 운동선수로서의 활동 모습을 지켜보면서 당시로써는 드물었던 체육 중학교로 진학할 것을 권유한 적이 있었다. 나는 대수롭지 않게 여겼고, 처음 시행된 무시험 제도로 추첨을 통해 집이 가까운 진주남중으로 진학하였다. 2학년 때 체육 선생님의 권유에 못 이겨 운동선수로서, 그리고 체육 교사로서의 길을 걸었다. 한때 선수 생활로 인해 잃어버린 학창 시절을 후회한 적도 있지만, 지금 돌이켜 보면 내가 나를 이해한 안목보다는 나를 가르친 선생님의 안목이 더 깊숙하게 재능을 꿰뚫었다. 체육 교사는 내가 가진 특기와 적성을 100% 발휘할 수 있도록 고려해서 인도된 神의 직업이다. 만약 공부를 계속하여 다른 진로를 선택했더라면 이루고자 한 인생적 과업에 온전하게 몰입할 수 있었을까? 내가 걸은 인생 과정은 의도하지 않았지만 엄연한 사실인 체육 교사로서의 길을 걸었고, 그를 통해 떳떳하고 자신감 있게 동료 교사와 제자 앞에 설 수 있었다. 원하던 길의 과제를 추구할 수 있었고, 사상적 과업을 완수하였으며, 옳다고 생각한 신념을 끝까지 지킬 수 있었다. -2019. 8. 19. 01:00.

5. 근무 정신

요즘 젊은 선생님은 결혼하면 일주일씩 특별휴가를 받는데, 나는 1월 2일 결혼을 치러 그럴 이유가 없었다. 야외활동을 자체 계획으로 실시하면서 5시쯤에 마쳤는데, 퇴근 시간을 넘겼다고 호된 지적을 받았다. 그때야 학생의 교육 활동이 공무원의 퇴근 시간에 맞추어야 한다는 사실을 새삼스럽게 재고하였다. 이전에는 숙직과 일직 근무가 있었고, 방학이면 한 번 내지 두 번 정도는 학생의 청소 지도와 공문 등을 처리하기 위해 출근했다. 지금은 그런 제도가 사라져 학생이나 선생님이나 개학 때가 아니면 얼굴 보기가 어렵다. 정년을 앞둔 시점에서 나는 41조 연수를 필요시만 내고 나머지는 학교에 출근하여 여름이면 시원한 에어컨이 켜지고, 겨울이면 히터가 켜진 교무실에서 학교 업무도 보고 책도 읽고 글도 썼다. 통영중앙중학교 시절 대장내시경 검사 통보가 왔는데 주중에만 검사한다고 하여 새벽에 일어나 의사가 지시한 5통의 물을 마시고 장을 비운 다음 학교로 출근하여 오전에 수업을 당겨서 하고 오후에 조퇴 맞고 검사를 받았다. 초임인 진해동중학교 시절, 연탄가스를 마셨을 때도 나는 어머니가 떠 준 김칫국물을 마시고 학교에 출근했다. 어지럽고 매스껍고 머리가 빠개질 듯 고통스러웠지만, 오전 내도록 투병 아닌 투병을 치른 끝에 회복되었다. 남수중학교 시절, 음식을 잘못 먹고 토사곽란을 만나 며칠간 설사가 멈추지 않았고, 나중에는 전해질이 빠져 힘을 쓸 수 없었다. 하지만 학교에 출근하였고, 운동장을 지켰다. 언급한바 어머니가 돌아가시기 전에 밤새 임종을 예상하고 지켜보았지만 괜찮으신 것 같아 출근을 서둘렀는데, 그 한두 시간 남짓 사이에 돌아가셔서 못난 자식이 어머니의 마지막 가시는 모습을 지켜드리지 못했다. 학교 출근, 그것이 무슨 대수라고! 평생 교직 생활을 하면서 병가를 내어 본 적이 없다. 이것을 나는 저 하늘에 계신 어머니께 감사드리고, 하늘에 감사한다. 내가 교직을 끝까지 지킬 수 있도록 건강을 주시고 근무 정신을 허락하신 것을……

6. 사명 수행

내가 걸은 교직 생활 36년 6개월은 하늘이 나에게 부여한 길의 사명을 온전히 수행한 성스러운 과정이었다.

7. 스승의 역할

돌이켜 보니 가르침의 교실에서 가르쳐야 할 바람직한 덕목 중에 빠진 덕목은 친구 간 우정도 중요하지만, 신의를 지키는 것도 중요함을 강조하지 못했다. 친구를 믿고 행한 약속은 지켜야 형제처럼 우정을 나누고 인생의 동반자로서 함께 걸을 수 있는 친구가 되리

라. 크고 강한 자아를 키우고 길러야 함에 그런 대성할 재목을 발견해서 평생 추구할 정신적 지침을 주어야 하는데, 현실적으로는 인격과 사상을 전달하는 데 부족함이 있었다. 재능을 발견하고 진로를 안내함도 중요하지만, 이웃과 사회와 인류를 위해 크고 강한 자아와 뜻을 심는데 스승으로서 참 역할이 있어야 하리라.

8. 제자 기름

"남명이나 퇴계는 30세 이후 제자를 두었지만, 본격적인 교학은 50세 이후부터 스승으로서의 기반을 다졌다."[52] 이 같은 발자취에 근거해서 본인이 걸은 가르침의 길에서도 본격적으로 길을 펼친 것은 진주제일중학교에 부임한 2007년(50세)부터인 만큼 비슷한 나이인 것 같다. 의도하지 않았지만 가르침의 시기가 본격화되었던 것은 교육과 인생과 세계에 대한 인식적 기반이 어느 정도 갖추어진 것이란 뜻이기도 하다. 제자에 대한 가르침은 지식을 가진 것만으로는 안 되고 스스로 지혜를 생성시킬 수 있는 끊임없는 연단 과정을 거쳐야 하는데, 이것이 교단에 선 2, 30대, 아니 40대 중반까지도 부족했다. 교사로서의 자질과 자격이 2정, 1정의 자격증 획득만으로 가능되는 것이 아니고 소정의 교학 과정을 거친 50대가 되어서야 갖추어진다는 뜻이다. 그러나 부단한 연찬 과정과 노력이 없다면 때가 되어도 가르침에 대한 인격과 진리적 통찰이 어려울 수도 있다.   -2019. 12. 2.

9. 반성

교직에 몸담은 지난 세월 중에서 반드시 말해야 할 때 침묵한 경우는 없었는지, 반드시 행동해야 할 때 주저한 적은 없었는지, 반드

---

52) 『교육의 이해』, 이원호 외 5인 공저, 만수출판사, 2000, p.161.

시 가르쳐야 할 기본적인 교육 과제를 자각하지 못한 적은 없었는지, 제자가 배워야 할 교육적 경험을 개인적인 이유로 방기한 일은 없었는지 반성해 본다.

10. 교직 회상

많은 관리자와 함께했던 지난날 교직자로서 인격적인 공감을 이룬 분이 있었는가 하면, 그렇지 못한 분도 있었다. 후자의 경우 사례를 든다면 교사를 굳게 믿고 일을 맡기지 못하는 경우, 자기 고집에 싸여 건의해도 듣지 않는 경우, 충분히 살피지 않고 사정도 모른 채 편견만으로 인격성을 곡해한 경우, 잘못을 저지른 선생님을 앞에서 원색적으로 나무란 경우, 대가를 바란 인사와 행정 업무, 공평, 공정하지 못한 근평 잣대 등등 물론 관리자로서 학교를 위하고 학생을 위하고 선생님을 위해 행한 신념이요 철학일 수는 있지만, 기본인 인격 관계가 단절되고 훼손된 상황에서는 그 무엇을 통하더라도 소기의 교육 목적 달성이 어렵다는 것을 확인하였다.

한편 그와 정반대인 훌륭한 관리자와도 근무하였는데, 초계중학교 시절의 교장 선생님은 나에 대해 전적인 신뢰를 아끼지 않았다. 결재만 받으러 가면 "고생 많았습니다", "수고하십니다"란 격려의 말씀을 하셨다. 짧은 인연이었지만 인격적인 감화가 커 지금도 생각하면 존경심이 우러나온다. 남수중학교 시절, 체육과 출신 교장 선생님은 어진 모습에 넉넉한 정이 흘러넘친 분이셨다. 당시 나는 배드민턴을 창단해서 지도하고 있었는데, 경남 종합체육대회에 여학생 핸드볼팀을 만들어 참가해보자고 제의하셨다. 여건이 어렵다고 생각했는데 차츰 교장 선생님의 경륜이 진가를 나타내기 시작했다. 직접 일일이 기초기능부터 지도하여 대회 참가 전까지 두 달 정도 정열을 쏟았다. 어느 날 어둠이 짙었는데 운동장 쪽에서 함성이 들렸다. 살펴보니 자기들끼리 연습을 하고 있었다. 신문에 날 일이라고 하였는데, 정말 출전한 경남 종합체육대회 군부에서 우승을 차지하였다. 이후로 학생의 교장 선생님에 대한 신뢰는 절대적, 인기 만점이었다. 복도에서 마주치면 너나 할 것 없이 달려들어 발 내딛기가 어려울 정도였다. 대회 막바지에는 교장 선생님이 체육수업을 대신해 주기도 하셨다. 통영중앙중학교 근무 시절 교장 선생님도 시종일관, 매사에 믿고 업무를 맡기셨는데, 전근으로 학교를 떠날 때까지 2년 동안 추진한 업무에 대해 지원을 아끼지 않으셨다. 체육 업무, 교기 지도 및 유도부 창단에 이르기까지…… 그러니까 나도 진주에서 통영까지 방학 때에도 오가면서 창의성과 의욕을 발휘해 신설 학교의 체육, 교기 업무를 정상화시켰다. 나의 마지막 퇴임을 지켜봐 준 진주제일중학교 교장 선생님은 행복학교 운영과 함께 교육적 이상을 실현할 수 있는 다양한 사업을 적극적으로 추진하셨다. 선생님과의 관계에서는 올곧은 원칙을 벗어나지 않은 동시에 나에 대해서도 원로교사로서의 배려를 아끼지 않으셨다. 퇴직을 위한 준비 연수로서 귀농·귀촌(2019. 1.), 은퇴 설계(2020. 1.) 과정을 손수 안내하였고, 이수할 수 있도록 지원을 아끼지 않으셨다.

지금까지 근무한 10개 학교 중 근무 여건이 가장 좋았던 곳은 경상사대 부설중학교였다. 교사 구성이 우수했고, 학교 업무에는 독립성이 보장되었으며, 학급수도 적정했다. 이후 공립학교에서 근무했지만 많은 정권이 교육입국을 기치로 세웠음에도 이 같은 교육적 환경은 더 이상 경험할 수 없었다. 종합적으로 돌이켜 보았을 때 어디로 가든 만족할 만큼 교육 환경 조건을 갖춘 학교는 아직 없는 것 같다. 요즘 신설 학교를 보면 시설 여건은 좋아졌지만, 교육의 소프

트웨어적인 시스템과 인적 구조 문제는 여전하다. 아무리 시설을 잘 갖춘 학교라도 그곳에서 공부하는 학생을 이 시대와 사회가 원하는 미래 지향의 인재를 육성할 수 있을 것인가? 그리고 학생을 어떻게 하면 가르침과 향학열에 불타는 배움의 혼을 불러일으킬 것인가 하는 것이다. 그런 가르침과 배움의 역사가 일어날 수 있도록 교육적 여건을 조성하는 데 다각적인 지원과 각성이 요청된다.

11. 가르침의 실상

학교에서 학생은 과연 무엇을 배우고 선생님은 무엇을 가르치는가? 학부모는 공히 자신이 그렇게 배운 학교생활을 경험했기 때문에 잘 알고 있다고 생각한다. 궁금하게 여기지 않고 들여다볼 생각을 하지 않는다. 그렇기에 이 '가르침의 교실'은 만인의 학부모 앞에 그 배움과 가르침의 실상을 보이고자 한다. 자녀들이 과연 어떻게 행동하였고, 선생님은 제자들 앞에서 어떤 인간이 되라고 가르친 것인지, 본 교실에서보다 더 알차고 열정 어린 대한민국 선생님들의 가르침이 있다는 사실을!

12. 부모 가정교육

가르침의 교실에서 경험한 제자 가운데는 학생으로서 해야 할 일과 책임을 거부하고 욕구와 필요 요구에 따라 선생님의 지도와 교칙을 어긴 일탈 행동을 반복해서 일으킨 경우가 있었고, 그런 행동 습관과 사고방식은 좀체 고쳐지지 않았다. 도대체 그런 원인이 어디에 있다고 생각하는가? 가늠하기로 그 이유는 바로 부모가 자식과 함께한 가정교육에 있다고 본다. 부모의 말씀을 가볍게 여기고 그것을 방치한 자녀 교육에 근본적인 원인이 있으리라.

-2020. 2. 14. 7:55.

13. 인격적 자질

교육은 인격적 자질의 근본을 바로 세워야 한다. 경험한 바에 의하면, 어른이 되어서도 인격에 결함을 드러내고 주위로부터 비판이 있는데도 불구하고 정작 본인은 그런 분위기를 눈치채지 못해 개선의 여지가 없는 경우를 본다. 인생의 근본 덕성과 가치관과 태도가 형성되는 청소년기에 정도를 벗어난 행동을 지적, 지도받지 못하고 성인기가 되도록 자각하지 못한 탓이다. 본 가르침의 교실이 이런 행동 모습을 재조명하고자 한다.

14. 퇴직 연수

정년을 앞두고 1년 반과 7개월 전에 퇴직 연수를 받을 기회를 얻었다. 처음 연수는 충주 수안보 상록호텔에서 '귀농·귀촌 과정'을 이수하면서 퇴직 후 연금, 건강 보험 상식 등 유익한 정보를 접할 수 있었다. 두 번째 '은퇴 설계 과정'은 동일 장소에서 이미 퇴직을 경험한 강사들의 경험담 등 퇴직 후의 변화된 생활에 대해 사전에 생각해 볼 기회를 얻었다. 퇴직 전이나 퇴직 후나 인생은 그대로 연결되는 것이지만 평생 교직에 몸담은 교사가 퇴직했다고 무 자르듯 생활 방식과 의식이 달라지고 변화되기는 어렵다. 그렇다면 이에 대한 사전 대비를 잘해 변화된 환경에 적응할 수 있어야 하는데, 안타깝게도 주변을 둘러보면, 그리고 여러 선배 선생님의 퇴직 과정을 지켜보면 무방비 상태로 맞이하는 것 같다. 강사의 일관된 강조 사항은 이미 객관적인 통계상 남녀 평균 수명은 83세로 연장된 상태이고, 기대 수명도 연장 추세여서 처음에는 긴가민가했는데, 연수 동안 반복해서 듣다 보니 정말 너나 할 것 없이 건강관리를 잘한다면 100세 시대의 도래가 꿈같은 일만은 아니라는 생각이 들었다. 두 번의 연수를 받으면서 퇴직 후의 생활 변화 패턴과 왜 의식을 개선해서 퇴직 이후를 대비해야 하는지에 대한 필요성을 자각하게 되었다. 그렇다면 정말 대비를 철저히 해야 하는 것이 아닌가? 이전 선배들은 30년은 배우고, 30년은 가정과 직장을 위해 일하며, 은퇴하고 나면 나머지 남은 세월은 여생(餘生) 즉, 덤으로 사는 인생이라고 본 탓에 그야말로 여생적 삶을 살다가 죽음을 맞이하였지만, 지금의 퇴직자들 앞에는 30년+30년+30년+알파란 인생여정이 더하여진다고 보기 때문에 인생의 타이어를 퇴직 시점에서 다시 갈고(리타이어-retire) 새 삶을 살아갈 수 있는 인생 목적과 가치와 계획을 재정립해야 한다. 그리하여 평생 제자 교육에 몸 바친 교육 공무원이 퇴직 후에도 그렇게 쌓은 경험을 되살려 인생을 재창조하고, 이웃과 사회를 위해 삶을 봉사하고 헌신할 수 있도록 퇴직 전 은퇴 설계 연수가 100% 의무적으로 이수될 수 있도록 제의하고자 한다. 그것이 평생을 교직에 봉직한 선생님에 대한 기본적인 예우이고 의무라고 여긴다.

　퇴직하면 개인적인 삶으로 돌아간다고 해도 선생님은 평생 국가를 위해 봉직하고, 그것도 이 나라에 이바지할 인재를 육성시킨 지극한 유공자들이다. 국가는 그 공로를 기려 퇴직 시에는 근정훈장까지 수여하지 않는가? 선생님의 평생 삶이 사랑하는 제자들을 열정으로 인도한 것이듯, 퇴직하고 나면 누구라도 갈길 몰라 하는 노선생님의 앞길을 책임지고 안내할 수 있도록 국가는 반드시 제도적 길을 터주어야 한다. **한번 스승은 영원한 스승**인데, 온 국민과 이 땅의 공직자는 어찌 이 나라를 이끈 위대한 스승의 은혜를 망각했단 말인가? 대한민국의 제자들은 지금 무엇을 하고 있는가? 스승의 은혜를 잊은 한민족의 미래는 더 이상 장담할 수 없으리라. 적어도 지금의 실태로서는 그럴 가능성이 농후하다.   -2020. 2. 14. 10:35.

15. 청소년 교육

이 '가르침의 교실'은 교육이 안고 있는 대체적인 문제의식을 표출시켰고, 적시하였으며, 논거하여 해결 방안을 세웠다. 36년 6개월을 교육 현장에서 학생과 함께하고, 관찰하고, 경험하면서 고민한 것인 만큼, 모든 것이 자연스럽게 주제화될 수 있었다. 그 관찰 대상이 자라나는 청소년기의 중학생이라고 해서 표출된 교육적 문제가 가벼울 수 없다. 오히려 인간 본성의 형성과 인간 발달 단계 중 중요한 길목(요목)에 해당한 성장기와 본립기로서 가르침의 교육을 가장 집중시켜야 할 시기이다.

16. 탐문

청소년 시절은 인생관, 가치관, 세계관이 확립되지 못한 많은 문제에 대해 탐문하는 시절이다. 진리에 대하여, 종교에 대하여, 이성에 대하여, 장래 삶과 인생과 세계에 대하여 끊임없이 묻고 구하고 확인해 나가야 한다.   -2020. 2. 26. 15:10.

17. 가르침의 혼

사도의 길은 부단하게 사명을 자각하면서 그 길을 갈고닦는 데 있다. 그래서 **가르침의 혼**은 교사가 가져야 하는 생명의 정신으로서 그 생명의 혼이 쉼 없는 정열로 불타오를 수 있도록 평생 교학상장(敎學相長) 해야 한다. 그러지 못하면 어느덧 가르침의 혼이 사라져 스스로 퇴진할 길을 찾게 된다.   -2020. 2. 27.

18. 진의(眞義) 이해

지금까지 교단에서 정열을 바쳐 가르침의 역사를 펼쳤지만, 당시의 제자들이 그런 가르침의 말을 듣고 얼마나 뜻을 이해하였을지는 의문이다. 인생의 길을 걸을 만큼 걷고 난 지금, 그때 당시를 회상하고 가르침의 교실에 입교한다면 진의를 이해하게 되리라.

-2020. 3. 3. 22:07.

19. 한국 교육의 장래

2019년 1월, 중국 우한으로부터 시작된 코로나바이러스-19가 한국을 비롯해 세계적으로 확산함에 따라 학교 현장에서도 초유의 '원격수업'이 4월 9일 중3, 고3을 필두로 실시되었다. 정년을 앞두고 그동안 모아 두었던 CD, 동영상 자료를 모두 정리해 버린 상태라 어려움이 생겼다. 지금까지 쌓은 경험이 무익해진 마당이라 회한을 더하였다. 다양한 방안을 모색하면서 들려오는 이야기 가운데는 미래 사회에서는 학교도 선생님도 필요가 없게 되리란 우려의 소리가 있다. 정말 그러한가? 제21대 국회의원 선거에서는 교육의 개혁 일환으로 경력 10년 차 이상 교사를 대상으로 교과 연수·시험을 의무화하고 이것을 호봉 인상 기준으로 삼겠다는 공약 등도 눈에 띄었다. 지적인 면에서만 교사의 역할을 폄하한 교육철학의 부재 인식이기 이전에 교육 현장의 종말적 상황 표출이다. 가정교육도 학교 교육도 허물어진 마당에서 선생님의 자리마저 사라짐을 당연하게 여긴다면 대한민국의 앞날과 인류의 미래는 더 이상 기대할 수 없게 되리라.

-2020. 4. 13.

20. 천도 수행(天徒 遂行)

텅 빈 학교, 텅 빈 운동장, 텅 빈 교실, 그리고 제자를 볼 수 없는 5월의 마지막 스승의 날을 맞이하면서 더욱 생각이 깊어집니다. 통일전망대의 "철마는 달리고 싶다"처럼 저도 이제는 가고 싶어도 더 이상 갈 학교가 없습니다. 교직 경력 36년 6개월 중 본교 근무 경력이 올해로 10년째인 저는 2006년, 개교 2년 차에 부임하였습니다. 회상컨대, 첫 학교를 연 선생님들의 자부심과 자랑을 들으면서 근무한 것 같습니다(개교 공신). 당시로써는 드물게 봄방학 때부터 소집되어 빈 교실에 책걸상을 채우고 교가를 지은 음악 선생님, 가사를 붙인 국어 선생님, 교훈 등등 저는 2학년이 최고 학년일 때 친목회장직을 맡아 지금의 수석 선생님(총무)과 함께 2년 동안 봉사하였습니다.

작년에 시험을 치른 어느 날, 식당에서 나오는데 몇 분 선생님을 만나 인사말로 "점심을 늦게 드시네요?"라고 하니까 한 분이 "선생님은 담임이 아니시잖아요!"라고 하셨는데, 문득 저도 본교에서 언제 어떻게 담임 역할을 했던 것인지를 생각해 보았습니다. 2006년에는 체육 전담 업무를, 2007년부터는 4년 동안 담임을 맡았습니다. 당시의 교무실은 주로 부장과 기획이, 학년실에 5분이 상주하였습니다. 문제는 학교와 운동장은 좁은데 30학급에 학급당 학생 수가 40명이 넘어 1,200여 명이 콩나물시루처럼 쉬는 시간, 점심시간이면 활동 공간이 부족하여 시 지원 예산으로 운동장에 농구대 6대를 설치하는 등 체육 교사로서 고민을 많이 했습니다. 본교에서 처음 맡은 학급은 1-5반이었는데, 지금으로부터 13년 전의 5월 15일, 저는 제자들과 함께하면서 아침 조례시간에 이런 말을 하였습니다. 지금 생각해 보면 중학교 1학년 학생들이 제대로 이해하였을까 하는 의구심도 들지만, 학교에서 배우는 제자와 가르치는 스승이 가진 역할의 소중함을 나름대로 강조하고자 하였던 것 같습니다(내용 생략-뒤표지글임).

날로 각박해가는 사회와 선생님의 역할이 소원해지는 상황에서 현직의 교사들은 고래로부터 존숭된 인류 문화사적 책무와 "교직은 천직"이란 천부의 사명을 굳세게 자각하고 되새겨볼 필요가 있겠습니다. 즉, 교사는 그 무엇도 아닌 하늘이 부여한 命을 받드는 분이니, 자나 깨나 그 명령의 소리를 들을 수 있어야 합니다. 사도 바울은 예수 그리스도의 제자 됨을 자랑스럽게 여기고 복음의 命을 받들어 전도 여행에 전 삶을 바쳤듯, 교사는 바로 하늘의 명령을 받들어 수행하는 사도(使徒) 아닌 천도(天徒)입니다. 그래서 **"교사가 제자를 가르치는 권한을 부여받은 책임 기간(특히 담임)은 세상 어떤 권한과도 비교할 수 없는 신성한 권한"**입니다. 오늘날 제도화된 "국민교육의 발단과 의무 교육 확립" 주장이 종교개혁자 마르틴 루터(1483~1546)의 종교적 구원 목적에서 비롯되었다는 것은 역사적 사실입니다. 그는 당시 가톨릭의 면죄부 판매 등 부패상에 대해 반기를 들고, 그런 수단적 방법이 아니라 인간은 믿음으로 구원에 이른다는 깨달음과 확신을 하고, 누구든지 예수 그리스도를 구주로 믿어 의롭다 함을 입기 위해서는 자기 이성을 통해 하나님의 말씀을 깨달아야 한다는 데 착안하여, 이것이 누구에게든지 교육을 베풀어야 한다는 국민개학(國民皆學)의 교육적 기초를 낳게 한 것입니다. 그가 누구든지 읽을 수 있도록 성경을 최초로 자국어(독일어)로 번역한 것이라든지, 특권 계급에만 허용되었던 교육을 누구에게나 골고루 실시할 것을 권유한 것은, 누구나 다 교육을 받아서 성서를 해득해 구원에 이르도록 하는 데 목적이 있었던 것입니다.[53]

교육은 이처럼 알게 모르게 인류를 정신적, 영혼적 자각을 통해 (무지 극복) 온 인류를 하나님에게로 나아갈 수 있게 하려고 섭리적으로 지적 능력을 고양한 것이 아닌가 라고도 생각됩니다. 이런

---

53) 『기독교 교육』, 심피득 저, 대한기독교출판사, 1979, p.26.

의미 진단은 특정한 종교 영역이기 이전에 천직을 수행하는 교사들 역시 또 다른 의미에서 인류의 영혼을 구제하는 원대한 목적에 동조해 왔기 때문입니다. 종교인은 믿음과 신앙으로 인간 영혼을 구원하고자 하였다면, 교사는 인간의 본성 형성과 자아 정립기에 올바른 가치관을 지침함으로써 방황하는 제자들을 인생적으로 구제하는 역할을 수행한 것이니, 이것이 곧 선생님들에게 부여된 **스승으로서의 거부할 수 없는 사명**입니다. "참되거라, 바르거라"라고 하심에, 그 가르침은 제자들이 올바른 가치 판단으로 그릇된 길로 가지 않도록 한 것이고, 그렇게 하여 죄악을 저지르지 않게 하는 것은, 이것이 바로 선생님이 天徒로서 수행한 **위대한 인생 구원 역할**입니다. 그런 결과로 뭇 인간이 인생의 참 열매를 맺고, 풍성한 결실을 거두며, 보람된 영광을 성취할 것이기 때문입니다.

"진실로 仁에 뜻[志]을 두면 惡한 것이 없어진다"[54]라고 하였듯, **성장기의 청소년을 바르게 가르치고 인도하는 것은 후세의 만악(萬惡)으로부터 인생과 영혼을 구제하는 든든한 방제 역할**을 합니다. 그래서 교사가 하늘의 소리를 듣고 하늘의 명령을 자각해야 하는 이유는, 분명 갈길 몰라 하는 제자들을 사랑으로 이끌 **인생 구원 사명**에 있다고 생각합니다. 이 사명, 이 하늘이 명령한 소리를 들을 수 있어야 이 땅의 선생님 모두가 참된 사도(師道)의 길을 찾고, 흔들림 없는 자긍심으로 교단에 설 수 있으리라고 생각합니다.

우리 제일의 여러 선생님, 갈수록 어려워만 가는 교육적 현실 속이지만 교단에 서서 꿋꿋하게 힘을 내어야 하는 것은 그 이유가 분명합니다. 그 지고한 **천직 수행 명령**을 되새겨 부족하나마 힘을 북

---

54) 『율곡전서』, 卷二十, 성학집요(二), 입지장.

돋고자 합니다. 그런 마음 다짐으로 저도 얼마 남지 않은 그 날까지 교단, 아니 제일의 운동장을 지켜나가 보려고 합니다.

2020. 5월 15일, 제39회 스승의 날을 맞이한 아침에 창문을 여니 학교 울타리에 줄장미가 활짝 피었습니다. 마음으로 간직하면서, 이 장미 한 송이 한 송이를 만 송이 글 꽃다발로 엮어 제일의 여러 선생님께 바칩니다.　　　　　　　　　　　　　　　염기식 드림

교직 생활을 마무리하면서

퇴임을 앞두고 그동안 교육과 관련하여 기록해 둔 자료를 정리해서 편집하였다. 글발을 돌이켜 보니 참으로 내가 사랑하는 제자와 함께했던 나날들은 행복하였다. 혼을 쏟았고 정열과 세월을 바쳤다. 몸은 비록 피곤하고 고달팠지만, 제자와 함께한 그 숱한 나날들 앞에서 나는 진심으로 임했고, 헛됨이 없도록 정성을 쏟았다. 사랑하는 제자에게 길을 인도하고 인생의 길을 열 수 있도록 가르치는 것이 세상의 어떤 일보다 소중하고 가치 있다고 생각했기 때문에 이 길을 끝까지 지켰고, 신념을 바쳐 세상 유혹을 물리쳤다. 제자와 운동장에서 함께 달리기 위해 체력을 보전하였고, 그들의 정신혼을 일깨우기 위해 진리 세계를 탐구한 성찰을 게을리하지 않았다. 참되고 올곧은 교육자의 길을 걸음에 있어 나 자신 교단을 지키고 제자와 뛰면서 땀 흘릴 내 체력의 온전함을 걱정하였고 혹시 그렇게 되지 못할까 건강을 염려했을 뿐, 더 나은 직위와 승진을 위해 시

간을 바친 적은 없다. 시절에 따른 유혹과 걱정스러운 권유가 없었던 것은 아니지만, 나의 길을 걸었고 가진 신념을 지켰다. 한결같은 마음으로 성스러운 하늘의 명령인 천직을 지켜낸 것을 내 가족과 동료 교사와 제자들 앞에서 자랑스럽게, 그리고 행복하게 생각한다. 고뇌하고 방황하고 추구하고 기원하면서, 오직 제자들에게 바르게 배우고 항상 쉬지 않고 정진할 것을 강조하였거니와, 나 자신 그런 자세로 길과 정신과 인격과 사상적 과업을 완수하고자 하였다. 내가 그들을 가르친 것은 그 무엇도 아닌 바로 내 인생의 온전한 성취 목적이었고, 내게 인생의 존재 이유를 안긴 자신의 인생 구원 목적이었다. 교단에 선 36년 6개월을 한 번도 곁눈질하지 않고 단숨에 달려올 수 있었다. 이것이 나 자신의 인생 구원 가도가 아니고 무엇인가? 제자들이 있었기 때문에 나는 고귀한 인생 목적을 세웠고, 추구하였고, 몰입하여 부여된 성스러운 길을 지킬 수 있었다. 자나 깨나 제자들을 생각하고 그들과 함께하고자 하였으며, 어려움과 고민에 대해 귀 기울이고자 하였다.

이 교육수상집 『길을 가며 가르치며 생각하며』는 내가 걸은 교직의 긴 세월을 압축시킨 것이다. **나는 그들 앞에서 결코 그릇된 本을 보이지 않았고 그릇된 길을 가르치지 않았다.** 그것이 바로 진리라고 말할 수는 없지만 끝내 지침하는 바는 하늘과 본향을 지침했다. 지난날 한결같이 가르침의 길을 걸었고, 또 가르침을 펼쳤지만, 그렇다고 가르침의 궁극적 목적과 본질을 밝히고 완성한 것은 없다. 단지 가리켰고 시사하였을 따름이다. 이제 퇴임하고 인생의 후막에 이르러서는 모든 것을 구체적으로 밝히고 체계 지으리라. 가르침의 진리성을 완성하고, 지향해야 할 참 목적을 밝혀 너와 나 우리 모두를 만인지교(萬人之敎)의 세계로 인도하리라.

닫는 '가르침의 교실' 문

천직 완수

이 땅의 선생님들이여! 그대가 부여받은 제자 사랑과 가르침의 사명을 가슴 깊이 새겨 온갖 세파의 어려움을 헤치고 위대한 사도적 사명을 끝까지 지키라.

국가가 정한 정년의 그 날까지 스승으로서의 자존감을 결코 저버리지 말라.

복된 가르침의 길을 완수한 자, 영원히 빛날 구원의 공덕이 스승의 은혜를 간직한 제자의 영혼 속에 높게 높게 쌓여 있으리라.

이 땅의 자녀를 사랑하는 학부모들이여! 내 자식을 가르치는 선생님이 이 험난한 교직 생활에서 고귀한 사명감으로 오직 가르치는 데만 전념할 수 있도록 밑거름이 되어 주소서!

마지막 돌아서는 그 모습이 쓸쓸하고 초라하지 않도록, 무언의 손뼉 소리를 들으며 영광스러운 인생 회귀의 길을 찾아갈 수 있도록 격려해 주소서!

이 땅의 배움을 갈망하는 모든 학생이여! 스승은 어버이이시니, 스승의 가르침을 생명처럼 받들고 공경에 공경을 더하소서!

도전할 수 없는 스승의 가르침에 도전하는 제자, 영원한 영혼의 멸망을 자초하리니, 스승의 준엄한 가르침과 인격을 짓밟는 자, 세세손손 허우적거릴 무례의 늪을 헤매리라.

자식이 보는 앞에서 선생님을 나무라고 교권에 도전한 학부모!
선생님의 권위를 무너뜨리고, 부모의 권위를 더 앞세운 학부모!
이 어리석은 학부모, 그들 가정 앞에 자녀를 참되라고 가르칠 스승은 다시 나타나지 않으리라.
자식으로부터 스승을 빼앗은 비정한 학부모, 위대한 인간 교육 가치에 무지한, 참으로 어리석은 자기 자식 교육이다.

스승은 길이나니, 세대를 앞서 경험을 쌓은 경륜자이기 때문이고
스승은 진리이나니, 사도의 길 자체가 학문을 쌓고 세계를 자각하고 진리를 실천하는 자이기 때문이며
스승은 생명이나니, 만인의 근본을 일깨우고 형성시키고 종국의 길을 가리키는 하늘의 命을 수행하는 자이기 때문이다.

그러므로 이 땅의 선생님들이여! 참된 사도적 사명을 각성하라.
가르침으로 훌륭한 인재를 육성하고, 목마른 영혼을 고무하고, 교육으로 한민족의 백년대계를 터 닦으라.
자라나는 청소년들은 빛나는 잠재력을 가진 진귀한 보물들이니, 그들이 한때 갈길 몰라 한 방향을 결코 방기하지 말라.
그런 어린 영혼을 바로 잡고, 북돋우며, 더 나은 내일을 내다볼 수 있도록 손 꼭 붙들고 함께 걸어가는 것이 스승으로서 해야 할 참 역할이고, 스승으로서의 참 사명이다.

그런 사도적 사명이 시세가 달라졌다고 변할 수는 없다. 고뇌가

있다고 해서 포기할 수 없다. 나이가 들었다고 해서 가감될 수 없다.

나이가 들면 들수록 만 세대를 초월한 神이 되나니, 그 앎과 경험과 삶의 지혜를 길을 묻는 제자를 위해 아낌없이 바치고, 천직을 완수해 보람과 희망만으로 정년을 맞이하자.

퇴임과 함께 우리 모두 더욱 가치 있게 사회에 공헌할 구원의 길과 神에게 헌신할 영원의 길을 찾아서 가자.

- 고맙습니다.

염기식(廉基植)

■ 약력 및 교육 歷程

1957년 경남 진주 출생. 진주고등학교 졸업(47회). 경상대학교 사범대학 체육교육과 졸업. R.O.T.C. 임관(19기). 서남대학교 교육대학원 졸업.

1984년 3월 1일, 교직에 첫발을 내디딤. 진해동중학교→동진중학교→초계중학교→산청중학교→경상사대 부설중학교→남수중학교→진주제일중학교→진주중학교→통영중앙중학교→진주제일중학교에서 정년 퇴임(2020년 8월 31일)

■ 주요 논문 및 저술 歷程

자아와 세계에 대해 눈떴을 때부터 세상의 분파된 진리에 대해 의문을 품고 '길은 어디에 있는가'란 명제 하나로 탐구의 길에 나서 현재까지 다수의 책을 저술함(총 38권).

『길을 위하여(Ⅰ)』(1985), 『길을 위하여(Ⅱ)』(1986), 『벗』(1987), 『길을 위하여(Ⅲ)』(1990), 『세계통합론』(1995), 『세계본질론』(1997), 『세계창조론 서설』(1998), 『세계유신론』(2000), 『작은 날개를 펴고』(2000), 『환경은 언제나 목마르다』(2002), 『자연이 살아가는 동안』(2003), 『세계섭리론』(2004), 『세계수행론』(2006), 「진로 의사 결정유형과 발달 수준과의 관계」(2006), 『가르침』(2008), 『세계도덕론』(2008), 『통합가치론』(2008), 『인간의 본성 탐구』(2009), 『선재우주론』(2009), 『수행의 완성도론』(2009), 『세계의 종말 선언』(2010), 『미륵탄강론』(2010), 『용화설법론』(2010), 『성령의 시대 개막』(2011), 『역사의 본질 탐구』(2012), 『세계의 섭리 역사』(2012), 『문명 역사의 본말』(2012), 『세계의 신적 본질』(2013), 『지상 강림 역사』(2014), 『인식적 신론』(2014), 『관념적 신론』(2015), 『존재적 신론』(2016), 『본질로부터의 창조』(2017), 『창조성론』(2017), 『창조의 대 원동력』(2018), 『창조증거론 1, 2』(2019), 『길을 가며 가르치며 생각하며』(2020)

교육수상집 길을 가며 가르치며 생각하며

초판인쇄 2020년 8월 31일
초판발행 2020년 8월 31일

지은이 염기식
펴낸이 채종준
펴낸곳 한국학술정보㈜
주소 경기도 파주시 회동길 230(문발동)
전화 031) 908-3181(대표)
팩스 031) 908-3189
홈페이지 http://ebook.kstudy.com
전자우편 출판사업부 publish@kstudy.com
등록 제일산-115호(2000. 6. 19)

ISBN 979-11-6603-018-5 93370